29,80 €

Internationales Reiseveranstaltungs-management

von
Prof. Dr. Peter Voigt
Hochschule München

Oldenbourg Verlag München

Bibliografische Information der Deutschen Nationalbibliothek

Die Deutsche Nationalbibliothek verzeichnet diese Publikation in der Deutschen Nationalbibliografie; detaillierte bibliografische Daten sind im Internet über http://dnb.d-nb.de abrufbar.

© 2012 Oldenbourg Wissenschaftsverlag GmbH
Rosenheimer Straße 145, D-81671 München
Telefon: (089) 45051-0
www.oldenbourg-verlag.de

Das Werk einschließlich aller Abbildungen ist urheberrechtlich geschützt. Jede Verwertung außerhalb der Grenzen des Urheberrechtsgesetzes ist ohne Zustimmung des Verlages unzulässig und strafbar. Das gilt insbesondere für Vervielfältigungen, Übersetzungen, Mikroverfilmungen und die Einspeicherung und Bearbeitung in elektronischen Systemen.

Lektorat: Dr. Stefan Giesen
Herstellung: Constanze Müller
Titelbild: thinkstockphotos.de
Einbandgestaltung: hauser lacour
Gesamtherstellung: freiburger graphische betriebe GmbH & Co. KG, Freiburg

Dieses Papier ist alterungsbeständig nach DIN/ISO 9706.

ISBN 978-3-486-71205-6
eISBN 978-3-486-71749-5

Vorwort

Das Veranstalten von Reisen ist und bleibt eine der kreativsten und anspruchsvollsten Tätigkeiten im weiten Spektrum der Tourismusbranche. Erst durch das Angebot an organisierten Reisen war es vielen Hunderten von Millionen Menschen möglich, fremde Länder und Kulturen zu erleben. Ohne den unternehmerischen Mut von Menschen, die Reisen veranstalten, wären die Deutschen niemals die viel zitierten Weltmeister im Reisen geworden – ein Titel, der allerdings nicht dazu verführen sollte, das massenhafte Reisen generell mit einer Meisterleistung gleichzusetzen. Es ist ein rein quantitativer und keinesfalls ein qualitativer Begriff, vergleichbar etwa dem Begriff *Exportweltmeister*. Heute besteht mehr denn je die Aufgabe, die qualitativen Anforderungen an das organisierte Reisen gegenüber den quantitativen Aspekten stärker in den Blickpunkt einer wissenschaftlichen Betrachtung, aber auch in den Blickpunkt der Lehre des Tourismus-Management zu rücken. Dieser Aufgabe widmen sich nicht zuletzt Hochschulstudiengänge mit Ausrichtung auf die Tourismusbranche. Das Buch soll sowohl Studierenden an Hochschulen mit touristischen Studiengängen, aber auch jungen Fachkräften in der Aus- und Weiterbildung die Möglichkeit bieten, die Geschäftsprozesse des Reiseveranstalters besser kennen und verstehen zu lernen. Es richtet sich aber auch an Praktiker, die sich – sei es wegen einer Neugründung oder wegen einer Veränderung ihres Geschäftsmodells – mit den spezifischen Anforderungen in der Sparte der Reiseveranstalter vertraut machen möchten. Hier ist besonders an Reisebüros zu denken, die durch Eigenveranstaltung ihre Geschäftstätigkeit erweitern und ihre Ertragslage verbessern wollen.

Die vorliegende Arbeit ist in jahrelanger Lehrtätigkeit an der Fakultät für Tourismus der Hochschule München entstanden. Grundlagen legte schon 1992 Arne Abrahamsen. Insbesondere zahlreiche Beispiele zur Planung und Kalkulation des Reiseveranstalters basieren auf Erkenntnissen, die im Hause eines deutschen Großveranstalters gewonnen wurden. Der Fokus dieser Darstellung liegt auf der Tätigkeit des klassischen Veranstalters von Pauschalflugreisen. Trotz – oder gerade wegen – der gegenwärtig intensiv geführten Diskussion über das Pro und Contra der X-Veranstalter erscheint es besonders wichtig, die Verfahren der klassischen Planung und Produktion, zu der auch ein Katalog gehört, zu kennen. Weitere wichtige Beiträge lieferte Benjamin C. Katzmeier im Jahr 2006 mit einer Bearbeitung des Themas. Wertvolle Beiträge zum Thema *Nachhaltigkeit* wurden von Carolin Heinrich und Pia Stein verfasst. Meinem Kollegen Axel Student danke ich für seine auf langjähriger Berufserfahrung beruhenden Beiträge und den Gedankenaustausch zum Thema *Hotelbeteiligungspolitik*. Corinna Lindner danke ich für ihre wertvolle Mitarbeit bei der Erstellung der Grafiken. Ganz besonders habe ich aber Andrea Bittner zu danken, ohne deren tatkräftige Mithilfe bei der Gestaltung des Manuskripts und insbesondere der Tabellen die Fertigstellung dieses Buchs nicht möglich gewesen wäre.

So eine Arbeit wird eigentlich nie fertig,
man muss sie für fertig erklären,
wenn man nach Zeit und Umständen das Mögliche getan hat.
Johann Wolfgang von Goethe, Italienische Reise

Inhaltsverzeichnis

Vorwort		**V**
1	**Einführung in theoretische Grundlagen**	**1**
1.1	Zum Konzept der vorliegenden Arbeit	1
1.2	Trends und Entwicklungen in der Touristik	4
1.3	Der Reiseveranstalter: Perspektiven eines Begriffs	6
1.3.1	Die historische Perspektive	6
1.3.2	Die soziologische und die psychologische Perspektive	9
1.3.3	Die rechtliche Perspektive	11
1.3.4	Die betriebswirtschaftliche Perspektive	12
1.4	Exkurs: Systemtheorie und Kybernetik	16
1.4.1	Zu den verschiedenen System-Begriffen	17
1.4.2	Grundzüge der Systemtheorie	18
1.4.3	Soziologische Systemtheorie	19
1.4.4	Kybernetik	21
1.4.5	Interaktionssysteme und soziale Systeme	23
1.4.5.1	Soziales Handeln und Interaktion	23
1.4.5.2	Soziale Systeme	24
2	**Die strategische Planung**	**27**
2.1	Begriff und Aufgaben der strategischen Planung	27
2.1.1	Die Planung eines Unternehmens	27
2.1.2	Die Unternehmensstrategie	28
2.2	Entscheidungsfindung mit System	30
2.2.1	Systematische Entscheidungen im Reiseveranstalter-Management	30
2.2.2	Der kybernetische Ansatz der Unternehmensführung	31
2.2.3	Die Phasen in einem Management-Entscheidungsprozess	32
2.3	Faktoren des unternehmerischen Erfolgs	39
2.3.1	Merkmale erfolgreicher Unternehmen	39
2.3.2	Erfolgsfaktorenmodelle	41
2.3.2.1	Das 7-S-Modell	44
2.3.2.2	Die harten „S"	45
2.3.2.3	Die weichen „S"	45
2.4	Erfolgsfaktoren bei Reiseveranstaltern	46
2.4.1	Ziele und Selbstverständnis	46
2.4.1.1	Qualitative Ziele	48

2.4.1.2	Selbstverständnis einer Unternehmung	48
2.4.1.3	Weitere Erfolgsfaktoren abgeleitet aus den qualitativen Zielen	52
2.4.1.4	Quantitativ-ökonomische Ziele	54
2.4.2	Strategien	55
2.4.2.1	Die Produktdimension (P)	56
2.4.2.2	Das Preis-Qualitäts-Niveau (P/Q)	56
2.4.2.3	Die Auswahl der Zielgebiete (P/Z)	58
2.4.2.4	Die Produktionslogik (P/X)	60
2.4.2.5	Die Marktsegmentierung (Zielgruppen-Wahl, (P/M))	60
2.4.2.6	Die Unternehmensgröße (U)	62
2.4.2.7	Das Vertriebssystem (V)	63
2.4.3	Erfolgsfaktor Struktur	67
2.4.4	Erfolgsfaktor Systeme	67
2.4.5	Erfolgsfaktor Spezialkenntnisse	70
2.4.6	Erfolgsfaktor Stil (Führungsstil und Motivation)	71
2.4.7	Service am Kunden	72
2.5	Zur Frage der vertikalen Integration als Erfolgsfaktor	73
2.6	Geschäftsmodelle und Geschäftsprozesse kleiner Reiseveranstalter	76
2.6.1	Die Reisearten Einzelreise und Gruppenreise	77
2.6.1.1	Einzelreisen	77
2.6.1.2	Gruppenreisen	79
2.6.1.3	Zur Wirtschaftlichkeit von Gruppenreisen	82
2.6.2	Die manuelle und die automatisierte Arbeitsweise	83
2.6.2.1	Die manuelle Arbeitsweise	83
2.6.2.2	Der automatisierte kleine Veranstalter mit Online-Buchung	83
2.6.3	Spezialisierung auf Zielgebiete oder Zielgruppen	84
2.7	Nachhaltigkeit im Reiseveranstalter-Management	85
2.7.1	Begriffsbestimmungen zum nachhaltigen Tourismus	85
2.7.2	Nachhaltigkeit beim Reiseveranstalter	91
2.7.3	Umsetzung von Nachhaltigkeitskonzepten bei Reiseveranstaltern	99
2.7.4	Schlussfolgerung zur Nachhaltigkeit	103
2.7.5	Kybernetischer Ansatz zu einer Destinations-Verbrauchs-Theorie	104
3	**Die operative Planung**	**111**
3.1	Die Leistungserstellung des Reiseveranstalters	111
3.2	Die operative Planung des Reiseprodukts	112
3.2.1	Begriff und Aufgaben der operativen Planung	112
3.2.2	Die Produktplanung und Produktgestaltung	114
3.2.2.1	Marktanalyse und Informationsgewinnung	116
3.2.2.2	Planung der Teilnehmer und Umsätze	124
3.2.2.3	Planung der Flugkapazitäten	128
3.2.2.4	Planung der Bettenkapazitäten	134
3.2.2.5	Planung der Reiseleiterkapazität	135
3.3	Die Werbeplanung	138

3.4	Die Personalplanung	139
3.5	Budgetierung als Instrument der operativen Planung	140
3.6	Grenzen und Schwachstellen der Planung	141

4 Der Einkauf 143

4.1	Tätigkeiten des Einkäufers	143
4.2	Der Hoteleinkauf	144
4.2.1	Planung des Hoteleinkaufs	144
4.2.2	Einkaufspolitik im Hotelbereich	146
4.2.2.1	Einkaufszeitpunkt	146
4.2.2.2	Mengenpolitik	146
4.2.2.3	Qualitätspolitik	147
4.2.2.4	Preis- und Konditionspolitik	148
4.2.3	Der Hotelvertrag	149
4.2.4	Die Vertragsarten im Hoteleinkauf	152
4.2.5	Zahlungsbedingungen	155
4.2.5.1	Vorauszahlungen	155
4.2.5.2	Hotel-Abrechnungsverfahren	157
4.2.6	Hotelbeteiligungspolitik	160
4.2.6.1	Eigentum	164
4.2.6.2	Pacht	165
4.2.6.3	Managementvertrag	166
4.2.6.4	Franchising	170
4.2.6.5	Hotelbeteiligungen deutscher Reiseveranstalter	172
4.3	Der Flugeinkauf	176
4.3.1	Zur Entwicklung des Luftverkehrs	176
4.3.2	Linienflugverkehr	178
4.3.3	Flugpauschalreisen im Charterflugverkehr	179
4.3.4	Die Vertragsarten im Charterflugeinkauf	180
4.3.4.1	Vollcharter	180
4.3.4.2	Teil- oder Blockcharter	180
4.3.4.3	Kumulative Garantie	181
4.3.4.4	Flugstundeneinkauf	181
4.3.4.5	Zubucher/Einbucher	181
4.3.5	Einkaufspolitik im Flugbereich	181
4.3.5.1	Die Streckenführung	181
4.3.5.2	Das eingesetzte Fluggerät	187
4.3.5.3	Flugzeugbesatzung	189
4.3.5.4	Die Wahl der Fluggesellschaft	190
4.3.5.5	Der Flugtag und die Tageszeit des Fluges	191
4.4	Zielgebietsagenturen	192
4.4.1	Die Zielgebietsagentur in der Wertschöpfungskette	192
4.4.2	Funktionen im Zielgebietsmanagement der Reiseveranstalter	193
4.4.3	Die Auswahl einer Zielgebietsagentur	197

5	**Die Produktion**	**201**
5.1	Die Kalkulation	201
5.1.1	Grundlagen und Begriffsbestimmungen	201
5.1.1.1	Kalkulation auf Vollkostenbasis	202
5.1.1.2	Kalkulation auf Teilkostenbasis	202
5.1.2	Ablauf der Kalkulationsprozesses	204
5.1.2.1	Festlegung der Preisstrategie	204
5.1.2.2	Teilnehmer-Planung	205
5.1.2.3	Einrichten der Verkaufssaisonzeiten	205
5.1.2.4	Planung und Berechnung der Kosten	205
5.1.2.5	Planung des Deckungsbeitragsvolumens (DB-V)	205
5.1.2.6	Kalkulation der Verkaufspreise	206
5.1.2.7	Abschluss der Kalkulation	206
5.1.3	Strategische Preisgestaltung	206
5.1.3.1	Kostenorientierte Preisgestaltung	207
5.1.3.2	Nachfrageorientierte Preisgestaltung	207
5.1.3.3	Konkurrenzorientierte Preisgestaltung	207
5.1.4	Bestimmung der VK-Saisonzeiten	208
5.1.5	Die Hotelkalkulation	214
5.1.6	Die Flugkalkulation	221
5.1.7	Kinderermäßigungen	228
5.1.8	Taktische Preisgestaltung	231
5.1.8.1	Preisdifferenzierungen	231
5.1.8.2	Eckpreisbildung	234
5.2	Währungsmanagement bei Touristik-Unternehmen	234
5.2.1	Grundzüge des Devisenmarktes	235
5.2.1.1	Grundbegriffe	235
5.2.1.2	Volatilität und Preisbildung bei Wechselkursen	237
5.2.1.3	Wechselkursgewinne und Wechselkursverluste	241
5.2.2	Währungsmanagement in Unternehmen	241
5.2.2.1	Generelle Anforderungen	242
5.2.2.2	Sicherungsmöglichkeiten	243
5.2.3	Anforderungen im Bereich Tourismus	244
5.2.3.1	Anforderungen an den Reiseveranstalter	244
5.2.3.2	Spezifische Währungsproblematik der Reiseveranstalter	245
5.2.3.3	Währungsrisiken und Währungschancen im Bereich Touristik	247
5.2.4	Instrumente der Wechselkurssicherung	248
5.2.4.1	Anforderungen an die Kurssicherungsinstrumente	248
5.2.4.2	Basisinstrumente	249
6	**Der Katalog**	**257**
6.1	Aufgaben des Katalogs	257
6.2	Die Katalogplanung	258
6.2.1	Auflagenhöhe	258
6.2.2	Katalogumfang	258

6.2.3	Kostenplanung	259
6.2.4	Zeitplanung	259
6.3	Die Katalogerstellung	263
6.3.1	Kataloggestaltung und -aufbau	263
6.3.1.1	Die Katalog-Titelseite	263
6.3.1.2	Allgemein einleitende Werbe- und Informationsseiten	264
6.3.1.3	Der Angebotsteil	264
6.3.1.4	Der Preisteil	268
6.3.2	Rechtliche Aspekte der Katalogerstellung	268
6.3.2.1	Rechtliche Aspekte bei Hotel- und Ortsbeschreibungen	268
6.3.2.2	Rechtliche Aspekte bei der Preisdarstellung	270

7   Fazit und Ausblick **271**

Literatur **277**

Register **281**

1 Einführung in theoretische Grundlagen

Bisweilen ist die Meinung zu hören, Theorien hätten in der Ausbildung von Managern nichts verloren. *Management* heißt schlicht und einfach *Steuerung*, und wer am Steuer eines Unternehmens sitzt, hat für Theorien keine Zeit. Dementsprechend werden Managementmethoden auch bisweilen in der Art gelehrt, dass eine Fülle von Modellen und Methoden wie die Inhalte eines Katalogs aneinander gereiht werden. Welcher Modellansatz sich dann im einen oder anderen Fall eignet ist eine Sache von persönlicher Meinung und Erfahrung. In den Ausführungen zum Konzept dieser Arbeit wollen wir darstellen, dass ein anderer Ansatz mehr Erfolg verspricht. Es sollen theoretische Überlegungen angesprochen werden, ohne die ein Management-Lehrbuch für die Lehre an einer Hochschule den Charakter eines Kochbuchs oder einer Betriebsanweisung hätte. Zwar wird hier nicht der Anspruch erhoben, dem allgemeinen Theoriedefizit in der touristischen Fachdiskussion wirksam zu begegnen; wir wollen jedoch deutlich machen, dass wir uns des Mangels bewusst sind und kleine Schritte in Richtung einer theoriebasierten Managementlehre unternehmen.

1.1 Zum Konzept der vorliegenden Arbeit

Für eine umfassende Darstellung von Theorien, die im Management eines Reiseunternehmens relevant sein könnten, ist an dieser Stelle natürlich kein Platz. Wir wollen uns daher auf eine Theorie beschränken, die in der Mikroökonomie und Makroökonomie ebenso eine bedeutende Rolle spielt wie in anderen sozialwissenschaftlichen Disziplinen und ganz besonders in der Naturwissenschaft: die **Systemtheorie**, die zu den sog. *Theorien mittlerer Reichweite* gehört. Sie ist eine sehr alte Theorie – eigentlich müsste man eher von einer Gruppe von Theorie sprechen, deren Anfänge auf die Philosophen des Altertums zurückgehen. Nicht nur das Verständnis von Zusammenhängen und Steuerungsvorgängen in Betrieben oder Organisationen wird erleichtert, wenn man sich mit Grundbegriffen der Systemtheorie befasst hat; auch die komplexen Vorgänge in der Umwelt, der Welt der Organismen oder der Steuerung von Maschinen sind mit den Grundlagen der Systemtheorie besser zu verstehen. Unsere Welt ist ein hochgradig vernetztes System, und der Tourismus spielt als größter Arbeitgeber der Welt in diesem System eine sehr bedeutende Rolle. In diesem Zusammenhang wollen wir auch auf die **Kybernetik** als der Lehre von der Regelung von Systemen eingehen. Wir wollen die hier relevanten Grundbegriffe zunächst im Kap. 1.4 in einem Exkurs darstellen, der dem praktischen Teil der Arbeit vorangeht. Im Verlauf der Erörterungen zu verschiedenen Themen wie z.B. dem Entscheidungsprozess im Unternehmen oder der Nachhaltigkeit im globalen Kontext kommen wir dann wiederholt auf systemtheoretische Ansätze zu sprechen.

Im überwiegend praktischen Teil der Arbeit (ab Kapitel zwei) werden die Überlegungen, Aufgabenstellungen und Geschäftsprozesse dargestellt, mit denen ein Reiseveranstalter ab der ersten Stunde der Planung bis zu dem Zeitpunkt, an dem eine Reise stattfindet, konfrontiert ist. Aus diesem Grund wurde eine Reihenfolge eingehalten, die den Geschäftsprozess im Sinne der **klassischen Produktionslogik** kennzeichnet. In dieser Produktionslogik, die eine Abfolge von Planung, Einkauf, Produktion und Vertrieb darstellt, wird auch im Jahr 2012 in Europa noch der größte Teil der Pauschalreisen erstellt. Daneben gewinnt das **dynamische Paketieren**, das Erstellen von Reiseangeboten durch Zugriff auf Datenbanken, zweifelsohne an Bedeutung. Für die so entstandenen Angebote ist der Begriff *X-Produkte* üblich geworden. Die aktuelle Branchendiskussion widmet diesen Produkten so breiten Raum, dass bisweilen der Eindruck entsteht, es gäbe für Reiseveranstalter keine andere Zukunft. Doch diese Meinung ist irrig. Insbesondere kleine Reiseveranstalter, deren Erfolg auf ihrer speziellen Produktkompetenz beruht, können mit den Verfahren der X-Produktion oft sehr wenig anfangen. Umso wichtiger ist es, die Methoden der klassischen Produktion darzulegen, deren Kenntnis nach wie vor nötig ist, um die Arbeitsweise der großen Mehrzahl der Reiseveranstalter zu verstehen.

Der Aufbau und die erfolgreiche Führung eines Reiseveranstalter-Betriebes erfordert Kenntnisse der **Unternehmensführung,** die in außeruniversitären Ausbildungsgängen oft nicht vermittelt werden. Hier sei zunächst auf die umfangreiche Literatur über diesen Teilbereich der modernen Betriebswirtschaftslehre verwiesen. Wir wählen in der vorliegenden Arbeit einige Teilaspekte aus, die bei der Führung eines Reiseveranstalter-Betriebes, aber auch bei der Führung jedes anderen Betriebes nützlich sein können. Hierzu gehört insbesondere die Lehre von den Erfolgsfaktoren, die weitgehend auf das Werk „Auf der Suche nach Spitzenleistungen" der amerikanischen Unternehmensberater und Autoren *Thomas Peters* und *Robert Waterman* zurückgeht. Grundlage einer Analyse von Erfolgsfaktoren sollten empirische Erhebungen sei, denn es geht ja zunächst um die Frage, wer die erfolgreichen Unternehmen sind und was ihren Erfolg kennzeichnet, um dann die Frage zu beantworten, wo vermutlich die Gründe für ihren Erfolg liegen. Solche empirischen Studien über Erfolgsfaktoren sind in der deutschen Tourismusliteratur kaum zu finden. Insofern muss die Analyse weitgehend auf einer Beobachtung des Marktes und der Entwicklung von Unternehmen beruhen.

Erfolgsfaktoren in der Tourismusbranche

Aus Erfahrung gewonnene Kenntnisse von Erfolgsfaktoren liegen in der deutschen Tourismusbranche reichlich vor, wobei diese Kenntnisse meist durch jahrelange Beobachtung der Entwicklung von Unternehmen gewonnen wurden Es hat sich beispielsweise als Erfolgsfaktor erwiesen, wenn eine im Aufbau befindliche Fluggesellschaft über eine homogene Flotte (also über nur einen Flugzeugtyp) verfügt. Nach diesem Konzept arbeiteten und arbeiten Fluggesellschaften wie *LTU* (die in den Siebzigerjahren sogar eine homogene Flotte von Großraumflugzeugen des Typs L-1011 Tristar aufbaute), *Germanwings* oder *Ryanair.* Es lässt sich dementsprechend an Beispielen wie *Air Berlin* auch zeigen, dass die Einführung mehrerer Flugzeugtypen zu deutlichen Kostenerhöhungen geführt hat, die den Erfolg der Fluggesellschaft beeinträchtigen können. Auch der von *Peters* und *Waterman* als Erfolgsfaktor erkannte Grundsatz „Schuster bleib bei Deinen Leisten" gehört hierher. Ein anderes Beispiel aus dem Markt der Reiseveranstalter: Es hat sich am Beispiel des Großveranstalters *FTI* gezeigt, dass eine schlanke Führungsebene, der Führungsstil eines begabten Unternehmers und Flexibilität im Vertrieb zu rasantem Aufbau und länger anhaltendem Erfolg führen können. Es hat sich aber auch gezeigt (wir denken hier an die Entwicklung von *FTI* in den Jahren 2000–2003), dass diese Erfolgsfaktoren möglicherweise nicht genügen und der Bestand eines Unternehmens trotz guter Führung gefährdet sein kann, wenn Strategieentscheidungen wie z.B. die Entscheidung zum Aufbau einer eigenen Fluggesellschaft und einer eigenen Hotelkette getroffen werden, für deren Umsetzung es an den nötigen Ressourcen fehlt. An diesem wie an vielen anderen Beispielen ist die hohe Dominanz des Erfolgsfaktors *Strategie* auch oder gerade im Reiseveranstaltergeschäft zu erkennen. Die These, dass die meisten Zusammenbrüche von Unternehmen auf Fehler in der Strategie zurück zu führen sind, lässt sich durchaus belegen. Sie gilt in besonders hohem Maße für Neugründer und junge Unternehmen. Im Jahr 2011 wurde an der Fakultät für Tourismus der Hochschule München daher eine empirische Studie zum Thema „Erfolgsfaktoren kleiner mittelständischer Reiseveranstalter" durchgeführt.

Die Kenntnis von Erfolgsfaktoren kann beim Aufbau wie bei der Führung eines Unternehmens dazu beitragen, richtige Entscheidungen zu treffen und Fehler zu vermeiden. Sollten Fehler passiert sein und es zur Abweichung der Ist-Zahlen von den Soll-Zahlen kommen, so stellt sich die Frage nach den Ursachen. Bei der Fehleranalyse ist ein Ansatz hilfreich, der bereits angesprochen wurde: die Darstellung von Management-Entscheidungen in einem Systemzusammenhang und die Kontrolle des Betriebes mit Hilfe einer **kybernetischen Betrachtungsweise** (Regelkreis-Darstellung).

Kapitel zwei führt in die **strategische Unternehmensplanung** mit ihren Funktionen und Handlungsalternativen ein. Dabei sollen dem Leser wissenswerte Grundbegriffe über systematische Managemententscheidungen näher gebracht werden. Des Weiteren werden branchenspezifische Erfolgsfaktoren von Unternehmen und mögliche Strategien eines Reiseveranstalters dargestellt. Das Kapitel drei stellt die **operative Planung** eines klassischen Reiseveranstalters dar, der Ferienflüge anbietet. Es werden dabei die konkret zu planenden betrieblichen Tätigkeiten eines Reiseveranstalters für die kommende Saison bzw. für die planungsrelevanten Zeiträume geschildert.

Im vierten Kapitel wird die Beschaffung von touristischen Leistungen erläutert. Hierbei handelt es sich primär um den **Hotel- und Flugeinkauf**, welche die Hauptbestandteile einer gewöhnlichen Pauschalflugreise bilden. Dem Leser werden darüber hinaus die Tätigkeiten eines Einkäufers erläutert. Es wird beschrieben, welche verschiedenen Alternativen ihm beim Einkauf touristischer Leistungen zur Verfügung stehen. Wenn wir von Einkauf bzw. von Einkäufern (oder Einkäuferinnen) sprechen, so ist uns bewusst, dass diese Funktion im Organigramm vieler mittlerer und großer Unternehmen heute durch den Begriff *Produktmanager* ersetzt wurde. Damit haben sich die Funktionen aber nicht grundlegend verändert. Einkäufer hatten schon immer nicht nur „einzukaufen", sie waren vielmehr von der Analyse der Destinationen und Beschaffungsmärkte über die Produktplanung und Produktion (vor allem Katalogproduktion) bis hin zur Kontrolle und Steuerung der Auslastung in den gesamten Geschäftsprozess integriert.

Der erste Teil des fünften Kapitels, die **Produktion**, beschäftigt sich mit der Kalkulation der für eine Pauschalreise anfallenden Kosten und der Bestimmung des letztendlich angebotenen Verkaufspreises unter Anwendung eines konkreten Beispiels. Der zweite Teil umfasst das **Währungsmanagement** bei Touristikunternehmen. Dazu wird der Devisenmarkt beschrieben einschließlich der Frage, welche Risiken für international operierende Reiseveranstalter bestehen und welche Maßnahmen zur Kurssicherung beim Bedarf an Devisen getroffen werden können. Das Kapitel sechs ist dem **Katalog** gewidmet, der nach wie vor ein unverzichtbares Verkaufsinstrument insbesondere bei mittleren und großen Reiseveranstaltern darstellt. Die Darlegungen zum Katalog können in die beiden Teile der Katalogplanung und der Katalogproduktion unterteilt werden. Um diesen Bereich übersichtlicher zu gestalten, wurden die beiden Abschnitte in einem Kapitel zusammengefasst. Das abschließende Kapitel 7 beinhaltet ein **Fazit** und gibt einen Ausblick auf wahrscheinliche künftige Entwicklungen in der Reisebranche. Dazu werden sowohl Trends beschrieben als auch Anpassungen erörtert, die sich aus den aktuellen Entwicklungen ergeben könnten.

1.2 Trends und Entwicklungen in der Touristik

Die Reisebranche hat in den vergangenen 10 Jahren viele Neuerungen und Entwicklungen erlebt, die das über lange Jahre relativ stabile Wettbewerbsumfeld von Grund auf verändert haben. Reiseunternehmen sehen sich heute mit einer sehr komplexen, sich schnell wandelnden Umwelt konfrontiert. Dabei ist Umwelt in einem sehr weiten Sinn zu verstehen: es betrifft den Klimawandel ebenso wie die Globalisierung, den demographischen Wandel, die technologische Entwicklung oder die politischen Umbrüche. Man denke nur an den „Arabischen Frühling", dessen Auswirkung auf den Tourismus noch nicht abzusehen ist.

Wir gehen in der vorliegenden Arbeit an vielen Stellen auf Marktveränderungen ein – auf vergangene wie auf vermutlich zukünftige. Allerdings wird nicht der Anspruch erhoben, Trends umfassend zu analysieren und die künftige Entwicklung von Trends vorherzusagen. Diesem Geschäft widmet sich eine Sparte von Experten, die sich *Zukunftsforscher* nennen. Die relativ wenigen Menschen gegebene Fähigkeit, in die Zukunft zu schauen, wird hier als Geschäftsmodell erfolgreich genutzt. Da jeder Mensch sich für die Zukunft interessiert, sind die Zukunftsforscher, die meistens über eine hohe Gabe der optisch und verbal ansprechenden Darstellung verfügen, besonders gefragte Vortragsredner auf Kongressen. Inwieweit diese Trendvorhersagen wissenschaftlichen Wert oder mehr Unterhaltungswert haben, muss jeder Zuhörer selbst beurteilen. Die Trendanalyse und vor allem die **Trendprognose** sind schwierige und anspruchsvolle Aufgaben, die eine umfangreiche Verfügbarkeit von über viele Jahre gesammelten Daten voraussetzt. Bei einer Entwicklung, die sich über ein oder zwei Jahren abzeichnet von einem Trend zu sprechen, ist aus wissenschaftlicher Sicht unseriös. Zumindest über fünf Jahre müsste eine Entwicklung bestimmter Merkmale schon nachvollziehbar sein, wenn mit Fug und Recht von einem Trend gesprochen werden soll. Eine sehr profunde und auf umfangreichen Daten beruhende Trendanalyse hat die *F.U.R.*, die *Forschungsgemeinschaft Urlaub und Reisen e.V.* mit dem Buch „Urlaubsreisetrends 2020 – Die RA-Trendstudie (2009)" vorgelegt (siehe auch www.fur.de).

Die Nachfrage hat sich im Laufe der letzten fünf bis zehn Jahre unbestreitbar verändert. Beispielsweise hat sich nach dem Jahrzehnte anhaltenden Trend weg von der Individualreise hin zur Pauschalreise in den letzten Jahren eine Wende angebahnt. Der Kunde strebt heute zu mehr **Individualität** und möchte sich **spontane Entscheidungen** vorbehalten. Gleichzeitig wünscht insbesondere der deutsche Kunde die **Sicherheit,** die ihm das Reiserecht bietet. Dabei ist er sich vor allem bei Internetbuchungen oft der Tatsache nicht bewusst, dass nur die Einschaltung eines Reiseveranstalters ihm diese Sicherheit bietet. Eine andere bei den Konsumenten zu beobachtende Eigenschaft ist das gestiegene **Preisbewusstsein,** obwohl derselbe Konsument gleichzeitig immer **höhere Ansprüche** an das Produkt *Reise* stellt. Viele Kunden möchten maßgeschneiderte Reisen, aber möglichst zum Preis der Konfektionsware. Der hybride Verbraucher, der sich Luxus leisten kann, aber bei *ALDI* einkauft, ist auch für die Tourismusbranche ein ernst zu nehmendes Phänomen. Dabei zeigt sich auch für die Kombination von Naturnähe und Luxus eine wachsende Nachfrage: in einem Zelt zu schlafen und sich den Champagner auf silbernem Tablett servieren zu lassen, wird als aktueller Trend erkannt. Für die damit zusammen hängende Naturnähe wurde der Megatrend *Neo-Ökologie* formuliert (Steinle, A., Geschäftsführer des *Zukunftsinstituts*, in travel.one, 07.03.2012). Ob allerdings das Bedürfnis nach Naturnähe und ökologischer Verträglichkeit tatsächlich einen neuen Megatrendnamen verdient hat, sei dem Urteil des Lesers selbst überlassen. Auch die Behauptung eines „Trends zur Entschleunigung" erscheint angesichts einer sich verkürzenden durchschnittlichen Reisedauer und eines stark zunehmenden Luftverkehrs eher als eine plakative Aussage und nicht als belegbarer Trend.

Die Lage vieler Leistungsträger wie zum Beispiel der Airlines hat sich durch globale Konkurrenz verändert. Low-Cost-Carrier wie *Ryanair*, die mit noch nie da gewesenen Flugticketpreisen locken, rüsten rund um den Globus ständig nach und erweitern ihre Flotten. Die daraus resultierenden gewachsenen Kapazitäten üben zunehmend Druck auf die Preise aus. So manche Fluggesellschaft kann dem nicht standhalten und steht vor einem immensen Schuldenberg. Es wird an allen Ecken und Enden gespart, um trotz steigender Kosten auch weiterhin niedrige Ticketpreise anbieten zu können. Dabei wird die Preisgestaltung immer verwirrender: es sind bereits Flugangebote auf dem Markt, bei denen die Gebühren (Airport Tax, Gebühr für Gepäckbeförderung, Treibstoffzuschläge) weitaus höher sind als der eigentliche Preis des Tickets. Es ist verwunderlich, dass die EU-Kommission, die sich den Verbraucherschutz auf die Fahnen geschrieben hat, dieses verwirrende Spiel zulässt.

Die etablierten Reiseveranstalter versuchen, sich diesen Entwicklungen anzupassen, um sich im Verdrängungswettbewerb weiter behaupten zu können. Sie benötigen neue technische Lösungen, die ihnen den **Zugang zu den Datenbanken der Leistungsträger** und zu deren tagesaktuellen Preisen ermöglichen. Diese neuen Arten des Zugriffs auf die Angebotsdaten der Leistungsträger erfordern umfangreiche Anpassung insbesondere bei Softwarelösungen, die noch aus dem vorigen Jahrhundert stammen. Wenn der Reiseveranstalter sich jedoch damit begnügt, aktuelle Preise aus Datenbanken in sein System und seine Produktpalette zu übernehmen, gibt er die Preishoheit aus der Hand, verliert Ertragspotentiale und nähert sich der Funktion des Reisevermittlers an.

Zu ähnlichen Überkapazitäten wie im Luftverkehr tendieren die internationale Hotellerie und der Kreuzfahrtmarkt. Aber nicht nur die Situation der Reiseveranstalter und Leistungsträger hat sich im Laufe der vergangenen Jahre verändert. Der Reisemittler muss sich heute mehr denn je im starken Konkurrenzkampf um den Kunden behaupten. Mit dem Einzug und der schnellen Verbreitung moderner Informations- und Kommunikationstechnologien sind die Verbraucher besser informiert als je zuvor und haben somit **gestiegene Anforderungen an die Beratung im Reisebüro**. Das von vielen Experten prognostizierte rasante Reisebürosterben ist zwar nicht eingetreten; dies bedeutet aber nicht, dass das Geschäft sicherer geworden ist. Produktkenntnis und Flexibilität sind mehr denn je gefragt. Der besondere Vorteil des Reisebüros wird in Zukunft die Komplexität eines qualitativ hochwertigen Produkts „Urlaubsreise" sein, das der Kunde im Internet nur mit erheblichen Mühen buchen kann. Bei

Großveranstaltern ist ein Trend zum Aufbau eigener Vertriebsnetze zu erkennen. Zwar ist das Reisebüro die Stufe der Wertschöpfungskette mit der geringsten Rendite; die großen Veranstalter möchten im Vertrieb jedoch unabhängiger werden und über einen **steuerbaren Vertrieb** verfügen. Daher wird in Eigenvertrieb bzw. Konzernvertrieb investiert

Die Politik der wachsenden Europäischen Union erschwert die Situation für die Reiseunternehmen. Durch die **Liberalisierung des Wettbewerbs** ist der Erhalt bestimmter Arten von Unternehmen oder mittelständischer Strukturen gefährdet. Der in Deutschland und sehr wenigen anderen Ländern geltende Handelsvertreterstatus der Reisemittler ist der EU-Kommission ein Dorn im Auge. Bisher konnte der Fall des Handelsvertreterstatus in Deutschland verhindert werden. Diesen weiterhin zu erhalten liegt bedingt im Interesse der großen Reiseveranstalter, vor allem aber der mittelständischen Reisebüros. Würde er fallen, so würden die Veranstalter die Hoheit über die Preisgestaltung verlieren. Die nicht zu Ketten gehörenden Reisebüros hätten kaum Möglichkeiten, mit unverbindlichen Preisempfehlungen für Pauschalreisen erfolgreich umzugehen. Ein Ausscheiden vieler kleiner Reisemittler aus dem Markt wäre die Folge. Als Alternative stellt sich für kleine Reisebüros der Einstieg in die Eigenveranstaltung dar – ein Schritt, den viele wegen der vermeintlichen Risiken nicht wagen. Und doch liegt hier eine große Chance: der kleine Reiseveranstalter, der eine **Nische** trifft und Kundenwünsche optimal befriedigen kann, hat auf dem Markt heute und in Zukunft jede erdenkliche Chance. Die vorliegende Arbeit möchte Beiträge dazu liefern, die Chancen dieser kleinen Veranstalter darzustellen.

1.3 Der Reiseveranstalter: Perspektiven eines Begriffs

Man möchte meinen, die Beantwortung der Frage, was ein Reiseveranstalter sei, gehöre zu den einfachsten Aufgaben im Wissen um den Tourismus. In der Tat ist diese Frage alles andere als einfach. Es kommt nämlich sehr auf den Blickwinkel des Betrachters an. Die Verwechslung zwischen Reiseveranstalter und Reisebüro aus der Sicht des Kunden gehört zum Alltag im Tourismus. So mancher Kunde antwortet auf die Frage, wo er seine Urlaubsreise denn gebucht habe: „Bei der *TUI* ". In Wirklichkeit hat er nicht beim Reiseveranstalter *TUI Deutschland GmbH*, sondern in einem Reisebüro gebucht, an dessen Fassade die bekannte Marke prangte.

So manches Reisebüro hielt sich stets für einen sog „Reisemittler", wie der rechtlich korrekte Ausdruck lautet – bis ein Gericht ihm nach einer Mängelrüge eines Kunden erklärte, dass es durch seine Art des Auftritts und der Rechnungsstellung in die Rolle eines Reiseveranstalters geraten war. Auch der nicht genügend klare Hinweis auf die Geschäftsbedingungen einer englischen Reederei, deren Schiff im Nordmeer verunglückte, hat einem Reisebüro schon einmal die unbeabsichtigte Rolle eines Reiseveranstalters eingebracht – mit der katastrophalen Folge einer Haftung in Höhe einiger Zig Tausend DM. Doch zur rechtlichen Perspektive später noch etwas mehr.

1.3.1 Die historische Perspektive

Wann Menschen die ersten Reisen zu anderen Zwecken als dem Zweck der Nahrungssuche oder des Kampfes ums Überleben unternommen haben, lässt sich nicht genau bestimmen.

Reisen zum Zwecke des Handelns mit Gütern (die frühesten Formen der heutigen Geschäftsreise) und der Erkundung fremder Regionen wurden sicher schon vor Jahrtausenden getätigt – wobei auch die Abgrenzung zwischen all diesen Zwecken des Reisens historisch kaum möglich ist. Es sei nur an die wissenschaftlich nicht geklärte Frage erinnert, ob Amerika zuerst über die Beringstraße oder durch die Phönizier über den Atlantik besiedelt wurde. Seit der Homo Sapiens auf der Erde wandelt, hat ihn die Frage beschäftigt, was sich hinter dem Horizont oder den Weiten des Meeres befindet.

Es liegt uns fern, hier die Geschichte des Tourismus ausführlich beleuchten zu wollen. Viele Abhandlungen über den Tourismus als wirtschaftliche und soziale Erscheinung haben sich mit historischen Fragen beschäftigt. Die Geschichte des organisierten Reisens wird oft an der berühmten ersten Bahnfahrt des englischen Buchhändlers und Baptistenpredigers *Thomas Cook* im Jahr 1841 festgemacht. Doch ist die Geschichte des organisierten Reisens zu Zwecken der Freude, Gesundheit und seelischen Erbauung sicher weitaus älter. Wir wollen es bei zwei Beispielen bewenden lassen. So gab es im alten Griechenland Stätten, die dem Gott Asclepios, dem Gott der Gesundheit geweiht waren. Diese sog. *Asclepeions* waren Einrichtungen, die nicht nur den Genuss des Wassers der heiligen Quellen boten, sondern für die Besucher auch entsprechende Unterkünfte bereithielten. Dementsprechend waren diese Einrichtungen eine Art von Heilbädern der Antike, man könnte auch sagen die ersten Vorläufer des Wellness-Tourismus. Wie und von wem die Reisen dorthin und der Aufenthalt dort organisiert wurden, lässt sich nicht mehr genau bestimmen. Im 18. Jahrhundert gab es die „Grand Tour", worunter man die Reisen junger und natürlich wohlhabender englischer Adeliger nach Italien, vorwiegend nach Rom versteht. Was die jungen Engländer auf ihren Individualreisen besonders anzog waren die Wurzeln der Renaissance, insbesondere die Werke des Architekten Palladio, die bei den Engländern auf so viel Wohlgefallen stießen, dass kein anderer späterer Baustil es mehr vermochte, die Bewunderung für die Renaissance in England zu verdrängen. Allerdings zeigte sich bald, dass die jungen englischen Adeligen nicht nur frühe „Studienreisende" waren und es keineswegs dabei bewenden ließen, die Bauwerke der Renaissance zu bewundern. Vielmehr entwickelten sich in Rom sehr bald Angebote für die Touristen, die wir aus den Brennpunkten des heutigen Tourismus kennen: Bars und Restaurants mit besonderem Zuschnitt auf den Geschmack der Engländer einschließlich einer Art Rotlichtmilieu, Souvenirgeschäfte oder das Angebot, sich sehr schnell vor dem Hintergrund der Spanischen Treppe malen zu lassen – ein Vorläufer des touristischen Schnappschusses (Turner und Ash, 1975).

Die berühmte von *Thomas Cook* im Jahr 1841 organisierte erste Bahnreise war auch keine Urlaubsreise in dem Sinn, wie wir es heute verstehen. Der Zweck der Reise war – wie schon erwähnt – ein Treffen von Baptisten, und da Baptisten Abstinenzler sind, diente diese Reise primär dem Zweck, sich gegenseitig in der Überzeugung des gemeinsamen Glaubens einschließlich der Abstinenz zu bestärken. So gesehen hatte diese Reise eher etwas mit der schon viel älteren Pilgerreise oder der heutigen Reise zu einem Kirchentag zu tun als mit organisiertem Urlaub. Umstritten ist jedoch, ob hier erstmals ein Verkehrsmittel von einem Organisator eingesetzt wurde, um einer größeren Anzahl von Menschen das gemeinsame Reisen zu ermöglichen. Schließlich verfolgten auch die Pilgerväter, die schon weit früher ihre gemeinsame Schiffsreise nach Amerika antraten den Zweck, ihren Glauben und ihre Überzeugung gemeinsam zu leben. Im Unterschied zu den Reisenden von *Thomas Cooks* Bahnfahrt hatten sie allerdings nicht die Absicht, zurückzukehren. Somit fehlte ihrem Verhalten ein Merkmal, das heute übereinstimmend als entscheidendes Kriterium für die definitorische Abgrenzung des Tourismus betrachtet wird. Sollten die Bahnreisenden von Thomas Cook am Zielort ihrer Reise nicht übernachtet haben, so würde allerdings auch ihrem Verhalten ein Merkmal fehlen, das als wesentliche Voraussetzung für die heute international gültige Definition von Tourismus angesehen wird.

Bewundernswert ist, wie das Unternehmen von *Thomas Cook* bis zum Ende des 19. Jahrhunderts zu einem touristischen Großbetrieb heranwuchs, den wir – mit heutigen Maßstäben gemessen und bezogen auf die damalige Alte Welt – geradezu als einen „Global Player" bezeichnen können. *Thomas Cook* erfand nicht nur den Hotelgutschein („Voucher"), er erreichte auch, dass weit über 1.000 Hotels in Europa diesen Ende des 19. Jahrhunderts akzeptierten. Er organisierte kombinierte Schiffs- und Bahnreisen in zahlreiche Länder und betrieb sogar Nilschiffe. Als der deutsche Kaiser Wilhelm II. um die Jahrhundertwende das Heilige Land bereisen wollte, fanden die deutschen Vorboten des Monarchen dort keine geeigneten Hotels vor. *Thomas Cook* half aus und baute Zelte, in denen der Kaiser nächtigen konnte. So gesehen zeigten sich hier bereits erste Ansätze des vertikal integrierten Touristikkonzerns. Leider ist es zu Beginn des 21. Jahrhundert den Managern des *Thomas Cook* Konzerns nicht gelungen, an diese Tradition erfolgreich anzuknüpfen. Im Jahre 2003 wäre der *Thomas Cook* Konzern an der Strategie der vertikalen Integration fast zu Grunde gegangen.

In Deutschland entwickelte sich die unternehmerische Touristik mehr aus dem Betriebstyp des Reisebüros heraus als aus der Reiseveranstaltung. Dem im 19. Jahrhundert in Breslau gegründeten Reisebüro *Stangen* folgten u.a. des *MER*, das *Mitteleuropäische Reisebüro,* das die Generalvertretung der *Deutschen Reichsbahn* übernahm. Nach dem ersten Weltkrieg wurde es in *Deutsches Reisebüro* umbenannt *(DER)*. Das *DER* entwickelte sich zu einem touristischen Unternehmen, das mit seinen Tochtergesellschaften im Laufe des 20. Jahrhunderts zahlreiche Funktionen übernahm – neben der Generalvertretung der Reichsbahn und späteren *Deutschen Bundesbahn* auch die Funktionen einer Reisebürokette, eines Reiseveranstalter und eines Service-Rechenzentrums – um nur einige Beispiele zu nennen. So konnte sich das *DER* im Laufe der Zeit zu einem breit aufgestellten, profitablen und wirtschaftlich sehr soliden Unternehmen entwickeln. Wer in Deutschland die entscheidenden Anstöße zur Entwicklung der Reiseveranstalterbranche gegeben hat, ist eine Frage der Betrachtungsweise. Historisch gesehen kommt außer dem *DER* sicher nicht zuletzt Unternehmern wie *Dr. Tigges* ein wesentliches Verdienst zu. Er veranstaltete bereits 1933 eine kombinierte Bahn-Schiffs-Reise zu einer kleinen verträumten Insel im Mittelmeer namens Mallorca. Nach dem zweiten Weltkrieg hatten mittelständische Unternehmer wie *Dr. Carl Degener* oder *Willy Scharnow* ebenso Anteil am Wiederaufbau – um nur zwei Namen exemplarisch zu nennen. Aus ihren und anderen Unternehmen entstand später der Großveranstalter *TUI*. Gleichwohl wäre die Entwicklung der deutschen Reiseveranstalter zu ihrer heutigen Bedeutung kaum möglich gewesen ohne den frühen Einstieg der Warenhäuser in das Reisegeschäft – allen voran das Versandhaus *Quelle* der Familie *Schickedanz* in Fürth/Bayern und das Versandhaus *Neckermann*. Dem unternehmerischen Mut der Familie *Schickedanz* und *Josef Neckermann* ist vor allem der Aufbau des Charterflugtourismus in den fünfziger Jahren des 20. Jahrhunderts zu verdanken, als noch mit Propellermaschinen nach Mallorca geflogen wurde.

Die Bedeutung der historischen Perspektive liegt im Kontext dieser Arbeit freilich nicht in erster Linie in der teils amüsanten Betrachtung des Reisens in früheren Zeiten. Es geht vielmehr darum, aus der Entwicklung der Reiseunternehmen und den richtigen oder falschen Entscheidungen zu lernen, die im Management getroffen wurden. Dabei kommt der Geschichte der letzten 20 Jahre besondere Bedeutung zu. Die erfahrungswissenschaftliche (empirische) Vorgehensweise, auf der auch die Lehre von den Erfolgsfaktoren beruht, ist eine wichtige und durch nichts zu ersetzende Quelle der Erkenntnis in der Ausbildung des Managementnachwuchses.

1.3.2 Die soziologische und die psychologische Perspektive

Es geht hier nicht darum, den Versuch einer Soziologie und Psychologie des Tourismus in Kurzform zu unternehmen; vielmehr soll auf einige Aspekte im Kontext der quasi industriellen Entwicklung der Tourismusbranche hingewiesen werden. So wird die Freizeit- und Tourismusbranche bisweilen als größer Arbeitgeber der Welt bezeichnet, was allerdings nur möglich ist, wenn alle Erscheinungsformen von Reise- und Freizeitwirtschaft einschließlich der Hotellerie und Gastronomie einbezogen werden. Nur bei dieser Betrachtungsweise übertrifft sie große Branchen wie die Automobil-, die Erdöl- oder die Elektroindustrie. In Deutschland beschäftigt die Tourismusbranche etwa 2,9 Millionen Menschen. Auf den Begriff *Industrie* stößt man bei der Betrachtung des Tourismus häufig in Lateinamerika, wo von der *weißen Industrie* oder der *Industrie ohne Schornsteine* („La indústria sin chimenea") die Rede ist. Es liegt der Gedanke nahe, ob diese Bezeichnung es vielleicht leichter macht, sich damit abzufinden, dass es in manchen Ländern an eigentlicher Industrie im Sinne des sekundären Sektors fehlt. Rein tertiäre Entwicklungen bergen bekanntlich die Gefahr einer monokulturellen Abhängigkeit der Region.

So wie die Erfindung der Dampfmaschine die Entwicklung der Eisenbahn ermöglichte, so ermöglichte die Industrialisierung auch die Entwicklung des massenhaften Reisens. Zugleich machte die Industrialisierung jedoch auch massenhaftes Reisen bzw. organisierten Urlaub einer breiten Bevölkerungsschicht nötig, denn die arbeitenden Menschen müssen die für den Produktionsprozess nötige Arbeitskraft von Zeit zu Zeit regenerieren, um sie verfügbar machen zu können. Man arbeitet also und verdient Geld, um dieses u.a. für einen Urlaub auszugeben, in dem die Arbeitskraft regeneriert wird, mit dem Ziel, wieder Geld zu verdienen, das dann wieder für Urlaub ausgegeben wird. Der Produktionsfaktor Arbeit und seine Entlohnung ist also die wichtigste Voraussetzung für den touristischen Konsum und die Beschäftigung der Tourismusindustrie.

Im 20. Jahrhundert haben auch totalitäre Regime erkannt, wie wichtig es ist, den arbeitenden Menschen ausreichende Erholung anzubieten. So haben die Nationalsozialisten das Programm *Kraft durch Freude* entwickelt. Nicht zuletzt sollte eine monumentale Tourismusarchitektur wie z.B. *Prora* an der Ostsee die Erholung der arbeitenden Bevölkerung unterstützen. Der organisierte Pauschaltourismus nach heutigem Verständnis ist eine Erscheinung der zweiten Hälfte des 20. Jahrhunderts. Eine erste wissenschaftliche Analyse dieses Phänomens hat *Lothar Nettekoven* 1972 vorgelegt (Nettekoven, 1972). Diese Arbeit stellte erstmalig die Motivationslage von Strandurlaubern auf Basis einer breit angelegten Umfrage dar. Durch eine teilweise anonyme Art von kombinierter mündlicher und schriftlicher Befragung (selbständiges Ausfüllen der Fragebögen am Strand) konnten erstmalig auch Urlaubsmotive wie Vergnügen, Kontaktsuche, Flirt usw. eingeordnet werden.

Die Kenntnis der Bedürfnisse und Erwartungen der Urlaubsreisenden ist die entscheidende Grundlage für die erfolgreiche Erstellung von Reiseangeboten. Die Tourismuspsychologie hat frühzeitig erkannt, dass es nicht damit getan ist, den Wunsch der Reisenden nach Erholung und Besichtigung unbekannter Orte zu analysieren. So gibt es neben der Vielzahl von Wünschen und Bedürfnissen auch Ängste des Urlaubers, auf die es einzugehen gilt. Insbesondere zwei Grundängste sind für die Reiseentscheidung prägend: **Einsamkeit und Langeweile**. Generell ist die Gruppenreise ein Mittel gegen diese Ängste, doch dieses Mittel hilft nicht beim quantitativ viel bedeutenderen Badeurlaub, der in der Regel als Einzelreise durchgeführt wird. So wurde von dem Franzosen *Gérard Blitz* der Cluburlaub erfunden, der durch seine Programme, Animationen und Aktivitäten fast rund um die Uhr (besonders wichtig dabei die abendliche Show) sicherstellen soll, dass der Urlaub weder einsam noch langweilig wird. Das erste Clubdorf aus ehemals militärischen Zelten entstand kurz nach dem 2. Weltkrieg in Mallorca. Neben dem Weltmarktführer *Club Méditerranée* etablierten sich in Deutschland erfolgreich der von *TUI* und *Steigenberger Hotels* gegründete *Robinson Club* sowie der ehemals zu *Neckermann* gehörende *Club Aldiana*. Hauptgrund für diesen Erfolg dürfte der Umstand sein, dass die meisten deutschen Cluburlauber im Urlaub nicht mit der Notwendigkeit zur Verständigung in einer Fremdsprache konfrontiert werden möchten. Inzwischen bieten fast alle großen Reiseveranstalter, deren Schwerpunkt auf Badeurlaub liegt, in ihren Programmen Cluburlaub an.

Eine wichtige soziologische Perspektive liegt in den Wirkungen des Reisens auf touristische Zielgebiete. Im Zuge der Gesellschaftskritik der sechziger und siebziger Jahre des 20. Jahrhunderts entwickelte sich auch eine umfangreiche Diskussion zur Tourismuskritik, insbesondere zur Kritik des Tourismus in die sog. Dritte Welt (Voigt, 1981). Diese Diskussion wurde ebenso polarisiert geführt wie die Diskussion der Beziehungen zwischen Industriestaaten („Erste und Zweite Welt") und der Dritten Welt insgesamt. Vertreter der empirischen Wissenschaften („Analytiker") und Vertreter der marxistisch beeinflussten Gesellschaftstheorie (u.a. die „Frankfurter Schule") standen sich unversöhnlich gegenüber. Bei großen Reiseveranstaltern, die im Rahmen dieser Diskussion als Vertreter eines imperialen Neokolonialismus angegriffen wurden, stieß die Kritik zumeist auf völliges Unverständnis. In den achtziger und neunziger Jahren des 20. Jahrhunderts ging diese Diskussion deutlich zurück und wich einer in der Tat dringenderen Auseinandersetzung, die sich mit der Entwicklung der Umwelt insgesamt und dem Klimawandel insbesondere befasste.

Geblieben ist die Sorge um die kulturellen Wirkungen des Reisens. Der Einfluss des Tourismus kann regional dazu führen, dass die **Eigenarten der Regionalkultur** verschwinden und die Lebensverhältnisse sich an eine westlich-industrielle Einheitskultur anpassen. Damit könnte ein wichtiger Attraktionsfaktor des Tourismus entfallen, der insbesondere bei Fernreisen eine tragende Rolle spielt. Auf diese Problematik hatte bereits *Hans Magnus Enzensberger* in seinem Gleichnis vom Hasen und dem Igel hingewiesen: wo immer der Tourismus hinkommt – sobald er da ist, zerstört er das, was ihn angezogen hat. Oder anders ausgedrückt: so wie der Igel immer vor dem Hasen da ist, so kommt dem Tourismus seine eigene Widerlegung immer zuvor (Enzensberger, 1966). Zu Beginn des 21. Jahrhunderts wird diese Diskussion unter dem Stichwort **Nachhaltigkeit** geführt. Auf diesen wichtigen Punkt wollen wir später in einem eigenen Kapitel eingehen. Dem Reiseveranstalter – insbesondere dem großen, in Zielgebieten investierenden Reiseveranstalter – kommt hier eine besondere Verantwortung zu. Große Reiseveranstalter haben nicht nur durch investiertes Kapital, sondern insbesondere durch ihre Nachfragemacht erheblichen Einfluss auf touristische Zielgebiete. Die Höhe des Einflusses ist u.a. abhängig von dem Grad, in dem das Zielgebiet auf touristische Devisen angewiesen ist. Natürlich ist Steuerung der touristischen Entwicklung durch Reiseveranstalter (*Management* im wahrsten Sinne des Wortes) auch von zahlreichen Umweltfaktoren abhängig. In einer von Angst geprägten Stimmung sind auch die Instrumente eines großen Reiseveranstalters nur begrenzt wirksam, wie sich im Sommer 2011 nach der Revolution in Tunesien zeigte. Doch in einer globalen Betrachtung und auf längere Sicht über große Reiseveranstalter – zusammen mit Leistungsträgern – in einem touristischen Zielgebiet erhebliche Einflüsse aus. Wir wollen versuchen, diese Wirkungen und Einflüsse im globalen Kontext sichtbar zu machen, indem wir den Tourismus modellhaft in einem weltweiten Interaktionssystem darstellen. In diesem Interaktionssystem wirken im Sinne der Kybernetik verschiedene Subsysteme und Regler. Die zum Verständnis dieser Ausführungen nötigen Begriffe der Systemtheorie werden in einem Exkurs dargestellt.

1.3.3 Die rechtliche Perspektive

Das deutsche Reisevertragsrecht in seiner ursprünglichen Fassung von 1979 trägt der besonderen Bedeutung der Urlaubsreise für den Verbraucher Rechnung. Durch das Einfügen des § 651 a–l in das Bürgerliche Gesetzbuch wurde die Stellung des Verbrauchers in seiner Rolle als Urlaubsreisender erheblich gestärkt. Der Kunde eines Reiseveranstalters muss seine Ansprüche bei Leistungsstörungen seit Inkrafttreten dieses Gesetzes nicht mehr beim Leistungsträger einklagen; er kann vielmehr den Reiseveranstalter auch dann in Anspruch nehmen, wenn diesen kein Verschulden an dem Mangel oder Schaden trifft. Auch das Reisebüro als Vertriebsbeauftragter des Reiseveranstalters wurde vom deutschen Reisevertragsrecht in die Pflicht genommen. Es hat Erklärungen, die der Kunde dem Reiseveranstalter gegenüber abgibt, anzunehmen und weiterzuleiten. Bestätigt das Reisebüro eine falsche Zusage des Reiseveranstalters ausdrücklich (z.B. ein „weitläufiger feinsandiger Strand", der sich in Wirklichkeit dann als klein und steinig erweist) so ist das Reisebüro als Reisemittler und Erfüllungsgehilfe des Reiseveranstalters bei einer berechtigten Mängelrüge auch selbst in der Haftung.

Im Reisevertragsrecht wird bewusst darauf verzichtet, den Begriff des Reiseveranstalters explizit zu definieren. Der Gesetzgeber beschränkt sich darauf, von einer „Gesamtheit von Reiseleistungen" zu sprechen und überlässt es der Verkehrsauffassung, zu erkennen, ob es sich um einen Reiseveranstalter handelt. Maßgebend ist, ob „...nach den sonstigen Umständen der Anschein begründet wird, dass der Erklärende vertraglich vorgesehene Reiseleistungen in eigener Verantwortung erbringt" (§ 651 a (2) BGB). Auf Basis der Europäischen Pauschalreiserichtlinie von 1994 wurden die Pflichten des Reiseveranstalters um den Insolvenzschutz erweitert (§ 651 l BGB). Seit Umsetzung dieser Richtlinie muss der Reiseveranstalter dem Kunden bei Vorkasse einen Sicherungsschein aushändigen, der einbezahlte Gelder vor der Reise sowie die Heimreise bei Insolvenz des Reiseveranstalters absichert. Das deutsche Reiserecht wurde zum Modell für eine europäische Richtlinie und damit zum Maßstab für den Schutz des Kunden bei Buchung einer Pauschalreise. Die rechtliche Absicherung des Kunden bei Buchung einer Pauschalreise ist eines der wichtigsten Verkaufsargumente deutscher Reiseveranstalter. Darüber hinaus werben deutsche Reiseveranstalter mit freiwilligen Aktionen um das Vertrauen der Kunden, so z.B. beim kostenlosen Rücktransport von Kunden im

Falle plötzlich auftretender Krisen im Zielgebiet. Das Vertrauen in das Produkt „Pauschalreise" soll somit über den gesetzlich vorgegebenen Rahmen hinaus gestärkt werden.

Das Thema kann an dieser Stelle nicht umfassender erörtert werden. Ergänzt sei jedoch auch hier der Hinweis auf den **Handelsvertreterstatus** der deutschen Reisebüros (Reisemittler) nach § 84 HGB. Er stellt eine Besonderheit im europäischen Kontext dar und führt dazu, dass eine einfache Gewerbeanmeldung genügt, um ein Reisebüro zu gründen. Deutschland kam damit zur höchsten Reisebürodichte auf der Welt. Zwar ist die Zahl der Reisebüros in den letzten Jahren von weit über 10.000 auf deutlich weniger als 10.000 zurückgegangen. Nähere Daten liefert jeweils die aktuelle DRV-Vertriebsdatenbank. Die nach wie vor sehr hohe Reisebürodichte führt zu einer hohen Kostenbelastung bei denjenigen Reiseveranstaltern, die den größten Teil ihres Sortiments über Reisebüros verkaufen bzw. wegen der Austauschbarkeit ihres Produkts auf diesen Vertriebsweg angewiesen sind.

1.3.4 Die betriebswirtschaftliche Perspektive

Die klassische **Wertschöpfungskette** der Pauschaltouristik zeigt den Reiseveranstalter in einer Stellung zwischen Leistungsträger und Kunde bzw. zwischen Leistungsträger und Reisemittler. Dieses Modell und seine aktuellen Veränderungen werden in der touristischen Grundlagenliteratur ausführlich diskutiert und müssen hier nicht weiter vertieft werden. Es sei hier jedoch darauf verwiesen, dass der größte Teil der in organisierter Form gebuchten Urlaubsreisen (die Schätzungen liegen zwischen 80 % und 90 %) nach wie vor in der Produktionslogik dieser Wertschöpfungskette erstellt werden. Eine genauere Angabe ist nicht möglich, da nicht einmal die Zahl der auf dem deutschen Markt tätigen Reiseveranstalter mit ausreichender Genauigkeit bekannt ist.

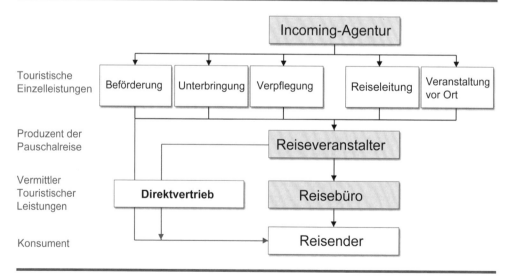

Abb. 1.1: Wertschöpfungskette

1.3 Der Reiseveranstalter: Perspektiven eines Begriffs

Zu den Leistungsträgern rechnen wir hier die Anbieter von Beförderungs-, Unterbringungs- und Verpflegungsleistungen im Zielgebiet. Ebenso gehören dazu die Zielgebietsagenturen, die im internationalen Sprachgebrauch auch Incoming-Agenturen genannt werden und die für den Reiseveranstalter zahlreiche Leistungen erbringen: von der Unterstützung bei Planung und Einkauf, der Beförderung am Boden, der Durchführung von Veranstaltungen, der Erstellung kompletter Pakete, der Betreuung von Kunden in Notfällen und der Stellung von Reiseleitern bis zur finanziellen Abwicklung der Buchungen am Zielort. Näheres hierzu findet sich im Kapital 3 (Operative Planung) und Kapital 4 (Einkauf).

Über ein dreiviertel Jahrhundert lang galt für den Reiseveranstalter eine Produktionslogik, die gekennzeichnet war durch die Abfolge von Planung, Einkauf, Kalkulation, Katalogproduktion, Vertrieb größtenteils über Reisebüros und Abwicklung der Reise des Kunden. Das Internet hat diese Produktionslogik durch eine zweite und ganz andere ergänzt, die sich zunächst unter dem Schlagwort *Dynamic Packaging* verbreitete. Da sich ein cleverer Reiseunternehmer diesen Begriff schützen ließ und es zur Ausprägung verschiedener Varianten kam, wird heute fast nur noch von „**X-Produkten**" gesprochen. Alle großen Reiseveranstalter halten es heute für nötig, ihr Sortiment durch solche Angebote überwiegend im unteren Preissegment zu ergänzen, die durch den Zugriff auf Datenbanken entstehen und über Internet angeboten werden. Wesentliche durch das Internet herbeigeführte Veränderungen der Wertschöpfungskette bestehen darin, dass der Reisemittler sowie vor allem der Kunde heute sehr einfach und kostengünstig mit den Reiseveranstaltern und Leistungsträgern direkt kommunizieren können. Anders ausgedrückt: die **Möglichkeiten des Direktvertriebs** haben sich für Leistungsträger und Reiseveranstalter erheblich erweitert. Die herkömmlichen Computer-Reservierungssysteme (heute oft als GDS, Global Distribution Systems bezeichnet) haben die Herausforderung erkannt und Internetlösungen in ihr Leistungsprogramm integriert. So gehört die in Deutschland führende IBE (Internet Booking Engine) *Traveltainment* dem in Deutschland führenden GDS *Amadeus*.

Der klassische Pauschalreiseveranstalter erbringt eigene Leistungen, ohne die das Paket *Urlaubsreise* nicht denkbar wäre.
- So übernimmt er als Pauschalveranstalter häufig das Risiko des Einsatzes von Kapazitäten (vor allem Ferienflieger und Hotels) und macht somit auch Zielgebiete erreichbar, die der Urlauber selbst nur beschwerlich oder zu weit höheren Kosten erreichen könnte;
- Er prüft objektiv die **Qualität** von Hotels und anderen örtlichen Leistungsträgern, was dem Urlauber auch in Zeiten des Internet nur sehr begrenzt möglich ist;
- Er handelt Preise aus und hält **Kapazitäten** vor allem **für die Hochsaison** vor, in der die Nachfrage oft das Angebot übersteigt;
- Er erbringt organisatorische sowie informative Leistungen und bietet dem Reisenden die Gewährleistung, die im Reiserecht verankert ist;
- Darüber hinaus erbringen vor allem die großen Reiseveranstalter **solidarische Leistungen**, wenn in einem Zielgebiet plötzlich Probleme auftreten. Sie holen Feriengäste auf eigene Kosten nach Hause und betonen damit die Vorteile, die der Verbraucher bei der Inanspruchnahme von Pauschalveranstaltern gegenüber der eigenen Organisation der Urlaubsreise hat;
- Er versorgt ein in Deutschland sehr großes Vertriebsnetz von Reisebüros mit Katalogen und bietet damit dem Kunden eine große Auswahl von Möglichkeiten der Reiseberatung

und Buchung. Gleichwohl führt dies für die Reiseveranstalter, die im Reisebürovertrieb aktiv sind, zu hohen Kosten und einer Schmälerung der Rendite. Etwa drei Viertel der Marge von durchschnittlich 20 % vom Reisepreis (= Rohertrag) werden für Provision, Kataloge und Vertriebsorganisation aufgewendet.

Die Frage nach den betrieblichen Funktionen des Reiseveranstalters führt allerdings auch zu der Frage nach dem Charakter des Produkts, das er anbietet. In der Diskussion dieser Frage treten vor allem zwei konträre Standpunkte in den Vordergrund:

1. Der Reiseveranstalter ist nur ein **Händler,** der touristische Leistungen (mit oder ohne Risiko) einkauft, zu einem Paket verschnürt und zu einem Gesamtpreis in neuer Verpackung verkauft. Ergänzende Leistungen wie Information des Kunden oder Betreuung am Zielort sind Nebenleistungen, die am Charakter als Händler nichts Grundsätzliches ändern.
2. Der Reiseveranstalter ist ein **Produzent** eines Produkts, das es ohne seine betriebliche Tätigkeit so nicht gäbe. Das Produkt besteht aus einem mehr oder weniger kreativen Bündel von Dienstleistungen, die dem Kunden diverse Arten von Nutzen und einen Mehrwert bringen. Die Urlaubsreise als Produkt wäre in dieser Form oder zu diesen Konditionen für den Kunden ohne das Zutun des Reiseveranstalters nicht verfügbar.

Der Produktcharakter der Pauschalreise – vielleicht sollte man hier eher von Veranstalterreise sprechen – dürfte am ehesten da gegeben sein, wo sich die vom Reiseveranstalter angebotene Reise deutlich von allen anderen Angeboten der Mitbewerber abhebt. Dies ist häufig bei Studienreisen der Fall, die in aller Regel als Gruppenreise angeboten werden. Das „Produkt" von den Mitbewerbern abzuheben ist hier relativ einfach: eine andere Routenführung, ein besonders qualifizierter Reiseleiter oder ein exklusiver Kontakt zu einem örtlichen Leistungsträger können genügen, um die Reise von ähnlichen Angeboten zu unterscheiden. Der Kunde wäre als Individualreisender nur in Ausnahmefällen und bei weitaus höheren Kosten in der Lage, das „Produkt" in dieser Form zu kaufen. Die Pauschalreise wird vom lediglich neu verpackten Leistungsbündel zum Produkt durch ihre inhaltliche **Unverwechselbarkeit.**

Bei einer Pauschalreise mit dem primären Inhalt eines Strandurlaubs (im Branchenjargon *Warmwasser-Tourismus*) ist es schon weit schwieriger, einen originären Produktcharakter zu erkennen. Im Internet ein Hotel auf den Kanarischen Inseln sowie einen Flug dorthin zu buchen und den Transfer mit dem Taxi zu bewerkstelligen ist für den Kunden heute vielfach schon Routine. Durch seine Händlerfunktion hält der Reiseveranstalter auch in der Hochsaison die Plätze vor, die der Kunde mit seiner Familie buchen möchte. Hier ist er eben weitaus mehr Großhändler als Produzent. Erfahrene Reiseleiter bestätigen überdies, dass die von ihnen an solchen Orten angebotenen Dienstleistungen von vielen Kunden gar nicht mehr nachgefragt werden. Die Reiseerfahrung vieler Kunden mindert hier zunehmend die Bedeutung der Tätigkeit des Reiseleiters. Vor diesem Hintergrund wird es auch für den Reiseveranstalter schwerer, sich mit Qualität bei der Reiseleitung im Wettbewerb abzuheben. Es wird auch schwerer, den Reiseservice vor Ort rentabel zu führen, denn dem Kunden, der sich gut auskennt, verkaufen die Reiseleiter kaum Ausflüge, Nightclub-Touren oder den Besuch von Souvenirläden. Somit entfallen für die Reiseleiter Provisionen, die früher einen wichtigen Teil ihrer Entlohnung darstellten.

1.3 Der Reiseveranstalter: Perspektiven eines Begriffs

Der Charakter des Händlers tritt auch bei sog. *Baustein-Angeboten*, die sich zunehmender Beliebtheit erfreuen, stärker hervor. Baustein-Angebote folgen einer anderen Produktionslogik als klassische Pauschalreisen. Der Veranstalter für Bausteinreisen (führend im deutschen Markt hier *DERTOUR*, ein Unternehmen der *REWE Touristik*) kaufen zumeist ohne Risiko eine weitaus größere Palette von Leistungen als Pauschalveranstalter ein und vertrieben diese vorwiegend über Reisebüros. Die Verwaltung und Kombination der Leistungen stellt besonders hohe Anforderungen an die Informationstechnologie.

Versteht man Marketing im Tourismus als einen Teil der Betriebswirtschaftslehre, so drängt sich u.a. die Frage nach der **Bedeutung einer Marke** auf. Es ist hier nicht der Ort, wesentliche Aspekte dieses Themenkomplexes auch nur annähernd vollständig zu diskutieren. Eine grundlegende und umfassende Darstellung hat bereits vor über 20 Jahren Dieter Hebestreit mit seinem Buch „Touristik Marketing" geliefert (Hebestreit, 1992). Viele Ausführungen zum Marketing im Tourismus, die später erschienen, basieren auf den sehr fundierten Ausführungen von Hebestreit und boten nur selten wirklich neue Erkenntnisse. Wer die deutsche Reiseveranstalterbranche in den letzten Jahrzehnten beobachtete, hat viele Marken kommen und gehen sehen. Im Kapitel über Strategische Planung werden wir auf die Überlegungen, die für und gegen eine Marke in bestimmten Marktsegmenten sprechen, näher eingehen und dies mit Beispielen erläutern.

Unter den Strategien der Marktbearbeitung nimmt die **Diversifizierung** eine besondere Stellung ein. Der horizontalen Diversifizierung sind in einem Markt wie dem deutschen Pauschalreisemarkt, der schon eine relativ hohe Konzentration aufweist, Grenzen durch das Gesetz gegen Wettbewerbsbeschränkungen (GWB) gesetzt. Dennoch durfte die Nummer drei des Marktes, der Reiseveranstalter *Thomas Cook* im Jahr 2010 den kleineren, auf die Türkei spezialisierten Großveranstalter *Öger* übernehmen. Dem Marktführer *TUI* wäre dies vom Kartellamt wohl kaum gestattet worden. Betriebswirtschaftlich problematischer ist die Strategie der vertikalen Diversifizierung bzw. **vertikalen Integration**. Hier versucht der Reiseveranstalter, vor- und nachgelagerte Wertschöpfungsstufen zu integrieren. Vorgelagerte Wertschöpfungsstufen (vor allem Hotels) zu übernehmen kann wegen der damit zu erwirtschaftenden Rendite, zur Absicherung des Einkaufs und aus anderen Gründen von Interesse sein (Bastian und Born, 2004). In einer langfristigen Perspektive ist es allerdings nur der *TUI* gelungen, vorgelagerte Wertschöpfungsstufen – insbesondere die Hotellerie – erfolgreich zu integrieren. Die *TUI AG* ist heute mit ca. 200.000 Betten im Konzern der größte Hotelier in Deutschland und der größte Anbieter von Ferienhotellerie in Europa. Die *REWE Touristik*, Nummer zwei im deutschen Veranstaltermarkt, agiert in Fragen der Investition in Hotels sehr vorsichtig und präferiert eher Modelle mit geringer Kapitalbindung wie z.B. Franchising. Die Großveranstalter *Thomas Cook* und *FTI* wären an ihrem Engagement im Leistungsträgerbereich in den Jahren 2000 (*FTI*) und 2003 (*Thomas Cook Deutschland*) fast bankrott gegangen, hätten nicht die Mutterkonzerne für die nötige Finanzierung bzw. Sanierung gesorgt. Näheres hierzu im Kapitel 2.5. Die Rentabilität deutscher Reiseveranstalter schwankt zwischen Umsatzrenditen von 1 % und 3 %, bei den Großveranstaltern liegt sie näher bei 1 % als bei 3 %. Damit liegt der Reiseveranstalter zwar weitaus besser als die große Masse der deutschen Reisebüros, die nach mehrjährigen Erhebungen der Hochschule München, Fakultät für Tourismus, zumindest in den unteren Umsatzgrößenklassen von der 1 %-Marke weit entfernt sind. Umsatzrenditen von um die 2 % sind jedoch aus der Sicht von Börsenanalysten so dürftig, dass die Aktien der börsennotierten Reiseveranstalterkonzerne

TUI und *Thomas Cook* ihren Anlegern in den letzten Jahren überwiegend keine Freude bereiten konnten.

An dieser Stelle mögen die einführenden Bemerkungen zu betriebswirtschaftlichen Perspektiven des Reiseveranstalters genügen. Besonders wichtig ist uns jedoch der Hinweis, dass die deutsche Reiseveranstalterbranche zwar eine sehr hohe Konzentration in Gestalt eines Marktanteils von ca. 75 % seitens der fünf deutschen Großveranstalter aufweist; dass gleichzeitig das Reiseveranstaltergeschäft jedoch eine schier unerschöpfliche Fülle von Möglichkeiten für kreative Neugründer und kleine Unternehmen bietet. Die Gründe für diesen Umstand sind vielfältig. Ein wesentlicher Grund liegt in der Entwicklung von immer stärker differenzierten Wünschen und Bedürfnissen der Verbraucher, ein anderer im Angebot der Medien, das viele Wünsche steuert. Großveranstalter weisen eine gewisse Schwerfälligkeit auf und sind nicht so gut in der Lage, sich schnell auf neue Wünsche und Bedürfnisse einzustellen wie kleine Unternehmen. Sie ziehen es vor, erfolgreiche Nischenanbieter zu übernehmen, um am Ertragspotenzial einer Nische teilzuhaben. Bei allen Chancen, die sich für Neugründer und kleine Unternehmen in Nischen bieten, ist doch zu prüfen, ob die Nische ein ausreichendes Potenzial bietet und ob sie nicht eventuell durch starke Mitbewerber schon ausreichend besetzt ist. So dürfte es für einen Neugründer beispielsweise sehr schwer sein, im Segment der Studienreisen Fuß zu fassen, auch wenn die Studienreise dem demographischen Trend zu einer älter werdenden und besser informierten Gesellschaft und einer Zunahme an Singles entspricht. Im Segment der Studienreisen sind in Deutschland einige Veranstalter so gut etabliert – allen voran der mittelständische Marktführer *Studiosus* – dass ein Neugründer es ebenso schwer haben dürfte wie ein etabliertes Reiseunternehmen, das versuchen möchte, in dieses relativ profitable Marktsegment hinein zu diversifizieren.

1.4 Exkurs: Systemtheorie und Kybernetik

Systematisches Denken und Arbeiten gehört für die meisten Menschen zum Alltag. Auch die Rede von einer Systematik, die man sich zurechtgelegt habe, ist allgemeiner Sprachgebrauch. Stellt man jedoch die Frage „Was ist eigentlich ein System?" so stößt man meistens zunächst auf Ratlosigkeit. Niemand wird bestreiten, dass der menschliche Körper nicht nur aus Systemen besteht (beispielsweise ist unsere Lunge ein höchst komplexes und noch dazu redundant ausgelegtes System) sondern dass wir in der Natur wie im Alltag von unzähligen Systemen umgeben sind. Viele dieser vom Menschen geschaffenen Systeme haben an Komplexität erheblich zugenommen. War es vor 40 Jahren dem Autofahrer noch möglich, am Vergaser seines Volkswagens mit einem Schraubenzieher den Zündzeitpunkt einzustellen, so kommt heute kaum noch jemand auf die Idee, am Motor auch nur irgendein Teil anzufassen. Dies überlassen wir den *Mechatronikern*. In der Managementlehre hat die Beschäftigung mit Systemen in den letzten Jahren deutlich zugenommen. Dabei geht es nicht nur um die auf Informationstechnologie basierende Produktion, sondern in hohem Maße auch um die Vernetzung von Unternehmen und Umwelt vor dem Hintergrund einer sich verschärfenden Debatte über soziale Verantwortung und Nachhaltigkeit.

1.4.1 Zu den verschiedenen System-Begriffen

Schon in der Antike hatte das Wort *System* eine doppelte Bedeutung. Es bedeutete „das Zusammengestellte, das Zusammengeordnete". Die Doppelbedeutung bestand und besteht darin, dass man einerseits Gegenstände oder „die Wirklichkeit", andererseits aber auch Aussagen oder eine Erkenntnis der Wirklichkeit zusammenordnen kann. Die Unterscheidung wird deutlicher, wenn wir zwei völlig unterschiedliche Verwendungen des Begriffes „System" einander gegenüberstellen, die in der Neuzeit üblich wurden. So wurde einerseits von einem System wie dem *Planetensystem* gesprochen, andererseits zum Beispiel vom *Tiersystem*. Beim Planetensystem handelt es sich um ein gegenständliches System, bei dem die Sonne von Planeten umkreist wird und das von bestimmten Kräften (z.B. Gravitation) zusammen gehalten wird. Beim Tiersystem handelt es sich jedoch nicht um das tatsächliche Zusammenleben oder Vorkommen von Tieren, sondern darum, dass Tiere nach ihren Merkmalen geordnet werden, etwa in Säugetiere, Wirbeltiere oder die Kategorie der Katzen.

Gegenständliche Systeme sind also solche, die in der Wirklichkeit vorkommen. Es sind Gebilde von Elementen, die in bestimmten Beziehungen zueinander stehen. Hierzu zählen der menschliche Organismus ebenso wie das Zusammenleben von Tieren und Pflanzen in einem Lebensraum (*Biotop*), eine Maschine, ein Regelkreis in der Technik (z.B. eine automatische Heizungsanlage), die Wirtschaft in einzelnen Branchen oder der Staat.

Die Aufzählung dieser Beispiele zeigt bereits, dass wir **zwei verschiedene Arten von gegenständlichen Systemen** unterscheiden müssen:

- Natürliche Gebilde = Systeme (z.B. der menschliche Organismus oder das Planetensystem)
- Vom Menschen geschaffene Gebilde = Systeme (z.B. eine Maschine oder der Staat)

Die Art der Beziehung, in der die Elemente zueinander stehen, ist entscheidend für die Frage, ob es sich überhaupt um ein System handelt oder nicht. So ist ein Sandhaufen z.B. kein System, obwohl die Elemente (die Sandkörner) in einer Beziehung zueinander stehen. Sie berühren sich nämlich. Dennoch ist die Zahl und Anordnung rein zufällig und nicht geeignet, ein System zu bilden.

Gedankliche Systeme sind hingegen solche, die nur in den Sätzen von Wissenschaftlern existieren. Hier findet sich die seit Jahrtausenden geführte Diskussion über *das Wissen* des Menschen und damit die gesamte Geschichte der Philosophie. Nur wenigen ist heute noch bewusst, dass wir bei den gedanklichen Systemen an eine Philosophie Hegels ebenso denken müssen wie an eine Bibliothek. Das Zusammenordnen von Begriffen im Sinne einer Kunde oder Lehre ist also ein Gebiet der Systemtheorie, auch wenn dies nur selten so bezeichnet wird (Seiffert, Band 3, 2001). Gedankliche Systeme können wir also auch als Aussagensysteme, Begriffssysteme oder theoretische Systeme bezeichnen. Hier findet sich die geordnete Wissensgesamtheit. Die Ordnungsschemata, mit denen Bibliotheken arbeiten oder die Einteilung der Wissenschaften in Disziplinen werden auch als *Systematik* bezeichnet. Unter Einbeziehung der Philosophie lassen sich gedankliche Systeme also unterscheiden in

- Philosophisches System (von der Antike bis zur Neuzeit gleichbedeutend mit dem Wissen überhaupt)
- Wissenssystem (Systematik)

1.4.2 Grundzüge der Systemtheorie

Die Systemtheorie beschäftigt sich mit Systemen im **gegenständlichen** Sinn. Sie hat sich vorwiegend aus der naturwissenschaftlichen, psychologischen und sozialwissenschaftlichen Forschung des 20. Jahrhunderts entwickelt. Im Wesentlichen sind es drei Strömungen, die hier zusammengeflossen sind: (Seiffert, Band 3, 2001, S. 125)

1. Die allgemeine Systemtheorie, die vom dem österreichischen Biologen Ludwig von Bertalanffy (1901–1972) begründet wurde
2. Die Kybernetik, die auf den amerikanischen Mathematiker Nobert Wiener (1894–1964) zurückgeht und 1947 durch das Werk „Cybernetics – or control and communication in the animal and the machine" eingeführt wurde
3. Die sog. „strukturell-funktionale" soziologische Theorie des Amerikaners Talcott Parsons, der mit der deutschen Philosophie und Soziologie Max Webers gut vertraut war

Wir wollen zunächst einige Grundbegriffe der Systemtheorie erläutern. Im Zusammenhang damit wollen wir auch auf die Kybernetik als einer Anwendung der Erkenntnisse von Systemzusammenhängen eingehen. Nach Habermas sind Systeme „… auf Zeit invariant strukturierte Einheiten, die sich in einer komplexen und veränderlichen Umwelt durch Stabilisierung einer Innen-Außen-Differenz erhalten" (Habermas, 1975). Systeme setzen sich aus Subsystemen zusammen und können in übergreifende Systeme integriert sein. Gegenstand der Systemanalyse ist die „dynamische Wechselbeziehung der Elemente und Elementarprozesse, die Art und Weise ihres Wirkens aufeinander".

Nach Rittel kann man System definieren als eine „Liste von Variablen", wobei die Variablen als eine endliche Zahl von Kriterien, unter denen Information über einen bestimmten Bereich der Realität eingeholt wird, zu verstehen sind. Reimann definiert „System" als „ein Ganzes…, das aus einzelnen Elementen, die untereinander in Wechselbeziehung stehen, zusammengefügt ist (Rittel, 1961). Die Beschaffenheit der Elemente, deren spezifische Koordination (Systemstruktur) machen die Eigenart des Systems aus. Das System besitzt eine Grenze zur Außenwelt (Innen- und Außenaspekt), mit der es im Übrigen in ständiger Wechselbeziehung (Austausch) steht. Die Bewahrung des Gleichgewichts zwischen Innen und Außen (Äquilibrium: Homöostase) dient der Selbsterhaltung des Systems" (Reimann, 1968).

Die Systemtheorie ist ein interdisziplinäres Erkenntnismodell, in dem Systeme zur Beschreibung und Erklärung unterschiedlich komplexer Phänomene herangezogen werden. Die Analyse von **Strukturen und Funktionen** soll häufig Vorhersagen über das Systemverhalten erlauben. Die Begriffe der Systemtheorie werden in verschiedenen wissenschaftlichen Disziplinen angewendet. Die Systemtheorie ist sowohl eine allgemeine und eigenständige Disziplin als auch ein weitverzweigter und heterogener Rahmen für einen interdisziplinären Diskurs, der den Begriff *System* als Grundkonzept führt. Es gibt folglich sowohl eine allgemeine „Systemtheorie" als auch eine Vielzahl unterschiedlicher, zum Teil widersprüchlicher und konkurrierender Systemdefinitionen und -begriffe. Obwohl in der soziologischen Literatur häufig auf die Systemtheorie Bezug genommen wird, ist es schwierig, einen entsprechenden Gegenstand, eine entsprechend geschlossene Theorie zu finden. Es gibt also mehrere allgemeine Systemtheorien.

Die Entwicklung der Systemtheorie ist durch eine Unterscheidung zwischen einem stabilen Zustand und einer Störung gekennzeichnet. Normalerweise liegt der Akzent auf Stabilität. Man stellt sich ein Gleichgewicht stabil vor, das nur auf Störungen reagiert, und zwar in der Weise, dass entweder das alte Gleichgewicht wiederhergestellt oder ein neuer Gleichgewichtszustand erreicht wird. Die Metapher setzt eine gewisse Mechanik, eine gewisse Implementierung, eine gewisse Infrastruktur voraus, die dafür sorgen, dass das Gleichgewicht erhalten wird. Von daher ist die Vorstellung dominant, dass Gleichgewichtstheorien Stabilitätstheorien sind. Dies wird jedoch bei genauer Betrachtung fragwürdig, wenn man genauer hinsieht, und solche Hinweise gab es auch im 17. Jahrhundert schon. Wenn man sich an der Vorstellung einer Waage, eines Gleichgewichtszustandes zweier Waagschalen, orientiert wird sogleich deutlich, wie schnell dieses Gleichgewicht gestört werden kann. Das heißt also: man kann die Idee des Gleichgewichts als eine Theorie betrachten, die die Störempfindlichkeit eines Systems bezeichnet und auch lokalisiert – man weiß, was man tun muss, wenn man das Gleichgewicht stören will. Man braucht nur ein kleines Gewicht auf einer Seite hinzufügen und schon ist die Waage im Ungleichgewicht. Dies ist eine Theorie einer spezifischen Unterscheidung und nicht so sehr die Theorie eines wünschenswerten Zustandes oder einer bestimmten Art von Objekten. Der Begriff des Gleichgewichts enthält eine Theorie, die sich dafür interessiert, wie das Verhältnis von Störung und Stabilität geordnet werden kann. Man kann vielleicht sogar sagen, dass sie Interesse hat zu sehen, wie das Verhältnis von Störung und Stabilität gesteigert werden kann, sodass ein System trotz hoher Störbarkeit immer noch stabil ist (Luhmann, 2009).

1.4.3 Soziologische Systemtheorie

Als soziologische Systemtheorie wird eine auf systemtheoretischen Diskursen und Begriffen basierende Theorie der Sozialität als Teil einer allgemeinen Soziologie bezeichnet. Die soziologische Systemtheorie hat dabei den Anspruch, eine Universaltheorie im Sinne eines umfassenden und kohärenten Theoriegebäudes für alle Formen von Sozialität (z.B. Zweierbeziehungen, Familien, Organisationen, Funktionssysteme, Gesellschaft) zu sein. Damit umfasst sie auch sich selbst als Gegenstand ihrer Theorie, operiert also selbstbezüglich (selbstreferentiell, vgl. Luhmann, 1987). Als wichtigste Vertreter gelten Talcott Parsons (struktur-funktionalistische Theorie des Handlungssystems) und Niklas Luhmann (funktional-strukturalistische Theorie sozialer Kommunikationssysteme).

Der **soziologische Systembegriff** geht auf Talcott Parsons zurück. Parsons betrachtet dabei Handlungen als konstitutive Elemente sozialer Systeme. Er prägte den Begriff der strukturell-funktionalen Systemtheorie. Der Begriff **Struktur** bezieht sich dabei auf diejenigen Systemelemente, die von kurzfristigen Schwankungen im System-Umwelt-Verhältnis unabhängig sind. **Funktion** dagegen bezeichnet den dynamischen Aspekt eines sozialen Systems, also diejenigen sozialen Prozesse, die die Stabilität der Systemstrukturen in einer sich ändernden Umwelt gewährleisten sollen. Die strukturell-funktionale Theorie beschreibt also den Rahmen, der Handlungsprozesse steuert. Ist die Struktur eines Systems bekannt, kann in funktionalen Analysen angegeben werden, welche Handlungen für die Systemstabilisierung funktional oder dysfunktional sind. Handlungen werden also nicht isoliert betrachtet, sondern im Kontext der strukturellen und funktionalen Aspekte des jeweiligen Sozialsystems.

Zur strukturellen und funktionalen Analyse sozialer Systeme entwickelte Parsons das **AGIL-Schema**, das die für die Strukturerhaltung notwendigen Funktionen systematisiert. Demnach müssen alle Systeme vier elementare Funktionen erfüllen:

1. Adaptation (Anpassung),
2. Goal Attainment (Zielerreichung),
3. Integration (Integration) und
4. Latency (Strukturerhaltung)

Einzelne Handlungen werden also nicht isoliert, sondern im Rahmen eines strukturellen und funktionalen Systemzusammenhanges betrachtet. Handlungen sind dabei Resultate eben jenes Systemzusammenhanges, der durch diese Handlungen gestiftet wird (handlungstheoretische Systemtheorie). Parsons beschreibt den Zusammenhang zwischen System und Systemelementen also als rekursiv und berücksichtigt damit wechselseitige Ermöglichungs-, Verstärkungs- und Rückkopplungsbedingungen. Niklas Luhmann erweitert die Theorie Parsons und verwendet nicht mehr den Handlungsbegriff, sondern den sehr viel allgemeineren Begriff der **Operation**. Systeme entstehen, wenn Operationen aneinander anschließen. Die Operation, in der soziale Systeme entstehen, ist Kommunikation. Wenn eine Kommunikation an eine Kommunikation anschließt (sich auf diese zurückbezieht und sie zugleich weiter führt), entsteht ein sich selbst beobachtendes soziales System. Kommunikation wird durch Sprache und durch symbolisch generalisierte Kommunikationsmedien – Geld, Wahrheit, Macht, Liebe – wahrscheinlich gemacht.

Luhmann unterscheidet drei Typen sozialer Systeme:
- Interaktionssysteme
- Organisationssysteme
- Gesellschaftssysteme

Gesellschaft ist das umfassende System, das sich in Funktionssysteme ausdifferenziert. Auf diese Weise entstehen unter anderem das Recht, die Wirtschaft, die Wissenschaft, die Politik, die Religion als funktional ausdifferenzierte Systeme. Diese Systeme – nicht die Menschen – beobachten wir unter Verwendung spezifischer Unterscheidungen: Recht/Unrecht im Rechtssystem, wahr/falsch im Wissenschaftssystem, Allokation/Nichtallokation im Wirtschaftssystem, Immanenz/Transzendenz im Religionssystem oder Regierung/Opposition im politischen System. Diese Unterscheidungen oder Codes bilden den Rahmen, innerhalb dessen das Teilsystem Formen ausbilden kann. Der Code sorgt für die operative Schließung des Systems. Für die Offenheit des Systems sorgen Programme, nach denen für die eine oder andere Seite einer Entscheidung optiert wird. Als Beispiel für ein Systemprogramm können etwa Theorien in der Wissenschaft genannt werden, die über eine Zuordnung zu einer der beiden Seiten wahr/falsch entscheiden. (Luhmann, 1992)

Ein Betrieb ist ein soziales System, das zur Selbststeuerung und Selbsterhaltung (sog. Homöostase) jedoch **nicht** fähig ist. Das Management muss als Regler fungieren und das System *Betrieb* in dem Leistungsbereich halten, der angestrebt wird. Der Betrieb als System ist Teil übergeordneter Systeme wie regionaler Markt, Staat oder Tourismus-Weltmarkt. Innerhalb des Betriebes gibt es Subsysteme wie Abteilungen, Teams oder Tochterunternehmen. Zu den Anforderungen an das Management gehört es, die Wirkungsweise und Zusammenhänge von Systemen zu verstehen, um Probleme analysieren und ggf. selbst an der richtigen Stelle eingreifen zu können. Doch nicht nur die ökonomischen Aspekte sind zu beachten; vielmehr sollte die Wirkung von Management-Entscheidungen insbesondere in Destinationen nur in einer interdisziplinären Perspektive betrachtet werden. Der Systemzusammenhang der Wirkungen des Reisens muss im regionalen wie im globalen Kontext gesehen werden. Wir werden im weiteren Verlauf der Darlegungen vor allem beim Thema Nachhaltigkeit zeigen, wie unerlässlich gerade im Tourismus die Einbeziehung von **Systemzusammenhängen in einem weltweiten Kontext** ist.

1.4.4 Kybernetik

Die Untersuchung der Selbstregulierungs- und Selbsterhaltungsvorgänge in organischen und maschinentechnischen Systemen geht auf *Norbert Wiener* zurück, der 1948 mit seiner bereits genannten Arbeit den Grundstein für die wissenschaftliche Anwendung der sog. Kybernetik legte. Der Verdienst von *Karl W. Deutsch* ist es, die ursprünglich militärisch und naturwissenschaftlich angewandte Kybernetik erstmalig auf die Analyse sozialer Systeme übertragen zu haben (Reimann, 1968).

Reimann nennt folgende „Basiskonzepte" der Kybernetik im Sinne einer allgemeinen Kommunikationswissenschaft:

- die Informationstheorie (allgemeine Nachrichtentheorie einschließlich Zeichen-, Informations- und Codierungstheorie)
- die Systemtheorie (allgemein informationelle Systemtheorie, allgemeine Regelkreislehre als Theorie adaptiver Systeme, allgemeine Systemkomplextheorie)

Die Kybernetik untersucht Struktur und Funktion selbstregulierender Systeme, die zur Aufnahme, Speicherung, Verarbeitung, Anwendung und Übertragung von Informationen befähigt sind. Das kybernetische Prinzip von Kommunikation und Regelung abstrahiert derartig von allen Objektzusammenhängen, dass es auf die verschiedensten Forschungsbereiche, so auch auf die Nationalökonomie und die Soziologie anwendbar erscheint. Es ist „eine Kunst, welche die Wirksamkeit der Aktion gewährleistet; eine Kunst der Handlungsteuerung oder Handlungsregelung zum Zweck der Erreichung des gesteckten Ziels" (Reimann, 1968).

Zur Darstellung der Systemzusammenhänge verwendet die Kybernetik das Modell des Regelkreises, das wir hier in Anlehnung an Reimann in einer einfachen Form (Abb. 1.2) vorstellen wollen.

Die Eingangsgröße E wirkt auf ein System S ein und wird von diesem umgesetzt in die Wirkung A. Die Größe dieser Wirkung, die in der Toleranzgrenze A_1 bis A_2 bleiben soll, wird durch die Rückkopplung (Feedback) an den Regler R gemeldet, der im Fall einer Abweichung die Eingangsgröße E so verändert, dass ihre Umsetzung im System S wieder einen erwünschten Wert von A ergibt. Solche einfachen Regelkreise finden sich an vielen Orten. So ist jede Temperatursteuerung (Thermostat) im einfachsten Fall so ausgelegt. Moderne Fahrerassistenzsysteme bremsen oder stoppen ein Fahrzeug bei Annäherung an ein Hindernis. Im menschlichen Körper lässt ein Regelmechanismus die Köpertemperatur bei Infektionen steigen uns senkt sie erst wieder, wenn der Körper mit der Infektion fertig geworden ist.

Das Modell des einfachen Regelkreises

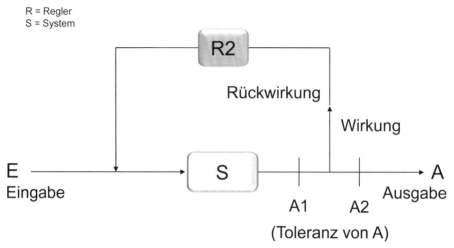

Abb. 1.2: Modell des einfachen Regelkreises

Das nachfolgende Modell veranschaulicht die Wechselwirkung zwischen mehreren Regelkreisen und lässt erkennen, dass es möglich ist, die Zusammensetzung komplexer Systeme aus einer Vielzahl von Regelkreisen dazustellen. Wir haben das System außerdem um eine vorgegebene Sollgröße SG erweitert, die vom Regler 1 mit der als Ausgangswert des Systems S gemessenen Ist-Größe verglichen wird. Die Messung erfolgt durch ein Messinstrument M, dem in der Praxis z.B. die Umsatzergebnisse eines Unternehmens oder einer Befragung entsprechen können. Der Regler 2 kontrolliert und steuert durch gleichartige Vorgänge die Tätigkeit des Reglers 1 und damit die beiden Regelkreise. Die Maßnahmen, mit denen der Regler auf das System S einwirkt, stellen wir mit dem Symbol der Stellgrößen ST dar.

Wechselwirkungen zwischen mehreren Regelkreisen

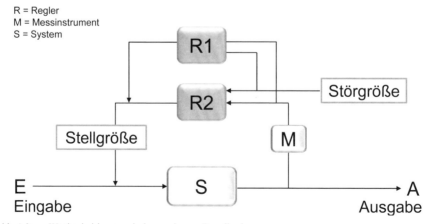

Abb. 1.3: Wechselwirkung zwischen mehreren Regelkreisen

Die Vielzahl möglicher bzw. in der Literatur vorgestellter Regelkreismodelle hat stets einen bestimmten grundlegenden Ablauf gemeinsam: die Kontrolle der Ausgangswerte eines Systems, die Rückmeldung dieser Werte an einen Regler (Rückkopplung, Feedback) und die Einwirkung des Reglers auf das System zum Zweck der Erhaltung seiner Werte in gewünschten Grenzen. Reimann weist darauf hin, dass „der kybernetische Aspekt nur einer unter vielen möglichen ist und keineswegs beansprucht, ein soziales Gebilde oder einen sozialen Prozess vollständig erfassen zu können, wozu im Übrigen kein in den Sozialwissenschaften benutztes Modell in der Lage wäre" (Reimann, 1968). Viele soziale Prozesse lassen sich im Hinblick auf die gegenseitigen Beziehungen ihrer wichtigsten Elemente als Regelvorgänge beschreiben, obgleich es nicht möglich ist, auf diese Weise ihre volle Komplexität zu erfassen. Als ein besonders komplexes Regelkreissystem kann man die Marktwirtschaft betrachten, wobei je nach der Ebene der Betrachtung (als Betriebswirtschaft, Volkswirtschaft oder Weltwirtschaft) die Art und Zahl der in Frage kommenden und miteinander verflochtenen Regelkreise variiert.

1.4.5 Interaktionssysteme und soziale Systeme

In der Diskussion über soziale Systeme, die insbesondere zwischen Niklas Luhmann und Jürgen Habermas sehr kontrovers geführt wurde, wird ein Verständnis des Begriffs *soziales System* deutlich, der es relativ leicht macht, in der Praxis zu unterscheiden, ob wir es mit einem sozialen System zu tun haben oder nicht. Luhmann stellt darauf ab, dass sich soziale Systeme durch **Sinn** konstituieren. Eine Ansammlung von Menschen auf dem Schlossplatz einer Stadt ist kein soziales System, denn der Sinn der Präsenz der anderen ist den meisten Anwesenden nicht bekannt: die einen wollen einem Künstler zusehen, die anderen sehenswerte Gebäude betrachten und wieder andere wollen Freunde treffen. Führt hingegen eine Organisation eine Demonstration durch und ruft ihre Mitglieder auf diesem Platz zusammen, so ist diese Gruppe von Menschen für die Zeit ihrer Präsenz ein soziales System. Auch eine Reisegruppe, die von einem Reiseleiter geführt wird, ist für die Dauer der Reise ein soziales System. Die Anwesenheit dient einem bestimmten Sinn oder Zweck, es findet innerhalb der Gruppe eine bestimmte Interaktion bzw. Kommunikation statt und die Führung der Gruppe unterliegt einem vorher definierten Regelwerk. Durch verdeckt teilnehmende Beobachtung hat sich gezeigt, dass solche sozialen Systeme mit ihrer Umgebung so gut wie nicht kommunizieren, auch wenn die Teilnehmer das in Vor- oder Nachbefragungen behaupten (Voigt, 1981). Für die Dauer der Reise ist das soziale System *Reisegruppe* stabil; mit Ende der Reise löst es sich für immer auf.

1.4.5.1 Soziales Handeln und Interaktion

Kommunikation und Interaktion hängen voneinander ab. Ohne Kommunikation sind kein zwischenmenschlicher Kontakt und keine gegenseitige Beeinflussung möglich. Andererseits bestimmen die wechselseitigen Beziehungen zwischen Individuen den Verlauf ihrer Kommunikation. Insofern sind die Theorien der sozialen Systeme (als Gestalten von Abläufen menschlichen Handelns) und der sozialen Kommunikation untrennbar miteinander verbunden. Reimann nennt demgemäß sowohl interaktionstheoretische wie auch systemtheoretische Aspekte als Elemente einer soziologischen Kommunikationslehre (Reimann, 1968).

Interaktionssysteme sind Regelungssysteme, innerhalb deren Grenzen sich soziales Handeln nach festgelegten Erwartungen und Normen vollzieht. Der Begriff des „sozialen Handelns" geht auf Max Weber zurück (Weber, 1956) und bedeutet „sinnhafte Orientierung des eigenen Handelns am fremden Handeln". Verlaufstypen sozialen Handelns sind nach Max Weber z.B. Brauch, Sitte und interessensbedingtes Verhalten, wobei nicht nur das Handeln als solches, sondern auch die Regelmäßigkeit des Handelns und die verschiedenartigen Sanktionen bei Abweichungen vom verlaufstypischen Handeln im zentralen Interesse der soziologischen Analyse liegen. Charakteristisch für Interaktionssysteme ist die Verbindlichkeit der Verhaltensregeln für den Handelnden, wobei die Verbindlichkeit nach Max Weber auf einen „angebbaren Menschenkreis" beschränkt sein soll. Integraler Bestandteil eines Interaktionssystems sind Sanktionen, Belohnungen und Bestrafungen, mittels derer die Einhaltung der Normen überwacht und der Gleichgewichtszustand des betreffenden sozialen Systems erhalten werden soll (Homöostase des Systems). Im Sinn der Kybernetik stellen diese Sanktionen die Stellgrößen dar, mit deren Hilfe das Verhalten der System-Angehörigen auf der Regelstrecke beeinflusst werden kann. Die Grenzen des Interaktionssystems sind jedoch nicht starr, sondern können bei zunehmenden Abweichungen von den Normen in Bewegung kommen. Die Abweichungen und Übertretungen können zur Verschiebung der Normen, zu sozialem Wandel oder schließlich zum Verlust der Strukturmerkmale eines sozialen Systems führen.

1.4.5.2 Soziale Systeme

Unter Anwendung der allgemeinen Systemtheorie und der soziologischen Kategorienlehre Max Webers formulierte Talcott Parsons ein Interaktionsmodell, bei dem die Handelnden und deren Handlungen (als Handlungseinheiten) die Elemente des sozialen Systems darstellen. Gegenstand der Analyse sind hierbei nicht die Personen, sondern ihre Interaktionen. Unter der Sozialkultur eines sozialen Systems verstand Parsons das System der sozialen Beziehungen der Handelnden (Parsons, 1951). In seiner sog. strukturell-funktionalen Theorie ging Parsons von vorgegebenen Strukturen aus und versuchte, die Funktionen zu analysieren, die nötig sind, um das soziale System zu erhalten. Dieser Primat des Strukturbegriffs hat ihm vor allem den Vorwurf des allzu statischen bzw. den Status quo rechtfertigenden Verständnisses von sozialen Systemen eingetragen. Manche Kritiker – so Lockwood und Mayntz – bemängelten die Überbetonung des normativen Aspekts oder den allzu konservativen Zug in der strukturell-funktionalen Systemtheorie.

Luhmann geht bei seiner sog. „funktional-strukturellen Systemtheorie" von den Überlegungen Parsons aus, weicht jedoch in der Frage der Vorrangigkeit der Strukturen von Parsons Theorie ab. Er stellt die **Funktionen eines sozialen Systems** den Strukturen voran und ermöglicht dadurch die Analyse von Sozialsystemen, ohne eine vorgegebene Systemstruktur hinnehmen zu müssen. Für Luhmann sind soziale Systeme sinnhaft identifizierte Systeme, die dazu dienen, eine „unermessliche Weltkomplexität" zu reduzieren Auch der auf Max Weber zurückgehende Begriff des sozialen Handelns findet sich bei Luhmann wieder. Luhmann will *Gesellschaft* als dasjenige Sozialsystem begreifen, „das mit seinen Grenzen unbestimmte, nicht manipulierbare Komplexität ausgrenzt und damit die Möglichkeiten vorstrukturiert, die in der Gesellschaft ergriffen und realisiert werden können" (Luhmann, N., ebenda, S. 24). Luhmanns sog. funktional-strukturelle Systemtheorie erhebt sowohl gegenüber der empirisch-analytischen Theoriebildung als auch gegenüber der Gesellschaftstheorie einen Anspruch auf Überlegenheit bzw. Universalität. Sie verharrt nicht bei der Erklärung von Kausalbeziehungen, sondern hinterfragt soziale Systeme im Hinblick auf ihre Funktionen und ihre Leistungen zur Reduktion von (Welt-) Komplexität. Die funktionalen Leistungen von sozialen Systemen werden auf mögliche äquivalente Funktionen hin untersucht, was sich im Begriff der „funktional-äquivalenten Methode" niedergeschlagen hat.

Die von Luhmann formulierte Systemtheorie wurde in der soziologischen Literatur bisher nur in sehr geringem Umfang kritisiert. Die einzige bedeutsame Auseinandersetzung mit der Luhmannschen Systemtheorie stammt von Habermas, dessen Kritik sich u.a. gegen den vermeintlich technologischen Charakter der Systemtheorie richtet. Habermas konstatiert einen Gegensatz von Technik und Praxis als Handlungsmodelle und ordnet die Systemtheorie der Technik zu, während er für die soziale Praxis einen auf „kommunikative Kompetenz" gegründeten Diskurs (=Diskussion) als Form des nichttechnischen Handelns vorschlägt (Habermas in Habermas und Luhmann, 1975). Einen bemerkenswerten Versuch, die funktional-strukturelle Systemtheorie auf das soziale Phänomen des Tourismus anzuwenden, stellt die Arbeit von *Erentraud Hömberg* dar (Hömberg, 1977).

Das nachfolgend dargestellte **Strukturmodell des globalen Systems Tourismus** zeigt Strukturen in zwei Dimensionen: Zum einen teilt sich die Welt des Tourismus stets in Herkunftsländer (Quellmärkte) und Zielländer (Zielgebiete, Destinationen). Der Tourist reist per definitionem vom Herkunftsland in das Zielgebiet und zurück. Diese Zweiteilung des Systems stellen wir durch eine vertikale Achse dar. Eine zweite, hier horizontale Achse markiert den Unterschied zwischen Akteuren aus dem öffentlich-rechtlichen Bereich (Staaten, Länder, Provinzen, Kommunen) und den in der unteren Hälfte eingetragenen privatwirtschaftlichen Unternehmen. Hier ist in Teilen auch die Wertschöpfungskette zu sehen, die vom Leistungsträger im Zielgebiet über die Unternehmen des Herkunftslandes (Leistungsträger, Reiseveranstalter, Reisemittler) bis zum Kunden reicht. Zu Funktionen im globalen Tourismus kommen wir beim Thema *Nachhaltigkeit*.

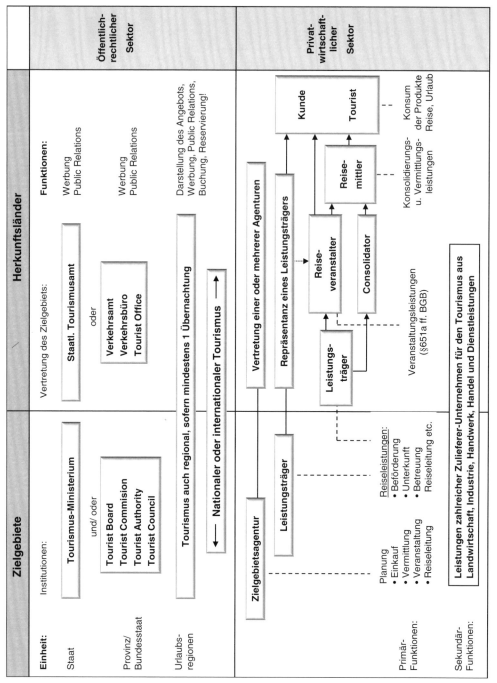

Abb. 1.4: Strukturmodell des globalen Systems Tourismus

2 Die strategische Planung

Jedes Unternehmen operiert in einer komplexen Umwelt, die von ständigen Veränderungen geprägt ist. Dabei gilt es zu erkennen, inwieweit Ausmaß und Geschwindigkeit der Veränderungen zunehmen. Die Rahmenbedingungen der Umweltveränderung sind der Hintergrund, den es zu verstehen gilt und der ständig zu analysieren ist. Treffend wurde diese Entwicklung von Peter Drucker, dem Pionier der Managementlehre als das **Zeitalter der Diskontinuität** bezeichnet (Hopfenbeck, 2002). Die Tourismusbranche ist von dieser Diskontinuität in besonderem Maße betroffen.

2.1 Begriff und Aufgaben der strategischen Planung

Um den Zweck einer strategischen Planung besser verständlich zu machen, müssen zunächst in den folgenden zwei Unterkapiteln die Bedeutungen der Begriffe *Planung* und *Strategie* eines Unternehmens näher erläutert werden. Kapitel 2.2 fasst dies dann zusammen und geht auf die Aufgaben der strategischen Planung ein.

2.1.1 Die Planung eines Unternehmens

Jedes Unternehmen braucht angesichts der Komplexität seiner Umwelt Orientierung, um handeln zu können. Dazu sind Informationen zu verarbeiten, Erfahrungen auszuwerten, andere Systeme zu beobachten, Ergebnisse zu klären, Ereignisse in Form von Gelegenheiten und Bedrohungen (engl. „opportunities and threats") zu analysieren usw. Eine Technik, um mit diesen Anforderungen umzugehen, ist die Planung (Steinmann und Schreyögg, 2005). Mit ihr wird versucht, Orientierung dadurch zu gewinnen, dass relevante Probleme antizipiert und vorab, also vor dem Eintreten der mutmaßlichen Handlungskonstellation, gelöst werden. Das sind nicht nur Vorratsbeschlüsse, dies bedeutet vielmehr auch, dass das heutige Handeln auf die zukünftige Problemlösung ausgerichtet werden soll.

Da der Begriff der Planung in der Literatur sehr unterschiedlich definiert wird, scheint es zunächst sinnvoll, eine der in der Literatur äußert zahlreichen Darstellungen zu zitieren:

Merkmale der Planung

- Planung ist **vorausschauend**, d.h. sie erfordert geistige Vorwegnahme (gedankliche Antizipation) zukünftigen Geschehens, eine vorgezogene Problemanalyse und das rechtzeitige Durchdenken möglicher Lösungen.
- Planung ist eine **geistige** Durchdringung von Gestaltungszusammenhängen.
- Planung muss durch ein **systematisches und methodisches** Vorgehen gekennzeichnet sein.
- Planung wird durch legitimierte Planungsinstanzen durchgeführt (**Gestaltungsaspekt**).

- Planung bezeichnet ein **rationales Handeln** und unterscheidet sich dadurch von der Improvisation. Sie entwirft eine Ordnung (Rationalitätsaspekt).
- Planung beinhaltet die Suche nach Zielen und die **Festlegung von Zielen** (d.h. nachvollziehbar erreichbaren Sollzuständen). Oberstes Ziel der Planung ist die Erhaltung des Unternehmens.
- Planung will den gegenwärtigen Zustand verbessern (**Ergebnisaspekt**).
- Planung ist verbunden mit der Führungstätigkeit „Kontrolle" und bildet mit diesem ein Steuerungssystem (**Steuerungsaspekt**)
- Planung impliziert einen parallel ablaufenden **Informationsprozess**.
- Planung hat soziale, machtorientierte Aspekte (**Sozialaspekt**)

(In Anlehnung an Hopfenbeck, 2002)

Definition: Planung

Zusammenfassend lässt sich die Planung als ein Steuerungsinstrument bezeichnen, das nach systematischer Informationsbeschaffung und -verarbeitung versucht, mit in die Zukunft gerichteten Entscheidungen Ziele, Maßnahmen und Mittel festzulegen, mit denen der Bestand der Unternehmung gesichert werden soll. Planung ist kein einmaliger Akt in einer Unternehmung, sondern ein vielstufiger, immer wieder zu leistender Prozess. Die allgemeine Handlungsorientierung soll dem Ideal nach aus den grundsätzlichen Unternehmenszielen und dem strategischen Programm fließen.

2.1.2 Die Unternehmensstrategie

Der Begriff Strategie stammt aus dem Griechischen und bedeutet Heeresführung (stratos = Heer, agein = führen). Man sprach daher in der Vergangenheit bei groß angelegten militärischen Operationsplänen von Strategie. Später hat sich die Bedeutung auch auf andere Bereiche, wie z.B. auf ausgeklügelte Züge in Brettspielen ausgedehnt. Diese ursprüngliche Bedeutung ist in der heutigen Unternehmensstrategie erhalten geblieben, hat jedoch im Laufe der Zeit ganz andere Akzente herausgebildet. Heute bezeichnet Strategie ein längerfristig ausgerichtetes planvolles Anstreben einer vorteilhaften Lage oder eines Ziels. Strategisches Handeln ist ein zielorientiertes Vorgehen nach einem mittel- bis langfristigen Plan.

Es ist des Weiteren zwischen strategischen und operativen Entscheidungen zu differenzieren. Bei Hinterhuber sind strategische Entscheidungen dadurch gekennzeichnet, „dass sie im Unterschied zu operativen Entscheidungen nicht auf die Erreichung **eines** bestimmten Zieles, sondern auf die Suche nach einer optimalen Ziel-Position gerichtet sind, von der aus spezifische – nach Wegfall bestimmter Unsicherheitselemente – präzisierbare Ziele erreicht werden können" (Hinterhuber, 1992). Es ist schwer, eine einheitliche Definition anzugeben, die die zwischenzeitlich vorhandene Bandbreite an Vorstellungen abdecken könnte. Gewöhnlich sind es die folgenden Aspekte, die mit dem Begriff der Unternehmensstrategie bzw. der strategischen Entscheidung in Verbindung gebracht werden (Steinmann und Schreyögg, 2005).

- Strategien legen das (die) Aktivitätsfeld(er) oder die Domäne(n) der Unternehmung fest.
- Strategien sind konkurrenzbezogen, d.h., sie bestimmen das Handlungsprogramm der Unternehmung in Relation zu den Konkurrenten.

2.1 Begriff und Aufgaben der strategischen Planung

- Strategien nehmen Bezug auf Umweltsituationen und -entwicklungen, auf Chancen und Bedrohungen. Sie reagieren auf externe Veränderungen und/oder versuchen diese, aktiv im eigenen Sinne zu beeinflussen.
- Strategien nehmen Bezug auf die Unternehmensressourcen, auf die Stärken und Schwächen in ihrer relativen Position zur Konkurrenz.
- Strategien spiegeln die zentralen Einstellungen, Wünsche und Wertvorstellungen der bestimmenden Entscheidungsträger wider.
- Strategien sind auf das ganze Geschäft gerichtet, d.h., sie streben eine gesamthafte Ausrichtung der Aktivitäten und nicht nur einzelner Funktionsbereiche an.
- Strategien haben eine hohe Bedeutung für die Vermögens- und Ertragslage eines Unternehmens und weitreichende Konsequenzen für die Ressourcenbindung; es handelt sich um „große" Entscheidungen.
- Strategien sind zukunftsorientiert, sie basieren auf Erwartungen über die Entwicklung eigener Kompetenzen und des Wettbewerbs.
- Strategien können, müssen aber nicht, das Ergebnis eines systematischen Planungsprozesses sein.

In verkürzter Form lässt sich formulieren:
Strategien geben Antwort auf drei **grundsätzliche Fragen**:
1. In welchen Geschäftsfeldern wollen wir tätig sein?
2. Wie wollen wir den Wettbewerb in diesen Geschäftsfeldern bestreiten?
3. Was soll unsere längerfristige Kompetenzbasis sein?

Die **erste** Frage betrifft die Wahl der „Domäne", also des Produkt-Marktes oder der Geschäftsfelder, in denen das Unternehmen tätig sein will. Dies beinhaltet ebenfalls, ob das Unternehmen im alten Geschäft verbleiben, ein neues erschließen oder diversifizieren soll. Das Geschäftsfeld definiert sich nicht nur nach dem Produktprogramm, sondern kann sich auch nach Kundengruppen oder Anwenderproblemen bestimmen. Viele Unternehmen sind in mehreren Geschäftsfeldern tätig. Die **zweite** strategische Grundfrage stellt auf die Profilierung gegenüber der Konkurrenz in den ausgewählten Geschäftsfeldern ab. Sie verlangt eine Antwort darauf, mit welcher Konzeption und Stoßrichtung der Wettbewerb bestritten werden soll. Will man sich z.B. als Nischenanbieter profilieren, will man auf der Basis einer im Vergleich zu den Konkurrenten kostengünstigeren Produktion zum Marktführer in der Standardklasse werden oder das eigene Angebot durch ganz spezielle Merkmale von dem der Konkurrenz absetzen? Die **dritte** strategische Grundfrage stellt auf die eigenen Ressourcen ab und auf ihr Potenzial, längerfristig jenseits einzelner Marktbewegungen eine Erfolgsgrundlage zu bieten. Die strategische Planung legt das Handlungsprogramm einer Unternehmung in den Grundzügen fest. Sie hat als erste und wichtigste Funktion den Aufbau einer Differenz von System und Umwelt durch Strategiebildung. Sie filtert aus der Umwelt ein bearbeitbares Handlungsfeld heraus. Dabei zielt die strategische Planung darauf ab, den Bestand und die Rentabilität der Unternehmung dauerhaft sicherzustellen, d.h., es wird geprüft, ob in den jetzigen Geschäftsfeldern mit dem jetzt gewählten Wettbewerbskonzept auch in Zukunft konkurriert werden kann, ob neue Geschäftsfelder gesucht und/oder neue Kompetenzen entwickelt werden müssen.

2.2 Entscheidungsfindung mit System

In diesem Kapitel wenden wir die bisherigen Überlegungen zur Systematik sowie zum Planungsprozess auf die Aufgabenstellungen im Reiseveranstalter-Management an. Dabei soll auch gezeigt werden, wie die Erkenntnisse der Kybernetik dazu beitragen können, Entscheidungsprozesse transparenter und erfolgreicher ablaufen zu lassen.

2.2.1 Systematische Entscheidungen im Reiseveranstalter-Management

Voraussetzungen für den Erfolg eines Unternehmens sind das frühzeitige Erkennen von Marktveränderungen und die rechtzeitige Reaktion auf solche Veränderungen. Flexibilität wird immer mehr zu einer entscheidenden Voraussetzung für das Überleben. Unternehmerische Veränderungen benötigen eine richtungsweisende Zielsetzung. Eine systematische Definition von Unternehmens- und Geschäftsstrategien ist jedoch in vielen Unternehmen nicht anzutreffen, sei es aufgrund des täglichen Zeitdrucks oder wegen der fehlenden methodischen Kenntnisse. Deshalb sieht die Strategie häufig so aus wie die des Vorjahres. In der strategischen Unternehmensplanung sollten daher allgemeine Grundsätze bezüglich Zweck, Politik und Strategie des Unternehmens festgelegt werden, um den Rahmen zu setzen, innerhalb dessen die einzelnen Unternehmensbereiche ihre Planung durchführen können (Kotler und Bliemel, 1999).

Unternehmen, die sich in einem turbulenten Umfeld bewegen, müssen ihre Strategien den sich verändernden Marktbedingungen anpassen. Entscheidungsprozesse, die hierzu notwendig werden, sollten nicht in größeren Abständen ablaufen, z.B. am Jahresende oder nach Fertigstellung der Bilanz. Es muss die Bereitschaft vorhanden sein, jederzeit in einen neuen Entscheidungsprozess einzutreten und die zuletzt getroffenen Entscheidungen zu hinterfragen, auch wenn diese erst vor kurzer Zeit getroffen wurden. Natürlich ist es möglich, Entscheidungen „aus dem Bauch heraus", sei es im stillen Kämmerlein oder bei einem Waldspaziergang zu treffen. Es gibt Unternehmer, die hier zu den besten Entscheidungen gelangen. Bisweilen werden sie in der Tourismusbranche mit dem Begriff *Bauchtouristiker* beschrieben. Der Erfolg solcher *Bauchtouristiker* beim Aufbau oder der Sanierung großer deutscher Reiseveranstalter in den letzten Jahrzehnten ist unbestritten. Diese Spezies ist jedoch äußerst selten geworden und niemand sollte sich auf seine diesbezüglichen Fähigkeiten verlassen, wenn sie sich nicht wirklich bewährt haben.

Es ist in der Regel weitaus besser, Entscheidungen zur Veränderung und Anpassung des Unternehmens systematisch und bewusst zu treffen und dabei gesicherte Erkenntnisse der Management-Lehre zu berücksichtigen. Die hier dargestellte Vorgehensweise ist auch keineswegs großen Unternehmen vorbehalten, die über Stabsabteilungen und die nötigen Mittel für teure Berater verfügen. Gerade kleine und mittlere Unternehmen (KMU) verfügen gegenüber großen Unternehmen über die Stärke der Schnelligkeit und Flexibilität. Diese Stärke wurde schon oft mit dem Satz umschrieben: „Nicht die Großen fressen die Kleinen; die Schnellen fressen die Langsamen".

Es genügt heute nicht mehr, die erreichte Marktposition zu halten oder die Konkurrenz zu bekämpfen. Noch viel weniger kann die Antwort auf Veränderungen darin bestehen, die

Branchenverbände zum Eingreifen aufzufordern oder vermeintliche angestammte Funktionen vor Gericht einzuklagen. Es gibt keinen Artenschutz für bestimmte Arten von Unternehmen – auch nicht für Reisebüros oder Reiseveranstalter. Unternehmen müssen sich stets darum bemühen, ihr Geschäft besser zu betreiben oder neue geschäftliche Möglichkeiten zu erschließen. Geschäftsmodelle müssen regelmäßig kritisch hinterfragt werden. Wenn sich das Marktumfeld ändert ist vor allem strategische Flexibilität gefragt.

2.2.2 Der kybernetische Ansatz der Unternehmensführung

Die nachfolgende Abbildung zeigt ein Modell eines betrieblichen Regelkreises. Betrachtet man die Unternehmung als kybernetisch zu regelndes System, dann ist die aus den **Geschäftsgrundsätzen** abgeleitete Gesamtheit der Ziele (**Zielsystem**) der Unternehmung die originäre Führungsgröße. In der Praxis wird niemals nur ein Ziel verfolgt; vielmehr werden – zumindest implizit – immer mehrere Ziele angesteuert, wie z.B. Umsatzzuwachs, Steigerung der Rendite, höhere Zufriedenheit der Gäste, eine Steigerung des Bekanntheitsgrads und die Aufnahme neuer Zielgebiete. Entscheidend ist aber, dass es sich nicht einfach um eine Liste von Zielen handelt, dass vielmehr zwischen den Zielen eine **sinnvolle Beziehung** besteht. Diese sinnvolle Beziehung zwischen den Elementen (Zielen) ist – wie bereits im ersten Kapitel festgestellt wurde – eines der entscheidenden Wesensmerkmale eines Systems. Auch eine Hierarchie unter den Zielen ist denkbar oder sogar wahrscheinlich. So wird es kaum möglich sein, zugleich ein neues Programm in den Markt zu bringen, den Marktanteil auszubauen und die Umsatzrendite zu erhöhen.

Mit Hilfe eines **Planungssystems** wird die Zielfunktion konkretisiert. Es werden zahlreiche Planungsgrößen für den Absatz-, Personal-, Finanz-, Beschaffungs- und Produktionsbereich gesetzt. In einem solchen System wird der „Output" in Form von Umsätzen, Betriebsergebnissen, Produktqualitäten usw. gemessen. Die Messdaten werden von Messeinstrumenten erfasst – z. B. vom Rechnungswesen oder Controlling eines Unternehmens (**Kontrollsystem**). Gemeldet werden diese Daten („Feedback") an die Unternehmensleitung, der die Rolle des Reglers im Regelkreis zukommt. Weichen die Output-Daten von den vorgegebenen Sollwerten ab, so verändert die Unternehmensleitung den Input. Es werden **Gestaltungsmaßnahmen** ergriffen wie z.B. die Senkung der Kosten oder die Erhöhung der Werbeaufwendungen. Diese haben zum Ziel, die Leistung des Systems „Unternehmen" wieder zu dem Output zurückzuführen, der erwartet wurde.

Es ist zu erwarten, dass die Gestaltungsmaßnahmen Störgrößen hervorrufen. Dies können Maßnahmen der Mitbewerber sein. Beispiel: im Januar 2010 versuchte ein deutscher Großveranstalter, den schleppend verlaufenden Absatz von Reisen für Familien anzukurbeln und bot 100 Euro „Urlaubsgeld" für jede Buchung in einem bestimmten Zeitraum. Darauf antwortete postwendend ein anderer Großveranstalter, in dem er 100 Euro „Kindergeld" für jede Familie anbot. Andere Störgrößen können Streiks, behördliche Auflagen oder dramatische wirtschaftliche Ereignisse (wie das Zusammenbrechen der amerikanischen Bank Lehman Brothers) sein.

Die Regelkreisbetrachtung ist auch auf Entscheidungsprozesse im Unternehmen anwendbar. Sie zeigt, dass je nach Art des Feedback eine Korrektur auf den verschiedenen Ebenen des Entscheidungsprozesses zweckmäßig sein kann (Nagel, 1988). Die folgende Abbildung eines

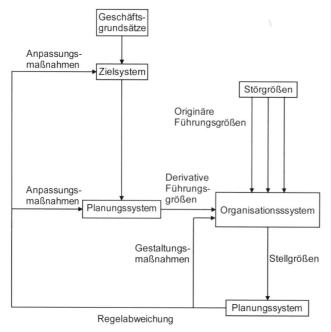

Abb. 2.1:   Modell eines betrieblichen Regelkreises nach Nagel und Lindemann

Regelkreismodells veranschaulicht einen betrieblichen Entscheidungsprozess nach einem anderen Modell, das wir nachfolgend erläutern wollen.

2.2.3   Die Phasen in einem Management-Entscheidungsprozess

Management Entscheidungen bestimmen den Erfolg oder Misserfolg einer Unternehmung und sollten daher nicht leichtfertig und vor allem nicht übereilt getroffen werden. Mit Zunahme der Komplexität wird es für den Manager schwerer, den Überblick zu bewahren. Es ist daher dienlich, sich eines Systems zur Entscheidungsfindung zu bedienen. Wir greifen daher das Regelkreismodell eines Entscheidungsprozesses aus dem vorangegangenen Kapitel 2.2.2. auf. Dieses nun hier zu erläuternde Modell zeigt, dass sich eine Abfolge von Management-Entscheidungen in sechs Phasen darstellen lässt.

Phase 1: Der Einstieg in einen Entscheidungsprozess

In den meisten Fällen wird der Einstieg in einen Entscheidungsprozess durch die Wahrnehmung von **Problemen oder Chancen** ausgelöst. **Probleme** können in den betriebswirtschaftlichen Daten bzw. Kennzahlen des Unternehmens wahrgenommen werden. So wird von einem modern geführten Unternehmen erwartet, dass eine Verschlechterung der wirtschaftlichen Lage nicht erst dann erkannt wird, wenn Liquiditätsprobleme auftreten. Vielmehr müssen Veränderungen der Entwicklung von Umsätzen, Erlösen oder Kosten kurzfristig – mindestens monatlich – erkannt und analysiert werden. Eine in kurzen Zeiträumen durchgeführte laufende Liquiditätsberechnung ist für Reiseveranstalter in dem Maße wichtiger, als größere Vorauszahlungen an Leistungsträger (vor allem Hotels) geleistet werden müssen. Auch das Risiko der Auslastung von Kapazitäten kann ein ernstes Problem vor allem im Pauschal-

2.2 Entscheidungsfindung mit System

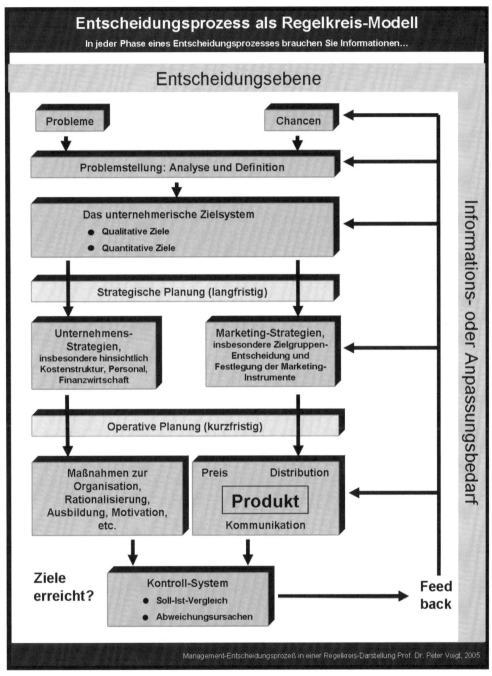

Abb. 2.2: Management-Entscheidungsprozess in einer Regelkreis-Darstellung

reisemarkt darstellen. Eine einzige schlecht ausgelastete Charterkette kann einen mittleren oder mittelständischen Reiseveranstalter die Existenz kosten.

Zwar kann der Reiseveranstalter vom Kunden eine Anzahlung von 20–25 % des Reisepreises verlangen. Diese Liquidität reicht jedoch oft nicht aus, um bei einem stark saisonalen Geschäft Betriebskosten und Vorauszahlungen zu finanzieren. Veranstalter von Bausteinreisen sind von dem Problem weit geringer betroffen, da sie in aller Regel keine Risikoverträge mit Leistungsträgern abschließen und keine Vorauszahlungen zu leisten haben. Über die Liquidität großer deutscher Reiseveranstalter gibt eine Reihe von Studien Auskunft, die an der Fakultät für Tourismus der Hochschule München seit Jahren durchgeführt werden.

Probleme, die Entscheidungsprozesse auslösen, müssen aber nicht unbedingt gleich in den betriebswirtschaftlichen Kennzahlen erkennbar sein. Auch rein qualitative Kriterien sind zu berücksichtigen, oft jedoch weit schwerer zu erkennen. So kann es längere Zeit dauern, bis ein Absinken der Kundenzufriedenheit oder eine rückläufige Motivation der Mitarbeiter wahrgenommen wird. Wird eine deutlich erhöhte Mitarbeiterfluktuation oder ein erhöhter Krankenstand festgestellt, so sind dies bereits deutliche Anzeichen, deren Hintergründe früher hätten erkannt werden müssen. Noch schwieriger ist es, Veränderungen im Image eines Unternehmens oder einer Marke zu erfassen. Hier genügen einzelne Beobachtungen oder subjektive Eindrücke nicht mehr. Es bedarf einer systematischen Erhebung mit Methoden der Marktforschung, um zu gesicherten Erkenntnissen zu gelangen. Kleine Unternehmen sind hier oft überfordert.

Chancen wahrzunehmen gehört zu den wichtigsten unternehmerischen Aufgaben. Im Gegensatz zu den Instrumenten des Controllings, die auf gegenwärtige oder künftige Probleme hinweisen, gibt es hier kaum griffige Methoden. Es bedarf einer ständigen Information und einer kontinuierlichen Beobachtung der relevanten Märkte, um Chancen rechtzeitig zu erfassen. Fingerspitzengefühl, schnelles Reaktionsvermögen und der Blick für das Wesentliche gehören ebenso dazu wie eine Portion Glück. Es gab schon häufig Chancen für den Tourismus, die auf technologischen Innovationen oder einfachen Erfindungen beruhten. Irgendwann kam jemand auf die Idee, ein Brett zum Wellenreiten mit einem Segel zu bestücken. Das Surfbrett war geboren, und damit ein neuer Reiseinhalt für Millionen Menschen.

Welche Chancen und gleichzeitig Risiken in den neuen Informations- und Kommunikationsmedien – allen voran dem Internet – liegen, erfahren Reiseunternehmer beinahe täglich aufs Neue. So wurde und wird das Reisebüro, das rund 100 Jahre der einzige Vertriebskanal für Reiseleistungen war, Schritt für Schritt durch den Internetauftritt und damit den Direktvertrieb der Leistungsträger und Reiseveranstalter verdrängt. Hinzu kommen Internetportale, die sich im Vertrieb touristischer Leistungen etabliert haben und den klassischen Reisebüros Konkurrenz machen. Vielen Reisebüros ist es – trotz umfangreicher Bemühungen der Reisebürokooperationen – nicht gelungen, die Chancen, die das Internet bietet, zur Stärkung der eigenen Marktposition zu nutzen. Allerdings ist das Reisebüro in Deutschland auch im Jahre 2012 nach wie vor der bei Weitem wichtigste Vertriebskanal für organisierte Urlaubsreisen.

Touristische Leistungsträger – allen voran die Fluggesellschaften – konnten den Anteil der über das Internet verkauften Tickets in den letzten Jahren um jährlich zweistellige Raten steigern. Mit rückläufiger Abhängigkeit vom Reisebürovertrieb ergriffen sie die Chance, ihre

Provisionen bis auf Null zu senken. Natürlich bietet das Internet auch für das Reiseunternehmen zahlreiche Chancen. Es würde an dieser Stelle zu weit führen, diese ausführlich zu erläutern. Die kleineren Reiseveranstalter konnten das Internet bisher erfolgreicher nutzen als die Großveranstalter. Ihr Online-Umsatzanteil ist deutlich höher als derjenige der Großveranstalter. (vgl. jährliche Studien „Web-Tourismus", Ulysees-Management)

Auch Veränderungen behördlicher Regelungen können Chancen mit sich bringen. Im Luftverkehr gab es für viele Jahre kein Langstreckenflugzeug mit weniger als 300 Sitzen, nachdem die in den Siebzigerjahren auf Langstrecken gängigen Modell B 707 und DC-8 ausgemustert waren. Nur die Großraumflugzeuge B 747, DC 10/MD-11 und L-1011 Tristar waren für Langstrecken geeignet, da sie über mindestens drei Triebwerke verfügten. Dies war in den Siebziger und Achtziger Jahren Bedingung für das Überfliegen von Ozeanen. Eines Tages setzte sich die Erkenntnis durch, dass auch mit zwei Triebwerken sicher über Ozeane geflogen werden kann. Von da an gab es wieder die Möglichkeit, Flugzeuge in der Größenklasse um 200–260 Sitze (z.B. Boeing 767) für Langstreckenflüge einzusetzen. Damit eröffneten sich neue Chancen für Reiseveranstalter.

Eine der ganz großen Chancen in den 90er Jahren des vergangenen Jahrhunderts war ohne jede Frage der Fall des Eisernen Vorhangs. Politische Veränderungen dieses Ausmaßes sind freilich selten. Zahlreiche Reiseunternehmer aus den alten Bundesländern haben die Chance erkannt und neue Geschäftsfelder entwickelt. Die Veränderung hat die touristische Landkarte in vielen Ländern der Welt neu geprägt. Allerdings ist es vielerorts nicht einfach, die Chancen in tatsächlich profitable Geschäfte umzusetzen. In zahlreichen Ländern des ehemaligen Ostblocks ist die touristische Infrastruktur auch gut 20 Jahre nach der Öffnung noch nicht weit genug entwickelt, um Reisen für eine breite Klientel anzubieten.

Phase 2: Die Analyse

Werden Probleme oder Chancen erkannt, so ist es zweckmäßig, diese zunächst systematisch zu analysieren. Nicht immer sind die Hintergründe auf den ersten Blick zu erkennen. So kann ein Umsatzrückgang zahlreiche Ursachen haben. Als Ursachen kommen konjunkturell bedingte Nachfragerückgänge grundsätzlich ebenso in Frage wie mangelhafte Leistungen von Mitarbeitern, eine falsche Kalkulation der Preise für eigene Leistungen, die Marketingaktivitäten eines Mitbewerbers oder Gerüchte über das eigene Unternehmen. Auch Chancen sollten sorgfältig analysiert und bewertet werden, bevor Investitionen getätigt oder Verpflichtungen eingegangen werden. Gerade in einer von geringem Eigenkapital geprägten Branche wie der Touristik können sich Entscheidungen, die auf Basis einer ungenügend reflektierten Euphorie getroffen wurden, verhängnisvoll auswirken.

Bisweilen ist es zweckmäßig, sich über Begriffsinhalte und Definitionen klar zu werden. So wird oft leichtfertig mit dem Begriff „Zielgruppe" umgegangen, ohne dass genügend klar ist, wie die Zielgruppe zu definieren ist, wie groß sie ist und vor allem wo sie sich im Marketing auch konkret wieder finden und erreichen lässt. In der Phase der Analyse kann es zweckmäßig sein, Berater hinzu zu ziehen, um Fehler in der Bewertung von Problemen oder Chancen zu vermeiden. Man mag einwenden, dass den KMU gerade in der Touristik hierfür die Mittel fehlen. Diese Einschätzung ist jedoch falsch. Die Folgen von Fehlentscheidungen sind meist weit gravierender als das Risiko, sinnlos Geld für Beratung auszugeben.

Phase 3: Zielbestimmung

Ratlosigkeit ist bei Unternehmern oft erkennbar, wenn ihnen diese Fragen gestellt werden: Welche Ziele verfolgen Sie? Welche Ziele haben Sie sich für Ihr Unternehmen gesetzt? Wie sind die Ziele in ihrer Beziehung zueinander zu sehen? Wann haben Sie Ihre Zielsetzungen zuletzt überprüft? Wir können an dieser Stelle nicht ausführlich auf die umfangreichen Fragen der Zielsetzung eingehen, greifen dieses Thema jedoch später im Kapitel 2.4. wieder auf. Daher nur folgende Anmerkungen:

- Es wird zumeist eine **Hierarchie** unter den Zielen geben. Das bedeutet, dass sich einzelne Ziele anderen Zielen (Oberzielen) unterordnen müssen. Das wichtigste Ziel ist die Erhaltung des Unternehmens. Dieses Ziel hat selbstverständlich Vorrang vor Wachstumszielen.
- Die Ziele müssen in einer systematischen, d.h. sinnvollen Beziehung zueinander stehen und sich ergänzen. Man spricht daher – wie bereits dargelegt – von **Zielsystem**.
- Unter den quantitativen Zielen gilt: **Liquidität geht vor Rentabilität**. Dies ist besonders in der eher ertragsschwachen Sparte der Reiseunternehmen wichtig. Es nützt nichts, schwarze Zahlen zu schreiben, wenn man nicht in der Lage ist, die Zahlungsverzögerung bei einer großen Gruppenreise durchzuhalten, die von einem wichtigen Kunden gebucht wurde. In Zeiten des zunehmenden Direktinkassos hat sich die Liquidität vieler Reisebüros erheblich verschlechtert. Umso mehr ist das Ziel der Sicherung der Liquidität zu beachten. Reiseveranstalter verbessern ihre Liquidität gern durch Direktinkasso. Auch das Abbuchen der Kundenanzahlungen beim Reisebüro, das früher nicht üblich war, hat die Liquidität der Reiseveranstalter überaus positiv beeinflusst.
- **Flexibilität** ist gerade bei der Zielformulierung notwendig. Es ist wenig hilfreich, mit Gewalt bestimmte Ziele (z.B. zweistelligen Umsatzzuwachs) anzustreben, wenn dadurch die Qualität der Abwicklung oder die Motivation der Mitarbeiter auf der Strecke bleibt. Wenn sich die Marktbedingungen ändern, müssen Ziele schnell genug angepasst werden

Phase 4: Die strategische Planung

Strategische Entscheidungen sind strukturbestimmend und haben meist einen mittel- bis langfristigen Charakter. In der Festlegung von Strukturen und der Langfristigkeit liegt jedoch auch ein Dilemma: Strategien sollen nach modernerem Verständnis sowohl dem Unternehmen den Weg in die Zukunft weisen, andererseits aber auch jederzeit flexibel auf Veränderungen reagieren können. Aus diesen beiden Anforderungen hat sich in der Fachliteratur eine umfangreiche Diskussion entwickelt, die sich mit der Balance zwischen Stabilität und Flexibilität von Strategien in turbulenten Umfeldern beschäftigt.

Es gibt eine Vielzahl von Möglichkeiten, Strategien begrifflich zu ordnen. Strategien für Unternehmen lassen sich u.a. in zwei große Gruppen einteilen: in die Strategien auf der Input- oder **Kostenseite** und Strategien auf der Output- oder **Leistungsseite**. Auf der Input- oder Kostenseite haben sich in den letzten Jahren zahlreiche Strategien entwickelt, die eine „Verschlankung" des Unternehmens („Lean Management") zum Ziel haben. Organisatorische Strukturen wurden effizienter gemacht, Hierarchieebenen abgebaut, Verwaltungs-Wasserköpfe beseitigt. Bei wichtigen Kostenblöcken wie Personal oder Datenverarbeitung wurden Funktionen ausgelagert (Outsourcing) um Fixkosten zu reduzieren und mehr Flexibilität zu erhalten. So hat es sich z.B. bei Reisebüroketten und Franchise-Systemen längst durchgesetzt, das Rechnungswesen weitgehend an spezialisierte Buchhaltungszentren auszulagern.

Auf der Output- oder **Leistungsseite** gibt es zahlreiche Strategien je nach Art und Aufgabenstellung des Unternehmens. Auf die strategischen Möglichkeiten für Reiseveranstalter gehen wir im folgenden Kapitel unter Punkt 2.4.2 bei der Diskussion der Erfolgsfaktoren näher ein. Bei einem Reisebüro gibt es bereits in der Gründungs- oder Eröffnungsphase strategische Entscheidungen von äußerst weitreichendem Charakter. Hierzu gehören insbesondere die Wahl des Standortes und die Frage, ob ein Vollsortiment oder eine Spezialisierung gewählt werden soll. Dementsprechend müssen strategische Entscheidungen hinsichtlich zu beantragender Lizenzen oder Agenturverträge, Personal, Bürogestaltung usw. getroffen werden.

Die Flexibilität ist bei diesen Entscheidungen auf der Leistungsseite begrenzt. Es dauert seine Zeit, bis ein neues Büro an einem neuen Standort seine Kundschaft gefunden und sein Geschäft aufgebaut hat. Ist man mit einem Büro angetreten, das sich auf günstige Flüge und Last Minute Reisen spezialisiert hat, so wird es kaum möglich sein, kurzfristig auf den Schwerpunkt Kreuzfahrten oder gar das Firmengeschäft umzuschwenken. Andererseits darf keinesfalls zu lange an einer einmal getroffen Entscheidung festgehalten werden, wenn sie sich als nicht tragfähig erweist. Es muss stets die Bereitschaft bestehen, die bisherigen Geschäftsmodelle kritisch zu hinterfragen und neue Geschäftsfelder zu erschließen.

Phase 5: Die operative Planung

Wie bereits erwähnt, besteht der Unterschied zwischen strategischen und operativen Maßnahmen in erster Linie in der Langfristigkeit bzw. Kurzfristigkeit. Auch die Frage nach der Tragweite der Entscheidungen und den Möglichkeiten der Korrigierbarkeit ist hier zu stellen. Traditionelle Einteilungen in touristische Saisonzeiten (Sommer/Winter) entsprechen zwar nach wie vor dem Arbeitsablauf bei vielen Reiseveranstaltern; zur eindeutigen Abgrenzung zwischen strategischen und operativen Maßnahmen ist diese Einteilung jedoch nur sehr bedingt geeignet.

Auf der **Kostenseite** sind operative Entscheidungen auf den betrieblichen Mitteleinsatz gerichtet. In Dienstleistungsunternehmen ist naturgemäß der Personalbereich eine der entscheidenden Größen. Zwischen Qualität als Erfolgsfaktor auf der einen Seite und dem Gebot der Flexibilität auf der anderen Seite stehen hier ständig Entscheidungen an, die den Erfolg des Unternehmens entscheidend beeinflussen.

Das wichtigste Erfolgspotential des Reiseunternehmens sind die Mitarbeiter. Jedes Reiseunternehmen kann nur so gut sein wie die Menschen, die darin arbeiten. Darum ist es verfehlt, Auswahl, Ausbildung, Weiterbildung oder Motivation des Personals ausschließlich unter Kostenaspekten zu betrachten. Besonders bei Prozessen der Veränderung sind die Wirkungen auf die Mitarbeiterinnen und Mitarbeiter sorgfältig zu bedenken und gründlich zu beobachten. Zum Umgang mit Mitarbeiter in Veränderungsprozessen verweisen wir besonders auf das Buch von Petra Coleman: „The Way of Change" (Coleman, 2002). Gleichwohl muss seitens der Leitung des Unternehmens überlegt werden, ob es zu den klassischen Modellen (fest angestellte Mitarbeiter/innen, festes Gehalt, feste Arbeitszeit) Alternativen gibt, die mehr Flexibilität und Gestaltungsspielraum lassen. Der Einstieg in eine teilweise erfolgsabhängige Entlohnung wurde vielerorts bereits vollzogen. Flexible Arbeitszeitmodelle können Belastungsspitzen besser auffangen und führen meist auch zu höherer Zufriedenheit der Mitarbeiter.

Auf der **Leistungsseite** spielt die Dienstleistungsqualität eine herausragende Rolle. Weder mit dem reinen Wissensvorsprung noch mit dem Recht zum Vertrieb bestimmter Leistungen lässt sich heute noch ausreichend Geld verdienen. Besonders das kleine Reiseunternehmen muss seine Daseinsberechtigung in einer sich verändernden Wertschöpfungskette neu definieren. Es muss dem Kunden weit mehr als früher deutlich machen, dass in seiner Leistung ein Mehrwert liegt, der eine am Aufwand orientierte Honorierung rechtfertigt. Beim Reiseveranstalter bewegt sich das Spektrum der operativen Maßnahmen der Leistungsseite in dem Rahmen, den die Marketinglehre mit „Marketing-Mix" umschreibt. Hier steht die Produktpolitik im Mittelpunkt des Interesses. Sie wird flankiert von Maßnahmen hinsichtlich Preis und Konditionen, Distribution/Vertrieb, Kommunikation (Werbung, Public Relations) und der Servicepolitik. Näheres hierzu im Folgenden unter 2.4.

Phase 6: Das Kontroll-System liefert den Feedback

Es wäre nicht sinnvoll, Ziele festzulegen, ohne am Ende eines Planungszeitraumes die Frage zu beantworten, inwieweit die Ziele auch erreicht wurden. Dazu benötigt jedes Unternehmen Mechanismen, die einen Soll-Ist-Vergleich ermöglichen. Im einfachsten Fall liefert das Rechnungswesen die Antwort auf die Frage, ob bestimmte quantitative Ziele erreicht wurden. Je größer und komplexer das Unternehmen, desto mehr Aufwand muss betrieben werden, um den Soll-Ist-Vergleich zu bewerkstelligen und die Frage nach den Ursachen eventueller Abweichungen zu beantworten. Bei mittleren und großen Unternehmen gibt es hierfür speziell ausgebildete Controller oder ganze Controlling-Abteilungen. Die Bedeutung des Controllings hat in den letzten Jahren vor dem Hintergrund des sich verschärfenden Wettbewerbs ständig zugenommen. In den Führungsetagen großer Unternehmen nehmen immer häufiger Controller den Chefsessel ein. Von ihnen wird dann erwartet, dass sie nicht nur das Instrumentarium des Controllings beherrschen, sondern auch den nötigen Blick für die strategischen Perspektiven und Entwicklungsmöglichkeiten des Unternehmens mitbringen.

Leider besteht in den Führungsetagen größerer **nicht mittelständischer**, d.h. nicht inhabergeführter Unternehmen des Öfteren eine unproduktive Spannung zwischen „Strategen" und Controllern. Die „Strategen" sehen Geschäftschancen in einem neuen Produkt, einer Beteiligung, einer Übernahme, einem neuen Vertriebskanal oder ähnlichem. Es liegt nahe, dass sich der Ertrag eines neuen Geschäftsfeldes nur in Planzahlen darstellen lässt. Über die Frage, wie realistisch solche Planzahlen sind, entsteht dann leicht ein Streit zwischen den Strategen und den Controllern. Da Planzahlen unbestreitbar einen hohen Unsicherheitsgehalt haben, kommt es oft zur Blockade strategisch zukunftsweisender Entscheidungen durch Controller, die ihre Hauptaufgabe darin sehen, das Risiko zu mindern. Gerade im Luftverkehr hat sich bei der Entwicklung der Low Cost Carrier gezeigt, wie sehr mittelständisch geführte Unternehmen Vorteile gegenüber Konzernunternehmen haben. In Unternehmen wie Air Berlin, Niki, Germania oder Ryanair wurden Entscheidungen oft von einer einzigen Person an der Spitze des Unternehmens getroffen. Die gleiche Entscheidung würde in einem Konzern 10–20 Personen beschäftigen und möglicherweise letztlich an einem Controller scheitern.

Die Kontrolle von Entscheidungsprozessen muss Teil des Systems sein. Wie auch immer das Kontroll-System angelegt ist: es muss die Frage beantworten, ob auf den verschiedenen Ebenen bzw. in den einzelnen Entscheidungsphasen erfolgreich gearbeitet wurde. Zeigt der „Feedback", dass wichtige Ziele nicht erreicht wurden, so beginnt die Suche nach den Ursachen. Nach der Logik des Regelkreises – wir verweisen auf die Ausführungen zur Kybernetik – muss die Rückmeldung zeigen, an welcher Stelle die Ursachen für das Verfehlen der Zielsetzung liegen. Es ist dann möglich, genau wieder auf der Ebene in den Entscheidungsprozess einzusteigen, auf der die Fehlerursache liegt:

- Wurden Probleme oder Chancen nicht erkannt?
- Wurden Probleme oder Chancen falsch analysiert, wurden die Umweltbedingungen falsch eingeschätzt?
- Waren die Ziele falsch angelegt oder in sich widersprüchlich? Waren sie etwa zu hoch angesetzt?
- Wurden ungeeignete Strategien formuliert oder erfolgte keine Anpassung der Strategie an veränderte Bedingungen?
- Gab es Fehler bei der Anwendung operativer Maßnahmen?

Im Sinne des Regelkreismodells steuert die Unternehmensleitung (Regler) den kontinuierlich ablaufenden Prozess der Formulierung, Umsetzung und Überprüfung von Strategien und operativen Maßnahmen.

2.3 Faktoren des unternehmerischen Erfolgs

Der Begriff Erfolg ist zunächst ein diffuser Begriff, der unbedingt operationalisiert werden muss, wenn er in einer empirischen Erhebung verwendet werden soll. Gleichwohl steht er für etwas, was sich jede Unternehmensleitung aber auch jeder Mensch persönlich wünscht. Dabei hat sich das Interesse zu allen Zeiten auf „die Erfolgreichen" gerichtet – sei es um von ihnen zu lernen oder ihren Erfolg nachzuahmen.

2.3.1 Merkmale erfolgreicher Unternehmen

Bei den Faktoren unternehmerischen Erfolgs handelt es sich immer um eine Kombination aus objektiven und subjektiven Merkmalen. Objektive Erfolge werden auf der Basis von quantitativen Zahlen gemessen. Bilanzkennzahlen sind hierfür ein Beispiel, da es sich bei ihnen um quantitativ erfassbare Größen handelt. Des Weiteren werden außerökonomische Faktoren als subjektive Erfolgsfaktoren bezeichnet, wie z.B. Arbeitszufriedenheit, Bekanntheitsgrad oder Image. Kennzeichnend ist schon die häufige Verwendung von Begriffen wie *kritischer* oder *strategischer Erfolgsfaktor*, *Strategie-Faktoren*, *Key Success Factor* usw. Aber auch die inhaltlichen Schwerpunkte variieren je nach Autor erheblich. Viele Autoren begründen ihre Erfolgsanalyse auf Bilanzdaten und kennzahlengestützten Rentabilitäts- und Wachstumsanalysen. Übereinstimmend wird jedoch davon ausgegangen, dass es ungeachtet der Mehrdimensionalität und Multikausalität des personengetragenen Unternehmenserfolgs einige wenige Faktoren gibt, die Unternehmenserfolg maßgebend beeinflussen.

Nach Peters und Waterman können besonders erfolgreiche Unternehmen durch acht Grundmerkmale charakterisiert werden (Peters und Waterman, 2003):

1. Der Primat des Handelns, d.h. die Unternehmen bleiben nicht bei der analytischen Entscheidungsfindung stehen, sondern setzen diese um.

2. Die Kundenorientierung, verstanden als Prädisposition und Philosophie, die Unternehmensführung auf den Kunden abzustellen. Jedem Mitarbeiter muss bewusst sein, dass es letztlich der Kunde ist, der sein Gehalt bezahlt.
3. Der Freiraum für Unternehmertum, d.h. die Förderung praktischer Risikobereitschaft.
4. Die Produktivität durch Menschen, es kommt auf jeden einzelnen Mitarbeiter an.
5. Ein sichtbar gelebtes Wertsystem, denn die Grundphilosophie eines Unternehmens hat wesentlich mehr Einfluss auf die Leistungsfähigkeit als technische oder finanzielle Ressourcen, Timing, die Innovationsrate oder die Organisationsstruktur (vgl. unten).
6. Die Bindung an das angestammte Geschäft und
7. ein einfacher und flexibler Aufbau, wobei die oberste Führungsebene knapp besetzt ist.
8. So viel Führung wie nötig, so wenig Kontrolle wie möglich, d.h. Spitzenunternehmen sind gleichzeitig zentralistisch und dezentralisiert.

Der wichtigste Einzelfaktor für den unternehmerischen Erfolg ist das Festhalten an einem Wertesystem (siehe dazu Kapitel 2.3.2, zum Thema Selbstverständnis). Um den Herausforderungen einer sich ständig wandelnden Welt gerecht zu werden, muss ein Unternehmen im Laufe seiner Entwicklung alles ändern, so die Technologie, Geschmacksanpassungen, Organisationsstruktur, Innovationen, Timing; nur eines nicht: die Grundüberzeugungen bzw. das Basiswertsystem.

Wesentlich ist nicht nur das Wertesystem, sondern auch der Inhalt der Werte. Durch eine vorrangig finanzielle Zielsetzung können ggf. die obersten 20–50 Mitarbeiter motiviert werden, nicht aber ein ganzes Unternehmen. Den wesentlichen Unterschied zwischen Erfolg und Misserfolg sehen Peters und Waterman darin, ob es gelingt, das Energie- und Talentpotential eines großen Teils der Mitarbeiter zu nutzen. Dies gelingt nur auf der Basis einer gemeinsamen Gruppenidentität aufgrund eines in sich schlüssigen Wertesystems. Die Wertesysteme besonders erfolgreicher Unternehmen verfügen trotz häufig unterschiedlicher Prioritätensetzungen über einige Gemeinsamkeiten: Die Wertvorstellungen werden immer qualitativ, nicht quantitativ formuliert, und finanzielle und strategische Ziele werden nie isoliert dargestellt. Beispielsweise ist der Gewinn immer das Nebenprodukt einer guten Leistung und nicht eigentliches Ziel. Wertesysteme erfolgreicher Unternehmen zielen immer auf die Motivation aller Mitarbeiter, auch der am unteren Ende der Hierarchie ab und beschränken sich bei allen Spitzenunternehmen auf einige wenige Grundwerte:

- die Überzeugung, immer die „Besten" zu sein
- jeder einzelne zählt
- wirtschaftliches Wachstum und Gewinne sind wichtig
- Qualität und Service müssen Spitzenniveau haben
- die handwerklichen Details der Durchführung sind wichtig
- Kommunikation wird durch Zwanglosigkeit gefördert
- Die meisten Mitarbeiter sollen innovativ sein, wodurch auf Misserfolge ihre Berechtigung haben

Das heißt anders ausgedrückt: das Spannungsfeld eines jeden Unternehmens zwischen Kosten und Service, Förmlichkeit und Zwanglosigkeit, Kontrollorientierung und Mitarbeiterorientierung, Tagesgeschäft und Innovation usw. wird von besonders erfolgreichen Unternehmen durch das Beziehen einer eindeutigen Position überwunden. Darüber hinaus besteht

Einigkeit, dass die Tätigkeit im Unternehmen bei jedem Mitarbeiter Begeisterung wecken soll. Die Arbeit soll also Spaß machen. Letztlich können alle acht anfangs genannten Merkmale erfolgreicher Unternehmen auch als zentrale Grundwerte verstanden werden, die im Folgenden noch erläutert werden. In allen Spitzenunternehmen, die sich an einem schlüssigen Wertsystem orientieren, wurden die Werte in ihrer Frühzeit durch die Persönlichkeit eines Gründers geprägt, der das Wertesystem prägte, z.B. die Unternehmensgründer Hewlett und Packard bei HP.

In der Touristik ist es heute schon weit schwerer, sich an den Werten eines Gründers zu orientieren, denn die Gründer sind den heutigen Mitarbeitern bei großen Reiseveranstaltern oft gar nicht mehr bekannt. Sind sie namentlich bekannt, wie z.B. bei *Thomas Cook* oder *Dr. Tigges*, so dienen die Wertbegriffe dieser Personen – soweit sie überhaupt bekannt sind – kaum noch für eine Wertorientierung in den heutigen Unternehmen. Sich an den Werten eines Baptistenpredigers wie *Thomas Cook* zu orientieren, ist ohnehin nicht ganz einfach. Anders verhält es sich bei größeren mittelständischen Reiseveranstaltern, die von ihren Gründern oder deren Nachfahren geführt werden (Beispiele Alltours, FTI, Schauinsland, Studiosus). Hier prägt die Gründerpersönlichkeit bzw. dessen Nachfolger auch heute noch die Wertbegriffe im Unternehmen.

2.3.2 Erfolgsfaktorenmodelle

Ziel der Erfolgsfaktorenforschung ist es, die Schlüsselfaktoren des übergeordneten unternehmerischen Erfolgs zu identifizieren. Nagel entwickelte ein System der Erfolgsfaktoren mit entsprechender Schwerpunkteinordnung in der Unternehmung. Er benennt sechs entscheidende Erfolgsfaktoren: die Unternehmensgrundsätze, die strategische Organisationsgestaltung, die Kundenorientierung, das Kommunikations- bzw. Informationssystem, das effiziente Führungssystem und die Berücksichtigung des gesamten Mitarbeiterpotentials. Dieses Erfolgssystem hat sowohl Auswirkungen auf den unternehmerischen als auch den persönlichen Erfolg.

Der bemerkenswerte Ansatz ist die Parallelität zwischen Faktoren des unternehmerischen Erfolgs und Faktoren des persönlichen Erfolgs. Wer an einer Hochschule lehrt, erlebt das häufig: es gibt Studierende, die von Anbeginn ihres Studiums eine Vorstellung von ihren beruflichen Zielen haben und es gibt andere, die sich mehr oder weniger treiben lassen. Diejenigen mit konkreten Zielen müssen nicht unbedingt die besten Noten schreiben. Im Gegenteil: wer sich zum Ziel setzt, einen berufsqualifizierenden Abschluss mit dem geringsten Aufwand oder in der kürzest möglichen Zeit zu erreichen, hat nur sehr selten auch die besten Noten. Dafür findet man unten den zielstrebigen später häufig die geschäftlich Erfolgreichen. Ein besonderes Merkmal des Erfolgs ist unbestreitbar die Fähigkeit zur Selbstorganisation oder zum *Selbst-Management*, wobei es sich um fast synonyme Begriffe handelt. Die Erfahrung führt häufig zu der Erkenntnis: wer sich selbst nicht managen kann, kann gar nichts managen.

Von dem Philosophen Nietzsche stammt der Satz: „Der Mensch muss zuerst ein Ziel haben, wenn ihm eine große Leistung gelingen soll". Unternehmensberater und Managementtrainer sind sich ganz überwiegend einig in der Erkenntnis, dass Menschen mit persönlichen Zielen

Das Erfolgssystem

Unternehmerischer Erfolg

Strategie
- Geschäftsgrundsätze
- Ziel- und Kontrollsystem

Strategieorientierte Organisation

Informationssystem

Nutzung des Mitarbeiterpotenzials

Effizientes Führungssystem

Kundennähe

Persönlicher Erfolg

Persönliche Strategie
- Persönliche Zielsetzungen
- Planung und Kontrolle der Ziele und Aktivitäten
- Positive Selbsterwartung

Selbstorganisation
- Effiziente Selbstorganisation
- Rationelles Entscheiden
- Zeitmanagement

Information
- Optimale Nutzung von Infos
- Chancenanalysen
- Effizientes Lernen

Nutzung der Fähigkeiten
- Positive Selbstmotivation
- Konzentration der Kräfte
- Ausbau der Stärken

Kommunikation
- Ziel- und Aufgabenidentifikation
- Kommunikation mit Führungskräften, Mitarbeitern, Kunden ...
- Beispiel geben

Umfeld Orientierung
- Förderung des Umkreises
- Nutzung der Gemeinschaft
- Positives Denken

Abb. 2.3: Das System der Erfolgsfaktoren in Anlehnung an Nagel (1988)

2.3 Faktoren des unternehmerischen Erfolgs

und Strategien erfolgreicher sind. „Der Erfolgreiche hält sich an das, was ihn seinem Ziel näher bringt. Dabei ist es wichtig, dass erfolgreiche Menschen nicht nur die nächste Runde gewinnen wollen; sie sehen bereits den ganzen Weg bis zur Meisterschaft im Geiste vor sich" (Nagel, 1988).

Zum Erfolg gehört zunächst eine Situationsanalyse der eigenen persönlichen Begabungen, Fähigkeiten und Wünsche. Diejenigen Aufgaben, die den eigenen Neigungen und Fähigkeiten am besten entsprechen, können auch am erfolgreichsten ausgeführt werden. Dabei ist nicht nur die Vorliebe für eine Aufgabe eine wichtige Voraussetzung für den Erfolg: erst Begeisterung und intensive Hingabe macht Spitzenleistungen möglich. Diese Erkenntnis ist besonders für Neugründer und kleine Reiseveranstalter wichtig. Nur wer sich mit Begeisterung für sein Produkt (sein Zielgebiet oder das Programm für seine spezielle Zielgruppe) einsetzt, wird auf Dauer Kunden überzeugen und erfolgreich sein. Dies gilt umso mehr, als der Aufbau und die Führung eines Reiseveranstalterbetriebes mit hohen persönlichen Beanspruchungen und besonders in der Anlaufphase nur bescheidenen Vergütungen einhergeht.

Die nachfolgende Grafik beschreibt den Umstand, dass Erfolgsfaktoren auch sinnvollerweise unterschieden werden können in allgemeine Erfolgsfaktoren, Branchenerfolgsfaktoren und unternehmensspezifische Erfolgsfaktoren. Die hier erwähnten Erfolgsfaktoren entsprechen dem dargestellten Modell von Nagel. Es könnten hier aber auch die acht Erfolgsfaktoren von Peters und Waterman oder die nachfolgend dargestellten sieben Erfolgsfaktoren von Pascal und Athos stehen, mit denen wir in den folgenden Ausführungen weiterarbeiten werden.

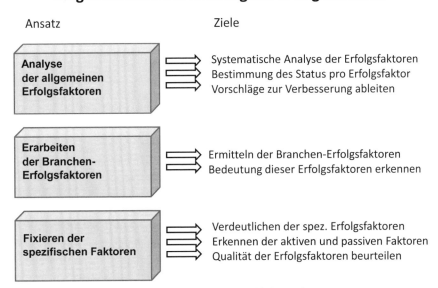

Abb. 2.4: Ermittlung der Erfolgsfaktoren auf den verschiedenen Ebenen

Die Branchenerfolgsfaktoren des Reiseveranstaltergeschäftes haben sich im Lauf der Zeit stark verändert. Waren ehedem – wie schon dargestellt – die persönlichen Qualitäten engagierter Unternehmer ausschlaggebend, so nimmt heute die Bedeutung der Technologie permanent zu. Es wird schon kritisiert, dass es Reiseveranstalter gibt, die gar kein Zielgebiet mehr kennen, sondern nur noch wissen, wie Schnittstellen ihres Computers zu Datenbanken organisiert werden. Daneben gibt es spezifische Erfolgsfaktoren, die stark auf das Unternehmen und den Einzelfall zugeschnitten sind.

Es liegt eine Reihe theoretischer und empirischer Arbeiten zur Erfolgsfaktorenforschung vor. Um den Umfang dieser Arbeit nicht zu sprengen, wollen wir uns nur auf das 7-S-Modell in Anlehnung an Pascal und Athos konzentrieren.

2.3.2.1 Das 7-S-Modell

Das 7-S-Modell ist auch bekannt unter der Bezeichnung McKinsey 7-S-Modell. Der Grund ist, dass die beiden maßgeblichen Urheber, Pascal und Athos, zu jener Zeit Berater bei McKinsey waren. Es basiert auf der Erkenntnis, dass ein Unternehmen mehr ist als nur eine Struktur. Vielmehr wird der Erfolg eines Unternehmens durch sieben Elemente charakterisiert.

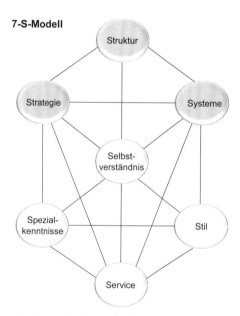

Abb. 2.5: Das 7-S-Modell in Anlehnung an Pascal und Athos

Die sieben Elemente werden in harte und weiche „S" unterschieden. Die harten Elemente (grau) sind i.d.R. greifbar und im Unternehmen konkret fixiert. Sie sind nachvollziehbar in Strategiepapieren, Plänen, Unternehmensdarstellungen, Dokumentationen zur Aufbau- und Ablauforganisation etc. Die vier weichen „S" (weiß) sind dagegen kaum materiell greifbar und auch schwerer zu beschreiben. Fähigkeiten, Werte, Kulturen und dgl. entwickeln sich in einem Unternehmen ständig fort. Sie können nur eingeschränkt geplant und beeinflusst werden, da sie stark von den handelnden Personen geprägt sind. Obwohl diese weichen Faktoren eher im Verborgenen liegen, können sie großen Einfluss auf die „harten" Strukturen, Strategien und Systeme haben. Wir haben dieses Modell insofern modifiziert, als im ursprünglichen Modell mit *Spezialkenntnisse* und *Stammpersonal* zwei Erfolgsfaktoren enthalten waren, die sich auf das Personal (engl. Human Ressources) bezogen haben. Es fehlt jedoch ein Erfolgsfaktor, auf den bereits Peters und Waterman ganz besonders hingewiesen haben, den Nagel besonders betont und der auch in einer Dienstleistungsbranche wie der Touristik eine überragende Rolle spielt: die Kundenorientierung. Um im Schema der *Sieben S* zu bleiben, haben wir diesen Erfolgsfaktor *Service* genannt. In den beiden nachfolgenden Punkten werden die Erfolgsfaktoren zunächst benannt; im Kapitel 2.4 diskutieren wir dann ihre Anwendung auf das Management des Reiseveranstalters.

2.3.2.2 Die harten „S"

- **Strategie**
  Die Strategie des Unternehmens; alle Maßnahmen, die das Unternehmen in Erwartung von oder in Reaktion auf Veränderungen in seiner Umwelt plant.
- **Struktur**
  Die Basis für Spezialisierung, Koordination und Kooperation einzelner Unternehmensbereiche; sie wird wesentlich von der Strategie, der Unternehmensgröße und der Vielfalt der erbrachten Produkte/Leistungen bestimmt. Hier geht es insbesondere um die Unternehmensorganisation (Aufbau- und Ablauforganisation). Die Struktur hat sich stets der Strategie anzupassen (engl. „structure follows strategy")
- **Systeme**
  Formelle und informelle Prozesse zur Umsetzung der Strategie in den gegebenen Strukturen. Die Informationstechnologie ist heute mehr denn je gerade bei Reiseveranstaltern ein sehr wichtiger Erfolgsfaktor.

2.3.2.3 Die weichen „S"

- **Stil – Unternehmenskultur**
  Die Kultur des Unternehmens, bestehend aus zwei Komponenten:
  - Die Kultur der Organisation – die dominanten Werte und Normen, die sich im Laufe der Zeit entwickeln und zu sehr stabilen Elementen im Unternehmen werden können.
  - Die Managementkultur bzw. der Führungsstil – eher eine Frage, was das Management tut, als was es sagt; womit verbringen die Manager ihre Zeit; worauf konzentrieren sie ihre Energie?
- **Stammpersonal und Spezialkenntnisse – die Menschen und ihre Fähigkeiten**
  Die Ausgestaltung des Personalwesens bzw. der HR-Aktivitäten – Personalentwicklungsprozesse, Sozialisierungsprozesse, Wertegestaltung beim Managementnachwuchs, Einbindung von neuen Mitarbeitern in das Unternehmen, Aufstiegsmöglichkeiten, Mentoring- und Feedbacksysteme.
- **Service – Die Kundenorientierung**
  Nachhaltiger Erfolg ist nicht möglich ohne zufriedene Kunden. Die Kundenzufriedenheit ist abhängig von der Leistung aller Mitarbeiterinnen und Mitarbeiter im Unternehmen. Ebenso wichtig ist beim Reiseveranstalter natürlich auch die Qualität der eingekauften Reiseleistungen.
- **Selbstverständnis – die Vision**
  Die grundlegenden Ideen, auf denen das Unternehmen basiert; die Vision des Unternehmens – für das Unternehmen von großer Innen- und Außenwirkung, i.d.R. mit einfachen Worten auf einem abstrakten Niveau formuliert.

Effektiv arbeitende Organisationen weisen eine ausgeglichene Balance zwischen diesen sieben Elementen auf. Hierin liegt auch der Ursprung einer weiteren Bezeichnung als Diagnosemodell für die Organisations-Effektivität. Jede Veränderung eines Elementes wird Auswirkungen auf alle anderen Elemente nach sich ziehen. Verändern sich bspw. Bestandteile des HR-Systems (HR = Human Resources) wie interne Karriereplanung und Aufstiegsfortbildung, wird dies auch Veränderungen in der Unternehmenskultur, im Führungsstil, dadurch wiederum in den Strukturen und Prozessen und letztlich in den charakteristischen Fähigkeiten des Unternehmens nach sich ziehen.

Gerade in Umgestaltungs- und Change-Prozessen konzentrieren sich viele Unternehmen auf die harten „S", Strategie, Struktur und System. Die weichen „S" wie Stammpersonal, Stil, Service und Selbstverständnis finden dagegen oft weniger Beachtung. Schon Peters und Waterman argumentieren jedoch, dass die erfolgreichsten Firmen ihre Anstrengungen auch auf eine optimale Ausrichtung dieser weichen Faktoren richten. Gerade die weichen Faktoren können den entscheidenden Ausschlag für den Erfolg der Change-Prozesse geben, da neue Strukturen und Strategien kaum auf völlig entgegengesetzte Kulturen und Werte aufgebaut werden können. Diese Probleme dokumentieren sich häufig in den enttäuschenden Ergebnissen spektakulärer Großfusionen. Diese sind nicht zuletzt auf den Zusammenprall unterschiedlicher Unternehmenskulturen, Wertevorstellungen und Handlungsweisen zurückzuführen, die den Aufbau von effektiven gemeinsamen Strukturen und Systemen erheblich erschweren. Das 7-S-Modell ist gut geeignet, um Veränderungsprozesse einzuleiten und ihre Richtung zu bestimmen. Eine Anwendungsmöglichkeit wäre z.B. für jedes Element den Ist-Zustand zu bestimmen und den Idealzustand zu beschreiben. Davon ausgehend können unter Beachtung der gegenseitigen Wechselwirkungen Maßnahmen zur Erreichung des beschriebenen Zielzustandes bestimmt werden.

2.4 Erfolgsfaktoren bei Reiseveranstaltern

In Anlehnung an die Studie von Peters und Waterman („In Search of Excellence") werden in den nachfolgenden Kapiteln die wichtigsten Erfolgsfaktoren eines Unternehmens mit besonderer Berücksichtigung des Reiseveranstalters dargestellt.

2.4.1 Ziele und Selbstverständnis

Unternehmerische Entscheidungen versprechen nach aller Erfahrung mehr Erfolg, wenn sie zielgerichtet getroffen werden und eine bestimmte logische Reihenfolge beachtet wird. Diese besteht aus mindestens drei Entscheidungsebenen: **Ziele**, **Strategien** und **operative Maßnahmen**. Die bildliche Entsprechung einer Reise macht die logische Abfolge dieser drei Ebenen für die Tourismusbranche besonders gut nachvollziehbar.

Entscheidungsebene	Bildliche Entsprechung
1. Unternehmensziele	Wunschorte, Zielorte
2. Strategien	Route zum Ziel
3. Operative Maßnahmen	Beförderungsmittel, Vehikel
= Fahrplan mit Handlungsanweisungen (Konzeption)	

Kaum jemand beginnt eine Reise, ohne sich über das Ziel im Klaren zu sein. Umso erstaunlicher ist es, dass viele Unternehmer im Markt handeln, probieren und taktieren, ohne das zu verfolgende Ziel (oder die Ziele) klar definiert zu haben. Sicher kann es bisweilen auch richtig sein, zu experimentieren („trial and error"); doch das Experimentieren darf nicht der Regelfall sein. Vor allem muss es im Rahmen einer klaren Zielsetzung und auf der Basis wohl überlegter strategischer Entscheidungen erfolgen. Außerdem muss klar sein, dass das mit dem Experimentieren verbundene Risiko überschaubar und notfalls bezahlbar ist. Bei der Gründung eines neuen Unternehmens ist aus diesem Grund zunächst die Idee, die kreative Vision zu formulieren. Im Falle eines bestehenden Unternehmens ist zu prüfen, ob die bisherige Konzeption für die Zukunft tragfähig ist oder ob Grundsätze und Zielsetzungen des Unternehmens einer Korrektur bedürfen.

Ist das Ziel oder besser das Zielsystem (also eine Mehrzahl von sinnvoll auf einander abgestimmten Zielen) geklärt, so sind Entscheidungen hinsichtlich der Strategie bzw. der Strategien zu treffen. Strategien sind, wie im Kapitel 2.1 erläutert, meist mittel- bis langfristig angelegt und entsprechen dem Weg, auf dem wir das vorbestimmte Ziel ansteuern wollen. Es kann mehrere Wege zum Ziel geben, so wie bekanntlich auch viele Wege nach Rom führen. Oft weiß man auch erst nach der Reise, ob der Weg richtig war. Doch eine Reise zu beginnen, ohne sich über den Weg Gedanken zu machen ist noch weniger sinnvoll als eine Reise ohne Festlegung des Ziels zu beginnen. Aus dieser Metapher wird deutlich, welch dominierende Stellung die Strategien im Rahmen des unternehmerischen Handelns haben. Dementsprechend sind auch die meisten Unternehmenszusammenbrüche auf Strategiefehler zurück zu führen.

Nach der Wahl des Zieles und der Wahl der Route (Strategie) kommt die Wahl der operativen Maßnahmen. Sie entsprechen den Beförderungsmitteln, mit denen wir auf der gewählten Route das Ziel ansteuern. Hier gibt es die Möglichkeit, kurzfristig ein anderes Vehikel zu wählen, so wie wir vom Auto auf den Bus oder die Bahn umsteigen können, ohne das Ziel aus dem Auge zu verlieren oder allzu weit von der geplanten Route abzuweichen. Aus der Wahl der drei Komponenten ergibt sich entsprechend einem Fahrplan oder Reiseplan eine Handlungsanweisung, die den Charakter einer Unternehmenskonzeption erhält.

Die hier beschriebene Darstellung hat den Vorteil der Klarheit und Übersichtlichkeit. Wer sie sich stets vor Augen hält, macht nicht den Fehler, die zwingend notwendige Reihenfolge zu verwechseln. Sie hat jedoch den Nachteil, dass sie keine Aussagen darüber enthält, wann der Prozess gestartet werden soll und was passiert, wenn zwischendurch oder am Ende Fehlentscheidungen erkannt werden. Hierzu bedienen wir uns der Lehre vom Regelkreis (siehe Kapitel 1.4. Kybernetik).

Der Erfolg unternehmerischen Handelns wird in hohem Maße von einer systematisch angelegten Zielsetzung beeinflusst, die sich aus übergeordneten Prinzipien und Wertvorstellungen ergibt (superordinate goals nach Pascal und Athos). Im Folgenden werden stichwortartig sowohl qualitative als auch quantitative Ziele oder besser gesagt Zielkomponenten genannt. Der Begriff „Zielkomponenten" wurde schon von Hebestreit in die Diskussion gebracht und beschreibt den Umstand, dass nie ein einziges Ziel allein für unternehmerisches Handeln maßgebend sein kann. Vielmehr werden immer – wenn auch möglicherweise zum Teil unbewusst – mehrere Ziele gleichzeitig angesteuert. Die Zielkomponenten beeinflussen sich gegenseitig mehr oder minder stark. Auch qualitative und quantitative Ziele fließen ineinander.

2.4.1.1 Qualitative Ziele

Qualitative Ziele können im Gegensatz zu quantitativen Zielen nicht unmittelbar in Zahlen gemessen werden. Dies ist nur mittelbar mit Hilfe eigens konstruierter Messgrößen möglich. Wir nennen hier Beispiele für qualitative Ziele:

- Das Leitbild des Unternehmers, die Unternehmer-Persönlichkeit
- Image, Ansehen des Unternehmens in der Öffentlichkeit
- Bekanntheitsgrad des Unternehmens oder der Marke, gestützt oder ungestützt (an der Grenze zu den quantitativen Zielen)
- Die Institution mit ihren (teils ungeschriebenen) Grundsätzen und Verhaltensmustern
- Kundenzufriedenheit
- Mitarbeitermotivation
- Corporate Identity, Unverwechselbarkeit, Glaubwürdigkeit
- Einstellungen und persönliche Werthaltungen des Unternehmers
- Umweltorientierung
- Modernität, Jugendlichkeit, Fortschrittlichkeit

Die Gesamtheit aller qualitativen Ziele trägt zum Selbstverständnis bei und dokumentiert die Grundannahmen und Grundwerte einer Unternehmung (Hopfenbeck, 2002). Die Begriffe Selbstverständnis, Unternehmensphilosophie und Wertsystem werden hier synonym verwendet. In den folgenden Kapiteln wollen wir daher näher auf das Selbstverständnis einer Unternehmung eingehen.

2.4.1.2 Selbstverständnis einer Unternehmung

Das Selbstverständnis einer Unternehmung nimmt eine zentrale Rolle unter den Aspekten der Erfolgsorientierung ein. Es ist daher unausweichlich, ein solches Selbstverständnis zu formulieren. Dies gilt nicht nur für große Unternehmen, sondern ebenfalls für KMU (Kleine und Mittlere Unternehmen).

Die Suche der Unternehmen nach einem neuen Selbstverständnis wird u.a. durch folgende Stichworte gekennzeichnet, die sich teilweise überlagern und deren Abgrenzung vielfach Auslegungssache ist:

- Unternehmens-/Managementphilosophie
- Geschäftsgrundsätze
- Unternehmensleitbild
- Unternehmensverfassung
- Corporate Identity
- Unternehmenskultur
- CSR – Corporate Social Responsability
- Mission

All diese Begriffe werden in der amerikanischen Literatur mit dem Begriff *Superordinate Goals* umschrieben. Dementsprechend sind auch die langfristigen Ziele Teil des Selbstverständnisses. Es würde den Rahmen dieser Arbeit sprengen, wenn an dieser Stelle auf alle diese Begriffe eingegangen werden würde. Aus diesem Grund wird im Folgenden nur auf die Begriffe Corporate Identity und Unternehmensleitbild eingegangen, da diese die meisten der Stichworte in sich vereinen.

Corporate Identity

In der wirtschaftlichen Praxis ist demnach Corporate Identity die strategisch geplante und operativ eingesetzte Selbstdarstellung und Verhaltensweise eines Unternehmens, nach innen und außen auf Basis eines definierten (Soll-) Images, einer festgelegten Unternehmensphilosophie und Unternehmenszielsetzung und mit dem Willen, alle Handlungsinstrumente des Unternehmens in einheitlichem Rahmen nach innen und außen zur Darstellung zu bringen (Birkigt/Stadler, 2002). Corporate Identity ist die angestrebte Persönlichkeit eines Unternehmens, die dieses unverwechselbar macht und damit den relevanten Bezugsgruppen der Umwelt (z.B. Konsumenten, Lieferanten, Aktionären, usw.) erlaubt, das Unternehmen in seiner Einmaligkeit zu erkennen. Auch soll es den Mitarbeitern ermöglicht werden, sich mit dem Unternehmen zu identifizieren. Der „Identitäts-Mix" eines Unternehmens lässt sich als konkrete Kombination identitätspolitischer Instrumente darstellen. Das Konzept der „C I" ist ein sehr hoher Anspruch, der leider oftmals irrtümlich schon dann als gegeben angesehen wird, wenn eine **Marke** gestaltet wurde. Eine Marke repräsentiert jedoch nur die Produkte und ist in erster Linie für den Verbraucher da. Entscheidend sind dabei nicht die objektiven Eigenschaften, zu denen je nach Produkt mehr oder weniger Zugang besteht, sondern die Vorstellungen von der Qualität („Image"). Der Anspruch der „C I" geht jedoch über das Markenimage weit hinaus. Hier geht es um das Bild des gesamten Unternehmens in der Öffentlichkeit, wozu Investoren, Medien, Behörden und andere Teile der Gesellschaft ebenso gehören wie die Verbraucher. Häufig wird auch übersehen, dass eine Marke in erster Linie ein Qualitätsversprechen an Verbraucher darstellt, das langfristig aufgebaut und erhalten werden muss. Folglich muss **alles**, was unter der Marke angeboten wird, dem erhobenen Qualitätsanspruch genügen. Daraus folgt, dass es z.B. wenig sinnvoll ist, eine Stadt oder Landschaft mit einer Marke zu versehen, weil es unmöglich ist, alle touristischen Leistungen dem in der Summe der Bildkomponenten einheitlichen Qualitätsanspruch der Marke unterzuordnen (Beispiel: eine Marke „München" oder „Bayern").

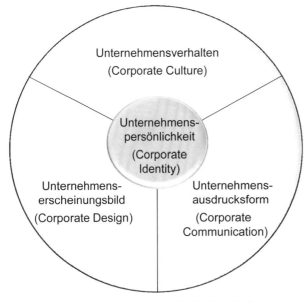

Abb. 2.6:   Corporate Identity nach Birkigt/Stadler (2002)

Als „dynamischer Kern" steht die Unternehmenspersönlichkeit als Ziel im Mittelpunkt aller identitätsorientierten Aktivitäten. Es wird durch die im Ring stehenden Instrumente „operationalisiert".

Zur Realisierung dieser Persönlichkeit dienen dem Unternehmen nachfolgende Instrumente:

1. **Corporate Design (Unternehmenserscheinungsbild):**
   Unverwechselbare Gestaltung der Elemente, die zum Erscheinungsbild des Unternehmens gehören, z.B. der Firmenname bzw. das Firmenzeichen (Logo), die Firmenfarben oder das Unternehmens- oder Produkt-Design. Bei der Gründung eines Unternehmens sind diese Elemente zunächst verbindlich festzulegen. Wird ein Name gewählt, der als Marke eingetragen werden soll, so ist durch eine Recherche beim Markenamt zu prüfen, ob die Marke nicht bereits geschützt ist. Auch ist zu beachten, dass allgemein beschreibende Begriffe nicht eintragungsfähig sind. So wird ein Afrika-Veranstalter den Namen *Elefant Reisen* kaum als Marke bekommen, weil der Begriff *Elefant* für ein bestimmtes Tier steht und die Allgemeinheit dieses Wort benützen kann. Wird als Logo hingegen ein Elefant gezeichnet, so kann diese Grafik als Bildmarke eingetragen werden.

2. **Corporate Communication (Unternehmenskommunikation):**
   Unternehmensbezogene Kommunikationspolitik. Hierzu zählen zum einen das so genannte Corporate Advertising (Unternehmenswerbung) und die Public Relations (Öffentlichkeitsarbeit). Ziele der Unternehmenswerbung sind z.B. die Erhöhung des Bekanntheitsgrades, die Vertrauenswerbung oder die Korrektur falscher Einschätzungen seitens der Kunden. Öffentlichkeitsarbeit hat die Aufgabe, Vertrauen gegenüber dem Unternehmen und Verständnis für das Unternehmen zu schaffen. Hierunter fallen Maßnahmen wie die Information von Journalisten, Pressekonferenzen, Bereitstellung von Broschüren und Filmen, Betriebsbesichtigungen, Stiftungen und Preise.

3. **Corporate Behaviour (Unternehmensverhalten):**
   Beeinflussung der Verhaltensweisen der Mitarbeiter untereinander und gegenüber der Umwelt entsprechend der verfolgten Corporate Identity. Es werden also Verhaltensweisen angestrebt, die nach außen die Einmaligkeit des Unternehmens erkennen lassen und intern die Integration der Mitarbeiter in das Unternehmen und ihre Identifikation mit dem Unternehmen fördern.

Bei der Bestimmung der Unternehmensidentität muss auf widerspruchsfreie Inhalte und Beziehungen der einzelnen Instrumente untereinander geachtet werden. Eine Unternehmenspersönlichkeit entsteht ebenso wie eine menschliche Persönlichkeit nur durch glaubwürdige Übereinstimmung von Äußerung und Handeln, von Anspruch und Wirklichkeit.

Unternehmensleitbild

Das Unternehmensleitbild besteht aus der schriftlichen Formulierung der Unternehmensphilosophie; es ist die „höchste Verdichtungsstufe der Zielsetzung", als grundlegende Willenskundgebung der Unternehmensleitung originärer Teil der Unternehmenspolitik und wesentliches Instrument zur Kommunikation normativer Unternehmungskonzepte (Hopfenbeck, 2002). Das ausformulierte Leitbild ist ein Ausdruck des Unternehmensselbstverständnisses. Für jedes Unternehmen sollte ein solches formuliert werden, damit allen Marktpartnern und Mitarbeitern die Philosophie des Unternehmens verdeutlicht wird.

Als Beispiel für ein Unternehmensleitbild geben wir hier das Leitbild des Schweizer Reiseveranstalters Kuoni wider, das wir dieses Leitbild im umfassenden Ansatz seiner Aussagen und der Klarheit seiner Formulierung für vorbildlich halten.

Beispiel Kuoni Unternehmensleitbild:
Die 10 Leitsätze der Kuoni-Unternehmenspolitik (Auszüge)

Zweck
Wir sind eine internationale Reiseorganisation und wollen mit der vorliegenden Unternehmenspolitik die Überzeugungen, Ziele und Handlungsgrundsätze unseres Unternehmens zum Ausdruck bringen, für unser ganzes Handeln nach innen und nach außen eine verbindliche und verpflichtende Grundlage liefern, durch wirtschaftlichen Erfolg die Basis für eine gedeihliche Entwicklung unseres Unternehmens auf dem Weg in die Zukunft schaffen

Kuoni-Ethik
Wir wollen
- unsere Stellung als führendes schweizerisches Reiseunternehmen behaupten
- angemessene wirtschaftliche Ergebnisse erzielen, die den Fortbestand des Unternehmens sichern
- den Menschen in den Mittelpunkt stellen
- einen qualitätsbewussten, sozial- und umweltverantwortlichen Tourismus fördern,
- dem partnerschaftlichen Gedanken auf allen Ebenen nachleben

Kuoni, die Reiseorganisation mit Herz.

Kuoni-Gast
Wir tragen gegenüber unseren Gästen eine besondere Verantwortung, weil die Reisen für sie in emotioneller und materieller Hinsicht außerordentlich wichtig sind und sie dabei ein besonderes Bedürfnis nach Vertrauen und Sicherheit empfinden.
Wir wollen den vielfältigen Gästeerwartungen in kreativer Weise entsprechen. Wir sehen den Kuoni-Gast als lebensfrohen, interessierten und rücksichtsvollen Menschen, der bereit ist, sich dem Gastland und den Mitreisenden anzupassen. Wir wollen solche Eigenschaften und Haltungen ansprechen und fördern.

Kuoni-Mitarbeiter
Wir setzen uns für eine fortschrittliche Mitarbeiterpolitik ein, insbesondere hinsichtlich Entlohnung, Arbeitsbedingungen, sozialer Chancengleichheit, Eigenverantwortlichkeit, beruflicher Förderung.

Kuoni-Partnerschaft
Wir wollen zu allen für uns wichtigen Personen, Unternehmungen und Institutionen Beziehungen pflegen, die auf echter Partnerschaft beruhen.

Kuoni-Reiseziele: Bevölkerung und Umwelt
Als politisch neutrale Organisation bietet Kuoni Reisen in alle wünschbaren Zielgebiete an, die sicher zu bereisen sind. Wir sind uns dabei bewusst, dass die einheimische Bevölkerung und unsere Gäste von ausschlaggebender Bedeutung sind. Wir wollen auf die Interessen der einheimischen Bevölkerung, auf ihre Eigenständigkeit und ihre kulturelle Eigenart Rücksicht nehmen und uns für umweltfreundliche und landschaftsschonende Tourismusformen einsetzen.

Kuoni-Leistungen
Wir streben an, dass unsere Leistungen, allem anderen voran, hohen Qualitätsanforderungen entsprechen, von einem konsequenten Kundendenken geprägt werden und ihren Preis wert sind. Wir wollen durch eine bedürfnisgerechte und innovative Leistungsgestaltung unserem Gast ein Angebot machen, dass attraktiv ist und ihm echte Vorteile bietet. Besondere Aufmerksamkeit schenken wir der persönlichen Gästebetreuung und -beratung sowie einem ausgebauten Kundendienst vor, während und nach der Reise.

Kuoni-Information, -Werbung und Verkauf
Wir wollen uns streng an den Grundsatz ‹ Leistung kommt vor Werbung › halten. Unser Qualitätsdenken soll auch in der Information, in der Werbung und im Verkauf deutlich zum Ausdruck kommen. Unsere Informationen sollen wahr, glaubwürdig, sachlich und klar sein.

Kuoni-Öffentlichkeitsarbeit
Wir wollen unsere unternehmerischen Überzeugungen und Ziele jederzeit offen legen und eine weitere Öffentlichkeit laufend und umfassend über Entwicklungen in unserem Tätigkeitsbereich informieren.
Wir unterstützen eine praxisbezogene Tourismusforschung und betrachten sie als wichtigen Informationslieferanten unserer ganzheitlichen und vorausschauenden Unternehmenspolitik.

Kuoni-Wirtschaftlichkeit
Wir wollen alle unsere unternehmerischen Leistungen nach dem Grundsatz einer größtmöglichen Wirtschaftlichkeit ausgestalten, die den Fortbestand des Unternehmens sichern. Wir streben deshalb das Erwirtschaften genügender Erträge an wie auch eine ausreichende Liquidität, das Schaffen von Reserven sowie eine gesunde Kapitalstruktur.

2.4.1.3 Weitere Erfolgsfaktoren abgeleitet aus den qualitativen Zielen
Erfolgsfaktor Marke

Bei der Entwicklung von Marketingstrategien für ein Produkt steht jedes Unternehmen vor der Entscheidung, ob es dieses mit einer Marke versehen und damit eine Art Markenartikel anstreben soll oder nicht. Einerseits benötigen der Aufbau und die Pflege einer Marke hohen Ressourceneinsatz, andererseits wird das Produkt durch die Marke aus der Uniformität und Anonymität herausgehoben. Das erleichtert Verkäufe und stärkt die Kundenbindung.

Definition: Marke

Nach Kotler und Bliemel ist die Marke „ein Name, Begriff, Zeichen, Symbol, eine Gestaltungsform oder eine Kombination aus diesen Bestandteilen zum Zwecke der Kennzeichnung der Produkte oder Dienstleistungen eines Anbieters oder einer Anbietergruppe und zu ihrer Differenzierung gegenüber Konkurrenzangeboten." Des weiteren definiert Meffert, dass die „Marke [...] ein in der Psyche des Konsumenten verankertes, unverwechselbares Vorstellungsbild von einem Produkt oder einer Dienstleistung [...] ist". Die zugrunde liegende markierte Leistung wird dabei einem möglichst großen Absatzraum über einen längeren Zeitraum in gleichartigem Auftritt und in gleichbleibender oder verbesserter Qualität angeboten.

Eine Marke ist ein **Qualitätsversprechen**. Eine Marke ist eine einzigartige Ansammlung von Vorstellungen, Assoziationen, Bildern und Verpflichtungen, die mit einem Namen (und einem Symbol) verbunden sind und die dem objektiven Wert des Produktes oder Unternehmens zusätzlich zugeordnet werden. Sie ist die Antwort auf das Verlangen des Menschen nach einer verlässlichen Orientierungs- und Entscheidungshilfe auf der Basis eines stabilen Vertrauens in einer von Produkten, Diensten und Informationen mehr als reichlich angefüllten Welt. Ferner wird eine Beziehung zwischen Kunden und den Produkten einer Marke hergestellt, da sie ganz bestimmte Wertvorstellungen vermittelt, die einen funktionalen, einen emotionalen und einen Selbstbestätigungsnutzen umfasst. Ein solcher Nutzen kann bei einer Marke, die mit Niedrigpreisprodukten assoziiert wird, kaum eintreten.

Im Hinblick auf die Markenstrategie ist die Unterscheidung in Produkt-, Produktgruppen- und Firmenmarken wesentlich. Auf der Produktebene wird die kleinste markierbare Einheit, nämlich das Produkt, mit einer Marke versehen. Im Falle mehrerer Produkte können diese als eine Reihe von Einzelmarken getrennt als je eigene Marke oder als unterschiedliche Marken in einer die Zusammengehörigkeit dokumentierenden Markenfamilie positioniert werden (z.B. Lufthansa: die Marke wird nicht nur für die Fluggesellschaft, sondern auch für Reisebüros unter dem Namen *Lufthansa City Center* verwendet).

Die Firmen- oder Dachmarkenstrategie fasst sämtliche Produkte eines Unternehmens unter einer (Firmen)Marke zusammen. Die unterschiedlichen Produkte sollen aufgrund des starken Images der Dachmarke besser positioniert werden, als dies bei vielen unterschiedlichen Einzelmarken der Fall sein würde. So hat *TUI* in den achtziger Jahren des 20. Jahrhunderts mehrere Produktmarken gleichzeitig beworben, die den früheren Reiseveranstaltern Touropa, Scharnow, Hummel, Dr. Tigges und TransEuropa entsprachen. Darüber wurde die Marke *TUI* als Dachmarke geführt. Da die Programme hohe Überschneidungen aufwiesen und keine eindeutige Zielgruppenzuordnung zu erreichen war, hat *TUI* diese Marken aufgegeben, und die Kataloge nach Zielregionen sortiert. Künftig wurde nur noch die Marke *TUI* beworben. Heute gilt das Bemühen der *TUI* in hohem Maße der Einführung von Hotelmarken, die darauf abzielen, bestimmte Zielgruppen mit bestimmten Urlaubsbedürfnissen anzusprechen und an das Unternehmen zu binden.

Mit der Entwicklung des Internet als erfolgreicher Vertriebskanal für Urlaubsreisen wurde und wird zunehmend über den Wert einer Veranstaltermarke diskutiert. Hat früher schon mancher Kunde Reisebüro und Reiseveranstalter verwechselt, so hat die Unklarheit, wer eigentlich die Reiseleistungen zusammenstellt, in Zeiten des Internet deutlich zugenommen. Hieran ändert auch die Tatsache nichts, dass das deutsche Reiserecht in § 651 a–l die Verantwortlichkeit des Reiseveranstalters klar definiert. Es lässt sich die **These** vertreten, dass die Zunahme der – meist am Preis orientierten – Internetbuchungen zu einem erheblichen Bedeutungsverlust der Marken von Reiseveranstaltern geführt hat. Der weltweite Reisemarkt ist von einer erheblichen Ausweitung der Kapazitäten im Bereich des Luftverkehrs, der Hotellerie und nun auch der Kreuzfahrt gekennzeichnet. Überkapazitäten erzeugen die Neigung, leere Plätze über den Preis zu füllen. Wer jedoch den Preis bei seiner Kaufentscheidung in den Vordergrund stellt, für den wird die Marke zweitrangig. Das beste Beispiel für die Bedeutungslosigkeit der Marke bei niedrigem Preis und zufriedenstellender Qualität ist ALDI.

Eine gewisse Bedeutung kam und kommt der Marke des Reiseveranstalters im Segment der **Gruppenreisen** zu. Wer an einer Gruppenreise teilnimmt möchte wissen, in welcher Gesellschaft er reist. „Das Wichtigste an der Reise ist der Reisegefährte" steht im Haus eines bekannten Studienreiseveranstalters angeschrieben. Insbesondere die Frage, welcher Altersgruppe und welcher sozialen Schicht die anderen Mitreisenden angehören, beschäftigt den potenziellen Teilnehmer. Eine Marke kommuniziert den Charakter der Zielgruppe und gibt den Interessenten Auskunft über die zu erwartende Gesellschaft. Allerdings tun sich auch relativ große und/oder bekannte Reiseveranstalter trotz profilierten Markenauftritts nicht immer leicht mit ihren Gruppen. So verkündeten der Reiseveranstalter *Windrose* und die *TUI*-Marke *Airtours*, die im Luxusmarkt miteinander in Konkurrenz stehen, im Jahr 2011 zum Erstaunen der Branche eine Zusammenarbeit bei Gruppenreisen. Es stellt sich die Frage, ob es diese Kooperation gäbe, wenn jeder seine Gruppen selbst voll bekäme.

2.4.1.4 Quantitativ-ökonomische Ziele

Hier beschränken wir uns auf Stichworte, da die umfangreiche betriebswirtschaftliche Thematik den Rahmen dieses Kapitels sprengen würde. Außerdem werden verschiedene Merkmale wie z.B. Auslastung, Deckungsbeitrag oder Marge an anderer Stelle dieses Buches abgehandelt.

Beispiele für quantitative Ziele

- Gewinn (absolut oder Zuwachs)
- Betriebsergebnis, → Umsatzrendite (Reiseveranstalter 1–4 %, Reisebüros 0,5–1,5 %)
- Verhältnis Gewinn zu investiertem Kapital (ROI)
- Renditeerwartungen der Kapitalgeber, Dividendenerwartungen
- Umsatzziele
- Cash Flow
- Liquidität
- Marktanteil, gemessen am Umsatz oder an den Teilnehmern
- Ø Umsatz pro Teilnehmer
- Deckungsbeitrag (z.B. eines Zielgebietes; Airlines: Streckenertrag = Yield)
- Hinreichende oder maximale Auslastung gecharterter Kapazitäten (Airlines: Ladefaktor, Sitzladefaktor)
- Sicherheitsstreben, Sicherung der Liquidität
- Wachstumsziele (z.B. Zuwachsrate bei Teilnehmern oder Umsatz)
- Marge

Bei der Frage nach der Erreichbarkeit der Ziele sind verschiedene Punkte zu prüfen bzw. in eine Planung einzubeziehen:

- die Marktsituation und Marktentwicklung
- das Wettbewerbsumfeld
- die in Frage kommende Strategie
- das benötigte bzw. verfügbare Instrumentarium
- die erforderlichen Ressourcen, vor allem hinsichtlich Kapital und Personal

2.4.2 Strategien

Ein Reiseveranstalter muss im Vorfeld einer Unternehmensgründung, eines Unternehmenskaufs oder einer neuen Produktentwicklung zwischen den ihm offen stehenden strategischen Alternativen abwägen. Die folgende Tabelle stellt die verschiedenen strategischen Varianten dar, für die sich ein Veranstalter entscheiden kann. Es sind Entscheidungen zu treffen in den Felder **Produktdimension, Unternehmensgröße** und **Vertriebssystem**. Natürlich lassen sich

Strategieoption für Reiseveranstalter

	Entscheidungsbereich	Alternativen

Produktdimensionen

P/Q	Preis- Qualitäts- Niveau	( )	Qualität
		( )	Niedrigpreis (Masse)
P/Z	Zielgebiete	( )	Vollsortiment
		( )	Spezialist
P/M	Marktsegmentierung	( )	Geographisch (Regional)
		( )	Soziodemographisch
		( )	Reiseverhalten
		( )	Psychologisch
P/X	Produktionslogik	( )	Klassische Produktion
		( )	X-Veranstalter

Unternehmensgröße

U	Unternehmensgröße	( )	Klein
		( )	Mittel

Vertriebsstrategie

V	Vertriebssystem	( )	Direkt
		( )	Indirekt
		( )	Eigenvertrieb
		( )	Fremdvertrieb

Abb. 2.7: Strategie-Optionen für Reiseveranstalter

die verschiedenen Optionen nicht beliebig kombinieren. So wissen wir aus der Erfahrung der letzten Jahrzehnte, dass regional anbietende mittelständische bzw. mittelgroße Veranstalter, die im Markt der Flugpauschalreisen über Reisebüros vertreiben, kaum noch Chancen haben. Es fehlt ihnen das Umsatzvolumen, um gegen die Großveranstalter bestehen zu können. Die meisten regionalen Anbieter von „Warmwassertourismus" sind vom Markt verschwunden (Beispiele Hetzel, Kreutzer, Air Conti, Fischer). In den Feldern der Produktdimensionen *Preis-Qualitäts-Niveau*, *Zielgebiete* und *Produktionslogik* ist jeweils zwischen zwei Alternativen zu wählen, in der Produktdimension *Marktsegmentierung* zwischen vier Alternativen. Auch in den Entscheidungsbereichen Unternehmensgröße (U) und Vertriebssystem (V) sind ebenfalls Optionen zu wählen.

Es geht hier um die Frage, welche strategischen Alternativen einem Reiseveranstalter zur Verfügung stehen. Dabei sind wir zu der Erkenntnis gelangt, dass eine strategische Erfolgsposition nur erreicht werden kann, wenn Strategie-Komponenten wie Bausteine in der richtigen Weise zusammengefügt werden. So passt eine Strategie-Komponente „Direktvertrieb" beispielsweise nicht zu einem mittelgroßen oder großen Veranstalter von Badeurlaub („Warmwasser-Tourismus"), der bisher über Reisebüros verkauft hat. Er würde durch Direktvertrieb seinen mittelfristig unersetzlichen Reisebürovertrieb gefährden. Bei einem kleinen Spezialisten für hoch erklärungsbedürftige Reisen könnte eine Entscheidung für den Reisebürovertrieb durch den hohen Katalog- und Provisionsaufwand hingegen die Existenz bedrohen.

Wo gewachsene Unternehmensstrukturen vorhanden sind – so insbesondere bei Großveranstaltern – stehen verschiedene Strategie-Komponenten natürlich nicht mehr zur Verfügung. Je kleiner der Veranstalter jedoch ist, umso lebenswichtiger ist die Frage nach der geeigneten Strategie-Kombination.

Strategische Entscheidungen sind nötig bzw. möglich im Hinblick auf:
- die Art des touristischen Angebotes (Produktdimension)
- die Unternehmensgröße
- das Vertriebssystem

2.4.2.1 Die Produktdimension (P)

Die Produktplanung ist ein zentraler Aspekt der langfristigen strategischen Planung. In der operativen Planung sind später Produktentscheidungen jeweils von Saison zu Saison oder von Jahr zu Jahr zu treffen. Um deutlich zu machen, welche Möglichkeiten sich für einen Reiseveranstalter in der strategischen Planung bieten, stellen wir zunächst vier strategische Produktdimensionen dar:

- Das Preis-Qualitäts-Niveau
- Die Auswahl der Zielgebiete
- Die Produktionslogik
- Die Marktsegmentierung

2.4.2.2 Das Preis-Qualitäts-Niveau (P/Q)

Einer der markantesten Trends der letzten Jahre ist die auf vielen Märkten erkennbare **Polarisierung**. Das Wachstum erfolgt in der Preisdimension nur noch „oben und unten", die

2.4 Erfolgsfaktoren bei Reiseveranstaltern

Mitte nimmt hingegen eher ab. Ökonomischer Hintergrund ist die sich weiter öffnende soziale Schere zwischen höheren und geringen Einkommen, was sich auf die plakative Formel bringen lässt: Die Reichen werden reicher, die Armen werden ärmer. Die Polarisierung ist in vielen Konsumbereichen erkennbar – von der Autoindustrie über die Einrichtung (Beispiel *IKEA*) bis zur Oberbekleidung (Beispiel H & M). Allerdings ist der Verbraucher (oder die Verbraucherin) unberechenbar. Allgegenwärtig ist der hybride Verbraucher – oder die hybride Verbraucherin: die Ehefrau eines Chefarztes, die im Porsche Carrera bei H & M oder ALDI vorfährt. Der Freundin zeigt sie aber stolz ihre Tasche von *Louis Vitton*.

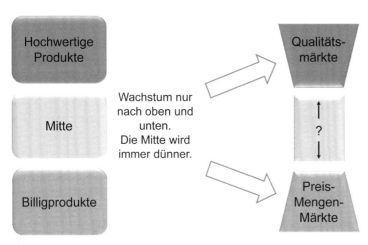

Abb. 2.8: Polarisierung der Märkte

Wer sich in seinem Angebot nicht klar zwischen einer Betonung von Preis oder Qualität entscheidet verliert Profil und damit Marktanteile. Im Sinne der dargestellten Marktpolarisierung muss sich also ein breit sortimentierter Reiseveranstalter entscheiden zwischen:

- einer „Qualitätsschiene" mit gehobenem Preisniveau (Beispiele *Airtours, Windrose, Jahn*) und
- einer „Niedrig-Preis-Schiene" mit zwangsläufigen Kompromissen in der Qualität (Beispiele *Neckermann, ITS, Alltours, Tjaereborg*). Diese Kompromisse sind zwar reiserechtlich nicht relevant, da eine bestimmte Mindestqualität nicht unterschritten werden kann; die feinen Unterschiede liegen aber in vielen Bereichen, von den Reiseunterlagen über die Hotel- und Zimmerauswahl bis hin zur Qualität der Reiseleiter im Zielgebiet.

Der Niedrigpreis-Veranstalter *ITS* wurde Anfang 1995 vom Kaufhof an die *Rewe-Gruppe* verkauft und anschließend saniert. Im Zuge der Sanierung und Sortimentsbereinigung wurden alle 5-Sterne-Hotels aus dem Programm genommen. Analog hierzu hat *Airtours* – damals noch ein eigenständiger Reiseveranstalter – alle 3-Sterne-Hotels und viele 4-Sterne-Hotels aus dem Programm genommen. Natürlich muss sowohl im Hochpreis- wie im Niedrigpreis-Segment die Frage des Preis-Leistungs-Verhältnisses sorgfältig geprüft werden, denn das Preisbewusstsein ist quer durch alle Schichten ausgeprägt. Wesentlich ist jedoch, ob die (hohe) Qualität oder der (niedrige) Preis bei der Entscheidung des Kunden im Vordergrund steht. Präferiert der Kunde einen niedrigen Preis, so stellt sich zunehmend die Frage, ob sich der Aufwand der Markenführung lohnt.

Kein Veranstalter mit breitem Angebotsspektrum kann sich heute mehr zugleich mit hoher Qualität und niedrigen Preisen profilieren. Allenfalls Zielgebietsspezialisten können oder müssen das gesamte Preisspektrum anbieten, um die ohnehin eingeschränkte Nachfrage nach ihrem Zielgebiet nicht noch weiter einzuschränken. Doch auch in bestimmten Zielregionen zeigt sich bereits, dass Preis- und Qualitätsmärkte sich unterschiedlich entwickeln und nur schwer vom selben Veranstalter abgedeckt werden können (Beispiel: das Zielgebiet Karibik mit seinen Extremen Barbados, wo der Exklusivtourismus dominiert und der Dominikanischen Republik, dem Warmwasser-Fernziel mit hohen Teilnehmerzahlen im unteren Marktsegment).

2.4.2.3 Die Auswahl der Zielgebiete (P/Z)

Reiseveranstalter bieten entweder im Sinne eines Vollsortiments Reisen in viele verschiedene Regionen der Welt an (Beispiele *TUI, Neckermann, Meier's Weltreisen*) oder spezialisieren sich auf bestimmte Zielgebiete. Unter den Fernreiseveranstaltern mit Zielgebietsschwerpunkt war in den 90er Jahren die Münchener *CA-Ferntouristik* (*Frosch-Touristik*, später *FTI*) sehr erfolgreich. Die Spezialisierung richtete sich auf aufkommensstarke Fernziele (vor allem USA, Kanada, Karibik, Australien). *CA-Ferntouristik* wurde so zum Senkrechtstarter unter den deutschen Fernreiseveranstaltern in den neunziger Jahren. Allerdings war hier nicht nur die Zielgebietsentscheidung für den Erfolg ausschlaggebend; vielmehr wurde eine innovative technische Lösung – eine Art erstes „Outsourcing" der Produktion – geschaffen, die wir an anderer Stelle näher beschreiben. Eine Spezialisierung auf Fernziele sichert allein noch keinen Erfolg, wie die über lange Jahre sehr schwierige Entwicklung von *Meier's Weltreisen* in der Zeit als Tochterunternehmen der *LTU-Touristik* zeigte.

1. der „Vollsortimenter"

Mit diesem Begriff aus der Handelsbetriebslehre wollen wir darauf hinweisen, dass die Funktion des Reiseveranstalters in weiten Teilen sehr ähnlich der Funktion eines Händlers ist, der Leistungen einkauft, neu verpackt und vertreibt. Die darüber hinaus gehenden eigenen Leistungen des Veranstalters sind im Wesentlichen

- die Planung von Reisen aufgrund guter Zielgebietskenntnisse
- die Durchführung von Rundreisen mit eigenen Reiseleitern (Beispiel Studienreisen)
- die Übernahme von Kapazitätsrisiken (Ferienflug, bestimmte Hotelverträge)
- die Informations- und Servicefunktionen gegenüber dem Kunden

Der Vollsortimenter *TUI* (ehemaliger Slogan: „Der größte Urlaubsservice unter der Sonne") hat im Zuge des Aufbaus einer Dachmarke in den achtziger Jahren seine Produktmarken weitestgehend abgeschafft und sie durch Länderkataloge ersetzt. Diese Entscheidung hat sich allerdings nur teilweise bewährt. Immerhin hat es die *TUI* geschafft, durch hohen Werbedruck den Bekanntheitsgrad der Marke *TUI* beträchtlich zu steigern.

Problematisch ist auf lange Sicht die Frage der Einordnung *der TUI* in der Preis-Qualitäts-Dimension. Einerseits will man sich gegen die Konkurrenten *Neckermann/Thomas Cook, ITS, Alltours* usw. durch höhere Qualität abgrenzen. Als Preis-Mengen-Veranstalter tut man sich andererseits dort schwer, wo kleinere Zahlen bewegt werden oder wo der Kunde besondere Präferenzen hat. Die Geschäftsleitung bemüht sich daher zunehmend um die Übernahme kleiner Spezialisten mit besonders erfolgreicher Zielgruppenansprache, da es bisweilen schwierig ist, sich Spezialkompetenz für kleinere ausgewählte Zielgruppen ins Haus zu holen.

2. der Zielgebiets-Spezialist

Viele kleine Reiseveranstalter sind nur durch ihre Zielgebiets-Spezialisierung lebensfähig. Ihre zumeist profunde Kenntnis des Zielgebiets lässt sich vor allem im Direktvertrieb als Erfolgsfaktor einsetzen. Auch heute ist der Markteintritt für kleine Spezialisten noch möglich und durchaus aussichtsreich, zumal immer wieder neue Zielgebiete auf den Markt kommen. In diesen Fällen haben kleine Reiseveranstalter zu allen Zeiten eine Pionierrolle übernommen (Beispiel Nepal). War das Zielgebiet dann auf dem deutschen Markt bekannt, sind oft die Großveranstalter mit ihren Charterflügen eingestiegen.

Zielgebiets-Spezialisten müssen in der strategischen Planung eine Reihe von Fragen besonders sorgfältig prüfen, so u.a.:
- wie steht es um den Bekanntheitsgrad und das Image des Zielgebiets auf dem deutschen Markt?
- wo liegt der Schwerpunkt der touristischen Ressourcen des Zielgebiets? (sind es in erster Linie schöne Strände, dann werden ggf. bald die großen Veranstalter mit ihren Charterflügen kommen und den Spezialisten verdrängen)
- ist eine ausreichende Gesamtnachfrage für das Zielgebiet vorhanden oder kann sie in überschaubarer Zeit entstehen?
- gibt es Unterstützung von den nationalen Tourismus-Organisationen (NTO)?
- wie ist die touristische Infrastruktur?/wie entwickelt sie sich?/wie ist der Wettbewerb auf dem deutschen Markt?

Zielgebiets-Spezialisten haben außer den genannten Vorteilen auch mit wesentlichen Nachteilen zu kämpfen:
- die Spezialisierung auf ein einziges Zielgebiet schafft gefährliche Abhängigkeiten.
- Wird das Zielgebiet durch kriegerische Einflüsse, Anschläge, Unwetter oder andere Faktoren beeinträchtigt, so kann der Betrieb des Veranstalters erheblich darunter leiden.
- das Wachstums-Potenzial des Veranstalters ist erheblich geringer als bei einem Veranstalter, der seine Reisen in alle Welt anbieten kann.
- besteht die Zielgebiets-Spezialisierung über längere Zeit, so ist es relativ schwierig, in andere Zielgebiete zu diversifizieren. Der Markt kennt den Veranstalter als Spezialisten für ein Zielgebiet und akzeptiert nur zögernd seine Kompetenz auch für andere Zielgebiete.
- **Beispiel:** Probleme von Türkei-Spezialisten wie *Öger Tours* auf dem deutschen Markt; Fernreisen oder auch andere europäische Ziele waren im Sortiment von *Öger Tours* immer schwer zu verkaufen.
- **Beispiel:** der ehemals drittgrößte deutsche Fernreiseveranstalter *Terramar* hatte einen starken Angebotsschwerpunkt in Mexiko und ging 1979 in Konkurs, nachdem die Buchungen für Mexiko stark zurückgegangen waren. Der Versuch, andere Zielgebiete (Asien, Karibik) anzubieten, scheiterte u.a. an dem stark auf Mexiko ausgerichteten Image von *Terramar*. Die Marke wurde später von Neckermann übernommen, wo sie auch nie erfolgreich war.

2.4.2.4 Die Produktionslogik (P/X)

Hier geht es einmal um die Entscheidung zwischen dem „**klassischen Reiseveranstalter**", den wir in der vorliegenden Arbeit ausführlich darstellen und der seit wenigen Jahren sprunghaft gewachsenen X-Produktion. Der **X-Veranstalter** arbeitet ohne Katalog, benötigt aber die technische Ausstattung für einen Zugriff auf Datenbanken (vorwiegend Flug und Hotel) sowie einen entsprechenden Internetauftritt. Natürlich müssen die dazu passenden Inhouse-Lösungen vorhanden sein. Die IT-Lösung kann leicht einen sechsstelligen Euro-Betrag in Anspruch nehmen.

Die Kritik sowohl konkurrierender klassischer Reiseveranstalter wie auch der im Vertrieb von X-Produkten involvierten Reisebüros ist so vielfältig, dass sich der DRV Deutscher ReiseVerband e.V. im Jahr 2011 entschloss, einen eigenen Ausschuss damit zu befassen. Es würde zu weit führen, die gesamte Argumentation hier darzustellen. Im Kapitel 2.4.4 (Erfolgsfaktor Systeme) werden einige relevante Fragen und aktuelle Entwicklungen ausführlicher dargestellt.

Innerhalb der klassischen Reiseveranstalter sind weitere Unterscheidungen bzw. der Produktionslogik zu treffen:

- Die Unterscheidung zwischen Pauschal- und **Bausteinveranstaltern**. Der Bausteinveranstalter ist dadurch gekennzeichnet, dass er im Vergleich zum Pauschalveranstalter eine tendenziell weit größere Zahl von Leistungsträgerangeboten ohne oder mit nur sehr geringem Belegungsrisiko einkauft. Dies erhöht allerdings den Einkaufs- und Verwaltungsaufwand beträchtlich und erfordert anspruchsvolle Systemlösungen. Der deutsche Marktführer in diesem Segment ist *Dertour* (*REWE* Touristik Gruppe).
- Die Unterscheidung zwischen Reiseveranstaltern mit und ohne Auftritt im eigenen Namen. Reiseveranstalter, die Produkte für andere Vertriebskanäle als die Reisebüros im eigenen Vertriebsnetz erstellen, ohne dass dort ihr Name als Marke verwendet wird, nennt man **White-Label-Veranstalter**. Sie produzieren Produkte für elektronische Medien (z.B. Fernsehkanäle), für Supermarktketten oder für Internetportale. Führend unter diesen Veranstaltern sind *BigXtra (FTI*-Gruppe) und die *TUI*-Tochter *Berge & Meer*, die allerdings auch zunehmend Produkte unter eigenem Namen bewirbt.

2.4.2.5 Die Marktsegmentierung (Zielgruppen-Wahl, (P/M))

Grundsätzlich kommen vier verschiedene Ansätze der Marktsegmentierung und der Zielgruppen-Definition in Betracht, von denen allerdings nur drei für den allergrößten Teil der Reiseveranstalter praktikabel sind, da die pychologische Marktsegmentierung mit ihren umfangreichen empirischen Methoden primär zur Konstruktion von Marken Anwendung findet.

1. Regional-Anbieter (geographische Segmentierung)

Die geographische Marktsegmentierung ist die älteste Art der Zielgruppenfindung. Sie hat in der deutschen Tourismusbranche insofern eine erhebliche Bedeutung, als die touristischen Verkaufsgebiete in hohem Maße mit den Einzugsgebieten der Flughäfen zusammenhängen. Die Vertriebsorganisationen der deutschen Großveranstalter sind auch heute regional orientiert. Spezielle Produkte für regionale Märkte sind hingegen kaum noch zu finden.

2.4 Erfolgsfaktoren bei Reiseveranstaltern

Zahlreiche, vor allem mittlere Charterflug-Veranstalter waren in den Achtziger und Neunzigerjahren regional aktiv. So kam es zum Aufbau von Veranstaltern, die als „Regional-Platzhirsche" eine Zeit lang auch zu begehrten Beteiligungsobjekten von Fluggesellschaften wurden (Beispiele: Engagement der *Condor* bei *Kreutzer* in München, Engagement der *LTU* bei *Hetzel* in Stuttgart). Bei den Regionalanbietern handelte es sich vorwiegend um Veranstalter von Badereisen. Die Produkte waren hochgradig austauschbar, der Preis spielte im Wettbewerb eine erhebliche Rolle.

Trotz des harten Preiswettbewerbs konnten einige dieser zunächst regional orientierten Veranstalter in den neunziger Jahren beträchtliche Zuwachsraten verbuchen. (Beispiel: *Alltours*). Die Beispiele der vom Markt verschwundenen regional orientierter „Warmwasser-Veranstalter" *Air Conti* (München), *Hetzel* (Stuttgart) und *Fischer* (Hamburg) zeigen aber auch, wie problematisch eine regionale Orientierung sein kann. Die „Marke" *Kreutzer* wurde 2003 von *Thomas Cook* eingestellt, obwohl es sich um eine im Raum München bestens aufgestellte Firma mit gewachsener Unternehmenskultur handelte.

2. Soziodemographische Segmentierung

Die Zielgruppenabgrenzung nach soziodemographischen Merkmalen wie z.B. Alter, Beruf, Geschlecht oder Familienstand hat auf dem Reisemarkt zahlreiche Spezialisten hervorgebracht. Hierzu zählen Veranstalter von Jugend-, Studenten- oder Senioren-Reisen, Familienurlaub oder Single-Reisen, Reisen für Behinderte oder Fachstudienreisen für bestimmte Berufsgruppen. In gewisser Weise gehören auch Veranstalter von Exklusiv-Reisen hierher, da diese Reisen ein bestimmtes Einkommen oder Vermögen sowie eine gewisse Reiseerfahrung voraussetzen. Ein überdurchschnittlicher Bildungsgrad ist wohl in der Realität hier zu finden, wenngleich natürlich nicht die Voraussetzung.

3. Segmentierung nach Verhaltensmerkmalen (Reiseverhalten)

Zu den im Tourismus wichtigsten Verhaltensmerkmalen gehört die Benutzung eines bestimmten Verkehrsmittels. Obgleich der eigene PKW das am häufigsten benutzte Verkehrsmittel ist, sprechen wir bei Veranstaltern für Autoreisen oder erdgebundenen Verkehrsmitteln im weiteren Sinn von Spezialisten (Beispiele: *ADAC, Ameropa*). Auch die Teilnahme an Studienreisen oder Sprachreisen, das Ausüben einer Sportart oder der Wunsch nach Abenteuerurlaub sind Merkmale, nach denen Zielgruppen gebildet werden können.

Eine weitere Möglichkeit der Segmentierung ist die mit den Verfahren der Multivariatenanalyse durchgeführte **psychologische Marktsegmentierung**. Sie spielt eine erhebliche Rolle bei der Gestaltung und Führung von Marken in der Konsumgüterindustrie, wobei umfangreiche Repräsentativumfragen in Kombination mit multivariaten Rechenverfahren (Faktorenanalyse, Clusteranalyse) unter den relevanten Zielgruppen durchgeführt werden müssen. Für Reiseveranstalter sind diese Verfahren in der Regel zu aufwändig und – wenn überhaupt – nur im Marketing von Großveranstaltern oder Leistungsträgern sinnvoll einsetzbar. Die *TUI* hat diese Verfahren zum Beginn der Achtzigerjahre eingesetzt, um die damals hohen Überschneidungen innerhalb ihrer früheren aus der Gründerzeit stammenden Marken (*Touropa, Scharnow, Hummel, TransEuropa, Dr. Tigges*) zu eliminieren.

2.4.2.6 Die Unternehmensgröße (U)

Für die Einteilung von Reiseveranstaltern in Größenklassen gibt es die beiden Kriterien „Teilnehmer" und „Umsatz". Eine allgemeinverbindliche Kategorisierung von kleinen, mittleren und Groß-Veranstaltern gibt es hingegen nicht. Die Fachzeitschrift *FVW* stellt in ihrer alljährlichen Übersicht „*fvw* Dossier/Deutsche Veranstalter" den Markt der deutschen Reiseveranstalter auf Basis einer Umfrage in Tabellen dar. Nach allgemeiner Übereinkunft ist ein Großveranstalter einer, der mindestens eine Million Teilnehmer und 500.000 Mio. Euro Umsatz hat. Die Abgrenzung zwischen kleinen und mittleren Veranstaltern wird willkürlich bei 60 Mio. Euro gezogen. Das führt dann dazu, dass z.B. *Wikinger Reisen* ein mittlerer und *Olimar* ein kleiner Reiseveranstalter ist (Zahlen für das Touristikjahr 2010/11).

Eine andere Einteilung wählt seit 1994 der in Sachen Insolvenz-Versicherung führende Deutsche Reisepreis-Sicherungsverein VVaG (DRS). Kleine Veranstalter sind danach solche unter 5 Mio. Euro Jahresumsatz, die über dieser Schwelle liegenden Veranstalter gelten als größere Veranstalter und werden nicht mehr weiter unterteilt. Im Rahmen einer strategischen Zielsetzung wäre u.a. zu entscheiden, welche Größenklasse angestrebt wird:

1. kleiner Reiseveranstalter

Nischenspezialisten, die veranstalten und direkt an den Kunden verkaufen, haben in der heutigen Marktsituation durchaus eine reale Chance, sofern es ihnen gelingt, in der zumeist mehrjährigen Aufbauphase ihre fixen Kosten niedrig zu halten. Solche Unternehmen können mit wenig Personal, ggf. auch nur von einer einzigen Person betrieben werden, die ihre besondere Produktkompetenz im Verkauf umsetzt.

Wie viele solcher Kleinveranstalter es in Deutschland gibt, vermag niemand zu sagen. Schätzungen schwanken zwischen 1.000 und 1.500, wobei in vielen Fällen ein gemischter Betrieb von Reisebüro und Reiseveranstalter vorliegt. Die Erfahrung zeigt, dass es für solche Kleinveranstalter spezifische Erfolgsfaktoren gibt. Diese sind:

- hervorragende Produkt- bzw. Zielgebietskompetenz
- verkäuferische Fähigkeiten, besonders im Telefonverkauf
- unternehmerisches Engagement (wesentliche Beteiligung oder Alleininhaber)
- weit überdurchschnittlicher Arbeitseinsatz, besondere Servicebereitschaft
- finanzielle Mittel, um die Anlaufphase durchzuhalten

Fehlt einer oder gar mehrere dieser Erfolgsfaktoren, so ist es für kleine Veranstalter sehr schwierig, im Wettbewerb zu bestehen. Mehr dazu im Kap. 2.6.

2. mittlerer Reiseveranstalter

Wir wollen hier die Frage nicht vertiefen, wie ein mittlerer Reiseveranstalter nach den Kriterien „Umsatz und Teilnehmerzahl" sinnvoll abzugrenzen ist. Vielmehr geht es um die Problematik der wirtschaftlich günstigen Unternehmensgröße beim Wachstum kleinerer Veranstalter. Es gibt zahlreiche Fälle, in denen Veranstalter mit guten Gewinnen arbeiteten, solange sie klein geblieben sind, d.h. die Größenordnung von 3–6 Mio. Euro Umsatz nicht überschritten haben. Beim weiteren Wachstum traten dann Management-Probleme auf, die der Kleinbetrieb nicht oder nur am Rande kennt (Organisation, Personalführung, EDV-Einsatz,

Kapitalbedarf usw.). Bei einem Neuaufbau eines mittleren Reiseunternehmens müssen aus diesem Grund alle Teile der Unternehmensstruktur von vornherein auf die geplante Größe ausgerichtet sein.

3. Großveranstalter

Bis zur Einführung des Euro war es einfach, sich die Abgrenzung der Großveranstalter zu merken. Es waren Unternehmen mit über 1 Milliarde DM Jahresumsatz oder 1 Million Teilnehmer, während alle mittleren Veranstalter weit darunter lagen. In der Zwischenzeit gibt es mittlere (auch mittelständische) Veranstalter, die über 250 Mio. € Umsatz weit hinaus sind und die Umsatzschwelle zum Großveranstalter bereits überschritten haben (Beispiel *Schauinsland* mit 556 Mio. Euro Umsatz in 2011). Im Jahr 2011 gab es in Deutschland fünf Veranstaltergruppen, die in die Kategorie der Großveranstalter fielen (über 500 Mio. €): *TUI, Thomas Cook, REWE-Touristik, FTI* und *Alltours*. Zwei davon sind mittelständische (inhabergeführte) Unternehmen: *FTI* und *Alltours*.

2.4.2.7 Das Vertriebssystem (V)

Vertriebsaktivitäten unterscheiden wir zunächst in Direktvertrieb und indirekten Vertrieb. Innerhalb des indirekten Vertriebs kommt je nach Eigentumsverhältnissen bei den Vertriebsstellen Eigen- oder Fremdvertrieb in Betracht.

1. Direktvertrieb

Beim Direktvertrieb tritt der Reiseveranstalter mit seinen Kunden unmittelbar, also ohne Einschaltung eines Reisemittlers in Kontakt. Der Betrieb eines eigenen Reisebüros ist hierzu nicht notwendig, obgleich kleinere Veranstalter oft über ein eigenes Reisebüro verfügen.

Tendenziell ist Direktvertrieb eher geeignet für Reiseveranstalter, die

- erklärungsbedürftige Reisen verkaufen
- höherwertige Reisen anbieten
- neu auf den Markt kommen
- noch kein Reisebüro-Vertriebsnetz haben
- nicht selbst mit Reisebüroketten verflochten sind
- besonderen Wert auf Kundenkontakte legen (persönliche Beratung, After-Sale-Service)
- eine gut definierbare und erreichbare Klientel ansprechen

Der Direktvertrieb des großen Reiseveranstalters ist verständlicherweise ein Reizthema in der deutschen Reisebürolandschaft, wenn auch die Reizbarkeit in Zeiten des Online-Vertriebs der Reiseveranstalter deutlich abnimmt. Noch vor 10 Jahren wäre – mit Unterstützung der Fachpresse – ein Sturm der Entrüstung durch die Vertriebslandschaft gegangen, wenn ein Großveranstalter oder großer mittlerer Reiseveranstalter erklärt hätte, den Online-Vertrieb an den Reisebüros vorbei stark ausbauen zu wollen.

Für kleine Veranstalter ist es aus Kostengründen eine Überlebensfrage, ihre Kunden direkt anzusprechen. Die für einen effizienten Reisebürovertrieb nötigen Kataloge sowie die benötigte EDV übersteigen die finanziellen Möglichkeiten vieler kleiner Veranstalter. Außerdem können sie im Direktvertrieb ihre genaue Zielgebiets- und Produktkenntnis als Erfolgsfaktor einsetzen. Eine immer wichtigere Rolle spielt das Internet, das nicht nur Informationen über

Reisen bzw. die Reiseveranstalter zur Verfügung stellt, sondern das auch eine immer wichtiger werdende Plattform für den Vertrieb von Reisen darstellt. Mittlere und große Veranstalter können sich Direktvertrieb zumeist aus marktpolitischen Gründen oder wegen der Interessenlage ihrer Gesellschafter nicht leisten, obwohl sie sich des erheblichen Ersparnispotenzials voll bewusst sind. Alle deutschen Großveranstalter sind aus reinen Mengengründen auf einen breiten Reisebüro-Vertrieb angewiesen. Insbesondere für börsennotierte Reiseveranstalter wäre es fatal, wenn durch eine kostensparende Ausdünnung des Vertriebsnetzes der Umsatz zweistellig zurückginge.

2. indirekter Vertrieb (Reisebürovertrieb)

Die zum indirekten Vertrieb eingesetzten Reisebüros können dem Unternehmen selbst gehören; wir sprechen dann von Eigenvertrieb (Beispiel: *Neckermann* mit seinen eigenen Verkaufsstellen). Befinden sie sich im Eigentum anderer Unternehmer, dann sprechen wir von Fremdvertrieb. Die Entscheidung zwischen direktem und indirektem Vertrieb hängt außer von historischen und politischen Faktoren auch von der Erklärungsbedürftigkeit des Produkts ab. Je höher die Erklärungsbedürftigkeit, desto geringer ist die Eignung des Reisebüros als Vertriebsweg. Spezialveranstalter für Sportarten, die besonderes Können und Erfahrung erfordern (z.B. hochalpines Trekking, Tauchen) kommen über 20–30 % Reisebürovertrieb oft nicht hinaus. Der Kunde kennt die Produktpalette des Veranstalters, mit dem er schon wiederholt gereist ist, und findet im Reisebüro in dieser Hinsicht kaum einen Mehrwert. Andererseits fordern auch gerade touristische Angebote mit sehr niedriger Erklärungsbedürftigkeit zum Direktvertrieb bzw. zum Vertrieb über Internet heraus. Dies betrifft in erster Linie den „Last-Minute"-Markt, der heute mehr als Markt der Kurzfristangebote bezeichnet wird. .Hier werden sprachaktive Computer, Internet und andere Medien eingesetzt. Daneben besitzt z.B. der Marktführer *L'Tur* eigene Verkaufsstellen an allen deutschen Flughäfen und in zahlreichen Städten. Ein breiter Reisebürovertrieb würde die Angebote nur verteuern.

Beim indirekten Fremdvertrieb (Reisebürovertrieb) zeichnen sich seit längerer Zeit starke Konzentrationstendenzen ab; dies insbesondere, seit sich mit Beginn der Neunziger Jahre auf dem deutschen Markt Franchise-Systeme etabliert haben. Es ist zweckmäßig, sie von den klassischen Ketten und den (eher lockeren) Kooperationen klar zu unterscheiden. Grundsätzlich bedeutet Franchising *Know How gegen Gebühr* oder *System gegen Gebühr*. Beides ist in der Reisebürolandschaft kaum relevant, weil die Franchisegeber der Touristik erfahrenen Reisebüroinhabern kaum zu neuem Know How verhelfen können. Auch der Systemaspekt trägt nicht, weil Systeme vor allem IT-Systeme sind, und die werden von Softwarehäusern oder den GDS-Betreibern angeboten. In der deutschen Touristiklandschaft wird Franchising zumeist als **Angebot eines Markendachs** dargestellt. Es ist natürlich fraglich (und wird übrigens vom Deutschen Franchise-Verband auch bezweifelt) ob ein großer Reiseveranstalter, der schon 10.000 Reisebüros als Agenten hat, mit Fug und Recht den Begriff Franchising verwenden kann, wenn er einigen Hundert von Ihnen bei verstärkter Nutzung seiner Marke (die ja von den anderen Agenten auch genutzt werden kann) eine Franchisegebühr abnimmt und ihnen dafür die eine oder andere zusätzliche Leistung bzw. etwas mehr Provision zukommen lässt. Franchising ist von der Idee her ein vertikales Vertriebssystem und eigentlich nicht für Handelsvertreter gedacht. Der Franchisenehmer (auch der in der Reisebürobranche) ist und bleibt ein freier Unternehmer, der – im Gegensatz zu vielen anderen Franchisesystemen – das Recht hat, neben den Produkten des Franchisegebers auch Produkte seiner Mitbewerber zu verkaufen. Im Ergebnis ist fraglich, ob das Konzept wirtschaftlich sinnvoll ist, denn wie die Analyse von Betriebsergebnissen einer großen Zahl von Reisebüro gezeigt hat, verdienen Franchisenehmer nicht mehr als Reisebüros, die anderen Systemen angehören.

Bei den Ketten, Franchise-Systemen und Kooperationen spricht man aus Sicht der Reiseveranstalter auch von „**Key-Account-Vertrieb**". Mit den „Key Accounts" werden u.a. Zusatzprovisionen ausgehandelt. Reisebüro-Neugründungen haben ohne Anbindung an eine Kette, ein Franchise-System oder eine Kooperation nur geringe Überlebenschancen, da die meisten Veranstalter bei niedrigen Umsätzen Provisionen von weit unter 10 % zahlen. Der Reisebürovertrieb erfordert einen hohen Aufwand für Kataloge, EDV, Betreuung und Provision. Die Provisionskosten werden bei den großen Veranstaltern mit durchschnittlich 11–11,5 % vom Reisepreis angegeben. Die vertretbare Obergrenze der Provisionsvereinbarung im Key-Account-Vertrieb liegt in etwa bei 13 %. Wegen der hohen Vertriebskosten und der wachsenden Nachfragemacht der Ketten und Franchise-Systeme denken immer mehr Veranstalter und Leistungsträger über Alternativen oder Ergänzungen zum Reisebürovertrieb nach. Gleichwohl ist das Reisebüro zum gegenwärtigen Zeitpunkt als Vertriebsweg noch unverzichtbar. Es wird auch nie ganz zu ersetzen sein, denn der Tourist wird immer die persönlich-menschliche Kommunikation suchen, wenn es um das emotional bedeutsame Thema Urlaub geht.

Die nachfolgende Übersicht stellt ein Marktmodell in Anlehnung an Michael Porter dar. In den beiden der Polarisierung in „oben und unten" entsprechenden Marktsegmenten sind exemplarisch einige Reiseveranstalter eingetragen. Der Spezialist (Zielgebiete oder Zielgruppen) orientiert sich jedoch in aller Regel nicht an der Teilung der Märkte in gehobene und preissensible Segmente. Er deckt in seinem Zielgebiet zumeist das gesamt Spektrum ab.

3-Felder-Modell des Reiseveranstaltermarktes

Präferenz- und Qualitätsstrategie

Zielgruppen-Differenzierung nach Urlaubsinhalt
Spezifische Zielgruppen-Erwartungen

Beispiele

Zielgruppe	Reiseveranstalter
Studienreisen	Studiosus
Erlebnis, Abenteuer	Ikarus
Fernreisen	Meier's Weltreisen
Bausteinreisen	DERTOUR
Cluburlaub	Club Med
Trekking	Hauser
Wandern	Baumeler
Radfahren	Terranova
Kreuzfahrten	Hapag Lloyd
Luxus-Reisen	Windrose

Vertrieb:

– Reisebürovertrieb bei größeren Reiseveranstaltern

– Direktvertrieb bei kleineren Reiseveranstaltern, bei hoher Erklärungsbedürftigkeit des Produkts, bei Erreichbarkeit der Zielgruppe über Spezialmedien

Preis-Mengen-Strategie

Priorität: Preisgünstiger Urlaub
Produktion und Vertrieb möglichst kostengünstig

Beispiele Reiseveranstalter

TUI, 1-2-Fly, Neckermann, Bucher

ITS, Tjaereborg, L'TUR, Alltours, Schauinsland

FTI, Weiße Ware (BigXtra, Berge & Meer)

Vertrieb:

Reisebürovertrieb, Eigenvertrieb/ Konzernvertrieb, Einzelhandel, Flughäfen (Kurzfristgeschäft), TV

Zielgebiets-Spezialisierung

Strategisches Konzept

Der Veranstalter deckt zumeist das ganze Zielgebiet in seinen verschiedenen Facetten ab – vom Luxussegment bis zu preisgünstigen Angeboten.

Erfolgsfaktoren:

- Umfassende Kompetenz
- Stets aktuelle Produktkenntnis
- Breites Angebot
- Gute Kontakte im Zielgebiet
- Ausreichendes Aufkommen für das Zielgebiet

Vertrieb:

Direktvertrieb und/oder Reisebürovertrieb je nach
- Teilnehmervolumen
- Erklärungsbedürftigkeit des Produkts
- Erreichbarkeit der Zielgruppe

Abb. 2.9: Das 3-Felder-Modell des Reiseveranstaltermarktes. Der Zusammenhang von Produktstrategie, Zielgruppe und Vertriebssystem beim Reiseveranstalter (in Anlehnung an ein Marktmodell von Porter)

2.4.3 Erfolgsfaktor Struktur

Unter „Struktur" verstehen wir hier die Organisationsstruktur. Nach allgemeinem Verständnis der Organisationslehre ist zwischen Aufbau- und Ablauforganisation zu unterscheiden. Zur Aufbauorganisation erkannten bereits Peters und Waterman, dass die erfolgreichen Unternehmen durch einen einfachen und flexiblen Aufbau mit wenigen Hierarchieebenen gekennzeichnet sind, wobei die oberste Führungsebene knapp besetzt ist. Unter den großen deutschen Reiseveranstaltern finden wir hier sehr unterschiedliche Beispiele. Die heutige *TUI* wurde in der Phase, als sie noch *PREUSSAG* hieß, von sechs Konzernvorständen und vier Bereichsvorständen, zusammen also 10 Vorstandsmitgliedern unter der Führung von *Dr. Michael Frenzel* geleitet (FVW vom 13.10.2000). Auch die kurz zuvor übernommene *HTU (Hapag Touristik Union)* war im Jahr 1999 von acht Vorstandsmitgliedern geleitet worden. In der gleichen Zeit wurden andere große deutsche Reiseveranstalter von einer einzigen Person geführt.

Schwierig ist die Aufbauorganisation häufig dann, wenn eine Matrix-Organisation gewählt wird. Hier überschneiden sich vertikale angeordnete Funktionsverantwortungen (z.B. Einkauf, Personal, Produktion, Vertrieb, IT) mit horizontal angeordneten Produktmanagementbereichen. An den Schnittpunkten der Linien (z.B. Frage des Vertriebs für Produkt B) kann es zu Zuständigkeitsproblemen und Spannungen kommen. Hier ist dann ein geschickt führender Inhaber hilfreich, der solche Probleme kongenial im Sinne der Unternehmensphilosophie löst. Gut funktioniert eine solche Struktur z.B. beim führenden Studienreiseveranstalter *Studiosus*.

Ablauforganisation

Bei der Ablauforganisation geht es um die Gestaltung der Geschäftsprozesse, wobei beim klassischen Reiseveranstalter die Abfolge von Planung, Einkauf, Produktion (Katalogproduktion, Kalkulation) und Vertrieb gegeben ist. Näheres hierzu findet sich weiter unten im Kapitel „Operative Planung". Für die Steuerung dieser Organisation ist beim mittleren und großen Reiseveranstalter ein geeignetes IT-System unerlässlich.

Im Laufe der Zeit haben große Reiseveranstalter immer neue Funktionen in ihre zumeist modular aufgebauten Systeme integriert (siehe auch nachfolgender Abschnitt). So wurde in vielen Fällen z.B. erst in den Neunzigerjahren des vorigen Jahrhunderts der Einkauf in die IT-basierte Ablauforganisation integriert. Einkäufer, die wenige Jahre zuvor noch mit Papierberichten arbeiteten, konnten ihre unter Vertrag genommenen Leistungen dann sogleich in einen Laptop eingeben und die eingekauften Leistungen damit sofort an den hauseigenen Rechner übertragen. Kleine Reiseveranstalter verfügen in sehr vielen Fällen nicht über derartige Möglichkeiten. Viele beschränken sich in der Organisation ihrer Abläufe auf die im PC verfügbaren Office-Programme.

2.4.4 Erfolgsfaktor Systeme

Unter dem Begriff Systeme werden hier nun ausschließlich die Systeme der Informationstechnologie (IT-Systeme) verstanden. Die Ausführungen hierzu können gleichwohl nicht allzu sehr ins Detail gehen. Zum einen gibt es hierzu ausführliche aktuelle Literatur, insbesondere die Arbeit von Goecke, Schulz und Weithöner (2010). Zum Anderen unterliegt der Teilmarkt einem schnellen Wandel, der von immer neuen technologischen Konzepten geprägt ist. So beherrschen am Anfang des Jahres 2012 die Bemühungen um einen einheitlichen Datenstandard und die Einführung der Player-Hub-Technik die Diskussion.

Die CRS-Einführung

In den Siebzigerjahren des 20. Jahrhunderts begann die Entwicklung der Computer-Reservierungssysteme (CRS) in Deutschland mit der Einführung einer von führenden Unternehmen wie *TUI, Lufthansa* und *Deutscher Bundesbahn* angestoßenen Entwicklung. Das System nannte sich „START", die Abkürzung für „Studiengemeinschaft zur Automation von Reise und Touristik". Das System ging später in das von Lufthansa dominierte *Amadeus* Reservierungssystem über. Durch hohe finanzielle Eintrittsbarrieren war in den ersten Jahren nur wenigen Reiseveranstaltern das Anschluss an dieses CRS möglich. Eine kleine Revolution löste der EDV-Experte *Thomas Dillon* aus, der mit seinem *MERLIN* System eine Art Schirm („Umbrella") schuf, unter dem auch kleineren Reiseveranstaltern der Anschluss an das *START*-System (später *START-AMADEUS*) möglich wurde. Durch diese fortschreitende „Demokratisierung" des über lange Jahre oligopolistischen Systems und die einheitliche TOMA-Maske entstand eine breite Palette von Anbietern, die im Reisebüro über das CRS gebucht werden konnten. Damit war jedoch der Charakter eines Erfolgsfaktors für einzelne mittlere oder große Reiseveranstalter so gut wie hinfällig, denn alle Reiseveranstalter, die über Reisebüro gebucht werden wollten, mussten sich in das System integrieren. Nur die *TUI* ging mit ihrer *IRIS*-Maske einen eigenen Weg. Der Begriff CRS wurde im Sprachgebrauch der Branche allmählich durch den Begriff GDS (Global Distribution Systems) verdrängt. In der Tat sind die Betreiber von Reservierungssystemen wie *Amadeus* oder *Galileo* heute global agierende und überwiegend börsennotierte Konzerne.

Die Entwicklung der Inhouse-Systeme

Während im Reisebürovertrieb vor Einführung des Internet alle mittleren und großen Reiseveranstalter in Deutschland über ein und dasselbe System gebucht wurden, vollzogen sich auf der Seite des Einkaufs und der Produktion ganz eigenständige Entwicklungen. Da mancher Reiseveranstalter das von ihm (meist mit einem Softwarehaus) selbst entwickelte System auch gern weitervermarkten wollte, kam es zur Bildung eines breiten Angebots an Reiseveranstalter-Software. Diese Programme decken zumeist hausinterne Prozesse wie Stammdatenverwaltung, Kalkulation, Kontingentverwaltung, Statistik, Dokumentenerstellung und Rechnungswesen bzw. Controlling ab.

Outsourcing der Produktion: der Fall CA-Ferntouristik/FTI

Einen anderen Weg ging der Münchner Reiseunternehmer *Dietmar Gunz*. Er hatte in den Achtzigerjahren des vorigen Jahrhunderts gutes Geld mit Sprachreisen verdient und beschloss, in das Fernreisegeschäft auf einem damals ungewöhnlichen Weg einzusteigen. Es wurde um 1990 der kleine und ertragsschwache Münchner Fernreiseveranstalter *CA Ferntouristik* gekauft. Zugleich wurde ein IBM Computer der mittleren Datentechnik (AS 400) gekauft. Ein kreativer Softwareentwickler schrieb ein Programm, das darauf ausgelegt war, fertige aus dem Ausland gelieferte Programmpakete zu verarbeiten und dem deutschen Markt zur Verfügung zu stellen. Die Programme wurden bei den Zielgebietsagenturen in fernen Destinationen wie USA, Kanada oder Australien komplett erstellt und über das SITA-Netz, ein herkömmliches Datennetz des Luftverkehrs, in die Münchner Zentrale übertragen. Dort befasste man sich primär mit Katalogerstellung und Vertrieb. Der Erfolg dieser ausgelagerten Produktion war so groß, dass die um 1990 winzige *CA Ferntouristik* in den Neunzigerjahren einen steilen Aufstieg erlebte und zu einem der führenden deutschen Fernreiseveranstalter wurde. Parallel dazu wurde aus der früheren *Frosch Touristik* der heutige Großveranstalter *FTI*, mittlerweile die Nummer 4 auf dem deutschen Markt und zugleich der größte mittelständische Reiseveranstalter in Deutschland. Die Geschichte von *FTI* ist ein Beispiel, wie das IT-System zu einem der tragenden Erfolgsfaktoren in der Entwicklung eines Unternehmens werden kann.

Klassische Produktion und X-Produktion: Der Fall *Schauinsland*

Ein anderes Beispiel, wie eine kreative System-Lösung zum überdurchschnittlichen Erfolg eines Reiseveranstalters beitragen kann, ist der Fall *Schauinsland Reisen*. Das 1918 gegründete und nun in dritter Generation mittelständisch geführte Unternehmen hat die Branche im ersten Jahrzehnt des 21. Jahrhunderts mit einem weit überdurchschnittlichen Wachstum beeindruckt. Doch nicht nur das Wachstum war überdurchschnittlich: wie Bilanzanalysen an der Fakultät für Tourismus der Hochschule München ergaben, konnte das Unternehmen zwischen 2004 und 2007 auch Umsatzrendite verbuchen, die weit über dem Branchendurchschnitt lagen. Das von *Gerhard Kassner* geleitete Unternehmen setzte im Jahr 2010 mit 778.000 Gästen 556 Mio. Euro um. Damit ist es nicht allzu weit von der Kategorie „Großveranstalter" entfernt. *Schauinsland* hat in den letzten Jahren einen Angebotsschwerpunkt auf kurzfristig buchbare Reisen gelegt und eine IT-Lösung entwickelt, die eine gute Integration von klassischer Produktion und dynamisch gepackten X-Produkten lieferte. Diese hausinterne Lösung, die bei *Schauinsland* SLRD genannt wird, führt zu weiterem Wachstum dieses Segments, das bei *Schauinsland* schon ca. 10 % der Umsätze ausmacht.[1]

Dynamisches Packen und die Mehrwert-Debatte

Die Jahre 2009 und 2010 brachten einen deutlichen Zuwachs der dynamisch gepackten Pauschalreisen. Spezialisten wie *V-Tours* oder *LMX Touristik* waren Pioniere dieser Produktgattung; inzwischen sind alle großen Reiseveranstalter auf den Zug aufgesprungen. Allerdings unterliegen manche Betrachter und interessierte Nutzer noch dem Irrtum, dynamisch gepackte Reisen würden bedeuten, dass der Kunde tatsächlich in Echtzeit in einer großen Zahl von Datenbanken weltweit nach Angeboten suchen kann. Eine Suchanfrage wie z.B. „Günstigster Flug und zwei Wochen Badeurlaub im Doppelzimmer mit Meerblick" würde – sollten alle in Frage kommenden Datenbanken abgefragt werden – die Leistung eines Rechners in der Größe eines Fußballfeldes erfordern. Niemand ist bereit, so eine Rechnerleistung anzubieten. Das Angebot an dynamisch gepackten Reisen besteht zum größten Teil darin, dass die von Hotels und anderen Leistungsträgern eingekauften Leistungen bei den Reiseveranstaltern nachts in einen Speicher („Cache") übertragen werden, damit sie am Morgen zur Buchung zur Verfügung stehen.

Die starke Zunahme der dynamischen gepackten Produkte ist jedoch nicht allein auf die Verbreitung des Internet und die Erfindung der **XML-Schnittstelle** zurück zu führen, die den Austausch zwischen Rechnern bzw. Datenbanken erheblich erleichtert hat. Dass immer mehr

---

[1] Travelone vom 27.01.2012, S. 8

Reiseveranstalter auch tagesaktuell gebündelte Reisen anbieten, liegt in hohem Maße an den in den letzten Jahren gewachsenen und weiter wachsenden Kapazitäten auf dem Markt, insbesondere im Bereich des Luftverkehrs und der Hotellerie. Immer mehr Leistungsträger bemühen sich, durch tagesaktuelle Preise ihre Auslastung und ihre Erlöse zu optimieren (sog. Yield Management). Dies steht in Konkurrenz zum klassischen Reiseveranstaltergeschäft mit Belegungsgarantie, bei dem die Reiseveranstalter den Leistungsträgern mittelfristig eingekaufte Kapazitäten fest abnehmen

Im Herbst 2011 beklagte sich ein Vorstandsmitglied eines deutschen Großveranstalters bitter und medienwirksam darüber, dass immer mehr Reiseveranstalter auf den Markt kommen, die ohne eine eigene Kenntnis von Zielgebiet oder Produkt „in der Garage" ein Reiseunternehmen gründen, indem sie über einen Computer sowie eine Webseite verfügen und einen Zugang zu Flug- und Hoteldatenbanken herstellen. Verständlicherweise ist etablierten großen Reiseveranstaltern diese Entwicklung ein Dorn im Auge, denn sie müssen ja außer der Beschaffung von Flug- und Hotelkapazitäten eine ganze Reihe von Leistungen erbringen, die sich der kleine virtuelle Reiseveranstalter spart: Zielgebietsagentur und Reiseleitung, Katalogproduktion und Vertriebsschulung, Garantieleistungen, Krisenmanagement und vieles mehr. Die Kritik an den „Garagen-Veranstaltern", die keinen Mehrwert bieten, gipfelte in der Forderung nach einem Qualifikationsnachweis für Reiseveranstalter. Diese Forderung, die beim DRV Deutscher ReiseVerband e.V. auf offene Ohren stieß, dürfte aber aus ordnungspolitischen Gründen und vor dem Hintergrund der EU-Wettbewerbspolitik kaum eine Chance haben.

Das IT-System bei kleinen Reiseveranstaltern

Bei kleinen Reiseveranstaltern ist die Frage des IT-Systems weit schwieriger und komplexer. Nur rund 15 % der kleinen Reiseveranstalter in Deutschland haben ihre Produkte in einem CRS buchbar gemacht. So gut wie jeder hat einen Internetauftritt, aber die allerwenigsten bieten eine Onlinebuchung über Internet an. Die dafür erforderliche Technik würde eine sechsstellige Investition erfordern, die für viele kleine Reiseveranstalter nicht in Frage kommt. So verharren deswegen bei rein manuellen Buchungsprozessen, die zwar einen guten Kontakt zum Kunden mit sich bringen, ein Wachstum auch bei hervorragender Produktqualität aber kaum ermöglichen.

2.4.5 Erfolgsfaktor Spezialkenntnisse

Es bedarf kaum eines empirischen Belegs für die Aussage, dass ein Dienstleistungsunternehmen nur so gut ist wie die Personen, die darin arbeiten. Dementsprechend haben Pascal und Athos in ihrem 7-S-Modell dem Faktor der menschlichen Ressourcen gleich zwei weiche Erfolgsfaktoren gewidmet: „Staff" und „Skills". Wir haben diese beiden Erfolgsfaktoren in dem Faktor „Spezialkenntnisse" zusammengefasst.

Beim Reiseveranstalter können sehr verschiedene Kenntnisse zum Erfolg führen. Der kleine Spezialist muss die Zielgebiete oder die Zielgruppen, die Gegenstand seiner Spezialisierung sind, bestens kennen. Bei der Spezialisierung auf Zielgebiete ist eine ständige Aktualisierung der Kenntnisse unerlässlich. Schließlich ist es gerade ein Erfolgsfaktor des kleinen Reiseveranstalters, dass dieselben Personen, die den Kunden beraten, das Zielgebiet und die Verantwortlichen bei örtlichen Leistungsträgern persönlich kennen. Die in den letzten Jahren bedeutender gewordenen X-Veranstalter stellen an ihre Führungskräfte ganz andere Anforderungen. Hier kommt es auf profunde Kenntnisse der Informationstechnologie an sowie auf die Fähigkeit, solche Systeme verfügbar zu machen. Kenntnisse touristischer Produkte treten eher in den Hintergrund, was von Vertretern klassischer Reiseveranstalter auch bisweilen kritisch gesehen wird. Es gibt jedoch auch erfolgreiche X-Veranstalter mit starkem Bezug zu einer Destination (Beispiel *JT Touristik* mit dem Schwerpunkt in arabischen Ländern).

Zunehmende Akademisierung

Die Tourismusbranche ist – insbesondere wenn man die heute noch tätigen älteren Jahrgänge betrachtet – eine Branche der Quereinsteiger. In den letzten 30 Jahren des 20. Jahrhunderts hat sich jedoch in der Aus- und Weiterbildung viel verändert. Es wurden – nicht zuletzt auf Betreiben der Branchenverbände – Berufsbilder wie z.B. Reiseverkehrskaufmann/-kauffrau eingeführt. An den Hochschulen – insbesondere an den deutschen Fachhochschulen – wurden immer mehr Studiengänge mit Ausrichtung auf den Tourismus eingerichtet. Heute bieten in Deutschland mehr als 50 Hochschulen Studiengänge mit touristischem Inhalt an. Dementsprechend steigt der Grad der Akademisierung in den touristischen Unternehmen, da immer mehr Positionen von Absolventen einer Hochschule mit touristischer Ausbildung eingenommen werden. Diese Entwicklung vollzieht sich – wenn auch deutlich langsamer – auch in der Hotellerie.

2.4.6 Erfolgsfaktor Stil (Führungsstil und Motivation)

Die Mitarbeitermotivation ist ein wesentlicher Faktor, der zur Qualität des Produktes und somit zur Kundenzufriedenheit beitragen kann. Erfolgreiche Unternehmen zeichnen sich u.a. durch die Motivationsfähigkeit ihrer Führungskräfte aus. Dem früheren Chef von Chrysler, Lee Iacocca, wird die Aussage zugeschrieben: „Ein Manager muss nur gute Leute aussuchen und sie motivieren". Eine Umfrage eines Wirtschaftsmagazins unter mehr als 1.000 Führungskräften stellte die Frage: Wodurch zeichnet sich eine Führungskraft vor allem aus? Die Antworten sind eindeutig:

Motivationsfähigkeit	82 %
Persönlichkeit	3 %
Planungsfähigkeit	38 %
Kontrolle	13 %
Profitstreben	8 %

Es gibt keine einheitliche Definition, die die Motivationsfähigkeit einer Führungskraft beschreibt. Die folgende Auflistung gibt Empfehlungen für das Verhalten eines Managers gegenüber seinen Mitarbeitern.

Wie Sie die Motivation Ihrer Mitarbeiter stärken können (Quelle: touristik management; Heft 6/89)

1. Gehen Sie auf Ihre Mitarbeiter zu.
2. Interessieren Sie sich für die Interessen und Motive Ihrer Mitarbeiter.

3. Zeigen und erklären Sie Ihren Mitarbeitern genau ihre Funktionen, Kompetenzen, Vollmachten und ihre Leistungsziele.
4. Machen Sie jedem Mitarbeiter seine Stellung in der Gesamtorganisation und die Bedeutung seiner Arbeit für das Unternehmen klar.
5. Geben Sie Ihren Mitarbeitern ausreichenden Spielraum – engen Sie sie nicht unnötig ein.
6. Erklären Sie Ihren Mitarbeitern nicht nur das WAS und WIE, sondern auch das WARUM ihrer Aufgaben. Nicht befehlen sondern begründen!
7. Nehmen Sie neue Ideen Ihrer Mitarbeiter auf. Auch dann, wenn sie nicht 100prozentig sind.
8. Loben Sie Ihre Mitarbeiter und sprechen Sie Anerkennung aus! Es ist bewiesen, dass richtig dosiertes Lob anspornt, Tadel dagegen auf die Dauer abstumpft und sogar krank macht.
9. Fordern Sie Ihre Mitarbeiter! Es ist erwiesen, dass nur derjenige auf Dauer gute Leistungen erbringt, der an den höheren Anforderungen wachsen kann (Erfolgserlebnis).
10. Überfordern Sie Ihre Mitarbeiter nicht! Ständige Überforderung führt zu Misserfolgserlebnissen, das Zutrauen in die eigene Leistungsfähigkeit geht verloren.
11. Fördern Sie Ihre Mitarbeiter durch angemessene, konstruktive Kritik!
12. Üben Sie Kritik grundsätzlich nur unter vier Augen!
13. Hören Sie zu, wenn Ihre Mitarbeiter etwas sagen und unterbrechen Sie sie nicht.
14. Lassen Sie berechtigte und konstruktiv geäußerte Kritik auch an Ihrem Verhalten zu! (Niemand ist unfehlbar.)
15. Räumen Sie Ihren Mitarbeitern ein Vorschlags-, Mitsprache- und Mitentscheidungsrecht ein.
16. Vereinbaren Sie mit Ihren Mitarbeitern Kontrollen über deren Arbeitsergebnisse – und führen Sie diese dann auch durch.
17. Informieren Sie Ihre Mitarbeiter in der richtigen Form, zur rechten Zeit und in ausreichendem Maße! Denn nur, wer richtig informiert ist, kann auch mitdenken und mit verantworten.
18. Führen Sie in regelmäßigen Abständen Arbeitsbesprechungen durch.
19. Sprechen Sie mit Ihren Mitarbeitern auch mal locker über private Dinge.
20. Machen Sie keine Witze oder Scherze auf Kosten einzelner Mitarbeiter.
21. Verlangen Sie von Ihren Mitarbeitern nie etwas, was Sie selbst nicht auch bereit sind zu tun.
22. Sind Sie stets Vorbild in dienstlichen und auch privaten Dingen.

2.4.7 Service am Kunden

Neukundenwerbung erfordert einen hohen Aufwand, z.B. kostenintensive Werbung. Um eine hohe Kundenbindung zu erzielen, versuchen Unternehmen einen Kunden mit dem Produkt oder einer Dienstleistung mindestens soweit zufrieden zu stellen, dass er sich beim nächsten Kauf wieder für denselben Anbieter entscheiden würde. Die Zufriedenheit eines Kunden wird u.a. durch das Verhalten des Unternehmens und seiner Mitarbeiter ihm gegenüber beeinflusst. Es sollte daher jedem im Betrieb die Bedeutung eines Kunden klar sein. Eine Möglichkeit, dies der Belegschaft täglich vor Augen zu führen, ist eine Plakat, das an mehreren Stellen im Büro aushängt.

Was ist ein Kunde?

Ein Kunde...
...ist die wichtigste Person in unserem Unternehmen, gleich ob er persönlich da ist oder schreibt oder telefoniert.
...hängt nicht von uns ab, sondern wir von ihm.
...ist jemand, der uns seine Wünsche bringt. Unsere Aufgabe ist es, diese Wünsche gewinnbringend für ihn und uns zu erfüllen.
...ist keine kalte Statistik, sondern ein Mensch aus Fleisch und Blut, mit Vorurteilen und Irrtümern behaftet.
...ist nicht jemand, mit dem man ein Streitgespräch führt oder seinen Intellekt misst. Es gibt niemand, der je einen Streit mit einem Kunden gewonnen hat.
...ist kein Außenstehender, sondern ein lebendiger Teil unseres Geschäftes. Wir tun ihm keinen Gefallen, wenn wir ihn bedienen, sondern er tut uns einen Gefallen, wenn er uns Gelegenheit gibt, es zu tun.

2.5 Zur Frage der vertikalen Integration als Erfolgsfaktor

Zur Diskussion der grundlegenden Fragen der vertikalen, horizontalen oder lateralen Diversifikation sei auf die zu diesem Themenkreis umfangreich vorhandene betriebswirtschaftliche Literatur verwiesen, insbesondere die Arbeit von Bastian und Born mit dem Titel „Der integrierte Touristikkonzern". Da wir an anderer Stelle der vorliegenden Arbeit auf Fragen der Hotelbeteiligungspolitik sowie auf Zielgebietsagenturen eingehen, mögen hier einige generelle Hinweise zur vertikalen und horizontalen Integration im Tourismus genügen.

Die klassische touristische Wertschöpfungskette zeigt in einer horizontalen Anordnung, dass die touristischen Leistungen der Leistungsträger (weitgehend identisch mit den „Reisevorleistungen" im Sinne der europäischen Umsatzsteuer-Richtlinie) von diesen an den Reiseveranstalter geliefert werden. Es handelt sich um Leistungen im Bereich der Beförderung, der Unterbringung (Hotellerie), der Verpflegung (Gastronomie), der Betreuung (Reiseleitung) und der Veranstaltungen im Zielgebiet. Diese Leistungen werden vom Reiseveranstalter bekanntlich zu Paketen geschnürt und – in der klassischen Wertschöpfungskette – über Reisebüros (exakt „Reisemittler") an Kunden verkauft.

Vorwärtsintegration

Beteiligt sich nun an Leistungsträger an einem Reiseveranstalter oder ein Reiseveranstalter an einem Reisebürobetrieb, so sprechen wir auch von Vorwärtsintegration. Dementsprechend müsste eine Beteiligung eines Reiseveranstalters an einem Hotelbetrieb oder einer Zielgebietsagentur als *Rückwärtsintegration* bezeichnet werden. Dieser Begriff ist zwar logisch richtig, wird aber selten verwendet. Aus der begrifflichen Logik ergibt sich auch, dass eine *Rückwärtsintegration* des Leistungsträgers nicht möglich wäre, da er ja am Anfang der Wertschöpfungskette steht.

Vertikale und horizontale Integration

Der Gedanke der vertikalen oder horizontalen Integration dreht diese in abstrakter Betrachtung ursprünglich horizontal angeordnete Wertschöpfungskette um 90° und ordnet sie übereinander bzw. untereinander an. Sofern sich ein Leistungsträger an einem anderen Leistungsträger, ein Reiseveranstalter an einem anderen Reiseveranstalter oder ein Reisemittler an einem anderen Reisemittler beteiligt, sprechen wir von horizontaler Integration. Die hier primär zur Diskussion stehende vertikale Integration des Reiseveranstalters bedeutet, dass er sich entweder an einem Leistungsträger oder an einem Reisemittlerbetrieb beteiligt.

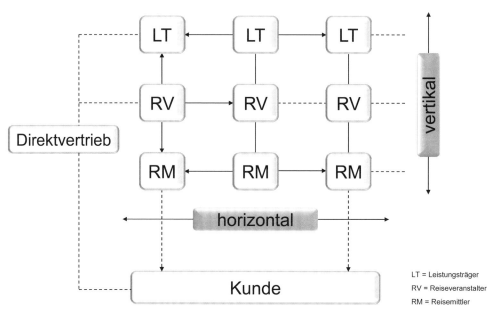

Abb. 2.10: Horizontale und vertikale Integration

Wesentliche Schritte zur **vertikalen Integration** in Richtung der vorgelagerten Stufe hat als erster Reiseveranstalter die *TUI* unternommen, die sich an Hotelgesellschaften in Spanien beteiligte. Die 50-prozentige Beteiligung an der Hotelkette der Familie *Riu* sicherte der *TUI* nicht nur eine Beteiligung an einer profitablen Hotelkette, sondern auch Zugang zu zahlreichen Strandhotels in dem für Reiseveranstalter besonders wichtigen 4-Sterne-Segment. Heute ist die *TUI AG* mit ca. 200.000 Betten im Konzern in verschiedenen Modellen der größte deutsche Hotelier. Näheres hierzu später im Kapitel 4.2.6 „Hotelbeteiligungspolitik". Die nachgelagerte Stufe, die Reisebüros, waren schon immer integraler Bestandteil des *TUI*-Konzerns, denn schließlich ist die *TUI* ursprünglich aus den Unternehmen der Gründer von Reisebürounternehmen und mittelständischen Reiseveranstaltern wie *Scharnow, Kahn* und *Dr. Tigges* entstanden.

2.5 Zur Frage der vertikalen Integration als Erfolgsfaktor

In den wichtigsten Zielgebieten war die *TUI* schon sehr früh mit eigenen Agenturen bzw. Agenturbeteiligungen engagiert. Namen wie *Pollmans Tours* in Kenia, *Diethelm* in Thailand, *Airtour Greece* oder *Travco* in Ägypten seien nur Beispiele für viele Namen, die in den Zielgebieten der Welt eine bedeutende Rolle spielen. Diese Agenturbeteiligungen tragen – ebenso wie die Hotelbeteiligungen – erheblich zum Betriebsergebnis des *TUI*-Konzerns bei. Wie hoch der Beitrag genau ist, lässt sich nicht sagen, da solche Zahlen generell nicht veröffentlicht werden. Auf der Leistungsträgerseite ist die *TUI* nicht nur an Hotelgesellschaften oder Zielgebietsagenturen beteiligt, sondern verfügt bekanntlich mit *TUI Fly* auch über eine eigene Ferienfluggesellschaft sowie mit *Hapag Lloyd Kreuzfahrten* über eigene Reederei. Die Fluggesellschaft *TUI Fly*, die früher *Hapag Lloyd Flug* hieß, war zeitweise auch ein Sorgenkind des Konzerns, ist aber auf Grund ihrer überschaubaren Größe durch die hauseigenen Programme einigermaßen gut auszulasten. Ganz anders stellte und stellt sich die Sache bei der langjährigen Nummer 2 des deutschen Marktes, bei *Thomas* Cook mit der Tochter *Condor* dar. Diese flog allerdings im Jahr 2011 profitabel und trug zum Ergebnis der tief in roten Zahlen steckenden *Thomas Cook Plc.* bei.

Der Fall *Thomas Cook*

Wie schon an anderer Stelle angedeutet, war und ist die vertikale Integration bei *Thomas Cook* weit weniger als Erfolgsfaktor zu sehen als bei *TUI*. Der frühere Reiseveranstalter *Neckermann und Reisen (NUR)* ging einen ähnlichen Weg wie *TUI* und beteiligte sich an Hotels, vorwiegend in Spanien. Die entscheidende Partnerschaft war dabei die Beteiligung an der spanischen Gruppe *Iberostar*. Im Jahr 1999 vereinigten die Konzerne *Lufthansa* und *Karstadt* ihre touristischen Töchter *Condor* und *Neckermann* zu einem Touristikkonzern, der zunächst *C&N* hieß. Dieser Name erwies sich aber vor allem für das internationale Geschäft als wenig praktikabel, da er in der Aussprache öfter mit dem amerikanischen Sender *CNN* verwechselt wurde. Auch schien der Name *C&N* wenig geeignet, in den Köpfen der deutschen Verbraucher als Marke etabliert zu werden. Die Entwicklung von *C&N* war von Anfang an schwierig. Am 26.03.2001 titelte die Fachzeitschrift REISEBÜRO BULLETIN: „Angesichts schwächelnder Erträge aus dem deutschen Markt wurde das Wachstum der C&N Touristic AG im Geschäftsjahr 1999/2000 von den Auslandsbeteiligungen getragen".

Als sich die Möglichkeit bot, den englischen Reiseveranstalter *Thomas Cook* zu übernehmen, der vorübergehend der *TUI* gehörte, sah man im Management von *C&N* die Chance, einen neuen Namen zu erhalten. Im Dezember 2000 kaufte die *C&N Touristic AG* den englischen Reiseveranstalter für 1,8 Milliarden DM (REISEBÜRO BULLETIN vom 11.12. 2000). Damit wurde die Hoffnung verbunden, dass der Name eines Menschen besser geeignet sei, für einen Touristikkonzern zu stehen als eine Abkürzung, die niemand etwas sagte. Der Versuch, die neue **Marke *Thomas Cook*** überall im Konzern zu etablieren, führte u.a. zu der Entscheidung, die renommierte Fluggesellschaft *Condor* – sehr zum Leidwesen eines großen Teils der Belegschaft – in *Thomas Cook Airlines* umzubenennen. Die relativ kostspielige Entscheidung hatte zur Folge, dass zahlreiche Reiseveranstalter, die zuvor als Mitbewerber von *Neckermann* mit *Condor* flogen, dieser Ferienfluggesellschaft den Rücken kehrten. Es schien ihnen nicht akzeptabel, ihre Kunden in ein Flugzeug zu setzen, das die Marke eines Mitbewerbers trägt.

Umbenannt wurde u.a. auch der in München sehr gut eingeführte Reiseveranstalter *Kreutzer Touristik*. Die Umbenennung und Verlegung dieses im Grunde profitablen ehemals mittelständischen Reiseveranstalters führte faktisch zur Zerschlagung des Unternehmens. Das Jahr 2003 brachte bei *Thomas Cook* einen Verlust von knapp 300 Millionen Euro. Die Finanzierung dieses Verlustes wäre ohne Mithilfe der Mütter *Lufthansa* und *Karstadt* nicht möglich gewesen. In den Jahren 2009 bis 2011 erwies sich bei *Thomas Cook Plc*. ein weiterer Abbau der Kapitalbeteiligungen als notwendig. Insbesondere Anteile an der spanischen Gruppe *Iberostar*, aber auch Beteiligungen wie die an dem Clubveranstalter *Aldiana* wurden veräußert. Ende 2011 wurde die indische Tochter *Thomas Cook India* zum Verkauf angeboten. Am 22.11.2011 sank der Kurs der Aktie von *Thomas Cook* Plc. innerhalb weniger Stunden um 65 %, nachdem er im Jahr 2011 zuvor schon 80 % seines Wertes verloren hatte. Nachrichten über Zahlungsschwierigkeiten machten die Runde (SPIEGEL online vom 22.11.2011). Anfang des Jahres 2012 ist der *Thomas Cook* Konzern ein Sanierungsfall, den auch die guten Ergebnisse der deutschen Tochterunternehmen, insbesondere der *Condor*, nicht retten können. Die Entwicklung in Tunesien und Ägypten wurde als einer der Gründe genannt. Andere Reiseveranstalter haben diese Probleme jedoch besser verkraftet. Die vertikale Integration beschränkt sich also weitgehend auf Agenturbeteiligungen in den Zielgebieten und die für die Position im Vertrieb wichtigen Reisebürobeteiligungen, mit denen allerdings kaum Geld zu verdienen ist.

Vertikale Integration ein Erfolgsfaktor?

Diese Frage lässt sich nicht generell mit Ja oder Nein beantworten. Für einen Reiseveranstalter bieten die Leistungsträger Hotel und Zielgebietsagentur das höchste Renditepotenzial. Der einzige Reiseveranstalter, der diese beiden Leistungsträgerbereiche auf Dauer erfolgreich integriert hat, ist die *TUI*. Sowohl bei *Thomas Cook* als auch bei **FTI** (Jahre 1999 bis 2003) ist die Strategie letztlich gescheitert. Bei **REWE** Touristik hat man an das Thema „Vertikale Integration" immer mit Vorsicht behandelt. Die Hoteltochter *RTH* expandiert lieber mit dem Franchise der Marke „*LTI*" als mit eigenen kapitalintensiven Investitionen. Auch der deutsche Großveranstalter **Alltours** hat den Erwerb von Hotelanlagen immer mit Vorsicht betrieben. Mancher Reiseveranstalter war in den letzten 10 Jahren froh, keine eigenen Hotels in den Zielgebieten zu haben, zumal das Angebot in der Hotellerie weltweit wächst und eine Knappheit an Touristenbetten in den meisten Zielgebieten der Vergangenheit angehört.

2.6 Geschäftsmodelle und Geschäftsprozesse kleiner Reiseveranstalter

Den kleinen Reiseveranstaltern gilt in dieser Arbeit ein besonderes Interesse. Dies hat mehrere Gründe:
- Die Zahl der kleinen Reiseveranstalter ist in den letzten Jahren beträchtlich gewachsen. Es hat eine Verschiebung der Marktanteile von den Großen und hin zu den Kleinen stattgefunden.
- Kleine Reiseveranstalter zeigen in vielen Fällen großen unternehmerischen Mut und tragen mit ihrer Innovation erheblich zur Entwicklung der Tourismusbranche bei.
- Kleine Reiseveranstalter schaffen Arbeitsplätze und bilden Nachwuchskräfte aus.

- Leider sind kleine Reiseveranstalter oft nicht in der Lage, die organisatorischen und technischen Lösungen zu schaffen, die für ein gesundes nachhaltiges Wachstum des Unternehmens nötig wären. Wir wollen uns u.a. dieser Problematik widmen.
- Unternehmerinnen und Unternehmer kleiner Reiseveranstalter haben – wie alle Unternehmer und Führungskräfte – Bedarf an Weiterbildung. Die in vorliegender Arbeit angesprochenen Fragen der Unternehmensführung mögen insofern auch gerade den Führungskräften kleiner Unternehmen als Anregung zur Weiterbildung dienen.

2.6.1 Die Reisearten Einzelreise und Gruppenreise

Kleine Unternehmen, die als Reiseveranstalter nach § 651 a BGB auftreten, haben generell die Wahl zwischen zwei Kategorien von Kunden:

1. Individualreisende (auch als Einzelreisende, international FIT bezeichnet)
2. Gruppen (in den meisten Fällen definiert mit 10 oder mehr Personen)

2.6.1.1 Einzelreisen

Bei den Einzelreisen ist – wie im Kap. 2.4.2 teilweise schon ausgeführt – zu unterscheiden zwischen der klassischen Pauschalreise, die alle Leistungen in einem Paket einschließt, und der Bausteinreise, bei der die Reise aus einer großen Palette von Reiseleistungen zusammengestellt wird. Diese beiden Kategorien finden wir in den Sortimenten der mittleren und großen Reiseveranstalter. Bei den kleinen Reiseveranstaltern (selten auch bei den mittleren und großen) finden wir darüber hinaus die nach Kundenwunsch „von Hand" produzierte Reise. Viele kleine Reiseveranstalter arbeiten ausschließlich nach dieser Produktionsmethode.

Klassische Pauschalreisen

Die klassische Form der Pauschalreise kann direkt beim Reiseveranstalter (schriftlich, telefonisch), über herkömmliche Reservierungssysteme im Reisebüro oder über Internet gebucht werden. Diesen Weg gehen zumeist mittlere und große Reiseveranstalter, die damit einen hohen Grad an Automatisierung und Produktivität erreichen. Dabei spielt es grundsätzlich keine Rolle, ob die Reisen auf dem Wege der klassischen Produktion (Planung – Einkauf – Produktion – Vertrieb) oder auf dem neuen Weg des dynamischen Packens über virtuelle Reiseveranstalter mit Vertrieb über Internetportale erfolgt („pre-packaging, pre-bundling"). Kleine Reiseveranstalter haben kaum die Möglichkeit dieser Arten von Produktion. Sie können auf die Angebote der virtuellen Reiseveranstalter zugreifen, was natürlich keine Möglichkeit der Profilierung als Nischenspezialist bietet.

Für kleine Reiseveranstalter ist der Anschluss an ein Reservierungssystem (GDS wie z.B. Amadeus) in aller Regel zu teuer. Es wäre auch nicht wirtschaftlich, da die Buchung über solche Systeme insbesondere dann zum Tragen kommt, wenn Reisebürovertrieb gemacht werden soll. Dieser setzt jedoch wiederum die Produktion von Katalogen voraus, was für kleine Reiseveranstalter in vielen Fällen nicht sinnvoll bzw. unwirtschaftlich und riskant ist. Natürlich liegt es nahe, eine Online-Buchung über Internet anzubieten. Hierzu sind u.a. ein geeigneter Server und eine leistungsfähige Internet-Leitung notwendig. Allerdings ist es mit der Internet-Ausstattung natürlich nicht getan. Eine ebenso wichtige Voraussetzung ist die **Verfügbarkeit eines online buchbaren Programmes**. Am häufigsten werden als Programmelemente Hotelübernachtungen und Flüge benötigt. Um ein eigenes Programm online buchbar zu machen, müsste ein kleiner Reiseveranstalter über Hotelkontingente verfügen, die mit den Hoteliers auszuhandeln sind. Dies setzt meist Einkaufsreisen in die Zielgebiete voraus. Selbst wenn dies möglich ist, stellt sich die Frage nach der Menge der verkäuflichen Übernachtungen. Viele Hoteliers differenzieren ihre Preise nach Abgabemenge (Zahl der Übernachtungen pro Saison oder Jahr, sog. *roomnights*). Wird seitens des Hotels eine Differenzierung nach Buchungsvolumen vorgenommen, so stellt sich die Frage, welche Nachteile der kleine Reiseveranstalter gegenüber dem mittleren und großen Reiseveranstalter im Einkauf hat. Ein Preisunterschied von 10 % kann bereits dazu führen, dass das Angebot des kleinen Reiseveranstalters nicht mehr marktfähig ist. Der kleine Reiseveranstalter kann versuchen, diesen Nachteil im Hoteleinkauf kalkulatorisch in einem Programm zu verstecken. Dies wird aber nur sehr begrenzt und nur bei stark differenzierten Produkten möglich sein.

Neben dem Hotel sind viele andere Preise (Einkaufspreise für Flüge, Transfers, Reiseleiter, Restaurant-Essen usw.) heute sehr transparent. Aus diesem Grund verfolgen zahlreiche Hoteliers auch die Strategie eines einheitlichen Preises (sog. T-O-Rate, *tour operator*-Rate) für alle Reiseveranstalter. Diese Veranstalter-Rate liegt deutlich unter dem veröffentlichten Preis des Hotels (*rack rate*). Die Hoteliers wollen damit eine zu starke Abhängigkeit von wenigen großen Abnehmern vermeiden und kleinen Veranstaltern eine faire Chance bieten.

Eine mögliche Variante zur Beschaffung online buchbarer Hotelbetten besteht für kleine Veranstalter in einem eng begrenzten „*free-sale*-Kontingent", das sie entweder vom Hotel oder über eine Zielgebietsagentur (ITO, *incoming tour operator*) erhalten können. Wenn in bestimmten ausgewählten Hotels für den Veranstalter ständig zwei oder drei Zimmer buchbar sind, kann er bei kleinem Buchungsaufkommen ein Angebot online stellen und damit die manuelle Anfrage beim Hotel vermeiden. Hat er eine Reise verkauft, so wird dies dem Hotel oder der Agentur gemeldet, was dazu führt, dass das verfügbare Kontingent gleich wieder neu aufgemacht wird.

Bausteinreisen

Diese Angebotsform weist hohe Zuwachsraten auf, da sie dem Trend zur Individualität vieler erfahrener Reisender entspricht. Die Anbieter von Bausteinreisen sind jedoch meist mittlere oder große Reiseveranstalter, die in der Lage sind, eine breite Palette von Reisebausteinen (Flug, Hotels, Rundreisen, Mietwagen usw.) zu günstigen Konditionen unter Vertrag zu nehmen (vgl. Kap. 2.4.2). Die Reisebausteine können mit Hilfe von Reisebüros oder auch über Internet kombiniert werden, wobei die Eigenbuchung durch Kunden über Internet aufwändig und problematisch ist. Anbieter von Baustein-Programmen müssen nicht nur über eine breite Produktpalette, sonder auch über eine sehr leistungsfähige EDV verfügen. So ist es z.B. nötig, das Zusammenpassen der verschiedenen Leistungen im Hinblick auf Transferzeiten und andere Kriterien zu prüfen. Die beim Reiseveranstalter nötige teure Handarbeit wird bei Einsatz einer geeigneten Software (z.B. *Phoenix* System des Baustein-Marktführers *Dertour*) minimiert.

Grundsätzlich können auch kleine Reiseveranstalter Baustein-Reisen anbieten, indem sie eine Palette von vorgefertigten Programmbausteinen erstellen und diese dem Kunden z.B. über Internet anbieten. Der Kunde kann dann dem Reiseveranstalter mitteilen, welche Bausteine er in seine Reise gern einschließen möchte. Die Verknüpfung der Bausteine untereinander erfordert aber in aller Regel Handarbeit beim Reiseveranstalter, was die Kosten des Geschäftsprozesses erheblich erhöht. Eine automatische Verknüpfung der diversen angebotenen Bausteine durch ein EDV-Programm wird dem kleinen Reiseveranstalter zumeist nicht möglich sein, da solche Programme sehr teuer sind.

Erstellung von Reisen auf Kundenwunsch

Diesen Weg gehen viele kleine Reiseveranstalter, die sich als Spezialist profilieren wollen und damit in der Lage sind, Kunden durch ihr spezifisches Wissen und ihre Servicebereitschaft zufrieden zu stellen. Sie können damit Nischen bedienen, die für große Reiseveranstalter zu klein und unprofitabel sind.

Die Erstellung von Reisen nach Kundenwunsch (maßgeschneidert, „tailor-made") ist zwar die individuellste und vom Kunden in aller Regel begehrteste Form der Produktion von Reisepaketen; es ist für den kleinen Reiseveranstalter jedoch auch die schwierigste und möglicherweise unprofitabelste Arbeitsweise. Die Erfahrung zeigt, dass Kunden – heute sehr einfach per e-Mail – bei Reiseveranstaltern in großer Zahl Reisevorschläge erbitten, ohne dass dann später ein entsprechender Auftrag folgt. Der Grund muss keineswegs darin liegen, dass der Reiseveranstalter kein preiswertes Angebot gemacht hat. Viel häufiger liegt der Grund in der großen Zahl von Anfragen, die ein Kunde problemlos und quasi kostenlos startet.

Auch stellt sich oft die Frage, ob der Kunde überhaupt jemals eine vorproduzierte Reise buchen wollte; ob er nicht vielmehr das Know How und die Vorschläge von Spezialisten kostenlos nutzen und dann die Reise auf eigene Faust vornehmen möchte – möglicherweise mit einem im Internet gebuchten billigen Flug. Der Reiseveranstalter, der in solche Angebote häufig einige Stunden an Arbeit investieren muss, wird den wahren Grund der nicht erfolgten Buchung in den meisten Fällen nicht erfahren. Manche Reiseveranstalter versuchen, dem Problem zu entgehen, indem sie für die Ausarbeitung eines Reisevorschlags eine Gebühr von z.B. 50,00 EUR erheben, die dann bei Buchung wieder gutgeschrieben werden. Es gibt Kunden, die dafür Verständnis haben; zahlreiche andere haben jedoch kein Verständnis, da sie die oben geschilderte Problematik nicht kennen oder diese sie schlichtweg nicht interessiert. Sie zeigen Unverständnis dafür, dass sie für ein reines Angebot Geld bezahlen sollen und brechen den Geschäftskontakt ab. Eine mögliche Lösung des Problems kann darin bestehen, sich die Anfragen genau anzusehen und ggf. durch Rückfragen beim Kunden die Ernsthaftigkeit des Reisewunsches zu erfragen. Dies erfordert Erfahrung und ein gehöriges Maß an Gespür für die Äußerungen vom Menschen, die man in aller Regel nicht persönlich kennt.

2.6.1.2 Gruppenreisen

Bei Reisen für Gruppen stellen sich die Alternativen etwas anders dar. Hier sind grundsätzlich zwei Fälle zu unterscheiden: Das Auflegen eigener Gruppenreisen des Reiseveranstalters oder die Ausarbeitung von Angeboten für bereits bestehende Gruppen.

Gruppen für Einzelbucher zu festen Terminen

Zahlreiche etablierte Reiseveranstalter legen ein Programm von Gruppenreisen zu festgelegten Terminen auf, das sie entweder direkt oder indirekt über Reisebüros vertreiben. Alle eingeführten Veranstalter von Studienreisen arbeiten z.B. nach dieser Methode. Einzelne Kunden können diese Reisen buchen und auf diese Weise an einer Gruppenreise teilnehmen.

Die Gruppenreisen haben i.d.R. eine veröffentlichte **Mindestteilnehmerzahl.** Wird diese nicht erreicht, kann der Reiseveranstalter die Reise bis zu einem vorher genannten Termin absagen, was in der Praxis auch häufig vorkommt. Kunde und Reisebüro sind dann zumeist sehr enttäuscht, haben jedoch keinen Anspruch irgendwelcher Art gegen den Reiseveranstalter. Für neue und kleine Reiseveranstalter ist diese Methode nur sehr bedingt geeignet. Verfügt der kleine Veranstalter nicht über eine genügende Vertriebsstärke – und davon ist in den meisten Fällen von Neugründungen und jungen Unternehmen auszugehen –, so muss er sehr viele Reisetermine absagen, was sowohl für die Kundenbeziehungen wie auch für die Beziehungen zu den Geschäftspartnern auf der Leistungsträgerseite nicht förderlich ist. Außerdem entstehen für die Produktion jeder Reise Kosten, denen dann kein Umsatz gegenüber steht.

Eine Variante, um das Problem zu lösen, besteht in **Zubucherreisen**, die von Zielgebietsagenturen (auch Incoming Tour Operator, ITO) in zahlreichen Zielgebieten angeboten werden. Diese Zubucherreisen mit garantierter Abfahrt (seat-in-basis, fixed departures) haben zwar den Vorteil, dass von Seiten der ITO eine Durchführungsgarantie gegeben wird. Der deutsche Reiseveranstalter, der seine Kunden auf solchen Zubucherreisen einbucht, weiß jedoch zumeist nicht, mit welchen Fahrzeugen, in welchen Gruppengrößen und mit welcher Zusammensetzung diese Reise durchgeführt wird. Hier kann der Kunde sich möglicherweise in einer Gesellschaft wieder finden, die nicht seinen Erwartungen oder denen seines Reiseveranstalters entspricht. Nutzt ein kleiner Reiseveranstalter diese Möglichkeit, so muss er sich beim ITO zumindest darüber informieren, in wie vielen **Sprachen** diese Reise geführt wird und **Gäste welcher Nationen** daran teilnehmen. Man stelle sich vor, dass ein älteres deutsches Ehepaar eine solche Zubucherreise bucht und sich dann in einem Bus mit 40 Japanern wieder findet. Der Reiseleiter würde dann im Wechsel Englisch und Deutsch sprechen. Ob diese Rundreise zur Zufriedenheit des deutschen Ehepaares verlaufen würde, darf bezweifelt werden. Ein Großveranstalter oder ein etablierter mittlerer Reiseveranstalter, der diese Tour anbietet, würde hier selbstverständlich einen eigenen Bus und einen deutsch sprechenden Reiseleiter einsetzen. Dieses Produkt wäre dann aus der Sicht deutscher Gäste dem anderen Angebot (der Zubucherreise) vorzuziehen. Der kleine Reiseveranstalter, der die Zubucherreise verkauft hat, müsste nicht nur mit unzufriedenen Gästen, sondern wahrscheinlich sogar mit Beschwerden und Mängelrügen rechnen.

Ein Nachteil von Zubucherreisen mag auch darin bestehen, dass der ITO derartige nur auf solchen Routen anbietet, die sich gut verkaufen lassen. Hierbei handelt es sich oft um sog. „Rennstrecken", die zum Standardrepertoire der meisten Reiseveranstalter gehören. Der **Vorteil von Zubucherreisen** besteht hingegen insbesondere darin, dass sie meist ab zwei Personen durchgeführt werden und damit kein Risiko der Absage besteht. Hat der Kunde Glück, so kann er die Reise eventuell sogar zu zweit in einer eigenen Limousine oder einem Kleinbus genießen und bezahlt nur den günstigen Preis einer Gruppenreise. In jedem Fall muss der deutsche Reiseveranstalter die Agentur (den ITO) die diese Reise anbietet, gut kennen. Er sollte sicher sein, dass es sich um einen seriösen Anbieter handelt, denn die Leistungsqualität liegt fast vollständig in Händen des ITO.

Bestehende Gruppen mit gemeinsamem Reisewunsch

Findet der Reiseveranstalter (oder das veranstaltende Reisebüro) einen Verein, eine Organisation oder ein Unternehmen, bei dem eine reisewillige Gruppe vorhanden ist, so arbeitet er nach eingehendem Vorgespräch ein Angebot aus. Dabei kann er im Vorfeld versuchen, herauszufinden, wie konkret der Reisewunsch der Gruppe ist, welche Bedingungen vorgegeben werden und wie groß seine Chance ist, den Auftrag zu erhalten. Der in aller Regel persönliche Kontakt zu der Person, die für die Reise der Gruppe entscheidend ist, verringert das Risiko, keine Resonanz auf das ausgearbeitete Angebot zu erhalten.

Gruppenreisen auf Kundenwunsch lassen sich zunächst in zwei Kategorien unterteilen:
1. Private Reisen
2. Gewerbliche Reisen

Zu 1. Das Kundenpotenzial für **private Gruppenreisen** ist insbesondere in der großen Zahl von Vereinen und Clubs zu finden, die es in Deutschland gibt. So liegt allein die Zahl der Sportvereine nicht weit unter 100.000. Darüber hinaus gibt es eingetragene Vereine und nicht eingetragene Clubs oder Organisationen in jeder Stadt und in jedem Dorf in einer Menge, die in großen Dörfern schnell eine dreistellige und in Städten schnell eine vierstellige Zahl erreichen. Erfasst werden die Adressen dieser Vereine in aller Regel von den Kommunen oder Verwaltungsgemeinschaften. Namen und Adressen werden auf lokaler Ebene publiziert. Zu den privaten Reisen zählen hier auch die Gruppenreisen, die von Dienstleistungsunternehmen (z.B. von Banken für ihre Kunden), von Medien und Körperschaften des öffentlichen Rechts (z.B. Rundfunkanstalten, Zeitungsverlagen für ihre Hörer und Leser) oder von Kirchen für ihre Mitglieder angeboten werden.

Zu 2. Bei den **gewerblichen Reisen** sind insbesondere die Gruppenreisen zu nennen, die von Unternehmen für ihre Mitarbeiter, gewerblichen Kunden oder Vertriebspartner angeboten werden. Der hier gängige Begriff „**Incentive-Reisen**" erfasst das Spektrum nur ungenau, da es sich nicht nur um Leistungsanreiz (Incentive) im engeren Sinne, sondern um ein weites Spektrum von Interessenlagen handelt – von Motivation und Weiterbildung der Mitarbeiter über Kundenbindung und Vertriebssteuerung (Sales Promotion) bis hin zu mehr oder weniger verdeckten Formen der Bestechung. Klar erkennbar ist, dass sich hier Trends hin zu neuen Angeboten und Reiseinhalten abzeichnen. So haben viele Firmen den guten alten Betriebsausflug mittlerweile durch neue, anspruchsvollere und mehr den Interessen weltoffener Menschen entsprechende Inhalte ersetzt. Aktuelle Entwicklungen wie der Trend zu mehr Gesundheitsbewusstsein, zu interkulturellen Kontakten oder zu bewusstem Genießen kommen in den Wünschen und Vorstellungen vieler Unternehmen zum Ausdruck. Als Begriff taucht immer mehr der Begriff „Event" auf. So hat sich in der Touristik mittlerweile eine Sparte entwickelt, die mit der Abkürzung **MICE** umschrieben wird. Dahinter verbergen sich die Begriffe „Meetings, Incentives, Convention, Events". Auch die Version, das „E" für *Exhibitions* zu verwenden, ist gebräuchlich.

Aufträge für Gruppenreisen bei bestehenden Gruppen zu erhalten ist für einen kleinen Reiseveranstalter weniger ein Problem der Planung und Produktion, sondern ist erste Linie ein **Problem des Vertriebs**. Ist der Kontakt zu einem Gruppenkunden erst einmal hergestellt und ein Planungsgespräch im Gange, so ist eine große Hürde bereits geschafft. Bis dahin jedoch ist es ein weiter Weg des Vertriebs und der Herstellung der richtigen Kontakte. Kunden für eine Gruppenreise gewinnt der Veranstalter in den seltensten Fällen über die Kanäle der Massenkommunikation, sondern mit weit höherer Chance im Wege der Individualkommunikation. Weder Anzeigen in Printmedien noch ein anspruchsvoller Internetauftritt werden dazu führen, dass sich Gruppenkunden in nennenswerter Zahl bei einem Reiseveranstalter melden. Persönliche Akquisition auf lokaler Ebene ist unerlässlich, und die lässt sich für kleine Unternehmen flächendeckend kaum mit eigenem Personal leisten. Daher stellt sich die Frage nach einem Vertriebssystem, das bei knapper Finanzausstattung vorwiegend mit Freiberuflern betrieben werden müsste.

2.6.1.3 Zur Wirtschaftlichkeit von Gruppenreisen

Wie Bilanzanalysen deutscher Reiseveranstalter zeigen, die an der Hochschule München für die Jahre 2003 bis 2008 erstellt wurden, erwirtschaften die auf Gruppenreisen spezialisierten Reiseveranstalter deutlich bessere Renditen als die Veranstalter, die einen hohen Anteil von Einzelkunden haben. Besonders die Studienreiseveranstalter fallen durch überdurchschnittlich gute Ergebnisse auf. Hingegen fällt auf, dass auf Luxusreisen spezialisierte Reiseveranstalter (z.B. *Airtours* bis zur Auflösung der Firma im Jahr 2006 oder die frühere Firma *Terramar* von *Thomas Cook*) eher dürftige bis negative Ergebnisse erwirtschaften. Die Gründe sind vielfältig:

- Eine Gruppenreise wird einmal produziert und dann in gleicher Form an einen Kreis von 10 bis 25 oder 30 Personen verkauft. Ist die Gruppenreise einmal produziert und hat sie sich bewährt, dann wird sie immer wieder angeboten. Damit verteilen sich Planungs- und Produktionskosten weitaus günstiger als bei der Produktion von Reisen für Einzelreisende. Die **Produktivität** auf der Seite des Veranstalters ist bei einer Gruppenreise also weit höher als bei einer Einzelreise. Insbesondere bei der Gestaltung von Einzelreisen nach Kundenwunsch fallen Personalkosten an, denen häufig kein Ertrag gegenübersteht.
- Einzelreisen bestehen häufig aus einer Kombination von Flug und Hotel, evtl. ergänzt um weitere Leistungen wie Transfer oder Mietwagen. In Zeiten des Internet sind die Preise dieser einzelnen Leistungen für den Kunden nachvollziehbar, sodass sich der Veranstalter in einem harten Preiswettbewerb mit zahlreichen anderen Anbietern befindet. Der Reiseveranstalter ist hier im Grunde nur ein Händler, der auf die von Fluggesellschaften und Hotels festgesetzten Preise kaum reagieren kann. Bei der Gruppenreise tritt jedoch ein echter **Produktcharakter** in den Vordergrund.
- Eine Gruppenreise entzieht sich den meisten Fällen einem Preisvergleich. Das liegt entweder an dem von vorne herein geäußerten besonderen Reisewunsch einer bestehenden Gruppe oder – z.B. bei Studienreise-Veranstaltern – an der Möglichkeit, sich von den Mitbewerbern durch Merkmale wie Persönlichkeit des Reiseleiters, Reiseroute, die Wahl eines besonderen Verkehrsmittels oder bestimmte eigene Inhalte abzusetzen. Die Unvergleichlichkeit und deutliche **Reduktion der Austauschbarkeit** ist eine der wichtigsten wirtschaftlichen Stärken der Gruppenreise.
- Gruppenreisen lassen sich günstiger vertreiben als Einzelreisen, die – soll Volumen erzeugt werden – in den meisten Fällen den Reisebürovertrieb nötig machen. Der Reisebürovertrieb verursacht jedoch hohe Kosten, da Provision zu zahlen ist und optisch gut gestaltete Kataloge in ausreichender Zahl benötigt werden. Für den Reisebürovertrieb müssen Reiseveranstalter daher ca. **drei Viertel ihrer Bruttomarge** aufwenden, die bei durchschnittlich 20 % vom Endpreis liegt. Viele kleine Reiseveranstalter sind bereits an dem Versuch gescheitert, mit teuren Katalogen gegen die im Reisebürovertrieb klar dominierenden Großveranstalter anzutreten. Gruppenreisen können jedoch eher im Direktvertrieb verkauft werden. Bei der Akquisition von Firmen, Vereinen oder Organisationen ist der Direktvertrieb die einzig sinnvolle Methode.

2.6.2 Die manuelle und die automatisierte Arbeitsweise

Dass Wachstumspotenziale beim Reiseveranstalter in hohem Maße von Automation abhängen, wurde bereits ausgeführt. Wir wollen hier einige weitere Aspekte ergänzen und ein Modell vorstellen, das für kleine Reiseveranstalter wegweisend sein könnte.

2.6.2.1 Die manuelle Arbeitsweise

Viele kleine Reiseveranstalter – insbesondere die „Ein-Mann-Veranstalter" oder „Ein-Frau-Veranstalter" – beschränken den Einsatz moderner Informationstechnologie häufig auf einen Internetauftritt **ohne** Online-Buchungsmöglichkeit und den Einsatz von Office-Programmen. Dies mag auch durchaus genügen, um zur Zufriedenheit des Kunden zu arbeiten und Margenerlöse zu erwirtschaften. Ob bei der Betrachtung eines eventuellen Jahresüberschusses auch die Aspekte der Kostenrechnung ausreichend betrachtet werden, sei dahingestellt. Bei einer Einzelfirma oder einer GmbH ohne Geschäftsführergehalt müsste nämlich die eingesetzte Arbeitszeit als kalkulatorische Kosten berücksichtigt werden. Bei Berücksichtigung dieser Kosten würde dann im Jahresabschluss sehr oft dort ein Verlust stehen, wo bei Vernachlässigung der kalkulatorischen Kosten ein Gewinn steht.

Die manuelle Arbeitsweise hat unbestreitbar auch ihre Vorzüge. Das Eingehen auf Kundenwünsche ist hier am besten möglich. Sei es dass man einem wichtig erscheinenden Kunden ein besonders schönes Zimmer im Hotel reservieren lässt, das man persönlich kennt oder dass man dem Manager mitteilt, dem Kunden bestimmte von ihm bevorzugte Serviceleistungen zukommen zu lassen. Möglicherweise hätte der Kunde auch gern eine etwas andere Rechnung, was bei einem größeren Reiseveranstalter, der die Rechnungen aus seinem System generiert, nicht möglich ist. Die Liste der möglichen Dienste für den Kunden ließe sich beliebig erweitern.

Wenn – wie bereits erwähnt – ein wichtiger Erfolgsfaktor eines kleinen Reiseveranstalters in seiner Zuwendung für den Kunden bestehen kann, so mag dies möglicherweise auch zu einer erheblichen Belastung werden. Manche Kunden verstehen die Servicebereitschaft des kleinen Veranstalters dann im wörtlichen Sinne als Rundumservice und beanspruchen den Service dann auch zu Zeiten, die von üblichen Bürozeiten weit entfernt liegen. Dies kann auf Dauer zu einer schweren Beeinträchtigung des Privat- und Familienlebens führen.

2.6.2.2 Der automatisierte kleine Veranstalter mit Online-Buchung

Kleine Reiseveranstalter, die ihr Geschäft schrittweise ausbauen und wachsen wollen, kommen schnell an den Punkt, an dem es angezeigt erscheint, sich eine Reiseveranstalter-Software zuzulegen. Dies müssen nicht gleich große Lösungen wie die des Marktführers *WBS Blank* oder *Ocean* von *ISO Software* sein. Auch kleinere durchaus bezahlbare Lösungen wie z.B. *Vera* von *Bewotec* sind auf dem Markt. Solche kleineren Softwarepakete können den Betrieb eines wachsenden kleinen Reiseveranstalters organisatorisch gut unterstützen – ob sie schon eine Online-Buchungsmöglichkeit eröffnen, muss im Einzelfall geprüft werden. Hierzu genügt es nicht, bestimmte touristische Produkte online buchbar zu machen; der Kunde muss auch in das Zielgebiet kommen und braucht dazu meist einen Flug. Daraus folgt, dass die Software eine Schnittstelle zu CRS wie z.B. Amadeus beinhalten muss. Bei einer Buchungsanfrage muss sich das System die Flugverfügbarkeit automatisch ziehen. Das Personal des

Reiseveranstalters darf nicht gezwungen sein, hier manuell einzugreifen. Erst wenn diese Voraussetzung gegeben ist, kann von einer kompletten Online-Buchbarkeit gesprochen werden.

Eine Ausstattung, die den obigen Anforderungen entspricht, erfordert Investitionen in sechsstelliger Größenordnung. Dies ist für sehr viele kleine Reiseveranstalter finanziell nicht zu realisieren. Ein denkbarer Weg wäre es, wenn eine geeignete Organisation – z.B. eine Reisebürokooperation – hier eine Lösung in der Art eines „Daches" schaffen würde, unter dem eine gewisse Zahl an kleinen Veranstalter arbeiten könnte. Hier wäre die Software des Reiseveranstalters nur einmal anzuschaffen, die nötigen Server, die Schnittstellen sowie die schnelle Internetleitung könnte von der **Dachorganisation** betrieben werden. Der kleine Reiseveranstalter, der sich hier anschließt, müsste nur eine Einrichtungs- und Lizenzgebühr bezahlen sowie ggf. gewünschte Anpassungen. Seine Daten wurden auf einem zentralen Server gehostet, der von Fachleuten gewartet wird. Ein solches „Dach" wäre vermutlich bereits mit 10–12 angeschlossenen Reiseveranstaltern wirtschaftlich zu betreiben.

2.6.3 Spezialisierung auf Zielgebiete oder Zielgruppen

Die Nischen lassen sich in zwei große Kategorien einteilen: Zielgebiete und Zielgruppen. Wir verweisen hierzu auch auf die Ausführungen unter Punkt 2.4.2.

1. **Zielgebiete:** dies sind Länder, Regionen, Inselgruppen – ggf. auch ein Kontinent oder Subkontinent. Wird das Zielgebiet zu groß gewählt (z.B. ganz Afrika), so besteht die Gefahr, dass sich der kleine Reiseveranstalter einer zu großen Zahl von Wettbewerbern gegenübersieht und sich selbst keine ausreichend profunde Kenntnis vom gesamten Zielgebiet verschaffen kann. Wird es zu klein gewählt, so genügt das Umsatzpotential eventuell nicht. Besonders sei an dieser Stelle nochmals auf das erhebliche Risiko hingewiesen, das Zielgebietsspezialisten eingehen. Die Risiken lassen sich nur schwer vollständig erfassen, sodass zwei Stichworte exemplarisch genügen mögen:

    Saisonalität: ein Zielgebiet, das ein reines Sommerreiseland ist führt beim Reiseveranstalter im Winter ggf. zu einer Unterbeschäftigung. Dies mussten stets die Griechenland- und Türkeiveranstalter auf dem deutschen Markt erleben. Auch Portugal ist so ein Fall, wie die keineswegs einfache Entwicklung des mittelständischen Reiseveranstalters *Olimar* zeigt. Auch ein Schwerpunkt auf bestimmten Fernreisezielen kann zu ähnlichen Problemen führen.

    Politische Lage: die Entwicklung in den nordafrikanischen Reiseländern bedarf hier kaum einer Kommentierung. Politische Unruhen können – auch wenn der Tourismus gar nicht direkt betroffen ist – zu einem schnellen Zusammenbruch der Nachfrage führen.

2. **Zielgruppen:** zumeist handelt es sich um eine Segmentierung nach Verhaltenskriterien (z.B. Bevorzugung einer Sportart, Präferenzen für Kultur oder Genuss, Konzentration auf Verkehrsmittel usw.) oder sozio-demographische Kriterien (z.B. Jugendreisen, Seniorenreisen). Der entscheidende Faktor ist die persönliche Beratung des Kunden auf der Grundlage fundierter eigener Produktkenntnis. Hierzu müssen in vielen Fällen eine hohe Verfügbarkeit und Servicebereitschaft auch außerhalb üblicher Bürozeiten geleistet werden. Ein erfahrener Manager eines großen Reiseveranstalters hat es einmal etwas überspitzt auf den Punkt gebracht: „Sie haben als kleiner Spezialist jede erdenkliche Chance. Sie müssen nur bereit sein, am Anfang erst einmal ein paar Jahre lang sieben Tage pro Woche Tag und Nacht für den Kunden da zu sein".

2.7 Nachhaltigkeit im Reiseveranstalter-Management

Nachhaltiger Tourismus ist in der aktuellen wirtschaftlichen und politischen Diskussion ein viel diskutiertes Schlagwort. Sowohl von Leistungsträgern wie auch von Reiseveranstaltern wird eine Orientierung an den Erfordernissen der Nachhaltigkeit verlangt. Gleichwohl handelt es sich hier nicht um einen klar definierten Begriff. Daher soll zunächst die Entwicklung des Begriffs Nachhaltigkeit dargestellt werden, um davon ausgehend den Begriff *nachhaltiger Tourismus* zu definieren.

2.7.1 Begriffsbestimmungen zum nachhaltigen Tourismus

Der Begriff Nachhaltigkeit

Der Ursprung des Begriffs Nachhaltigkeit findet sich bereits im Jahr 1144, als ein Kloster im Elsass die Idee der Nachhaltigkeit in seiner Forstordnung festlegte. Weite Anwendung fand diese Idee jedoch erst, als am Anfang des 19. Jahrhunderts die Holzknappheit die Waldwirtschaft zum Umdenken und zu einer nachhaltigen Nutzung des Waldes zwang. Unter einer nachhaltigen Forstwirtschaft versteht man, dass nur so viel Holz gerodet werden darf, wie auch wieder nachwächst (Müller und Flügel, 1999).

Angestoßen von der Erkenntnis, dass der technische Fortschritt und der damit einhergehende Rohstoffverbrauch am Rande der ökologischen Tragfähigkeit angekommen sei (Hauff, 1987), wurde 1987 im sogenannten Brundtland-Report erstmals das Konzept von „Sustainability" als Basis einer globalen Strategie verwendet (Baumgartner 2008). In diesem Dokument definierte die World Commission on Environment and Development nachhaltige Entwicklung folgendermaßen: „Sustainable development is development that meets the needs of the present without compromising the ability of future generations to meet their own needs" (WCED 1987). Weiter heißt es, nachhaltige Entwicklung solle gleichermaßen ökologische, ökonomische als auch soziale bzw. gesellschaftliche Ziele erreichen, ohne dass ein Ziel das Andere beeinträchtigt (WCED 1987).

Anschließend an den Brundtland-Report kamen sowohl die Diskussion als auch der politische Diskurs über nachhaltige Entwicklung ins Rollen. Bei der UN Konferenz über Umwelt und Entwicklung 1992 in Rio de Janeiro wurden 27 Grundsätze verfasst, welche Maßnahmen für eine erfolgreiche nachhaltige Entwicklung beinhalten. So müsse zum Beispiel der Umweltschutz Bestandteil der Entwicklung sein (UNCED 1992). In Deutschland beschrieb die Enquete Kommission *Nachhaltigkeit* mit drei Dimensionen, der ökonomischen, der ökologischen und der sozialen. Diese drei Säulen der Nachhaltigkeit, welche auch als magisches Dreieck dargestellt werden, stehen in Wechselwirkungen zueinander.

Abb. 2.11: Das magische Dreieck, In Anlehnung an die Enquete Kommission, 1994

Definition: nachhaltiger Tourismus

Nach den ersten internationalen Konferenzen und Beschlüssen wurde 1995 auf der World Conference on Sustainable Tourism eine erste international anerkannte Definition für nachhaltigen Tourismus formuliert. Demnach ist nachhaltiger Tourismus langfristig ökologisch tragbar, wirtschaftlich rentabel und ethisch sowie sozial gerecht gegenüber der einheimischen Bevölkerung (UNWTO 1995). Seit dieser ersten Definition gibt es eine Vielfalt an Definitionen, welche weitere Aspekte einbeziehen. Beispielsweise beschreibt Domrös nachhaltigen Tourismus als respektvollen Umgang mit vorhandenen Ressourcen, mit dem Ziel, Authentizität und Identität einer Destination zu wahren (Domrös 2005). Eine weitere Perspektive schafft Baumgartner, indem er in seiner Ausführung auf die regionsspezifische Nachhaltigkeit eingeht. Eine gelungene Umsetzung von nachhaltigem Tourismus könne nur dann stattfinden, wenn regionsspezifisch Handlungsmaßnahmen ergriffen und die verschiedenen Akteure regional einbezogen würden (Baumgartner 2008). Die UNWTO definiert nachhaltigen Tourismus als einen Tourismus, der seine momentanen und zukünftigen ökonomischen, sozialen und ökologischen Auswirkungen berücksichtigt und dabei die Bedürfnisse von Touristen, Industrie, Umwelt und lokaler Bevölkerung einbezieht (UNWTO 2004).

Zusammenfassend lässt sich nachhaltiger Tourismus als ein permanenter Prozess definieren, der durch fortwährende Überprüfung eine langfristige Wahrung der natürlichen Ressourcen gewährleistet, dabei auch naturgegebene sowie kulturelle Güter wahrt und somit langfristig ökologisch tragbar, wirtschaftlich rentabel und ethisch sowie sozial gerecht gegenüber der einheimischen Bevölkerung ist.

Auswirkungen des Tourismus

Die Tourismuswirtschaft kann sowohl positive als auch negative Auswirkungen auf die Destinationen haben. Im Folgenden sollen Beispiele für positive als auch negative Auswirkungen im ökologischen, ökonomischen und soziokulturellen Bereich erörtert werden.

Ökologische Auswirkungen:

Negative ökologische Auswirkungen des Tourismus stellen insbesondere die großen Mengen an CO_2-Emissionen dar, welche wiederum zum Klimawandel beitragen. Einen großen Teil des CO_2-Ausstoßes trägt der Transport bei, besonders wenn es sich um Fernreiseziele handelt: So verursacht beispielsweise ein Hin- und Rückflug von München nach Cancún (Mexiko) ca. 6300 kg CO_2 pro Person (im Vergleich hierzu verursacht eine Autofahrt von Düsseldorf nach Rügen lediglich 80kg CO_2 pro Person).

Eine weitere negative ökologische Folge des Tourismus ist der erhöhte Ressourcenverbrauch: Hierbei handelt es sich oftmals um Wasser und Landverbrauch, der in keinem angemessenen Verhältnis zum Verbrauch der einheimischen Bevölkerung steht. In einigen Mittelmeerregionen steigt der tägliche Verbrauch im Sommer auf bis zu 850 Liter pro Kopf, während er in Deutschland bei lediglich 150 Litern pro Kopf liegt (WWF 2004/2009). Ein weiteres Problem verursacht der entstehende Abfall: Zum einen wird durch den Import westlicher Konsumgüter und Lebensmittel nicht recyclefähiger Abfall wie Kunststoffe und Dosen erzeugt, zum anderen gibt es ein sehr großes Aufkommen an Abwasser. Für diesen Abfall gibt es in vielen Destinationen keine geeignete Entsorgungsmöglichkeiten (Friedl 2002), sodass es zu Wasserverschmutzung und anderen Umweltbelastungen kommen kann.

Kommt es zu einer Überschreitung der ökologischen Tragfähigkeit in der Destination (Definition der UNWTO, BFN 2005: „Die touristische Tragfähigkeit eines Raumes bestimmt die maximale Nutzbarkeit, bei der keine negativen Auswirkungen auf die natürlichen Ressourcen, die Erholungsmöglichkeiten der Besucher sowie auf die Gesellschaft, Wirtschaft und Kultur des betreffenden Gebiets erfolgen"), so ist auch die regionale Biodiversität akut gefährdet. Gerade fragile Ökosysteme wie z.B. Korallenriffe oder Dünenlandschaften sind für den Tourismus besonders attraktiv, diese reagieren jedoch sehr sensibel auf negative Einwirkungen. Darüber hinaus wird durch Tourismus oftmals viel Lärm erzeugt (z.B. durch Flugzeuge), der sich unter anderem negativ auf die einheimischen Tierarten auswirken kann.

Die touristische Nachfrage kann jedoch auch positive Auswirkungen auf die Naturlandschaft der Destination haben. Unter anderem können durch touristische Einnahmen Einrichtungen wie Nationalparks finanziert werden, die den Erhalt der Landschaft unterstützen. Darüber hinaus können touristische Aktivitäten den Artenschutz fördern, da Touristen sich insbesondere für seltene/bedrohte Tierarten interessieren. Beispielsweise können Walbeobachtungen für Touristen eine lukrative Alternative zum Walfang darstellen. Somit kann das Bewusstsein der einheimischen Bevölkerung für Themen wie Umweltschutz durch den Tourismus sensibilisiert werden, sofern ihnen dies auch Einnahmequellen sichert.

Ökonomische Auswirkungen:

Im ökonomischen Bereich gibt es einige wichtige positive Auswirkungen, sie werden jedoch häufig von den negativen Auswirkungen des Tourismus auf die regionale Wirtschaft überlagert.

Deviseneinnahmen tragen zur Steigerung des Volkseinkommens und zur Verbesserung der Zahlungsbilanz bei. Mit Hilfe von Devisen können z.B. archäologische Stätten und historische Gebäude erhalten werden. Der Netto-Deviseneffekt ist allerdings vom Importbedarf der Destination abhängig. Gerade Länder der Dritten Welt haben einen hohen Importbedarf, da sie meist nicht in der Lage sind, die benötigten Konsumgüter für die Touristen im eigenen Land zu produzieren. Dieser Unterschied zwischen dem Brutto- und dem Nettodeviseneffekt wird auch als Sickerrate bezeichnet (Voigt, P. 1981). Beispielsweise gehen von den Deviseneinnahmen der Malediven allein rund 10 % für den Import von Dieselöl ab und 20 % für den Import ausländischer Lebensmittel und Getränke. Weitere Importe wie die von Baumaterialen oder Gebrauchsartikeln sind nötig und verschlingen einen erheblichen Teil der Devisen (Friedl, 2002).

Als bedeutende positive ökonomische Auswirkungen gelten direkte und indirekte Beschäftigungseffekte. Hierzu zählen die vom Tourismus geschaffenen Arbeitsplätze sowie die indirekten Beschäftigungseffekte, zum Beispiel in der Landwirtschaft und in der Industrie. Die mit dieser zusätzlichen Beschäftigung verbundenen Einkommenseffekte können die gesamte regionale oder nationale Wirtschaft fördern (Multiplikatoreffekt). Touristische Arbeitsplätze sind jedoch oftmals mit geringen Qualifikationsanforderungen, schlechten Arbeitsbedingungen, schlechter Bezahlung, hoher Saisonalität und Schichtarbeit verbunden. Allerdings kann es nicht nur zur Entstehung neuer Arbeitsplätze durch den Tourismus kommen, es können vielmehr auch Arbeitsplätze wegfallen, wie zum Beispiel die von Bauern, welche aufgrund von Wassermangel (ausgelöst durch den erhöhten Wasserverbrauch des Tourismus) nicht mehr anbauen können. Zudem kann touristische Entwicklung die Landflucht fördern und so auch Ursache für Unterbeschäftigung sein.

In vielen wirtschaftlich schwachen Ländern kommt es aufgrund der Tourismus-Entwicklung zu einer Veränderung der Wirtschaft vom primären hin zum tertiären Sektor unter Auslassung des industriellen sekundären Sektors. Dies kann einerseits zum Verlust des primären Sektors (z.B. Fischerei) und andererseits zur Entstehung einer touristischen Monokultur führen. Diese Monokulturen sind besonders krisenanfällig. So hatte z.b. der Tsunami im Dezember 2004 weitreichende Folgen für die Malediven, bei denen sich erst 2006 die Besucherzahlen wieder erholten. Darüber hinaus entstehen durch die Einbindung von ausländischen Investoren, Hotel-Besitzern, Reiseveranstaltern und Fluggesellschaften möglicherweise nur geringe wirtschaftliche Effekte für die lokale Bevölkerung, andererseits aber eine große Abhängigkeit. Eine wichtige positive Auswirkung auf die Destination kann eine Verbesserung der Infrastruktur, die mit dem Tourismus einhergeht, sein. Jedoch findet der Infrastrukturausbau meist lediglich auf touristischen Routen statt, für Aufbau und Instandhaltung werden hohe Staatsausgaben nötig. Eine negative wirtschaftliche und soziale Folge der touristischen Entwicklung kann eine Preissteigerung bei Konsumgütern und Grundstücken sein. Dies lässt sich unter anderem durch die erhöhte Nachfrage begründen und kann zu einer Marginalisierung zusätzlicher Teile der einheimischen Bevölkerung führen.

Soziale und kulturelle Auswirkungen:

Viele Beispiele sozialer Auswirkungen von Tourismus haben sowohl positive als auch negative Aspekte, die den Bereich der kulturellen Werte tangieren können. Die touristische Entwicklung verursacht häufig einen exogenen Kulturwandel durch die Übertragung westlicher-industrieller Kulturmerkmale auf die traditionell orientierten Gesellschaften in den Destinationen (Verwestlichung). Dies führt zu der sogenannten **Akkulturation**, welche durch die Transplantation einer Kultur in den Bereich einer anderen und damit verbunden die Deformierung oder den Verlust der eigenen Kultur entsteht. Darüber hinaus kann es zur Veränderung der Wertvorstellungen der im Tourismus involvierten Bevölkerung kommen, was sich im negativen Fall an einem Anstieg der Kommerzialisierung (Betteln, Nepp, Verkauf von „Kitschprodukten") oder sogar dem Anstieg von Kriminalität und Prostitution zeigt. Solche kulturellen Veränderungen als Folgen sozialer Ausgrenzung, möglicherweise auch als Folge des Kontakts zu Touristen, sind irreparabel. Ein Reiseveranstalter hat die Verantwortung, solche Auswirkungen zu beobachten und ggf. darauf zu reagieren.

Dennoch kann Akkulturation auch positive Auswirkungen haben, sofern die Übernahme von Lebensgewohnheiten der Touristen als Verbesserung oder Fortschritt bewertet wird (zum Beispiel Verbesserung der Hygiene, Bedürfnis nach dem Erlernen von Fremdsprachen oder Abbau des Analphabetismus). Eine weitere positive Auswirkung der touristischen Entwicklung ist die Möglichkeit einer Stärkung der regionalen Kultur durch kulturelle Aktivitäten wie die Einrichtung von Museen, durch Konzerte oder Vorführungen traditioneller Handwerke. Touristische Aktivitäten wie Folkloredarbietungen können zur Wiederbelebung kultureller Traditionen beitragen. Auch kann das kulturelle Selbstbewusstsein der Einheimischen bestärkt werden, da sie stolz sind, dass z.B. bauliche Leistungen ihrer Vorfahren von Touristen bestaunt werden (Voigt, 1981).

Wie bereits bei den ökonomischen Auswirkungen erwähnt, ist eine mögliche Folge der touristischen Entwicklung eine Verstärkung der Landflucht. Dies kann eine Überbeanspruchung der sozialen Tragfähigkeit einzelner Ballungsräume auslösen und somit zur Marginalisierung

Einzelner oder einer größeren Gruppe von Einheimischen führen. Vom Tourismus induzierte Landflucht tritt insbesondere dort auf, wo eine touristisch hoch entwickelte Enklave von einem relativ verarmten Hinterland umgeben ist. Der Zuzug von Menschen in die touristische Enklave ist in den meisten Fällen seitens der örtlichen Behörden nicht oder nur schwer zu steuern. Die in eine Enklave zugewanderten Menschen versuchen oft, sich durch schlecht bezahlte, teils auch illegale Arbeit über Wasser zu halten. Die Arbeitslosigkeit in der Enklave ist dann sehr hoch, was zu sozialen Spannungen führt. In der Region Acapulco beträgt die Arbeitslosigkeit beispielsweise über 80 %. Ein damit einhergehender Kulturverlust ist unvermeidlich. Es ist übrigens irrig, anzunehmen, dass Tourismus in der Dritten Welt geeignet sei, die Landflucht in die großen Metropolen zu stoppen. Ein Mensch, der sich aus einer nach unseren Begriffen unterentwickelten Region in eine touristische Enklave begibt, wandert kulturell auch aus, obwohl er nach wie vor in der gleichen Region lebt. Es ist also nur ein rein zahlenmäßiger Vorgang, wenn durch die Beschreibung von Wanderungsbewegungen gezeigt wird, dass der Tourismus in der Lage wäre, Landflucht zu stoppen oder zu vermindern. Solche Ansätze mögen aus der Sicht der Geographie mit Daten belegbar sein; die kulturelle Realität wird durch solche Beweisführungen missachtet.

Nachhaltige touristische Entwicklung

Eine nachhaltige touristische Entwicklung zielt darauf ab, negative Auswirkungen des Tourismus zu minimieren und positive Auswirkungen zu verstärken. Die UNWTO hält den aktiven Einbezug aller Akteure sowie eine starke politische Führung für wichtige Voraussetzungen für die erfolgreiche Umsetzung einer nachhaltigen Entwicklung. Diese Umsetzung sollte als ein kontinuierlicher Prozess gestaltet werden und je nach Auswirkungen des Tourismus muss mit Maßnahmen präventiv oder reaktiv reagiert werden (UNWTO 2004). Reiseveranstalter, die in einem Land – möglicherweise sogar mit eigenen Beteiligungen – engagiert sind, könnten durch einen Dialog mit den örtlich Verantwortlichen wichtige Denk- und Entscheidungsprozesse anstoßen, die dazu beitragen, wertvolle touristische Ressourcen zu erhalten. Besonders da, wo große europäische Touristikkonzerne mit wirtschaftlich einflussreichen Personen oder Gruppen des Ziellandes verflochten sind (Beispiel *TUI* und *Travco* in Ägypten) bietet sich die Möglichkeit einer Einflussnahme auf regionale Entwicklungsprozesse.

Eine besonders anschauliche und umfassende Darstellung von nachhaltiger Tourismusentwicklung ist das 1999 entwickelte Zielsystem von Müller und Flügel: Diese Fünfeck-Pyramide beschreibt die Faktoren von nachhaltiger Tourismusentwicklung in Bezug zueinander. Die Basis dieser Pyramide bilden die Aspekte *Subjektives Wohlbefinden der Einheimischen*, die *intakte Natur*, die *intakte Kultur*, die *optimale Bedürfnisbefriedigung der Gäste* sowie der *wirtschaftliche Wohlstand*. An der Spitze der Pyramide steht als das zukünftige Ziel nachhaltiger Entwicklung das Gestaltungsrecht für zukünftige Generationen, also die Gewährleistung einer Chancengleichheit und der Erhalt von Entwicklungsperspektiven für kommende Generationen.

Das Postulat der Ausgewogenheit zwischen den hier beschriebenen Interessenlagen darf nicht über die immanenten Zielkonflikte hinwegtäuschen. So gibt es in vielen touristischen Ziellländern kapitalstarke Gruppen, die einer quantitativen Expansion bzw. dem Aufbau von Ressourcen deutlichen Vorrang vor der qualitativen Ausgewogenheit der Entwicklungspro-

Wichtige Interaktionen nachhaltiger touristischer Entwicklung

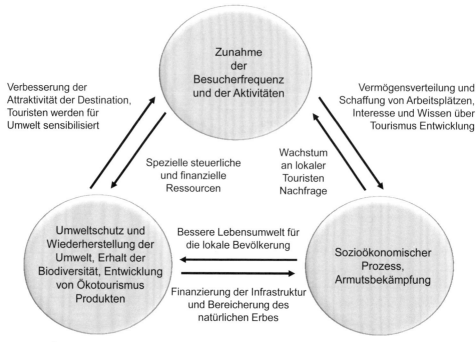

Abb. 2.12: Übersetzung des Schaubilds aus „Making Tourism Work for Small Island Developing States", UNWTO 2004, S.63

Gestaltungsrecht für zukünftige Generationen

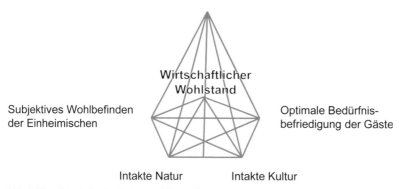

Abb. 2.13: Magische Fünfeckpyramide, Müller und Flügel, 1999

zesse einräumen. Diese Investorengruppen haben oft transnationalen Hintergrund. Vielfach wird dabei auch eine Art internationaler Verdrängungswettbewerb in Kauf genommen nach dem Motto: Wer die größeren, luxuriöseren und spektakuläreren Hotelkomplexe anbieten kann, gewinnt die Kunden.

Nachhaltigkeit im Massentourismus

Mit einem weltweiten Anstieg der Touristenzahlen um 4 % jährlich werden nachhaltige Reisen nicht nur für Nischensegmente wichtiger, sondern auch für den Massenmarkt. Bedingt durch die große Zahl der Touristen weisen schon kleine Verbesserungen bei den einzelnen Reisen (wie z.B. die Einsparung von CO^2 Emissionen bei der Anreise) große Effekte in der Masse auf (UNWTO 2008).

Im Rahmen des Forschungsprojekts INVENT haben Wissenschaftler Strategien für Reiseveranstalter und Destinationen entwickelt, um nachhaltigen Tourismus im Massenmarkt umzusetzen. Einerseits sollen bestehende Angebote nachhaltiger gestaltet werden, indem unter anderem Transportmittel geändert (zum Beispiel die Anreise mit der Bahn statt mit dem eigenen PKW), Maßnahmen zur umweltfreundlicheren Gestaltung von Hotels vorgenommen oder Ausflüge unter Berücksichtigung von Naturschutzaspekten organisiert werden. Andererseits sollen neue Angebote geschaffen werden, die Touristen motivieren in näher gelegene Destinationen zu reisen. Darüber hinaus empfiehlt INVENT eine zielgruppenspezifische Vermarktung; während Zielgruppen, die sich für nachhaltiges Reisen interessieren, mit gezielten Angeboten auch für „massentouristische" Regionen gewonnen werden, sollen nachhaltige Angebote für Zielgruppen, die sich explizit nicht für nachhaltigen Tourismus interessieren, mit anderen Argumenten wie zum Beispiel einem sauberen Strand überzeugt werden (INVENT 2004).Veränderungen, die zu einem ganzheitlich nachhaltigen Tourismusprodukt für den Massenmarkt führen, lassen sich jedoch schwer umsetzen, da alle Akteure mit einbezogen werden müssen und auch die Wechselwirkungen unter den ökologischen, sozialen und ökonomischen Zielen berücksichtigt werden müssen.

2.7.2 Nachhaltigkeit beim Reiseveranstalter

Reiseveranstalter haben innerhalb der touristischen Wertschöpfungskette eine zentrale Rolle. Der Reiseveranstalter fungiert beim größten Teil der organisierten Reisen als Bindeglied zwischen Kunden und touristischen Leistungsträgern. Aufgrund dieser zentralen Rolle sind Reiseveranstalter in der Lage, die Nachhaltigkeit des touristischen Produktes entscheidend zu beeinflussen. Die Integration von Nachhaltigkeit beim Reiseveranstalter bringt einige Vorteile für den Veranstalter mit sich: Ressourcenschonendes Verhalten kann zu Kosteneinsparungen führen. Darüber hinaus kann die Integration von Nachhaltigkeit zur Sicherung der Produktqualität beitragen und somit den Verkaufserfolg fördern sowie die Kundenbindung verstärken (Kirstges, 2003). Der Schwerpunkt der folgenden Handlungsvorschläge für Reiseveranstalter liegt auf den ökologischen und den sozialen Aspekten, da davon ausgegangen wird, dass bei einem Wirtschaftsunternehmen ökonomischer Erfolg als oberstes Ziel feststeht.

Umsetzung von Nachhaltigkeit im Unternehmen

Grundlegend für die Umsetzung von Nachhaltigkeit beim Reiseveranstalter ist die Einrichtung eines Umweltmanagementsystems. Diese Umsetzung ist je nach Unternehmensgröße, -politik und -struktur unterschiedlich anzupassen. In einem Umweltmanagement- und Informationssystem werden ökologische Zielsetzungen definiert und im unternehmerischen Handeln auf allen Ebenen integriert. Dies soll sowohl eine Umsetzung von Umweltschutzaktivitäten im Unternehmen als auch für das touristische Produkt selbst sicher stellen.

Aufgaben eines Umweltmanagementsystems (UMS) nach Ö.T.E. (1996):

- Festlegung verbindlicher Umwelt-Leitbilder für die Umsetzung eines nachhaltigen Tourismus als Unternehmensziel
- Erfassung von Umweltqualitäten des touristischen Produkts sowie des Unternehmens selbst
- Definition sowie konstante Überprüfung und Kontrolle von Umweltstandards (sogenanntes umweltbezogenes Controlling) und Erstellung eines Umweltinformationssystems
- Auswertung und Umsetzung der gewonnenen Informationen (z.B. Umweltdatenbank zu Hotels, Fluggesellschaften etc.)
- Erstellung von Umweltberichten

Es gibt verschiedene Möglichkeiten der Organisationsform der Nachhaltigkeitsaufgaben im Unternehmen. Diese kann durch einen hauptberuflichen Umweltschutz- bzw. Nachhaltigkeitsbeauftragten, durch eine Projekt- oder Arbeitsgruppe oder durch externe Anbieter bzw. Berater umgesetzt werden.

Die bekanntesten Zertifizierungen für Umweltmanagementsysteme beruhen auf DIN ISO 14001 oder auf dem EU-Öko-Audit-Verfahren EMAS. Das DIN ISO 14001 Zertifikat wird durch eine unabhängige Zertifizierungsgesellschaft ausgestellt und bestätigt, dass das Umweltmanagementsystem geeignet ist, die vom Unternehmen gesetzten Umweltziele zu erreichen sowie die Umweltleistung stetig zu verbessern. Die EMAS Zertifizierung (Eco-Management and Audit Scheme) ist lediglich für Mitgliedstaaten der europäischen Union anwendbar. Zur Zertifizierung werden die Tätigkeiten, Produkte und Dienstleistungen eines Unternehmens im Hinblick auf Auswirkungen auf die Umwelt überprüft und auf dieser Grundlage ein Umweltmanagementsystem geschaffen (Umweltmanagement nach DIN EN ISO 14001, 2011).

Schritte eines Umweltmanagementsystems nach ISO 14001:

1. Umweltpolitik: Durch Umweltleitbild ein Bekenntnis der Führung zur Umweltverantwortung
2. Planung: Umweltanalyse sowie Umweltprogramm mit Maßnahmen, Mittel und Fristen sowie Verantwortlichkeiten
3. Implementierung und Durchführung: Festlegung von organisatorischen und personellen Strukturen (z.B. Kommunikationsmaßnahmen)
4. Überwachung und Korrekturmaßnahmen: Überwachung der Umweltleistungen und sofern nötig Bestimmung von Korrekturmaßnahmen
5. Bewertung durch die oberste Leitung: Überprüfung des Umweltmanagementsystems durch die oberste Leitung

Eine weitere wichtige Maßnahme zur Integration von Nachhaltigkeit im Unternehmen ist die Verankerung von Corporate Social Responsibility in der Unternehmensführung. Corporate Social Responsibility (CSR) beschreibt den Beitrag eines Unternehmens zu einer nachhaltigen Entwicklung, indem es über gesetzliche Vorgaben hinaus soziale und ökologische Verantwortung in das Kerngeschäft übernimmt. Wesentliche Komponenten eines CSR-Systems sind grundlegende Unternehmensstrategien und -praktiken, die Verankerung sozialer Ver-

2.7 Nachhaltigkeit im Reiseveranstalter-Management

antwortung in der gesamten Wertschöpfungskette und das freiwillige Engagement zum Gemeinwohl (Corporate Citizenship).

Besonders in der Touristik, die davon lebt, in Ländern mit niedrigem Einkommensniveau erfolgreich Geschäfte zu tätigen, wird durch die CSR-Diskussion eine hohe Messlatte gelegt. Das kapitalistische Wirtschaftsmodell versucht, Gewinne u.a. durch möglichst niedrige Einkaufspreise und hohe Produktivität zu generieren. Die Konsequenz ist die Ausnutzug der starken Einkommensgefälle zwischen Quellmärkten und Destinationen. Insbesondere in der Hotellerie werden hohe Gewinne in Ländern mit geringem wirtschaftlichem Entwicklungsniveau dadurch erzielt, dass Menschen zu sehr niedrigen Lohnkosten arbeiten („low paid and low skilled jobs" nach Turner und Ash, 1975). Zwar kann niemand von einem Touristikkonzern erwarten, dass in einem Hotel in Schwarzafrika den Kellnern und Zimmermädchen Gehälter wie in Deutschland bezahlt werden. Es geht bei CSR jedoch um eine faire Entlohnung und um menschenwürdige Arbeitsbedingungen.

Die folgende Graphik veranschaulicht das Verhältnis von Corporate Social Responsibility, nachhaltiger Unternehmensführung und nachhaltiger Entwicklung:

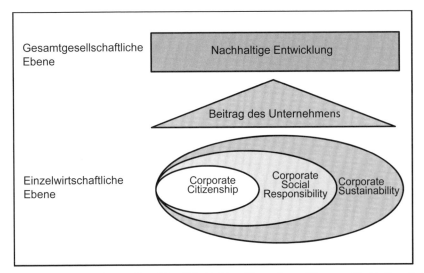

Abb. 2.14: Verhältnis von CSR, CC und Nachhaltiger Unternehmensführung zu Nachhaltiger Entwicklung, (Quelle: Loew et al. 2004)

Darüber hinaus können auch im Gebäudemanagement des Reiseveranstalters wichtige Einsparungsmaßnahmen getroffen werden, die ein nachhaltiges Wirtschaften fördern. Sowohl der Energieverbrauch als auch der Wasserverbrauch kann durch technische Mittel (wie Energiesparlampen, Stopp-Systeme für die Toilettenspülung, gute Isolierung des Gebäudes usw.) erheblich verringert werden. Wichtig ist es auch, bei der Gebäudereinigung auf umweltschädliche Reinigungsmittel zu verzichten. Darüber hinaus sollte Abfall so weit möglich vermieden werden. Ansonsten sollte er getrennt und womöglich recycelt werden.

Sinnvoll ist es eine „Umstellung von Papier auf EDV" auch im Betrieb herbeizuführen, zum Beispiel indem die Mitarbeiter aufgefordert werden, nur tatsächlich nötige Unterlagen zu drucken. Generell sollten im Büro Materialien mit einer bestmöglichen Ökobilanz zum Einsatz kommen (Recycling Papier, umweltfreundliche Drucker sowie Kopierer mit niedrigem Druckpatronenverbrauch).

Die Sinnhaftigkeit von Katalogen wird unter dem Aspekt der Nachhaltigkeit bis heute noch nicht generell in Frage gestellt. Auch in dieser Hinsicht sollte es jedoch keine Denkverbote geben, zumal die Katalogproduktion einen hohe und riskante Kostenbelastung gerade für kleine Reiseunternehmen darstellt. Alternativen wie der elektronische Katalog erfreuen sich auch in Reisebüros zunehmender Beliebtheit.

Abb. 2.15:   Grundprinzip einer umweltorientierten Materialwirtschaft, (Quelle: Dyllick 1990; Hopfenbeck 1990)

Die Nachhaltigkeit des touristischen Produkts ergibt sich aus der Nachhaltigkeit der einzelnen Leistungsbausteine, die der Reiseveranstalter zu einer Pauschalreise bündelt. Die Qualität des Gesamtproduktes ist somit von der Qualität der Einzelleistungen abhängig, sodass schon bei der Planung und Generierung der Leistungsbausteine nachhaltige Aspekte berücksichtigt werden sollten. Der Veranstalter hat hierbei unterschiedliche Einflussmöglichkeiten auf die nachhaltige Gestaltung der Teilleistungen, je nachdem ob sie von dem eigenen Unternehmen generiert werden oder extern eingekauft werden. Die Handlungsmöglichkeiten lassen sich nach den einzelnen Teilbausteinen des touristischen Produkts unterscheiden (Ö.T.E. 1996).

Transport und Beförderung:
Bei den meisten Reisen verursacht der Transport, insbesondere die An- und Abreise mit dem Flugzeug, den größten Teil der CO_2-Emmissionen (WWF 2009). Aus diesem Grund ist es besonders wichtig, alternative Transportmittel in Erwägung zu ziehen, um Einsparpotenziale voll zu nutzen. Beispielsweise bietet sich die Information und Förderung der Nutzung von Transportmitteln wie der Bahn, dem Fahrrad oder dem ÖPNV insbesondere bei näher gelegenen Destinationen an. Für Fernreisen sollten nach Möglichkeit „rail & fly-Optionen" angeboten werden um Zubringerflüge zu vermeiden. Darüber hinaus sollten Fluggesellschaften

gewählt werden, die Flugzeugtypen mit geringem Treibstoffverbrauch verwenden. Weiterhin sollte die freiwillige Kompensation der Schadstoffemissionen durch die Kunden selbst durch Programme wie Atmosfair gefördert werden. Bei der Buchung sollte hierüber ausführlich informiert werden. Auch bei der Mobilität in der Destination können mithilfe des vermehrten Angebots von umweltschonenden Verkehrsmitteln wie Rad, Bahn, ÖPNV schädliche Emissionen vermieden bzw. verringert werden (Ö.T.E. 1996). Es empfiehlt sich, schon bei der Buchung durch die Darstellung der verschiedenen Energiebilanzen die Kunden für eine emissionsarme Transportmittelwahl zu sensibilisieren.

Destinationen:

In den vom Reiseveranstalter angebotenen Destinationen sollte ein Entwicklungskonzept für nachhaltigen Tourismus bestehen. Außerdem sollten umweltfreundliche Maßnahmen etabliert sein oder sie sollten vom Reiseveranstalter initiiert bzw. unterstützt werden. Zu solchen Maßnahmen gehören (Ö.T.E. 1996):

- Qualitätserfassung und Sammlung von Daten zu Tourismusauswirkungen
- Umweltverträgliche Bebauungsvorschriften für Hotels sowie Prüfung von Landschafts- und Raumordnungsplänen
- Begrenzung von Kapazitäten, um die Tragfähigkeit der Destination nicht zu überreizen
- Berücksichtigung der Bedürfnisse der einheimischen Bevölkerung, Wahrung der Menschenrechte
- Existenz von Naturschutzgebieten bei besonders fragilen Ökosystemen; Artenschutz
- Örtliche Nutzung von umweltfreundlichen Energien
- Umweltfreundliche Verkehrsplanung und Emissionsgesetzgebung
- Recyclingsysteme, umweltgerechte Abfallentsorgung oder Strategien zur Abfallvermeidung
- Klärung aller privaten und gewerblichen Gewässer
- Sicherung der Badewasser- und Strandqualität
- Sauber-Halten von öffentlichen Stränden, Landschaften und Straßen

Beispiel:

TUI hatte in Fuerteventura den Bau einer Kläranlage für die Insel verlangt. Dies war von der örtlichen Verwaltung abgelehnt worden. Erst nachdem *TUI* mit der Kündigung aller Hotelverträge auf der Insel drohte, wurde die Kläranlage gebaut.

Beherbergung und Gastronomie:

Der Reiseveranstalter sollte nach Möglichkeit Betriebe mit einem zertifizierten Umweltmanagementsystem oder Betriebe, die sich durch umweltfreundliches Engagement auszeichnen, wählen. Mögliche ökologische Auswahlkriterien:

- Maßnahmen zur Wassereinsparung wie zum Beispiel Durchfluss-Begrenzer, Spülstopps und keine täglichen Handtuchwechsel
- Kläranlagen; keine Ableitung von Abwasser in Flüsse oder in das Meer
- Reduzierung des Energieverbrauchs (zum Beispiel energieeffiziente Bauweise wie Wärmedämmung); Nutzung regenerativer Energien
- Vermeidung und umweltgerechte Entsorgung von Abfällen; Recycling

- Verarbeitung von regional produzierten Lebensmitteln um sogenannte „food miles" zu minimieren und die regionale Wirtschaft zu fördern
- Vermeidung von Pestiziden
- Schulung des Personals zu umweltbewusstem Verhalten und Information der Gäste

Mögliche Auswahlkriterien zur Sozialverträglichkeit:
- Betriebe, die sich ganz oder anteilig im Besitz von Einheimischen befinden
- Betriebe mit möglichst vielen einheimischen Angestellten
- Abschluss langfristiger Verträge zur verbesserten Planungssicherheit
- Respekt der Interessen, Sitten und Moralvorstellungen der Einheimischen (zum Beispiel angemessener Kleidungsstil)
- Betriebe, deren Arbeitsbedingungen sozialen Mindeststandards entsprechen

Aktivitäten vor Ort:

Auch bei den Aktivitäten vor Ort kann der Reiseveranstalter zu einer nachhaltigeren Gestaltung der Reise beitragen. Einerseits empfiehlt es sich, nur Kooperationen mit Unternehmen einzugehen, die sich selbst auch zur Beachtung nachhaltiger Prinzipien verpflichten; andererseits können die Touristen auch gezielt durch den Reiseveranstalter für nachhaltiges Verhalten vor Ort sensibilisiert werden.

- Aufklärung über die örtliche Natur und die durch den Tourismus entstehende Belastung sowie Tipps zur Minimierung selbiger (z.B. eingeführte Verpackungsmaterialen wie Plastik oder Spraydosen in Deutschland entsorgen anstatt im Zielgebiet zu belassen)
- Information über Naturschutzgebiete und Hinweise zu Verhaltensregeln
- Schulung der Reiseleiter und Angestellten vor Ort
- Informationen zu Geschichte und Kultur der Destination; um Verständnis für Sitten und Moralvorstellungen der Destination werben
- Förderung von Angeboten mit ökologischen Inhalten

Nachhaltige Distributions- und Kommunikationspolitik

Eine nachhaltige Gestaltung der Distributionspolitik lässt sich insbesondere durch die Minimierung des Materialverbrauchs der Werbemittel umsetzen. Hierbei sollten Materialien nach bestmöglicher Ökobilanz zur Katalogherstellung verwendet werden. Des Weiteren kann eine Senkung des Katalogverbrauchs durch Maßnahmen wie die Förderung der Nutzung der Unternehmenswebsites oder individuelle Zusammenstellungen nach Kundenwunsch (zum Beispiel die Verwendung von Zielgebietskatalogen) umgesetzt werden (Mezzasalma, 1994). Darüber hinaus sollten Kataloge vom Reiseveranstalter zurückgenommen sowie recycelt werden.

In der nachhaltigen Kommunikationspolitik geht es insbesondere um eine transparente Information des Kunden. Außerdem soll auf das vom Kunden assoziierte Image des Reiseveranstalters eingewirkt werden (Mezzasalma, 1994). Dies kann zum Beispiel mit Hilfe von Nachhaltigkeitsinformationen über Destinationen (authentische Informationen zu Umwelt, Kultur, Sitten und Bräuchen), die verursachten Umweltbelastungen während der Reise sowie Verhaltenstipps für die Touristen geschehen, welche dem Kunden schon vor der Reise (z.B. im Katalog oder der Website) zur Verfügung stehen sollten. Eine gezielte Verkaufsförderung von nachhaltigen Produkten (PR und Werbung) ist ein wesentlicher Aspekt der nachhaltigen

Kommunikationspolitik und kann unter anderem durch die Darstellung der Unternehmensphilosophie, durch Leitlinien und Projekte im Nachhaltigkeitsbereich erreicht werden (Müller und Flügel, 1999).

Gütesiegel und weitere Initiativen

Seit 1987 die ersten Umweltauszeichnungen im touristischen Bereich vergeben wurden ist die Anzahl an Gütesiegeln stetig angestiegen. Gütesiegel bieten neben freiwilligen Maßnahmen im Unternehmen die Möglichkeit einer Zertifizierung nachhaltiger touristischer Produkte sowie nachhaltiger Standards im Unternehmen. Diese Gütesiegel sollen der verständlichen Kennzeichnung nachhaltiger Angebote insbesondere für die Kunden dienen. Aber auch den Reiseveranstaltern können Gütesiegel als Auswahlkriterium bei der Suche nach Vertragspartnern (zum Beispiel Hotels oder Fluggesellschaften) behilflich sein. Jedoch ergibt sich aufgrund der großen Vielfalt an Gütesiegeln eine erhebliche Unübersichtlichkeit, die zu einer Verunsicherung der Kunden beiträgt.

Zu den ersten Gütesiegeln gehörte 1987 der Wettbewerb „Blaue Europa Flagge für umweltgerechte Strände und Sporthäfen", welcher von der Foundation für Environmental Education initiiert wurde, sowie die sogenannte „Internationale Umweltauszeichnung" des DRV (Deutscher ReiseVerband). Im Folgenden sollen einige bekannte Gütesiegel knapp vorgestellt werden.

VIABONO:
VIABONO (übersetzt: „der Weg zum Guten") ist eine 2001 gegründete Umweltdachmarke des Bundesumweltministeriums und des Umweltbundesamtes. Diese Dachmarke setzt vor allem auf eine einheitliche und deshalb für den Verbraucher wiedererkennbare Marke. Zertifiziert werden können:

- Beherbergungs- und Gastronomie-Betriebe
- Tourismuskommunen
- Campingplätze
- Pauschalreiseanbieter und Kanutouranbieter
- Schutzgebiete (Naturparke und Biosphärenreservate)

Abb. 2.16: Hotel Zertifikat von VIABONO, Quelle: www.viabono.de

Zur Zertifizierung muss ein umfangreicher Kriterienkatalog mit Indikatoren für nachhaltiges Wirtschaften erfüllt werden. Mit ca. 300 Mitgliedern ist VIABONO die mitgliedsstärkste Tourismus-Kooperation mit bio-zertifizierten Betrieben in Deutschland.

Tour Operators Initiative (TOI):

Im März 2000 wurde die „Tour Operators' Initiative for Sustainable Tourism Development" (TOI) von internationalen Reiseveranstaltern mit der Unterstützung der UNEP, der UNESCO und der UNWTO ins Leben gerufen. Mitglieder der Non-Profit-Initiative verpflichten sich zur Entwicklung und Durchführung von gemeinsamen Aktivitäten, um Methoden und Praktiken für eine nachhaltige Entwicklung im Tourismus zu fördern und zu verbreiten. Ziele der Initiative sind die Förderung der nachhaltigen Entwicklung des Tourismus und die Gewinnung weiterer Reiseveranstalter für ein nachhaltiges Engagement. Eine nachhaltige Tourismusentwicklung soll durch die Reduzierung von negativen Auswirkungen auf die Umwelt und von der Förderung positiver Auswirkungen auf Umwelt, Kultur und Gesellschaft im Zielgebiet erreicht werden. TOI besteht derzeit aus 15 Mitgliedern.

Abb. 2.17:   Logo der Tour Operators Initiative, Quelle: www.toinitiative.org

Corporate Social Responsibility Certified (CSR-Tourism):

Die gemeinnützigen Zertifizierungsgesellschaft TourCert (eine Initiative des „Forum anders Reisen" und der Kontaktstelle für Umwelt und Entwicklung e.V. (KATE)) vergibt das CSR-Siegel an Reiseveranstalter, die ihre Geschäftspraxis an nachhaltigen (also ökologischen und sozialen Kriterien) Kriterien ausrichten und CSR dauerhaft in ihrem Unternehmen verankert haben. Außerdem benötigen zertifizierte Unternehmen einen CSR-Beauftragten, müssen jährlich einen Nachhaltigkeitsbericht und ein Verbesserungsprogramm erstellen und sind verpflichtet, ihre Nachhaltigkeitsleistung kontinuierlich zu verbessern. Beim Zertifizierungsprozess werden sowohl die Reiseveranstalter selbst als auch ihre Angebote überprüft, das heißt es werden auch Partnerunternehmen in den Zielgebieten kontrolliert. Ein entscheidender Unterschied zu anderen Siegeln wie z.B. dem Fair-Trade-Label für einzelne Reisen liegt in der Überprüfung und somit der Gültigkeit des CSR-Zertifikats für das gesamte Unternehmen. Derzeit sind 55 Reiseveranstalter zertifiziert (TourCert (2011).

Abb. 2.18:   Logo des CSR-Zertifikats, Quelle: www.tourcert.org

2.7.3 Umsetzung von Nachhaltigkeitskonzepten bei Reiseveranstaltern

Im Folgenden sollen einige positive Fallbeispiele von Konzepten zur Umsetzung von Nachhaltigkeit einzelner Reiseveranstalter vorgestellt werden.

TUI Deutschland GmbH

Umsetzung von Nachhaltigkeit im Unternehmen

Die *TUI Deutschland GmbH* gilt als der Vorreiter in Sachen Nachhaltigkeit im deutschen Reiseveranstaltermarkt, da der Konzern bereits 1990 den ersten Umweltbeauftragten einstellte. 1997 wurde ein Umweltmanagementsystem als zentrale Konzernfunktion in die obersten Managementebenen integriert, welches heute im Unternehmensbereich Qualitäts- und Umweltmanagement angesiedelt ist. Seit 2003 ist das Umweltmanagementsystem der *TUI Deutschland GmbH* nach DIN ISO 14001 zertifiziert. Mit dem Umweltmanagementsystem werden die drei Bereiche der Umweltqualitätsentwicklung, -sicherung und -kommunikation abgedeckt.

Bei der Umsetzung von Nachhaltigkeit im Unternehmen fördert die *TUI Deutschland GmbH* besonders den Einbezug der Mitarbeiter. Dies geschieht unter anderem durch 12 *Umweltbotschafter*, welche das Nachhaltigkeitsmanagement-Team mit neuen Ideen unterstützen und das Thema Nachhaltigkeit in ihren Abteilungen thematisieren. Überdies helfen sie bei der Entwicklung und Organisation von Events zum Thema Nachhaltigkeit wie zum Beispiel den „TUI Green Days". An diesen Tagen soll Mitarbeitern gezeigt werden, wie sie sich bei ihrer Arbeit und Freizeit umweltbewusst verhalten können. Ferner werden die Mitarbeiter regelmäßig durch Newsletter und Zeitschriften mit Informationen zum Thema Nachhaltigkeit versorgt. Konkrete Beispiele für das nachhaltige Engagement sind unter anderem die *TUI* Dienstfahrräder und die *TUI* Kinder-Krippe. Der Bereich der CSR wird konzernübergreifend von der *TUI AG* gesteuert und umfasst Maßnahmen wie Personalentwicklung, Gesundheit und Sicherheit.

Nachhaltige Produktpolitik

Beförderung:

Die *TUI Deutschland GmbH* versucht, die schädlichen Emissionen bei der An- und Abreise möglichst gering zu halten, indem explizit auf Angebote wie „Zug zum Flug" hingewiesen werden und moderne Flugzeuge sowie Busse verwendet werden. In Kooperation mit der schweizerischen Stiftung MyClimate können Gäste die anfallenden CO_2-Emissionen durch einen freiwilligen Klimabeitrag kompensieren. Mit den Beiträgen werden verschiedene Projekte unterstützt, zum Beispiel wurde in der Türkei in der Nähe von Izmir der Windenergiepark Yuntdağ errichtet.

Beherbergung:

Die *TUI Deutschland GmbH* verleiht verschiedene Umweltauszeichnungen an die angebotenen Hotels, um einerseits die Kunden über die Nachhaltigkeitsleistungen der Hotels zu informieren und andererseits die Hotels zu einem umweltverträglicheren Verhalten zu motivieren. Die Auszeichnung *TUI* Umwelt Champion wird bereits seit 1996 jährlich an Hotels mit besonders umweltgerechter und sozialer Hotelführung verliehen. Die 10 besten Hotels werden prämiert und die 100 besten im Katalog gekennzeichnet. Kriterien für die Verleihung sind beispielsweise das Angebot an ökologischen und regionalen Speisen und Maßnahmen zur Energie sowie Wassereinsparung. Bei der Bewertung werden sowohl Gästebewertungen als auch nach ISO 14001 Zertifizierung beurteilende Gutachten berücksichtigt. Ergänzend gibt es für die zur *TUI AG* gehörenden Hotels und Resorts die Auszeichnung „EcoResort". Um diese Auszeichnung zu erlangen müssen Hotels sowohl die Auszeichnung zum Umwelt Champion gewinnen als auch weitere Kriterien, wie zum Beispiel ein zertifiziertes Umwelt-Management vorweisen. Darüber hinaus unterstützt die *TUI Deutschland GmbH* Hotels mit Informationen zum Umwelt- und Nachhaltigkeitsmanagement, wie z.B. Leitfäden und Konferenzen.

Flusskreuzfahrten:
Bereits zwei Schiffe (*TUI Allegra* und *TUI Melodia*) der *TUI* Flotte sind durch Green Globe zertifiziert und versuchen, mit Maßnahmen wie Kläranlagen an Bord der Schiffe oder der Nutzung von regionalen Nahrungsmitteln entlang der Route Nachhaltigkeit auch im Kreuzfahrtsektor zu etablieren.

Aktivitäten vor Ort:
Um negative Auswirkungen in den Destinationen zu minimieren, unterstützt die *TUI Deutschland GmbH* verschiedene Projekte in den Destinationen und beteiligt sich im Dialog mit der einheimischen Bevölkerung, Nichtregierungsorganisationen (NGO) und Behörden. Zum Beispiel unterstützt *TUI* gemeinsam mit den Behörden der Balearen das Projekt *TUI Wald*, die Wiederaufforstung in einem Naturpark in Mallorca. Neben einem festen Betrag, der pro (Mallorca-)Tourist gespendet wird, können die Touristen sich auch selbst beteiligen und für 10€ einen Baum pflanzen lassen. Neben weiteren Projekten setzt sich *TUI* für den Tierschutz, insbesondere für den Schutz von Meeresschildkröten ein. Überdies ist die *TUI Deutschland GmbH* Gründungsmitglied von Futouris. Dies ist ein gemeinnütziger Verein, der sich unter der Schirmherrschaft des DRV in Projekten zur Verbesserung der Lebensverhältnisse, zur Förderung von Bildungsmaßnahmen, zum Schutz von Natur und Umwelt sowie zum Erhalt der biologischen Vielfalt in den Zielgebieten engagiert. Sozial engagiert sich die *TUI Deutschland GmbH* durch eine Kooperation mit ECPAT (End Child Prostitution, child pornography And Trafficking of children for sexual purposes), welche sich für die Rechte von Kindern weltweit einsetzt.

REWE Touristik GmbH
Die *REWE Touristik GmbH* gehört zur Touristiksparte der *REWE Group*, welche seit 1988 besteht. Zum Bereich Pauschaltouristik der *REWE Touristik GmbH* gehören die Reiseveranstaltermarken *ITS*, *Jahn Reisen* und *Tjaereborg*. Zur Bausteintouristik zählen die Veranstalter *DERTOUR*, *Meiers Weltreisen* und *ADAC Reisen*.

Umsetzung von Nachhaltigkeit im Unternehmen
Die Nachhaltigkeitsstrategien der gesamten *REWE Group* bauen auf die vier Säulen der Nachhaltigkeit: Grüne Produkte; Energie, Klima und Umwelt; Mitarbeiter und Gesellschaftliches Engagement auf. Bereits seit 15 Jahren hat die *REWE Touristik GmbH* einen Umweltbeauftragten und 2001 wurde ein aus drei Mitarbeitern bestehendes Team für Umwelt und Nachhaltigkeit gegründet. Die Mitarbeiter der *REWE Touristik GmbH* werden in Schulungen und konzernübergreifenden Informationstagen für das Thema Nachhaltigkeit sensibilisiert und mit konkreten Handlungsempfehlungen beraten.

2.7 Nachhaltigkeit im Reiseveranstalter-Management

Die Tsunami-Katastrophe vom 26.12.2004 löste eine große Spendenbereitschaft der Mitarbeiter aus, sodass die *REWE Touristik GmbH* mit Unterstützung der Zielgebietsagentur Hemtours/Diethelm Travel auf Sri Lanka ein langfristiges angelegtes Hilfsprogramm für Vorschulkinder entwickelt hat. Im Rahmen des Projektes wurden Vorschulen gebaut, Lehrmaterial gestellt sowie Aufklärungskampagnen gestartet. Die *REWE Touristik GmbH* ist Mitglied der Tour Operators Initiative for Sustainable Tourism Development (TOI) und unterstützt so verschiedene Projekte in Tourismus Destinationen, wie zum Beispiel die Förderung des Meeresschutzes in touristisch genutzten Gebieten. Derzeit stellt die *REWE Touristik GmbH* den ersten Vorsitzenden der TOI, Andreas Müseler

Nachhaltige Produktpolitik

Beförderung:

Zwar informiert die *Rewe Touristik GmbH* in einer Broschüre die Kunden über die CO_2-Emissionen einer Reise sowie die Emissionen von Flugreisen und erklärt klimatischen Folgen, dennoch besteht keine Kooperation mit Firmen zu CO_2-Emissionskompensation.

Beherbergung:

Die *REWE Touristik GmbH* unterstützt durch praktische Tipps in ihrem Leitfaden *„Das Ferienhotel – Mit ökologischer und sozialer Verantwortung zum Erfolg"* Vertragshotels, ihre Häuser ökologisch und sozial verantwortlich zu führen. Die *REWE*-eigenen Hotels *(LTI, PrimaSol, Calimera Aktivhotels)* werden schrittweise einer ökologischen Prüfung unterzogen, um die Nachhaltigkeit der Hotels zu verbessern.

Aktivitäten vor Ort:

Die *REWE Touristik GmbH* unterstützt in Zusammenarbeit mit der UNESCO rund 20 Weltkulturerbe-Stätten auf der mexikanischen Halbinsel Yucatan und auf Sri Lanka. Unter dem Prinzip „Schutz durch touristische Nutzung" sollen die Welterbe-Stätten durch die finanzielle Unterstützung des Besuchs von Touristen erhalten werden und so auch für die einheimische Bevölkerung „wertvoller" werden. In Gästebroschüren, welche an alle Gäste der REWE Touristik in den betroffenen Destinationen verteilt werden, wird vorab über die Welterbe-Stätten informiert. Im Bereich Tierschutz unterstützt die *REWE Touristik GmbH* insbesondere Kastrations- und Sterilisations-Aktionen von Tierhilforganisationen. Darüber hinaus gibt die *REWE Touristik GmbH* gezielt Informationen über die Bedeutung von Korallen sowie Tipps zur richtigen Verhaltensweise bei Souvenirkauf und beim Tauchen an Gäste, die in relevante Zielgebiete reisen.

Soziales Engagement zeigt die *REWE Touristik GmbH* durch ihren Einsatz gegen den kommerziellen sexuellen Missbrauch von Kindern und setzt im Zuge dessen den „Child-Protection-Code" in vollem Umfang um: Gäste werden in den Hotelmappen gezielt informiert, Workshops sollen Vertragspartner in den Zielgebieten sensibilisieren und eine Ablehnung von Kinderprostitution wird in den Hotelverträgen festgehalten.

Studiosus Reisen München GmbH

Die *Studiosus Reisen* München GmbH wurde 1954 von Dr. Werner Kubsch als „Reisedienst Studiosus" gegründet und ist seither auf die Veranstaltung von Studienreisen spezialisiert. *Studiosus Reisen* ist derzeit der größte europäische Studienreiseveranstalter.

Umsetzung von Nachhaltigkeit im Unternehmen

Schon 1991 führte *Studiosus Reisen* einen Koordinator für Umwelt und Soziales im Unternehmen ein. Im folgenden Jahr wurde dann die Erstellung von Jahresberichten zu „Umweltverträglichkeit unserer Reisen in den Zielgebieten" begonnen. Das von *Studiosus Reisen* eingeführte Umweltmanagementsystem wurde erstmals 1998 zertifiziert. Somit war der Veranstalter der erste europäische Reiseveranstalter, dessen Umweltmanagementsystem nach DIN EN ISO 14001 zertifiziert wurde. Seit 2004 wurden das Qualitäts- und Umweltmanagementsystem in ein integriertes „*Studiosus*-Managementsystem" zusammengeführt.

Im Unternehmen werden gezielt Maßnahmen ergriffen um ressourcenschonend zu arbeiten. So besteht beispielsweise das Ziel, den Kopierpapierverbrauch pro Mitarbeiter auf einem Wert von 34kg pro Jahr zu halten. Außerdem überprüft *Studiosus Reisen* die Gästezufriedenheit zur Umweltverträglichkeit der Reisen durch Beurteilungsbogen nach der Reise. 2010 wurden die Erwartungen von ca. 94 % der Gäste hinsichtlich der Umweltverträglichkeit ihrer Reise erfüllt. Die 2007 gegründete *Studiosus Foundation e.V.* bietet Kunden die Möglichkeit, ihre durch eine Flugreise verursachten CO_2-Emissionen zu berechnen und durch Spenden zu kompensieren. Darüber hinaus werden die Dienstreisen aller Mitarbeiter kompensiert. Der gemeinnützige Verein unterstützt außerdem soziale, ökologische und kulturelle Förderprojekte in aller Welt mit Spenden von Studiosus, Mitgliedern und Kunden. 2010 wurde Studiosus Reisen mit dem deutschen Nachhaltigkeitspreis für die nachhaltigste Zukunftsstrategie ausgezeichnet.

Nachhaltige Produktpolitik

Beförderung:

Bei *Studiosus* ist eine umweltfreundliche Anreise mit der Bahn oder dem öffentlichen Personennahverkehr im Reisepreis eingeschlossen. Außerdem wird das Angebot an längeren Reisen, die ca. 25 % länger sind als die durchschnittliche Aufenthaltsdauer im Zielgebiet, ausgebaut. Ferner besteht seit 2007 die Möglichkeit, die CO_2-Emissionen der Flugreisen durch Spenden an ein Klimaschutzprojekt der *Studiosus Foundation e.V.* zu kompensieren. Eine Neuerung ist, dass alle Fahrten zu Lande und zu Wasser, welche in den Programmen enthalten sind, direkt von *Studiosus* durch Zahlungen an Klimaschutzprojekte kompensiert werden. Die CO_2-Kompensation wird durch den Bau von Biogasanlagen in Indien angestrebt.

Beherbergung:

Generell werden keine Übernachtungen an besonders umweltsensiblen Standorten vorgenommen, von denen eine negative Auswirkung auf die Natur ausgeht. Umweltfreundliche und möglichst landestypische Unterkünfte werden bevorzugt angeboten. Die Umweltbemühungen der Hotels werden vor Ort durch *Studiosus* Mitarbeiter überprüft und in Seminaren werden Hoteliers Empfehlungen über eine umweltschonendere Führung ihres Hauses gegeben. In den Verträgen wird außerdem der besondere Stellenwert der regionalen Küche erwähnt.

Aktivitäten vor Ort:

Studiosus Reisen integriert gezielt Programmpunkte, welche den Erhalt regionaler Kultur fördern, zum Beispiel Essen mit Beduinen, Besuch von Nonnen in verschieden Klöstern. Außerdem wird in jedem Reiseverlauf mindestens ein Besuch eines Umwelt- oder Sozialprojekts eingeplant. In ökologisch empfindlichen Gebieten werden die Touristen über ein geeignetes Verhalten informiert, dies geschieht zum Beispiel durch lokale Führer. Begrenzungen der Gruppengröße beziehungsweise der Anzahl an Reisegruppen werden unter Berücksichtigung der Tragfähigkeit der Destination vorgenommen. Reisen zu unberührten oder kaum berührten ethnischen Gruppen werden nicht durchgeführt, sofern negative Auswirkungen nicht ausgeschlossen werden können.

Der Artenschutz wird unter anderem durch Tierbeobachtungen gefördert. Tiere, die eine touristische Attraktion darstellen, haben eine höhere Chance, von den Einheimischen geschützt zu werden. In sogenannten „Foren der Bereisten" wird der Dialog mit der regionalen Bevölkerung gesucht, wobei *Studiosus* versucht, Regionen bei einer nachhaltigen Tourismusentwicklung zu unterstützen und die Interessen der „Bereisten" zu wahren. Weiterhin kooperiert *Studiosus Reisen* mit ECPAT (End child prostitution, pornography and trafficking) um gegen Kinderprostitution, Kinderpornografie und Kinderhandel, anzugehen. Mitarbeiter werden gezielt zum Thema „Kinderprostitution" informiert. Seit 2007 ist *Studiosus Reisen* Mitglied des UN Global Compact und verpflichten sich so, Kriterien zu Menschenrechten, Arbeitsstandards, Umweltschutz und Antikorruption einzuhalten.

2.7.4 Schlussfolgerung zur Nachhaltigkeit

Aufgrund der jährlichen Wachstumsraten von weltweit ca. 4 % wächst nicht nur die Bedeutung der Tourismuswirtschaft, es steigen auch die Auswirkungen, welche durch den Tourismus verursacht werden. Laut der UNEP verursacht die Tourismusindustrie schon heute rund 5 % der weltweiten CO_2-Emmissionen (UNEP, 2011) Um weiterhin Tourismus ermöglichen zu können und insbesondere die Destinationen für die Zukunft zu bewahren, muss die Tourismusindustrie eine nachhaltige Entwicklung verwirklichen.

Die Reiseveranstalter haben als Bindeglied zwischen Touristen und touristischen Leistungsträgern eine große Verantwortung für die Umsetzung einer nachhaltigen Entwicklung touristischer Produkte. Die Anforderungen an die Produkte wachsen. Neben hoher Qualität und einem guten Preis-Leistungsverhältnis sind nun auch nachhaltige Eigenschaften von Bedeutung. Wie an Beispielen gezeigt, stellen sich bereits zahlreiche Reiseveranstalter dieser Verantwortung und engagieren sich aktiv für mehr Nachhaltigkeit im Tourismus. Dieses Engagement macht sich jedoch nicht unbedingt bezahlt: Die Kunden wollen zwar nachhaltige Produkte, aber diese sollen nicht mehr kosten als vergleichbare Produkte, die nicht nachhaltig sind. Nur wenn das nachhaltige Produkt nicht teurer sei, würden sich Kunden für das nachhaltige Produkt entscheiden, so Ury Steinweg von Gebeco (Freyerherd 2011).

Ein weiteres Problem nachhaltiger touristischer Produkte ist der Mangel an Klarheit, Transparenz und Informationen zu den Produkten. Die große Vielfalt der Umweltauszeichnungen, welche sich nach unterschiedlich strengen Kriterien richten, ermöglicht den Kunden lediglich eine begrenzte Vergleichbarkeit der einzelnen Zertifizierungen. Hier wäre es sinnvoll, kleinere Zertifizierungen vom Markt zu nehmen und anstelle neuer Zertifizierungen häufig verwendete Zertifizierungen auf einen europäischen oder internationalen Standard zu bringen. Dennoch sind die Bemühungen der Reiseveranstalter keinesfalls zu gering zu bewerten, da sie schon viele wichtige Schritte in die richtige Richtung gegangen sind. Auch wenn viele Bemühungen eher an einer Verminderung als an einer Vermeidung schädlicher Auswirkungen ansetzen, können zum Beispiel bei der Sensibilisierung der Bevölkerung und der Hoteliers in Destinationen schon Erfolge verzeichnet werden. Abschließend lässt sich festhalten, dass viele deutsche Reiseveranstalter schon auf dem richtigen Weg in Richtung eines nachhaltigen Tourismus sind. Die Veranstalter müssen sich weiter bemühen eine nachhaltige Produktpolitik in den Destinationen umzusetzen und dies vermehrt medienwirksam kommunizieren. Darüber hinaus wäre es sinnvoll, die Touristen noch mehr in die nachhaltige Tourismus-Entwicklung einzubeziehen, wie dies schon bei Studiosus durch Information und Besichtigungen zu nachhaltigen Projekten geschieht. Dies kann auch bei klassischen Pauschalreisen wie im Massentourismus geschehen; hier können beispielsweise die Kinderbetreuungen die Tier- und Naturwelten der Destination thematisieren und so den Schutz dieser Ökosysteme fördern.

2.7.5 Kybernetischer Ansatz zu einer Destinations-Verbrauchs-Theorie

Das in der Form eines Regelkreises dargestellte Interaktionsmodell des weltweiten Tourismus (Abb. 2.19) zeigt ein System, das aus den Herkunftsländern mit ihren Schaltzentralen, den weltweiten Touristenströmen und den Destinationen (Zielorten, Zielregionen) besteht, die Teil der umgebenden Länder (Zielländer) sind. Die Gesellschaften in den Zielländern sind allerdings oft nur in sehr geringem Maße Teil des sozialen Systems Tourismus-Weltmarkt.

Wir zeigen in dem Modell zunächst einmal die bekannte Tatsache, dass sich aus einem industrialisierten **Herkunftsland H** ein Strom von Touristen in Richtung auf ein Zielland zubewegt, in dem sich die **Destination (= Zielregion)** befindet. Die Richtung, die der Strom nimmt, wird entscheidend von den **Stellgrößen S** bestimmt, mit denen die Reiseveranstalter, Reisebüros und Verkaufsorgane der Leistungsträger neben anderen Faktoren wie z.B. den Medien auf die Touristen einwirken.

Wenn der Strom der Touristen die Destination erreicht, tritt er in ein oftmals fremdes Kultur-System ein, das er mit Abreise aus der Destination auch wieder verlässt, freilich nicht ohne während dieser Zeit Einfluss auf das Kultur-System genommen zu haben. Ziel der Tourismusströme in die Destinationen sind in der Regel nicht die Zielländer selbst, sondern die Destinationen im Sinne bestimmter Gebiete in den Zielländern, die bei einem gewissen kommerziellen Entwicklungsstadium den Charakter von Enklaven annehmen können und unter dem Gesichtspunkt ihrer wirtschaftlichen, sozialen und kulturellen Charakteristik aus dem Zielland, zu dem sie politisch und/oder ethnisch gehören, heraustreten. Sie begeben sich hierbei in eine Position, die dem Herkunftsland etwas näher ist als das übrige Zielland. Sie stellen ein soziales Subsystem dar, das sich von dem umgebenden System des Ziellandes wohl erheblich unterscheidet, sich jedoch in der Praxis nie völlig von ihm lösen kann. Eine hochgradige Desintegration der Destination in ökonomischer und sozio-kultureller Hinsicht kann allerdings eintreten.

2.7 Nachhaltigkeit im Reiseveranstalter-Management

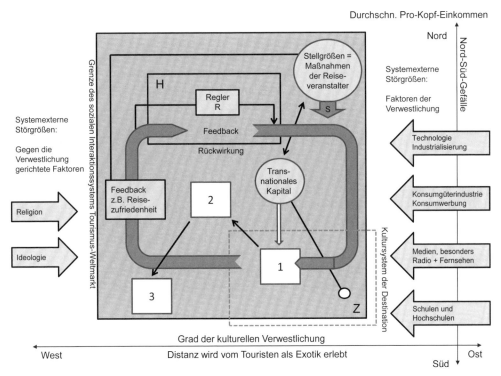

Abb. 2.19 : Interaktionsmodell des Verbrauchs von Destinationen

Der Touristenstrom tritt also in eine Destination ein, die sich von ihrem Hinterland schon mehr oder weniger distanziert hat. Es kann sich hierbei um eine infrastrukturell hochentwickelte Enklave handeln und als Hauptmotiv der Reisen dorthin vermuten wir Strand- und Vergnügungstourismus. Der Touristenstrom würde die Destination in diesem Fall verlassen, ohne in besonderem Maße auf das zugehörige dahinterliegende Land selbst eingewirkt zu haben. Diese Situation wäre bei einer Mittelmeer-Destination, z.B. an der spanischen Mittelmeerküste, gegeben. Wir können uns jedoch auch den Fall vorstellen, dass sich der Touristenstrom in eine Destination begibt, die sich von ihrem Hinterland noch nicht so weit distanziert hat wie im vorigen Fall. Die Destination hat aus der Sicht der Touristen noch eher einen exotischen Charakter und eignet sich besser für einen „Land-und-Leute-Tourismus" bzw. für Reisen, hinter denen als Motive „Besichtigung, Bildung oder Kennenlernen der Andersartigkeit eines fremden Landes" stehen. Diese Situation finden wir vorwiegend in Ländern der sog. Dritten Welt. Die Destinationen unterscheiden sich also – neben anderen Merkmalen – in ihrer kulturellen Distanz zum Herkunftsland. Außer dem Touristenstrom wirken natürlich noch andere Faktoren auf die Destination ein, allen voran das transnationale Kapital, dessen Verflechtungen mit den führenden Schichten im Zielland hier nur durch eine Linie dargestellt werden können. Durch einen doppelseitigen Pfeil soll aber auf die Verbindungen mit den Interessen der Touristikunternehmen hingewiesen werden, von denen die Stellgrößen S ausgehen.

In den touristischen Destinationen wirken zentripetale Kräfte. Sie entziehen dem Hinterland Arbeitskräfte, Boden und Kapital ohne Rücksicht auf deren Notwendigkeit in anderen Sektoren. Dafür geben die Destinationen Wirkungen in das Hinterland (Zielland) ab, die eine Veränderung der sozio-kulturellen Struktur der Gesellschaft ebenso bewirken können wie eine Erhöhung des durchschnittlichen Einkommens der Bevölkerung. Derartige Effekte können wir aber nicht a priori unterstellen, sie müssen im Einzelfall empirisch bewiesen werden.

Der Touristenstrom fließt nun zurück in sein Herkunftsland, wobei entweder unterwegs – z.B. auf den Rückflügen, wie im Fall einer Mexico-Untersuchung des Verfassers geschehen – oder nach Rückkehr im Herkunftsland eine Abfrage der Reiseerfahrungen, der Reisezufriedenheit und der künftigen Reisepläne erfolgt (Voigt, 1981). Diese Daten stellen für die Reiseveranstalter die Rückmeldung dar, die sie zur Planung ihrer künftigen Maßnahmen (Einkauf, Produktion, Verkauf), d.h. zur Bestimmung der neuen Stellgrößen benötigen. Ein weiterer Regelungsmechanismus funktioniert innerhalb des sozialen Systems Herkunftsland, indem die zurückgekehrten Touristen auf vielen verschiedenen Kanälen, die wir hier im **Regler R** zusammenfassen, ihre Erfahrungen aus der Destination an die potentiellen künftigen Touristen weitergeben. Dies schließt Erfahrungsvermittlung im Wege der Massenkommunikation ebenso ein wie solche im Wege der Individualkommunikation. Indem über den Regler die Botschaft von der Attraktivität der Destination weitergegeben wird, schließt sich der Regelkreis; der Steuerungseffekt liegt darin, dass die künftigen Touristen ihr Buchungs- und Reiseverhalten an den Bildern orientieren werden, die ihnen aus der Destination vermittelt wurden.

Wir wollen uns nun den Vorgängen zuwenden, die sich im und um das soziale System Destination bzw. dessen Kultursystem abspielen. In unserem Modell hat die Destination eine bestimmte Position in einem **zweidimensionalen Koordinationssystem**. Die Nord-Süd-Dimension symbolisiert das sog. **Nord-Süd-Gefälle**, das im Wesentlichen durch einen Unterschied der Pro-Kopf-Einkommen definiert wird. Im Gegensatz zum Nord-Süd-Gefälle, das die sozio-ökonomische Dimension darstellt, beschreibt die Position auf einer Ost-West-Achse die kulturelle Dimension, und zwar den **Grad an Verwestlichung** im Sinne der westlich-industriellen Welt. In Ermangelung eines international anerkannten Maßstabes, der den Grad an Verwestlichung einer Region messbar macht, mussten wir ein System von Kulturvariablen erarbeiten, die – in polarisierter Form dargestellt – eine empirisch fundierbare Skalierung ermöglichen würden.

Die Distanz, die der aus dem Herkunftsland kommende Touristenstrom in horizontaler Richtung zu überwinden hat, symbolisiert die kulturelle Unterschiedlichkeit der beiden Länder, die vom Touristen als Exotik empfunden wird und einen Faktor der Attraktivität der Destination darstellt. Der vertikale Abstand symbolisiert den Einkommensunterschied zwischen Bewohnern des Herkunftslandes und des Ziellandes bzw. der Destination. Wenn der Touristenstrom in die Destination eintritt, verursacht er dort theoretisch Verschiebungen des gesamten Systems *Destination* auf der Nord-Süd-Achse (und zwar durch Erhöhung des Pro-Kopf-Einkommens), als auch der Ost-West-Achse (durch Verwestlichung, Akkulturation, Säkularisierung). Für die Bewegungen des Systems *Destination* in Richtung „Westen" sind außer dem Akkulturationsfaktor „Tourismus" auch noch andere Faktoren verantwortlich, die von außen auf das System einwirken. Als Faktoren der Verwestlichung haben wir hier rein exemplarisch Technologie und Industrialisierung, Konsumgüterindustrie und deren Werbung, Radio, Fernsehen und andere Medien sowie die westlich geprägte Schulbildung aufgeführt. Sie stehen alle als Akkulturationsfaktoren in Konkurrenz zum Tourismus, sind jedoch – ebenso wie der Tourismus – im Hinblick auf ihre Wirksamkeit äußerst schwer zu quantifizieren. Denkbar ist freilich auch das Auftreten von Faktoren, die eine Rückverschiebung in Richtung „Osten" bewirken. Religiöse und politisch-ideologische Bewegungen mit dogmatischem Anspruch und entsprechender Wirksamkeit auf die Bevölkerung können Kulturrevolutionen auslösen, die den Verwestlichungsprozess aufhalten oder sogar zurückentwickeln. Im Zuge dessen kann auch der Touristenstrom blockiert werden.

Eine Verschiebung der Region in Richtung „Süden" ist theoretisch ebenfalls denkbar. Sie würde gemäß unserer Definition Verarmung bedeuten – eine Erscheinung, die den Statistiken internationaler Institutionen zufolge in vielen Ländern der Dritten Welt sogar bittere Realität ist. Auch wachsende Einkommensunterschiede zwischen den sozialen Schichten oder einzelnen Regionen von Ländern der Dritten Welt relativieren die Gültigkeit unseres Modells. Wir müssen nämlich von einer Homogenität der Destinationen bzw. von gleichsinnigen Bewegungen des gesamten sozialen Systems *Destination* ausgehen, die in der Realität oft nicht gegeben sind. Wenn wir das Modell systemtypologisch einstufen wollen und es nach dem Grad seiner Komplexität und seiner Prognostizierbarkeit beurteilen, so müssen wir sagen, dass es sich um ein **sehr komplexes und probabilistisches System** handelt. (Reimann, 1968) Der Grad der Komplexität lässt sich in einer Modelldarstellung nicht wiedergeben. Prognostizierbar ist die Bewegung des Systems *Destination* nur mit einer gewissen Wahrscheinlichkeit. Der prognostische Wert des Modells liegt aber darin, dass man aus der Position der Destination und ihrer Nähe zum Herkunftsland bzw. aus der Verschiebung des Systems im übergeordneten Koordinatensystem ablesen kann, wann die Destination wahrscheinlich nicht mehr attraktiv[2] sein wird. Dies ist dann möglich und wahrscheinlich, wenn andere Destinationen in das soziale Interaktionssystem Tourismus-Weltmarkt eintreten und auf Grund ihrer weiter „östlich" und „südlich" liegenden Position, also auf Grund ihrer größeren Exotik und ihres niedrigeren Preisniveaus (das ja mit dem Pro-Kopf-Einkommen korreliert) als Reiseziel attraktiver erscheinen.

Die stark nach „Westen" verschobene Destination, die keine touristischen Einkommen mehr bezieht, muss zwangsläufig nach „Süden" zurückfallen, ohne aber ihre Verwestlichung rückgängig machen zu können. Die Destination beschreibt auf ihrem Entwicklungsweg eine Kurve, die an die **Theorie vom Lebenszyklus der Produkte** erinnert: auf eine Markteinführung folgt eine Aufstiegsphase. Daran schließt sich eine Sättigungsphase an, der in vielen Fällen eine Abstiegsphase und das Verschwinden aus dem Markt folgt. Möglicherweise kann die Abstiegsphase durch einen „Relaunch" aufgefangen werden, indem das Produkt verjüngt, neu verpackt oder mit neuen Aussagen versehen wird. Auch bei Destinationen sind solche Wiederbelebungen möglich. Wir erinnern uns an eine Zeit, in der die Insel Mallorca als minderwertige und verbrauchte „Putzfraueninsel" abgetan wurde. Schuld daran waren u.a. Erscheinungen wie eine „Bierstraße" oder eine „Schinkenstraße", in der das Bier von grölenden zumeist männlichen Touristen aus Eimern getrunken wurde. Auch die Hässlichkeit der Bettenburgen in Orten wie Arenal oder Cala Millor trug dazu bei. Der Regierung der Balearen ist es durch eine konsequente Qualitätsstrategie (z.B. Verbot des Baus neuer 3- und 4-Sterne-Hotels) gelungen, Angebote für den gehobenen Tourismus zu entwickeln und das geschun-

---

[2] Hierbei ist vor allem die kulturelle bzw. „exotische" Attraktivität gemeint. Die Attraktivität eines Zielgebietes für Strand- und Erholungstourismus kann besonders durch Verzehr der natürlichen touristischen Ressourcen (Schönheit der Landschaft, Sauberkeit von Luft und Wasser, Ruhe usw.) vernichtet werden.

dene Image der Insel Mallorca wieder entscheidend zu verbessern. Beigetragen haben dazu sicher auch manche Prominente sowie die Drehkreuz-Verbindungen der Air Berlin.

Wenn wir also unterstellen, dass es bei Destinationen einen Lebenszyklus in ähnlicher Weise gibt wie bei Produkten, so müssten wir befürchten, dass viele Destinationen den Weg dieser Kurve durchlaufen. Sie würden sich immer weiter verwestlichen, bei ihrem Weg auf der Nord-Süd-Achse wäre aber ein Zurückfallen nach „Süden" zu erwarten. Theoretisch können wir also nach längerer Zeit dieses Geschehens links unten, in einer weit „südwestlichen" Position, den „Schrotthaufen" der touristischen Destinationen finden.

Kultur-System und Kultur-Variable

Durch das bisher Gesagte sollte deutlich werden, was wir unter *Kultur-System* verstehen wollen: die komplexe Gesamtheit der Kulturerscheinungen einer Region, die sich in vielen verschiedenen kulturellen Subsystemen ausdifferenziert und viele verschiedenartige Lebensformen in sich vereinigen kann. Es können im Kultur-System Elemente oder Subsysteme städtischer und ländlicher, hochentwickelter und einfacher, vor-industrieller und nach-industrieller Gesellschaften vertreten sein. Freilich muss geklärt werden, was die Außengrenze des Kultur-Systems bilden soll. Diese kann eine ethnische, eine nationale, eine geographische, eine sprachliche oder eine autoritäre Grenze (wie der „Eiserne Vorhang") sein. Die Grenze des Kultur-Systems, mit dem sich diese Arbeit beschäftigt, ist in der Regel die Grenze einer touristischen Destination. Insbesondere in Ländern der sog. Dritten Welt finden wir als auffälligste Grobdifferenzierung moderne und unterentwickelte Regionen, wobei nicht übersehen werden darf, dass der Begriff *Entwicklung* der westlich-industriellen Begriffswelt entstammt. Der Begriff „Kultur-System" soll nicht den Eindruck erwecken, als würden wir der Gesamtheit der Kultur-Erscheinungen mit einem technologischen Verständnis gegenübertreten und die Kultur für einen regelbaren Mechanismus halten. Im Gegenteil – der Begriff *Kultur-System* soll auf die hochgradige Komplexität einer kulturellen Gesamtheit hinweisen, wie wir sie in vielen Regionen vorfinden, die zum globalen System *Tourismus* gehören.

Die „Zerlegung" des Kultur-Systems in sog. Kultur-Variable ist nichts als der Versuch eines methodischen Kunstgriffes zum Zweck einer empirischen Analyse seines Zustandes. Wir wollen die Gesamtheit der Kulturerscheinungen – soweit sie touristischen Einflüssen ausgesetzt sind – in ihre einzelnen formalen Bestandteile zerlegen und uns dadurch die Möglichkeit schaffen, die durch den Tourismus hervorgerufenen Veränderungen des Kultur-Systems oder eines jeweiligen Sub-Systems empirisch zu messen. Von der empirischen Analyse einzelner Kulturerscheinungen erhoffen wir uns neben der Feststellung von Veränderungen des Kultur-Systems auch Aufschlüsse über die Kausalität zwischen dem festgestellten Kultur-Wandel und den in Frage kommenden Faktoren kultureller Veränderungen.

Bei der Auswahl der Variablen, die in ihrer Gesamtheit hier nicht wiedergegeben werden können, haben wir versucht, möglichst wertfrei vorzugehen und solche Variable zu finden, die mehr oder weniger jeder Kultur immanent sind. Die Formulierung des Inhaltes der jeweiligen Variablen und ihrer Ausprägungsmöglichkeiten ist ein subjektiver Vorgang. Diese Kategorienbildung kann bei der Umfrageforschung durch eine Vorbefragung oder durch Rückgriff auf bestehende Forschungsergebnisse erfolgen.

Da es hier nur darum geht, das gedankliche Modell vorzustellen, haben wir uns mit der Festlegung der Kriterien „nach bestem Wissen" begnügt. Die Merkmalsausprägungen der einzelnen Variablen wurden – dem Schema des Polaritätenprofils folgend – gegensätzlich formuliert. Die Skalierung zwischen den gegensätzlichen Merkmalspaaren ermöglicht es, im Falle einer Erhebung die Einschätzung des Forschers (Beobachters, Befragten) anzubringen. Die Nennung eines Skalenwertes ist natürlich in jedem Fall ein subjektiver Vorgang. Eine ausführliche Liste von Kultur-Variablen findet sich bei Voigt (1981, S.157). Die Zusammenstellung muss regional-spezifisch geändert und wahrscheinlich erweitert werden; gleichwohl können einzelne Variable im regionalen Einzelfall irrelevant sein.

3 Die operative Planung

Die Abgrenzung zwischen strategischer und operativer Planung ist nicht primär in Zeiträumen zu betrachten. Vielmehr geht es bei der strategischen Planung um den grundsätzlichen und strukturprägenden Charakter der Entscheidungen, wohingegen in der operative Planung Einzelentscheidungen getroffen werden müssen, ohne die ein wirtschaftlich erfolgreicher Geschäftsprozess nicht möglich ist.

3.1 Die Leistungserstellung des Reiseveranstalters

Unter der Leistungserstellung eines Reiseveranstalters soll im Folgenden die Erstellung des absatzfähigen Reiseproduktes verstanden werden. Sie umfasst insbesondere die betrieblichen Tätigkeiten der Planung, der Beschaffung (Einkauf der touristischen Leistungen) und der Produktion der Reisen. Zum letzteren gehören insbesondere die Kalkulation, die Preisfindung sowie die Erstellung des Kataloges als nach wie vor hauptsächliches Präsentationsmittel der Reisen. Hier nimmt der elektronische Katalog immer breiteren Raum ein und verdrängt schrittweise den Papierkatalog, der jedoch sicher noch lange Zeit von erheblicher Bedeutung sein wird. Mit der letzten Aufgabe endet die Phase der Leistungserstellung. Es ist ein Produkt entstanden – die (Pauschal-)Reise – das auf dem Markt abgesetzt werden soll.

Bei einem Reiseveranstalter, der Pauschalreisen im Sinne der klassischen Produktionslogik veranstaltet, ist folgender Ablauf üblich: Zwischen Planung und Durchführung der Reisen liegt ein Zeitraum von bis zu 20 Monaten, wobei die eigentliche Leistungserstellung etwa 11 Monate umfasst: Die Planung des Sommerprogramms beginnt bereits etwa im März des Vorjahres und dauert bis in den Mai hinein. Aufgrund der eingehenden Buchungen für die während der Planung laufende Sommersaison und den sich daraus ergebenden Trends werden Hochrechnungen für den nächsten Sommer erstellt. Nach Abschluss der Planung erfolgt auf dessen Grundlage ab Juni dann der Einkauf der Transport- und Bettenkapazitäten. Bis spätestens September müssen sämtliche Verträge der Einkäufer vorliegen, um mit der Kalkulation der Produkte beginnen zu können. Etwa zeitgleich beginnen die Arbeiten am Katalog. Diese Phase muss bis Ende Oktober abgeschlossen sein, wenn der Katalog bis spätestens Anfang Dezember erscheinen soll. Nach deren Auslieferung beginnt unverzüglich die Frühbuchungsphase und dann im Januar die Hauptbuchungszeit für die kommende Sommersaison. Im April werden bereits die ersten Reisen durchgeführt. Legt der Veranstalter auch ein Winterprogramm auf, so beginnt die Planung im September des Vorjahres. Die übrigen Phasen folgen entsprechend wie bei der Sommersaison. (vgl. Abb. 3.1)

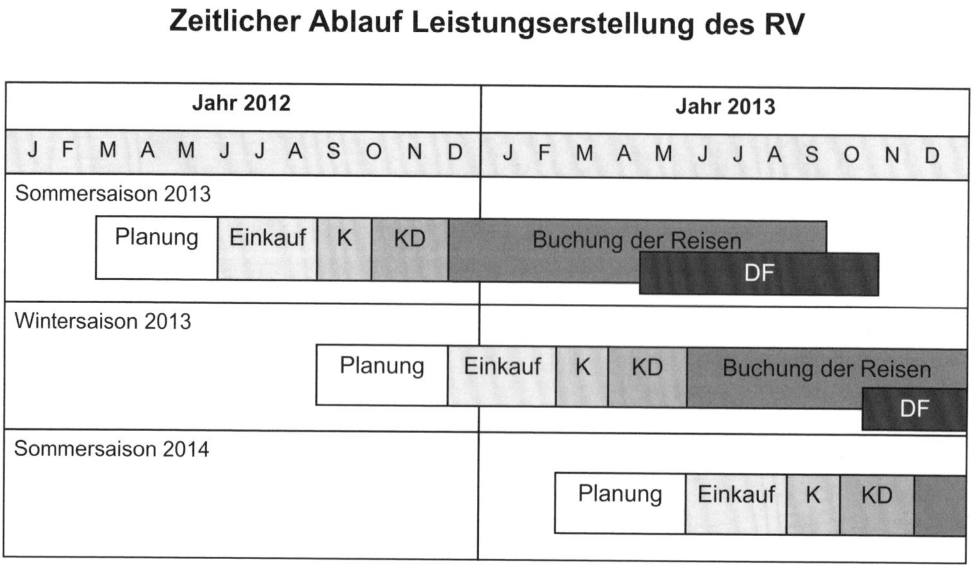

Zeitlicher Ablauf Leistungserstellung des RV

Jahr 2012												Jahr 2013											
J	F	M	A	M	J	J	A	S	O	N	D	J	F	M	A	M	J	J	A	S	O	N	D

Sommersaison 2013: Planung → Einkauf → K → KD → Buchung der Reisen → DF

Wintersaison 2013: Planung → Einkauf → K → KD → Buchung der Reisen → DF

Sommersaison 2014: Planung → Einkauf → K → KD

Abb. 3.1: Die Leistungserstellung des Reiseveranstalters
Legende:
K = Kalkulation/Katalogkonzeption
KD = Katalogdruck und Distribution
DF = Durchführung der Reise

Es wird deutlich, dass die Leistungserstellung der Reiseveranstalter saisonorientiert ist. Dies führt zu starken Beschäftigungsschwankungen in den einzelnen Abteilungen im Jahresverlauf. So fällt die größte Belastung der Abteilung „Einkauf" auf die Monate Juni bis September bzw. Januar bis April, während in der übrigen Zeit die Beschäftigung niedriger ist.

3.2 Die operative Planung des Reiseprodukts

In den folgenden Abschnitten sollen nun die einzelnen Phasen der Leistungserstellung detaillierter betrachtet werden. Zunächst jedoch ein paar grundsätzliche Anmerkungen zur operativen Planung.

3.2.1 Begriff und Aufgaben der operativen Planung

Während die strategische Planung den grundsätzlichen Orientierungsrahmen und die Perspektiven für die zu treffenden Maßnahmen fixiert (Nieschlag, Dichtl, Hörschgen, 2002), ist die operative Planung durch eine hohe Planungstiefe und -differenzierung gekennzeichnet. Sie ist trotzdem in die Langfristplanung und die Unternehmenszielsetzung einbezogen. Unter Berücksichtigung der strategischen Planung werden die Langfristziele operationalisiert und bilden somit die Grundlage für die konkrete Orientierung des tagtäglichen Handelns. Der operative Plan schafft daher ein Orientierungsgerüst für Tages-, Wochen- und Monatsaktivitäten. Der operative Planungshorizont der Reiseveranstalter umfasst in der Regel eine Saison. Die Planerstellung für die Sommersaison erfolgt etwa im Zeitraum März bis Mai des Vorjahres, für die Wintersaison im September bis Dezember. Planungsinhalte sind dabei insbeson-

3.2 Die operative Planung des Reiseprodukts

dere die Produktplanung, der Leistungseinkauf, der Zeitrahmen für den tatsächlichen Katalogdruck und die Erstellung der einzelnen Kosten- und Ertragsbudgets.

Aufgrund des unterschiedlichen Zeitrahmens wird die operative Planung als kurzfristige und die strategische Planung als langfristige Planung bezeichnet. Dies ist jedoch nicht immer zutreffend, da ebenfalls strategische Pläne auch einen kurzfristigen Horizont haben können, ohne auch nur im Mindesten den Charakter eines operativen Plans anzunehmen. Es sollte daher ebenfalls nach Planungsebenen der Sache unterschieden werden, also zwischen strategischen und der operativen Ebene, und getrennt davon nach dem Zeitlichen Horizont (Steinman/Schreyögg, 2005).

Planung ist eine grundsätzliche Steuerungsoption, die in der einen oder anderen Form jeder Führungskraft zur Verfügung steht. In vielen Unternehmen liegt der strategische Planungsschwerpunkt mehr auf den oberen Managementebenen, der operative Planungsschwerpunkt dagegen auf den unteren Hierarchieebenen. Es wäre jedoch völlig falsch anzunehmen, dass dies in allen Fällen zutreffend ist. Häufig basieren strategische Neuorientierungen auf Anregungen von der Basis, und nicht selten ist die operative Planung für den Geschäftserfolg so wichtig, dass kein Vorstand seine unmittelbare Beteiligung daran aufgeben würde. Es kann deshalb nicht davon ausgegangen werden, dass strategische Planung grundsätzlich Aufgabe des Top-Managements und operative Planung Gruppenleiteraufgaben sind. Die folgende Abbildung stellt die i.d.R. allgemein geltenden Unterschiede zwischen strategischer und operativer Planung dar:

Strategie	Taktik
= Grundsatzregelungen (grundlegende Disposition)	= operative Handlungen (laufende Disposition)
Merkmale	Merkmale
– strukturbestimmend – echte (Wahl-) Entscheidungen – mittel-/ langfristig orientiert – verzögert bzw. in Stufen wirksam – schwer korrigierbar	– ablaufbestimmend – Routineentscheidungen – kurzfristig orientiert – „sofort wirksam" – leicht korrigierbar

Abb. 3.2: Strategie und Taktik

Der *Planungsprozess* läuft in mehreren Stufen ab: Zunächst sind alle entscheidungsrelevanten Informationen zu beschaffen. Dabei sind alle Quellen zu nutzen, die spätere Entscheidungen erleichtern bzw. die Qualität der Planung erhöhen können. Je unvollständiger und ungenauer die gesammelten Informationen sind, desto höher sind die Unsicherheiten und Risiken der Planung. Auf der Grundlage der Informationen werden verschiedene, mögliche Vorgehensweisen festgelegt und beurteilt. Schließlich wird eine Entscheidung für die Alternative getroffen, die unter den erwarteten Umständen die besten Ergebnisse verspricht.

Die gewählte Alternative bildet einen verbindlichen Soll-Wert, der später eine Kontrolle mit den tatsächlich erreichten Ist-Werten ermöglicht. Auf den Planungsprozess bei Reiseveranstaltern soll im Folgenden eingegangen werden.

3.2.2 Die Produktplanung und Produktgestaltung

Definition: Produktgestaltung

Zur Produktgestaltung des Reiseveranstalters sagt Pompl: „Das Produktkonzept (auch als Produktphilosophie oder Managementidee bezeichnet) legt fest, nach welchen Kriterien eine Pauschalreise geplant und durchgeführt wird. Dadurch wird nicht nur die Produktgestaltung, sondern auch der Einsatz aller Instrumente des Marketing-Mix bestimmt ... Da die inhaltlichen Vorstellungen (der Kunden, Anm. des Verf.) höchst individuell sind, setzt eine zielgruppenorientierte Produktgestaltung die Ermittlung der Urlaubsmotive der Zielgruppe voraus, um von dort aus das Produkt als Problemlösungsidee entwickeln zu können" (Pompl, 2011).

Die Produktplanung ist auf die langfristigen Unternehmensziele abzustimmen und an diesen auszurichten. Produktplanung umfasst zwei Aufgaben: Zum einen die Planung und Erstellung neuer Reiseprodukte, zum anderen aber auch die Planung zur Durchführung von bereits definitiv gefällten Produktentscheidungen. Da die Planung neuer Reiseprodukte langfristig erfolgt, gehört diese in den Bereich der strategischen Planung. Sie soll an dieser Stelle deshalb nur insoweit Beachtung finden, wie sie in den operativen Bereich fällt und sich Unterschiede zur Produktplanung bereits bestehender Produkte ergeben. Die Notwendigkeit zu einer ausgeprägten Durchführungsplanung bei den Reiseveranstaltern ergibt sich aus dem Dienstleistungscharakter des Produktes „Reise". Er erlaubt es nicht, Reisen auf „Vorrat" zu produzieren und zu lagern. Vielmehr ist das Produkt „Reise" zum Konsum zu einem festgelegten Zeitpunkt bestimmt. Nur eine exakt an der Nachfrage orientierte Kapazitätsplanung kann also garantieren, dass der Reiseveranstalter keine Überkapazitäten produziert.

Für eine erfolgreiche Planung müssen zunächst alle zur Durchführung der Reisen relevanten Informationen beschafft werden. Dann erfolgt die eigentliche Produktplanung. Sie umfasst folgende Teilplanungen:

Planung...

- ... der Teilnehmer und Umsätze („top down")
- ... der Transportkapazitäten (v.a. im Flugbereich)
- ... der Bettenkapazitäten
- ... der Reiseleiterkapazitäten

Welche Abteilungen an der Planung beteiligt sind, ist von Unternehmen zu Unternehmen unterschiedlich. Dies hängt insbesondere von dem Aufbau der Unternehmensorganisation ab. Bei einer Profit-Center-Organisation, wie sie v.a. bei Großveranstaltern vorherrscht, liegt der Großteil der Produktplanung im Verantwortungsbereich des jeweils zuständigen Profit-Center-Leiters, wobei er Anregungen insbesondere der Abteilungen Einkauf, Verkauf und Kundenbetreuung berücksichtigt. Das Ergebnis seiner Planung ist lediglich mit den Globalzielen und dem von der Geschäftsleitung vorgegebenen Finanzrahmen abzustimmen. In manchen Unternehmen findet sich eine Organisationsstruktur, die von Produktmanagement-Bereichen geprägt ist. Den Produktmanagern ist die Verantwortung für alle Funktionen zugeordnet, die das jeweilige Produkt betreffen.

3.2 Die operative Planung des Reiseprodukts

In Unternehmen, die nach Funktionen gegliedert sind, erfolgt die Planung i.d.R. unter Einschaltung der Abteilungen Einkauf, Verkauf, Marketing und Finanzen. Aufgrund der von der Unternehmensleitung formulierten Globalziele und der vorliegenden Informationen (Vgl. Kapitel 3.2.2.1.) werden von dieser im Rahmen einer „top down"-Planung zunächst die Teilnehmer und Umsätze für die kommende Saison grob festgelegt. Diese Zahlen dienen als Grundlage für die Erstellung der Teilpläne in den Abteilungen Einkauf, Verkauf, Marketing und Finanzen. Da diese Teilpläne ineinander übergreifen bzw. voneinander abhängen, müssen diese Ergebnisse mit den jeweils anderen Fachabteilungen und der Geschäftsleitung abgestimmt werden. Dies ist besonders deshalb erforderlich, weil eine funktionale Unternehmensorganisation für die Planung die Gefahr birgt, dass die Abteilungen stark auf ihre eigenen Ziele fixiert sind und nur aus den Erkenntnissen ihres Bereiches heraus handeln. Weil die Beschaffung der Transport- und Unterkunftskapazitäten gewöhnlich getrennt erfolgt, gewährleistet die Abstimmung der Pläne hier ein koordiniertes Vorgehen. Die angeglichenen Pläne ergeben dann die Vorgaben für den touristischen Einkauf und die Erstellung der vorläufigen Budgets (Vgl. Abb. 3.3).

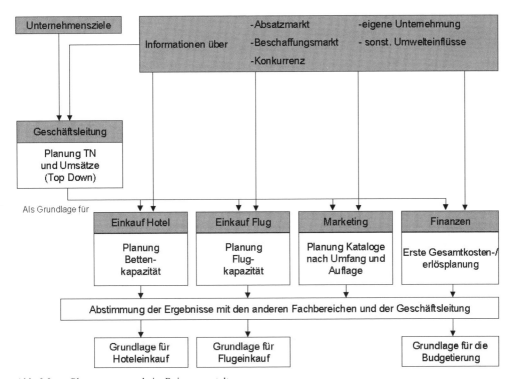

Abb. 3.3: Planungsprozess beim Reiseveranstalter

Da das Produkt „Reise" eigentlich erst durch die Buchung des Kunden entsteht, muss die Planung äußerst flexibel sein. Auch noch während der Buchungsperiode sind die verfügbaren Transport- und Bettenkapazitäten ständig aneinander anzupassen. Je nach der aktuellen Buchungssituation muss ein Zukauf oder die Rückgabe unverkaufter Kontingente an die Leistungsträger erfolgen. Dabei hat die Rückgabe grundsätzlich zu erfolgen, bevor Stornogebühren fällig werden. Die Forderung nach einer sehr flexiblen Planung ergibt sich zum anderen auch aus der Kürze des Planungszeitraums und der Abhängigkeit des Tourismus von Umwelteinflüssen. So müssen z.B. bei politischen Unruhen oder Naturkatastrophen in den Zielgebieten die Planungen kurzfristig korrigiert werden. Es muss ggf. sehr schnell nach passenden Alternativen gesucht werden. In den folgenden Abschnitten wird auf die Erstellung der Teilpläne im Rahmen der Produktplanung eingegangen.

3.2.2.1 Marktanalyse und Informationsgewinnung

Um eine hohe Planungsqualität zu erreichen, ist es notwendig, den Einfluss einer Reihe von Faktoren auf das in der kommenden Saison erzielbare Aufkommen für ein Zielgebiet zu untersuchen. Da die Auswirkungen dieser Faktoren vom Reiseveranstalter zum größten Teil nur schwer quantifizierbar sind, müssen sie in ihrer Wirkung aufgrund von Erfahrungswerten der Vergangenheit abgeschätzt werden.

Nach der Schnelligkeit der Veränderung der Faktoren kann in kurzfristig variable und langfristig variable Einflussfaktoren unterschieden werden. Besonders die kurzfristig variablen Faktoren verlangen eine hohe Flexibilität der Planung (Hebestreit, 1992). Eine kontinuierliche Marktanalyse ist notwendig, um die aus ihr resultierenden Erkenntnisse nicht nur in die Planung, sondern in jede Phase der Produkterstellung einzubeziehen.

Die aufkommenden Einflussfaktoren lassen sich untergliedern in:
1. Einflussfaktoren im Bereich der Nachfrage
2. Einflussfaktoren in den Zielgebieten und im Bereich des Einkaufs
3. Umweltfaktoren
4. Konkurrenzverhalten
5. Situation der eigenen Unternehmung

Einflussfaktoren im Bereich der Nachfrage

Im Bereich der Nachfrage sind v.a. Trends zu prognostizieren, die eine Veränderung des Buchungs- und Entscheidungsverhaltens der Pauschalreisenden bewirken. Hierbei handelt es sich überwiegend um längerfristig variable Einflussfaktoren. Dazu gehören zunächst Veränderungen in der soziodemographischen Struktur der Reisenden. Besondere Berücksichtigung verdient die Entwicklung der Altersstruktur, des Bildungsniveaus, der Haushaltsgrößen sowie des verfügbaren Realeinkommens, da diese Faktoren stark mit dem Reiseverhalten der Bevölkerung korrelieren.

Zu analysieren sind ferner im Zeitablauf zu beobachtende Änderungen in den Reisegewohnheiten, wie sie in der Entwicklung der Reiseintensität, der Reisedauer und -häufigkeit zu beobachten sind. Die Untersuchung der Organisationsform der unternommenen Reisen liefert ex-post Informationen über die zukünftigen Absatzchancen von Pauschalreisen in bestimmten Bevölkerungsgruppen oder für bestimmte Zielgebiete. Von Bedeutung für die Produktplanung sind auch Veränderungen in der Urlaubsgestaltung der Reisenden. Dabei sind insbesondere deren Reisebedürfnisse und -motive zu untersuchen. Zwar spielen in der deutschen Bevölkerung immer noch Motive wie „abschalten und ausspannen können" eine entscheidende Rolle (Vgl. Reiseanalyse der *FUR*), doch müssen neue Trends im Urlaubsverhalten, wie der Wunsch nach Naturerlebnis Eingang in die Planung finden. Auch sich wandelnde

Modetrends bezüglich der Einstellung und Attraktivität gegenüber einzelnen Destinationen sind zu berücksichtigen.

Ein weiterer Einflussfaktor der Nachfrage ist der sich abzeichnende Wertewandel in der Bevölkerung: Die größere Sensibilität der Reisenden gegenüber Umweltschäden in den Zielgebieten sowie die allgemeine Einstellung zum Tourismus und seinen Auswirkungen müssen in der Produktplanung Berücksichtigung finden. Dabei verlangen verschiedene, gleichzeitig nebeneinander bestehende Wertesysteme in der Bevölkerung eine immer differenzierter werdende Ansprache der potentiellen Konsumenten. Wir haben einige der hier zu beachtenden Grundsätze sowie Maßnahmen exemplarisch ausgewählter Reiseveranstalter im Kap. 2.7 dargestellt.

Einflussfaktoren in den Zielgebieten und im Bereich des Einkaufs

Ebenso wie bei der Nachfrage gibt es in den Zielgebieten eine Reihe von Faktoren, die der Reiseveranstalter bei der Produktplanung berücksichtigen muss. Hierzu gehört besonders die politische Situation in den Zielländern. Ein stabiles politisches System ist unabdingbare Voraussetzung für ein erfolgreiches Angebot. Das Ausbrechen politischer, ethnischer, religiöser oder sozialer Unruhen führt unweigerlich zu starken Nachfragerückgängen (Beispiele Tunesien und Ägypten 2011). Dabei haben Konflikte dieser Art nicht ausschließlich Auswirkungen auf das betroffene Zielland selbst, sondern häufig auf die gesamte angrenzende Region. Beispiele lieferten bereits die Erfahrungen mit dem Golfkrieg im Jahre 1991 oder dem Irak-Krieg ab 2003, die zu Rückgängen der Touristenankünfte auch in den nicht direkt von den kriegerischen Auseinandersetzungen betroffenen Ländern des östlichen Mittelmeerraums führten.

Streiks in den Destinationen können zu Behinderungen im Transport- und Verkehrswesen führen oder die Versorgung der Touristen beeinträchtigen. Dabei hat der Reiseveranstalter zu beachten, dass er Streiks nur dann als höhere Gewalt einstufen und ggf. Reiseverträge kündigen kann, wenn diese Streiks nicht bei dem von ihm selbst eingesetzten Leistungsträgern durchgeführt werden. Ein Streik des Bordpersonals bei einer vom Reiseveranstalter eingesetzten Ferienfluggesellschaft ist z.B. keine höhere Gewalt.

Ein erheblicher Einfluss auf das Buchungsverhalten geht von der wirtschaftlichen Situation in den Zielgebieten aus. **Hohe Inflationsraten** führen zu stark steigenden Preisen beim Einkauf der touristischen Leistungen. Hohe Nebenkosten schrecken vor Reisen in diese Länder ab. Inflationäre Tendenzen in den Zielgebieten bewirken bei einer ausbleibenden Anpassung des Wechselkurses (Abwertung der Ziellandswährung) eine Verschlechterung des Preis-/Leistungsverhältnisses. Preisentwicklungen sind jedoch nicht nur für einzelne Länder separat zu betrachten. Es müssen auch Preisvergleiche mit gleichartigen Leistungen in anderen Zielgebieten angestellt werden, weil Substitutionseffekte bei der Reisezielentscheidung auftreten können.

Eine Reihe sozialer Faktoren, wie Kriminalitätsrate, Verhalten der Einheimischen gegenüber Touristen usw. müssen in ihrer Wirkung auf das Teilnehmeraufkommen im Rahmen der Produktplanung berücksichtigt werden. **Naturkatastrophen,** wie Taifune, Erdbeben, Vulkanausbrüche, Überschwemmungen und Epidemien, bergen erhebliche Gefahren für den Reiseveranstalter, da er im Rahmen der Garantiehaftung des Reisevertragsgesetzes auch für solche Mängel haftbar gemacht werden kann. So hat der Bundesgerichtshof (BGH) bereits kurz nach Inkrafttreten des derzeitigen Reisevertragsgesetzes im Jahr 1980 zugunsten von Urlaubern entschieden, die nach einem Wirbelsturm in Mauritius abgereist waren und den Reiseveranstalter auf sämtliche Kosten sowie entgangenen Urlaub verklagten (Aktenzeichen VII ZR 301/81). Der Reiseveranstalter konnte sich hier nicht auf höhere Gewalt berufen. Der BGH war nicht bereit, diesen Wirbelsturm als „nicht vorhersehbares Ereignis" (§ 651 j BGB) einzustufen. Er stellte vielmehr fest, dass es sich hier um Mängel in der Leistung des Reiseveranstalters handelte, die dieser zu vertreten hat.

Von zunehmender Relevanz für die Attraktivität von Zielgebieten ist der Zustand der natürlichen Ressourcen. Meldungen über eine geschädigte Natur, verschmutzte und verbaute Strände sowie verunreinigtes Wasser haben einen immer größeren Einfluss auf das Reiseverhalten. Veränderungen des touristischen Angebotes haben unmittelbar Wirkung auf die Produktplanung: Das Entstehen neuer Hotelkapazitäten, die qualitative Verbesserung der Hotels (z.B. Bau von Wellness-Bereichen) und die Preisentwicklung der touristischen Leistungen sind hier zu nennen. Neue, direkte Verkehrsverbindungen, z.B. durch die Einrichtung von Charterflügen, ermöglichen häufig erst die Aufnahme des Zielgebiets in das Programm eines Reiseveranstalters. Außerdem kann ein bestehendes Angebot bei ausreichender Nachfrage durch Umstellung von Linien- auf Charterverbindungen preislich attraktiver gestaltet werden. Schließlich sind Entwicklungen bei den übrigen Leistungsträgern, wie Agenturen, Busunternehmen usw. zu berücksichtigen.

Umweltfaktoren

Unter Umweltfaktoren sollen Einflüsse verstanden werden, die nur mittelbar auf die touristische Nachfrage in den Aufkommensmärkten wirken, bei der Produktplanung jedoch berücksichtigt werden müssen. Diese Beeinflussung kann sowohl von dem Aufkommens- oder Zielland als auch von den Beziehungen zwischen den beiden Ländern ausgehen. Ein negativer Konjunkturverlauf im Land des Reiseveranstalters führt bei einer pessimistischen Einschätzung der eigenen wirtschaftlichen Situation zu einer Verzögerung der Buchungsentscheidung bei den Konsumenten oder zu einem gänzlichen Ausbleiben der Buchung. Steigende Arbeitslosigkeit und sinkende Realeinkommen verunsichern die Nachfrager in ihren Reiseentscheidungen. Ähnliche Wirkungen können von der staatlichen Wirtschaftspolitik ausgehen. Dazu gehören u.a. Steuererhöhungen und Einsparungen im sozialen Bereich. So haben z.B. Gesundheitsreformen dazu geführt, dass viele Kurorte ihre Kuranlagen nicht mehr rentabel betreiben konnten.

Änderungen in den Wechselkursparitäten zwischen Herkunfts- und Empfängerländern können eine Verschlechterung der Kaufkraft der eigenen Währung im Ausland mit sich bringen. Negative Folgen sind auch von restriktiven Devisenbestimmungen in den Zielländern zu befürchten. Innovationen im technischen Bereich, besonders im Bereich des Verkehrswesens, haben Wirkungen auf die Wahl des Verkehrsmittels. Hierzu gehört die Entwicklung neuer Transportmittel (z.B. ICE oder kleinere Großraumflugzeuge für Langstrecken) ebenso wie der Ausbau des Straßen- oder Flugnetzes. Flugzeugentführungen und Attentate auf Verkehrseinrichtungen führen immer wieder zu kurzfristigen Verschiebungen im Reiseverhalten der Bundesbürger. Veränderungen in rechtlichen Rahmenbedingungen können direkt Folgen für die Produktplanung haben: Änderungen bei der Verkehrspolitik oder in den Verkehrsbestimmungen, wie die Gewährung oder der Entzug von Überflug-, Lande- oder Beförderungsrechten bedeuten häufig eine Gefahr für ganze Programmteile der Veranstalter. Dies kann zur vollständigen Einstellung des Programms führen, wie man es z.B. nach dem 11. September 2001 erlebt hat. Novellen im Reisevertragsrecht und im Bereich des Verbraucherschutzes sind ebenfalls in diesem Zusammenhang zu nennen.

Konkurrenzverhalten

Die Konkurrenzbeobachtung kann wertvolle Hinweise für die Planung der eigenen Reiseprodukte geben. Dazu sind zunächst allgemeine Marktdaten über das Konkurrenzunternehmen zu erfassen. Hierzu gehören Marktanteil, Teilnehmeraufkommen und Umsatz gesamt und getrennt nach Zielgebieten, ferner Absatzwege und Image bei den Konsumenten. Dabei wird eine Beurteilung der Marktstellung des Unternehmens möglich. Veränderungen des Leistungsangebots anderer Unternehmen können auf Trends im Buchungsverhalten hinweisen, dem sich der Veranstalter anpasst. Ähnliche Rückschlüsse erlaubt eine Untersuchung des Einkaufsverhaltens in den Zielgebieten: Werden bestimmte Zielgebiete oder Regionen besonders stark ausgebaut? Welche Hotels werden nachgefragt? Haben sich Verschiebungen in den angebotenen Kategorien der Hotels ergeben? Werden Kontingente in den Hotels erhöht oder reduziert? Gespräche mit den eigenen Partnern in den Zielgebieten können hier häufig wertvolle Informationen liefern. Jede Veränderung kann eventuell auf eine von der Konkurrenz prognostizierte Verhaltensänderung der Konsumenten hinweisen.

Bei der Planung ist ferner die Konkurrenz beim Einkauf touristischer Kapazitäten durch in- und ausländische Reiseveranstalter zu berücksichtigen. Ihre Marktposition auf dem Beschaffungsmarkt beeinflusst die eigenen Verhandlungspositionen und somit auch die erzielbaren Konditionen. Preisvergleiche mit eigenen Angeboten sowie die Untersuchung der Preisentwicklung bei Konkurrenzangeboten erlauben Rückschlüsse auf die Stärke der Einkaufsposition des Veranstalters. „Die Konkurrenzanalyse ist unverzichtbar, weil sie in der ex-post Betrachtung häufig eigenes Lehrgeld spart, das rechtzeitige Ankoppeln an Trends erleichtert und kurzfristige Reaktionen auf Wettbewerbsaktivitäten begründen kann" (Hebestreit, 1992).

Situation der eigenen Unternehmung

Informationen über das eigene Unternehmen, die bei der Produktplanung untersucht werden müssen, sind der Marktanteil und die Teilnehmer- und Umsatzentwicklung jeweils gesamt und für das betreffende Zielgebiet. Dabei ist bei der Beurteilung eventueller Steigerungsraten ein Vergleich nicht nur mit den Vorjahreswerten, sondern auch mit dem Soll-Plan erforderlich, da von außen kommende, nicht beeinflussbare, einmalige Ereignisse für die „ungewöhnlichen" Werte verantwortlich sein können. Bei einem reinen Vorjahresvergleich können bereits diese Ausgangszahlen durch äußere Einflüsse verfälscht gewesen sein. Die Produktplanung ist dabei auch an den Unternehmenszielen und der Programmstrategie des Veranstalters auszurichten, um im Marketing eine optimale Ansprache der ausgewählten Zielgruppe zu erreichen. Die Planung für die kommende Saison muss auch die Leistungsfähigkeit, die verfügbaren Unternehmensressourcen und die finanzielle Lage der eigenen Unternehmung berücksichtigen. Es nützt wenig, Kapazitäten zu planen, die aufgrund der quantitativen oder qualitativen Ausstattung des Unternehmens nicht realisiert werden können. Um die oben untersuchten Einflussfaktoren in ihrer Wirkung beurteilen zu können, sind alle relevanten

Informationen zu beschaffen, die die Planungsentscheidungen erleichtern. Dabei kann der Reiseveranstalter auf eine Reihe externer und interner Datenquellen zurückgreifen.

Unternehmensexterne Quellen

Bei den unternehmensexternen Quellen steht eine Reihe von regelmäßig durchgeführten Markterhebungen zum Reiseverhalten der Bundesbürger zur Verfügung. Die wichtigsten sollen im Folgenden kurz erwähnt und in ihrer Anwendbarkeit beurteilt werden:

Die **Reiseanalyse (RA)** der *F.U.R.* (Forschungsgemeinschaft Urlaub und Reisen e.V.) untersucht seit 1970 einmal jährlich in einer repräsentativen Befragung das Urlaubsverhalten der deutschen Bevölkerung über 14 Jahre. Die ersten Ergebnisse der Reiseanalyse werden jährlich auf der ITB präsentiert. Die RA liefert zunächst die Kennzahl „**Reiseintensität**". Diese ist definiert als der Anteil an der deutschen Bevölkerung über 14 Jahren, der in einem Jahr eine oder mehrere Urlaubsreisen von mindestens fünf Tagen Dauer unternommen hat. Diese Reiseintensität stagniert seit vielen Jahren bei einem Wert von ca. 75 %. Ebenfalls erhoben werden die Reisehäufigkeit, die Reisedauer und das Reiseziel sowie die gewählte Unterkunft. Gefragt wird auch nach Reiseausgaben und inwieweit zur Durchführung der Reise Leistungen eines Reiseveranstalters in Anspruch genommen wurden (Organisationsform der Reise). Darüber hinaus werden auch qualitative Aspekte des Reiseverhaltens, wie Motive der Urlaubsentscheidung, Einstellungen zu bestimmten Zielgebieten, Urlaubsaktivitäten usw. erfragt. Die RA konzentriert sich primär auf die sog. Haupturlaubsreise mit einer Dauer von mindestens fünf Tagen, während Kurzreisen nur ergänzend erfasst werden. Für Analysen zur Planung von Kurzreisen ist sie also nur bedingt anwendbar, weil aufgrund von Erinnerungsverlusten keine vollständige Erfassung möglich ist. Da die Ergebnisse jährlich im März auf der ITB präsentiert werden, ist die RA für die Planung im laufenden Jahr kaum geeignet. Diese ist zu diesem Zeitpunkt zumindest für den Sommer längst abgeschlossen. Ihr Wert liegt primär in einer längerfristigen Betrachtung der Entwicklung des Reiseverhaltens sowie in wechselnden Schwerpunktthemen. (siehe Homepage www.fur.de)

In Konkurrenz zur Reiseanalyse untersuchen eine Reihe von Instituten – teils im Auftrag von Verlagen – in deutschen Haushalten ebenfalls die Reiseintensität sowie weitere Merkmale. Bemerkenswert ist, dass die meisten Erhebungen zu einer Reiseintensität gelangen, die weit unter dem Wert der RA liegt – teilweise um 20 % darunter. Damit ist nicht gesagt, dass die Ergebnisse der RA der F.U.R. falsch sind. Der Grund für die seltsame Diskrepanz dürfte vielmehr in der Erhebungsmethode zu suchen sein. Die RA wird in einer persönlich-mündlichen Umfrage (Methode *Random Route*) mit einer Stichprobengröße von über 7.500 Stimmen jeweils im Januar erhoben. Die meisten der anderen Erhebungen zu diesem Thema sind Telefonumfragen (Methode *CATI, Computer Assisted Telefone Interviewing*), die noch dazu nicht als Einthemen-Umfrage wie die RA sondern als Mehrthemenumfrage (sog. Omnibus-Umfrage) durchgeführt werden. Im Kontext von Fragen zu ganz anderen Themen stellt sich die Thematik aus der Sicht des Befragten offenbar häufig anders dar.

Das Institut IPK International mit Sitz in München führt den *Deutschen Reisemonitor* sowie den *Europäischen Reisemonitor* durch. Mittlerweile gibt es auch einen *World Travel Monitor*, bei dem nach Aussage des Geschäftsführers *Rolf. D. Freitag* bei der ITB 2012 weltweit 500.000 Interviews durchgeführt werden. Im Unterschied zur *Reiseanalyse* werden hier neben Urlaubsreisen auch Geschäftsreisen, Verwandten- und Bekanntenbesuche erfasst.

3.2 Die operative Planung des Reiseprodukts

Erhoben werden Reiseintensität, -häufigkeit, -dauer, -ausgaben, -ziele, Verkehrsmittel, Unterkunft, Reiseanlass, Organisationsform sowie detaillierte Zielgruppendaten. Da bereits Reisen mit nur einer Übernachtung gezählt werden, eignet sich eine Auswertung des Reisemonitors besonders für die Planung von Kurzreisen. Durch das gleich bleibende Fragenprogramm sind – wie auch bei den anderen genannten Befragungen – Trendvergleiche realisierbar. Der Europäische Reisemonitor ist eine in mehr als 20 Ländern Europas durchgeführte kontinuierliche Befragung, die das Reiseverhalten der Europäer abbildet. Weltweit gab es im Jahr 2011 nach Zählung von IPK 750 Millionen overnight *outbound trips* und 6,2 Milliarden Übernachtungen. Die durchschnittliche Reisedauer der Europäer lag bei 8,5 Nächten, wobei sie pro Nacht 129 Euro ausgegeben haben (*Rolf D. Freitag*, ITB 2012).

Das *Statistische Bundesamt* veröffentlicht in seinen Jahrbüchern in den Fachserien 6 (Handel, Gastgewerbe, Reiseverkehr) und 8 (Verkehr) Zahlen zum Reiseverkehr. Bei Auslandsreisen beschränken sich die Angaben allerdings auf Reiseziel und -termin sowie das benutzte Verkehrsmittel. Die *Arbeitsgemeinschaft Deutscher Verkehrsflughäfen (ADV)* publiziert Zahlen zum Flugverkehr ab deutschen Flughäfen, aus denen auch die Anzahl der beförderten Passagiere im Linien- und Charterflugverkehr getrennt nach Zielländern hervorgeht. Zielgebietsinformationen sind ebenfalls von staatlichen Fremdenverkehrsämtern (NTO, National Tourism Organization), Konsulaten, Botschaften oder dem deutschen Auswärtigen Amt zu erhalten.

Touristik-Fachzeitschriften bringen Artikel über Geschäftsberichte anderer Reiseveranstalter, informieren über die Situation in den Zielgebieten und Veränderungen auf dem Vertriebssektor. Des Weiteren werden Ausblicke auf die künftige Entwicklung im Tourismus gegeben. Besonders hervorzuheben ist die jährlich von der Fachzeitschrift *FVW* veröffentlichte Beilage über den Veranstaltermarkt in der Bundesrepublik. Sie gibt auf Basis einer Umfrage Auskunft über Teilnehmer und Umsätze der wichtigsten Reiseveranstalter der Bundesrepublik. Hier werden auch die Planzahlen der Großveranstalter für das kommende Geschäftsjahr publiziert. Vergleicht man die genannten Umsatzzahlen mittlerer und großer Veranstalter (HGB-Definition) mit den im elektronischen Bundesanzeiger (www.bundesanzeiger.de) veröffentlichten Jahresabschlüssen, so zeigen sich bei den Umsatzerlösen allerdings zum Teil erhebliche Differenzen, für die so mancher Reiseveranstalter auf Nachfrage keine Erklärung liefert.

Die Fachzeitschrift *travel.one* veröffentlicht jährlich zur ITB eine Übersicht über den Stand des Tourismus in den wichtigsten Zielländern. Artikel in Tageszeitungen können zur Beurteilung der wirtschaftlichen und politischen Lage in den Zielgebieten wertvolle Beiträge liefern. Einen guten aktuellen Überblick über die touristischen Themen in der internationalen Tagespresse bietet der Online-Dienst www.reise.vor9.de. Eine Analyse der Konkurrenzkataloge kann weitere wertvolle Informationen liefern. Sie können zur Feststellung von Programmüberschneidungen und zu Preisvergleichen genutzt werden.

Unternehmensinterne Quellen

Grundlage für die Kapazitätsplanung bilden die Teilnehmer- und Umsatzstatistiken der laufenden Saison. Dabei sollte allerdings nicht nur eine Situationsanalyse dieser Saison durchgeführt werden. Eine Zeitraumbetrachtung über mehrere Jahre kann Hinweise auf sich abzeichnende Trends geben. Ferner werden Fehlinterpretationen aufgrund außergewöhnlicher Teilnehmerentwicklungen in der Vorsaison vermieden. Zur Beurteilung eines Zielgebiets kann ein Blick in die Deckungsbeitragsrechnung bessere Auskunft über den Erfolg eines Zielgebietes geben als eine reine Umsatzbetrachtung. Dieser Umstand ist insbesondere in der Abhängigkeit des Erfolges von der Auslastung der Kapazitäten begründet. So können trotz hoher Umsätze negative Deckungsbeiträge erwirtschaftet werden, wenn Garantieplätze, für die der Reiseveranstalter das Auslastungsrisiko trägt, nicht ausreichend ausgelastet sind. Ferner hilft sie bei der Ermittlung künftiger Periodenergebnisse eines Zielgebiets.

Zu den bedeutendsten unternehmensinternen Quellen gehört die Auslastungsstatistik. Sie liefert Informationen über die Belegung von Hotel- und Transportkapazitäten und kann detailliert Auskunft darüber geben, welche Zielgebiete und Hotels besonders erfolgreich waren. Eine Differenzierung nach Destinationen, Saisonzeiten, Unterkunftsarten, Verpflegungsarten oder Verkehrsmitteln erleichtert Entscheidungen, wo Kapazitäten aufzustocken oder zu reduzieren sind. Da die Auslastungsstatistik so zum entscheidenden unternehmerischen Steuerrad wird, muss sie einen hohen Grad an Sicherheit aufweisen (Hebestreit, 1992). Eine Aufbereitung der Kundendatei ermöglicht Rückschlüsse auf die Kundenstruktur des eigenen Unternehmens und erleichtert eine nachfragegerechte Ausrichtung des eigenen Produktprogramms.

Eine Analyse der Kundenreklamationen kann getrennt nach Destinationen, Leistungsträgern oder Hotels durchgeführt werden. Sie dient der Beurteilung der Qualität und des Verhaltens von Leistungsträgern. Eine Häufung von Beschwerden muss die Streichung des betreffenden Hotels aus dem Programm oder zumindest ein ernstes Gespräch mit dem Hotelbetreiber zur Folge haben. Auch eine Befragung der im Verkauf tätigen Mitarbeiter im Unternehmen kann helfen, Nachfragetrends zu erkennen. Diese Angestellten stehen in stetem Kontakt zu Kunden oder Reisebüromitarbeitern und sind so gut über Kundenwünsche unterrichtet. Einkäufer bzw. Produktmanager haben direkte Verbindung zu den Leistungsträgern im Zielland. Sie können von diesen Nachrichten über die allgemeine Situation im Land erhalten. Das Verhalten der Konkurrenz auf den Beschaffungsmärkten kann von den Einkäufern vor Ort im Zielgebiet besser beobachtet und beurteilt werden als von der Zentrale des Reiseveranstalters in Deutschland. Hierbei können insbesondere Erkenntnisse über Art und Umfang der eingekauften Kapazitäten gewonnen werden. Informationen über den Bau neuer Hotels können in Gesprächen mit Partnern im Zielgebiet gewonnen werden, um so Neubauten frühzeitig unter Vertrag nehmen zu können. Größeren Reiseveranstaltern steht darüber hinaus noch die Möglichkeit offen, eigene Marktforschungen durchzuführen oder in Auftrag zu geben. Die Abbildungen auf den folgenden Seiten fassen noch einmal alle für die Planung relevanten Informationen und deren Quellen zusammen.

Nach der Verarbeitung der Informationen ist zunächst eine Produktanalyse des bestehenden Reiseprogramms durchzuführen. Es ist zu prüfen, welche Modifikationen bei den einzelnen Produktbestandteilen notwendig sind bzw. welche Reisen ganz aus dem Angebot ausscheiden müssen. Außerdem muss über die Einführung neuer Programme oder Zielgebiete entschieden werden. Anschließend beginnt die konkrete Planung der einzukaufenden Kapazitäten.

3.2 Die operative Planung des Reiseprodukts

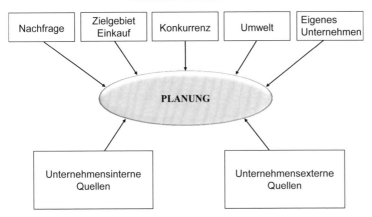

Abb. 3.4: Informationsbedarf der Planung

Relevante Informationen

Nachfrage

- Soziodemographische Merkmale
- Reiseintensität
- Reisedauer und -häufigkeit
- Reiseorganisation
- Urlaubsgestaltung
- Modetrends
- Wertewandel

Zielgebietseinkauf

- Politische Situation
- Streiks
- Wirtschaftliche Situation
- Preisentwicklung
- Wechselkursparitäten
- Soziale Verhältnisse
- Naturkatastrophen
- Veränderungen im touristischen Angebot
- Ausbau der Hotelkapazitäten
- Qualitative Verbesserung der Hotels
- Verkehrsverbindungen

Konkurrenz

- Marktanteil
- Teilnehmer und Umsatz
- Absatzwege
- Image
- Veränderungen im Leistungsangebot
- Preisniveau und Preisentwicklung
- Nachfragekonkurrenz auf den Beschaffungsmärkten

Umwelt

- Konjunkturverlauf im Aufkommensmarkt, Arbeitslosigkeit, Realeinkommen
- Staatliche Wirtschaftspolitik
- Kaufkraft des EUR im Ausland
- Devisenbestimmungen
- Innovationen im Verkehrswesen
- Änderungen der Verkehrspolitik
- Rechtliche Rahmenbedingungen

Eigenes Unternehmen

- Marktanteil
- Teilnehmer- und Umsatzentwicklung
- Unternehmenspolitik und -ziele
- Programmstrategie
- Finanzielle Lage
- Verfügbare Ressourcen
- Leistungsfähigkeit

Abb. 3.5:   Relevante Informationen

Unternehmensquellen

Unternehmensexterne Quellen	Unternehmensinterne Quellen
• Markterhebungen zum Reiseverhalten	• Teilnehmer- und Umsatzstatistiken
• Reiseanalyse der F.U.R.	• Deckungsbeitrags- und Ergebnisrechnung
• Europäischer Reisemonitor	• Auslastungsstatistik
• Statistisches Bundesamt	• Aufbereitung der Kundendaten
• Mediakonzerne	• Analyse der Reklamationsstatistik
• Reisebüro Verbände	• Einkaufsabteilung
• Arbeitsgemeinschaft deutscher Verkehrsflughäfen	• Verkaufsabteilung
• Staatl. Fremdenverkehrsämter, Konsulate, Botschaften	• Eigene Marktforschungen
• Deutsches Auswärtiges Amt	
• Touristik-Fachzeitschriften	
• Tages- und Wirtschaftszeitungen	
• Gespräche mit Partnern in Zielländern	
• Konkurrenzkataloge	

Abb. 3.6:   Unternehmensinterne und -externe Quellen

3.2.2.2   Planung der Teilnehmer und Umsätze

Die Planung der Teilnehmer und Umsätze in Form einer „Top-Down"-Planung bildet die Grundlage für die sich anschließende detaillierte Planung der Transport- und Unterkunftskapazitäten. Die Planung erfolgt getrennt nach Zielgebieten und für die gesamte Unternehmung. In diesem Planungsschritt muss zwischen bestehenden und neuen Programmen unterschieden werden.

1.   Planung der Teilnehmerzahlen und Umsätze bei bestehenden Programmen

Grundlage für die Planung der kommenden Saison bilden die Teilnehmerzahlen der vorangegangenen Jahre unter besonderer Berücksichtigung der laufenden Saison. Da die laufende Saison zum Zeitpunkt der Planerstellung noch nicht abgeschlossen ist, müssen die bisher

3.2 Die operative Planung des Reiseprodukts

eingegangenen Buchungen zum erwarteten Teilnehmer-Endergebnis hochgerechnet werden. Dazu werden als Basis die Vorjahreszahlen herangezogen.

Beispiel[3]:

Das Buchungsaufkommen für das Zielgebiet Ibiza (IBZ) beträgt 8.505 Teilnehmer (TN) zum Stichtag 01.06.2012. Zum gleichen Zeitpunkt des Vorjahres (2011) hatten 8.200 TN gebucht. Der TN-Endstand zum 31.10.2011 betrug 10.500 TN.

Tabelle 3.1: Berechnung des voraussichtlichen TN-Endstands der laufenden Saison

Saison	Sommer 2011	Sommer 2012
Gebuchte TN (Stichtag 01.06.	8.200	8.505
TN Endstand am 31.10.	10.500	?
Gebuchte TN am Stichtag in % vom Stichtag	78,1 %	78,1 % (Übernahme von Sommer 2011)
Hochrechnung Endstand 31.10.2012		10.891

Wie aus dem Beispiel ersichtlich, werden zunächst die gebuchten Teilnehmer des Stichtags in Prozent vom Endstand des Sommers 2011 berechnet. Da bei normalem Buchungsverlauf davon ausgegangen werden kann, dass auch das Stichtagsergebnis des Sommers 2012 wieder etwa diesem Prozentsatz entspricht, kann er für diese Saison übernommen werden. Mit Hilfe dieses Prozentsatzes lässt sich dann problemlos der voraussichtliche Endstand für den Sommer 2012 hochrechnen. Sollte der Buchungseingang im laufenden Jahr (oder der des Vorjahres) untypisch gewesen sein, muss versucht werden, den berechneten Prozentsatz um die störenden Einflüsse zu bereinigen. Das Verfahren kann dadurch verbessert werden, dass statt des Prozentsatzes des Vorjahres ein Durchschnittssatz mehrerer Vorperioden zur Berechnung herangezogen wird.

Aufgrund des berechneten voraussichtlichen Teilnehmer-Endstands der laufenden Saison und der Endergebnisse der Vorjahre können nun Trendberechnungen für die zu planende Saison durchgeführt werden. Dabei stützt man sich auch auf die in Kapitel 3.2.2.1 genannten Einflussfaktoren, schätzt ihre Wirkung aufgrund von Erfahrungen ab und lässt sie in die Trendanalysen einfließen. In einem ersten Schritt wird häufig zunächst auf eine einfache Plus-Minus-Tabelle zurückgegriffen. Hier werden für die jeweiligen Zielgebiete getrennt die erwartete Teilnehmerentwicklung in Form von „+" und „–" Zeichen eingetragen:

Beispiel:

Zielgebiet	TN-Erwartung Sommer 2013
PMI	0
LPA	–
IBZ	+

Abb. 3.7: Plus-Minus-Liste

---

[3] Dieses und die folgenden Beispiele beziehen sich auf die TN- und Umsatzplanung des Zielgebietes Ibiza für die Sommersaison 2013.

In der zweiten Phase etwa ab Juni wird diese Liste dann durch konkrete prozentuale Zuwachs- bzw. Rückgangsraten ersetzt. Mit Hilfe dieser Prozentsätze und des geschätzten Teilnehmer-Endstands des Sommers 2012 wird die geplante Teilnehmerzahl (GTZ) für den Sommer 2013 errechnet. Schließlich wird ein detaillierter Plan mit den Ergebnissen aufgestellt.

Beispiel:

Tabelle 3.2: Berechnung der geplanten Teilnehmerzahl (GTZ); Sommer 2013

Zielgebiet	Geschätzte TN Sommer 2012	Geplante Zuwachsrate Sommer 2013	GTZ Sommer 2013
PMI	20.500	1,5 %	20.808
LPA	15.600	−2,0 %	15.288
IBZ	10.891	4,0 %	11.326

Zur Planung der Umsätze kann auf den durchschnittlichen Reisepreis der Vorsaison zurückgegriffen werden. Berücksichtigt man die Preis- und Wechselkursentwicklung in den einzelnen Destinationen für die kommende Saison, schlägt diese auf den bisherigen Durchschnitts-Reisepreis auf und multipliziert den errechneten Wert dann mit der GTZ, erhält man den geplanten Umsatz.

Beispiel:

Tabelle 3.3: Berechnung des geplanten Umsatzes (auf eine Stelle nach dem Komma)

Zielgebiet	Ø Reisepreis Sommer 2012	Erwartete Preisend.	Erwarteter Ø Reisepreis Sommer 2013	GTZ	Geplanter Umsatz Sommer 2013
PMI	€ 1.125	+ 3,0 %	€ 1.159	20.808	€ 24,1 Mio.
LPA	€ 1.245	+ 3,5 %	€ 1.289	15.288	€ 19,7 Mio.
IBZ	€ 1.055	+ 2,0 %	€ 1.076	11.326	€ 12,2 Mio.

Die Berechnung des Umsatzes auf die oben beschriebene Art setzt voraus, dass keine größeren Änderungen in der Programmstruktur vorgenommen werden und die Kundenstruktur gleich bleibt. So würde eine Aufnahme höherwertiger Häuser auf Kosten von niedrigpreisigen Angeboten eine zusätzliche Veränderung des durchschnittlichen Reisepreises bewirken, die bei der Rechnung Berücksichtigung finden müsste. Das geplante Teilnehmer- und Umsatzaufkommen für die gesamte Unternehmung ergibt sich durch einfaches Aufaddieren der Zielgebietsergebnisse.

2. Planung der Teilnehmerzahlen und Umsätze bei neuen Produkten

Da bei neuen Produkten nicht auf Zahlen aus Vorperioden zurückgegriffen werden kann, ist es nicht möglich, das vorher beschriebene Verfahren anzuwenden. Es müssen also andere Möglichkeiten gefunden werden: Zunächst ist dafür das Marktvolumen eines Zielgebiets zu bestimmen.

Definition: Marktvolumen

„Unter Marktvolumen verstehen wir die realisierte oder prognostizierte effektive Absatzmenge von Pauschalreisen pro Periode und Absatzgebiet an eine definierte Zielgruppe" (Hebestreit, 1992). Das Marktvolumen für ein Zielgebiet oder eine bestimmte Zielgruppe lässt sich möglicherweise mit Hilfe der verschiedenen Marktuntersuchungen (z.B. RA) feststellen, sofern das Aufkommen im Zielgebiet groß genug ist. Hier wird aus der Stichprobe auf das Marktvolumen hochgerechnet. So sind Erhebungen der RA für den Tourismus in wichtige europäische Zielländer durchaus hinreichend genau. Für Zielgebiete mit einem Aufkommen von deutlich weniger als einer Million deutscher Touristen ist es allerdings problematisch, aus einer Stichprobe hochzurechnen.

Beispiel:

Für ein Land, das 100.000 deutsche Urlaubsreisende hat, ist in der Stichprobe der RA (7.500 Personen) nur eine sehr kleine Teilmenge zu finden. 7.500 befragte Personen entsprechen 0,015 % der deutschen Bevölkerung, wenn von 50 Millionen Reisenden ausgegangen wird. Ein Anteil von 0,015 % an der Stichprobe von 7.500 Befragten ist aber nur etwas mehr als ein Reisender (genau 1,125 Reisende). Darüber hinaus ist die Stichprobe noch mit einem statistischen Fehler „e" von +/−1,8 % sowie einer statistischen Unsicherheit (Wahrscheinlichkeit unter 100 %) behaftet. Daraus wird deutlich, dass mit solchen Stichprobenerhebungen kein Marktvolumen ermittelt werden kann. Mit Stichproben von 2.000 Stimmen, wie sie von vielen Instituten eingesetzt werden, geht das noch weit weniger.

Zu beachten ist, dass sich das Marktvolumen auf alle Organisationsformen und nicht ausschließlich auf Pauschalreisen bezieht. Es ist also um den Anteil der Individualreisen zu bereinigen. Eine andere Möglichkeit, das Marktvolumen bei Flugpauschalreisen abzuschätzen, ist ein Rückgriff auf die Statistiken der „**Arbeitsgemeinschaft Deutscher Verkehrsflughäfen (ADV)**". Die ADV veröffentlicht jährlich Berichte, aus denen die beförderten (Charter-)Touristen für verschiedene Destinationen hervorgehen. Ferner ist es möglich, durch Konkurrenzanalysen das Marktvolumen zu schätzen: Aus der Anzahl der von einem Veranstalter im Katalog ausgeschriebenen Flüge lässt sich sein Aufkommen für das untersuchte Zielgebiet einigermaßen gut abschätzen. Dazu entnimmt man die Zahl der Flugtermine, reduziert sie um zwei Leerflüge (leere Umläufe) und multipliziert sie mit der Sitzplatzkapazität des eingesetzten Flugzeugtyps. Dabei ist von einer ca. 90 %-igen Auslastung auszugehen. Eventuelle Flugstornierungen sind ebenfalls zu berücksichtigen. Anschließend ist der Marktanteil festzulegen, den der Veranstalter meint erreichen zu können.

Definition: Marktanteil

Unter dem Marktanteil eines Reiseveranstalters versteht man den prozentualen Anteil des in Teilnehmern oder Umsatz gemessenen Absatzes von Pauschalreisen des Veranstalters am gesamten Marktvolumen des Pauschalreisemarktes.

$$\text{Marktanteil} = \frac{\text{Umsatz oder Teilnehmer eines Veranstalters}}{\text{Marktvolumen}} \times 100$$

Dabei kann auf Erfahrungen bei anderen Zielgebieten zurückgegriffen werden. Mit Hilfe des so abgeschätzten Marktanteils lässt sich die geplante Teilnehmerzahl errechnen.

Soll es sich nur um ein kleines Programm handeln, kann man sich auch mit weniger Aufwand behelfen: Man beginnt mit kleinen Kontingenten, die ohne Abnahmegarantie eingekauft werden und so ohne finanzielles Risiko an die Leistungsträger zurückgegeben werden können. Dadurch werden die Leistungsträgerkosten zu voll variablen Kosten und der Fixkostenanteil erheblich reduziert. Als zusätzliche Kosten für das neue Programm fallen – unter der Voraussetzung, dass keine Kapazitätsausweitung in der Veranstalterzentrale erforderlich wird – lediglich Zusatzkosten für Marketing und Kataloge an. Entsprechend dem Teilnehmeraufkommen im ersten Jahr kann dann das Programm sukzessive ausgeweitet oder bei Misserfolg eingestellt werden.

Eine präzise Teilnehmerplanung ist insbesondere im Hinblick auf die sich anschließende Kapazitätsplanung unerlässlich. Sie bildet die Grundlage für alle weiteren Schritte. Am Ende ist ein unternehmerischer Erfolg nur gewährleistet, wenn das Teilnehmeraufkommen möglichst genau den vorgegebenen Planwerten entspricht. Werden die Planwerte nicht erreicht und besteht Gefahr, das geplante Deckungsbeitragsvolumen nicht realisieren zu können, muss versucht werden, zusätzliche Teilnehmer durch imageschädigende Sonderangebote zu gewinnen. Sind die Planwerte zu niedrig angesetzt und kann die Nachfrage nicht befriedigt werden, müssen Kunden an die Konkurrenz abgegeben werden.

Die Bedeutung der geplanten Teilnehmerzahl **GTZ** ergibt sich ferner aus der Tatsache, dass in vielen Fällen nicht pro Teilnehmer an den Leistungsträger gezahlt wird, sondern dass vor allem bei den Transportmitteln Abschlüsse für eine bestimmte Anzahl von Plätzen zu einem festen Gesamtpreis getätigt werden. Das Auslastungsrisiko wird beim Geschäftsmodell der klassischen Pauschalreise dabei vom Reiseveranstalter übernommen. Der Trend geht im Ferienflugbereich allerdings dahin, dass die Veranstalter immer weniger Kapazitätsrisiko eingehen. Da ohnehin so gut wie alle Ferienflüge heute Linienflüge sind, operieren die Fluggesellschaften nach festgelegten Flugplänen. Die meisten Reiseveranstalter passen sich diesen Flugplänen an bzw. stimmen bei größerem Aufkommen diese Flugpläne frühzeitig mit der Fluggesellschaft ab. Tendenziell besteht seitens der Fluggesellschaften auf Grund der Marktentwicklung eine größere Bereitschaft, Plätze auf eigenes Risiko anzubieten.

Entscheidend ist nun die Frage, auf welche Teilnehmerzahl der zu bezahlende Gesamtpreis zu verteilen ist. Wird die Teilnehmerzahl zu niedrig geplant, so steigt der Verkaufspreis der Reise und die Wettbewerbsfähigkeit sinkt. Wird dagegen eine höhere geplante Teilnehmerzahl angesetzt, so sinkt der Verkaufspreis und die Wettbewerbsfähigkeit steigt. Es müssen jetzt aber auch mehr Teilnehmer erreicht werden, um die Kosten decken zu können.

3.2.2.3   Planung der Flugkapazitäten

Als Basis für die Planung der einzukaufenden Flugkapazitäten dient die für das jeweilige Zielgebiet geplante Teilnehmerzahl GTZ. Als weitere Bestimmungsfaktoren sind zu nennen:

1. Die Kettenlänge

Definition A: Technische Kettenlänge/Umlauf

Unter (technischer) Kettenlänge versteht man die Anzahl der Umläufe innerhalb einer Saison. Ein Umlauf besteht aus einem Hin- und Rückflug. Die Kettenlänge wird letztendlich durch die klimatischen Verhältnisse in den Zielgebieten bestimmt. Für Mittelmeerziele reicht eine Kette i.d.R. von Ostern bis Ende Oktober, sofern Ostern nicht sehr früh liegt. Ganzjahresketten bestehen z.B. zu den Kanarischen Inseln.

Definition B: Kommerzielle Kettenlänge

Hierunter versteht man die Anzahl der Umläufe, die effektiv verkauft werden können. Am Beginn und Ende der Flugkette fallen Leerflüge an, die nicht mit Passagieren gefüllt werden können. So können z.b. auf dem letzten Hinflug einer Kette keine Passagiere befördert werden, da keine Möglichkeit für den Rücktransport nach einem Aufenthalt mehr besteht. Die Zahl der Leerflüge ist abhängig von der durchschnittlichen Aufenthaltsdauer der Gäste im Zielgebiet, wobei ein direkt proportionaler Zusammenhang besteht. So fallen bei einer Aufenthaltsdauer von zwei Wochen z.B. vier einzelne Leerflüge (zwei Leerumläufe) an. Das folgende Beispiel stellt anhand einer Tabelle bildlich den Unterschied zwischen der technischen und der kommerziellen Kettenlänge dar.

Beispiel: Kommerzielle Kettenlänge

Ein Veranstalter bietet eine Reise von München nach Mallorca mit zweiwöchigem Aufenthalt an. Das eingekaufte Kontingent bietet Platz für 25 Passagiere und es wird von einer 100 prozentigen Auslastung ausgegangen. Es werden insgesamt zehn Flüge in das Zielgebiet und zurück unternommen. Da sich fast alle Gäste zwei Wochen im Zielgebiet aufhalten, gibt es für den ersten Rückflug keine, für den zweiten Rückflug kaum Passagiere. Am Ende der Kette, in der neunten und zehnten Woche (bzw. auf dem neunten und zehnten Hinflug), können keine weiteren Gäste ins Zielgebiet transferiert werden, weil nach einem zweiwöchigen Aufenthalt kein Rückflug angeboten wird. Insgesamt können maximal 200 Passagiere hin und zurück befördert werden.

Tabelle 3.4: Darstellung Kommerzielle Kettenlänge

Woche	1.	2.	3.	4.	5.	6.	7.	8.	9.	10.	Gesamt
Beförderte Passagiere Hin	25	25	25	25	25	25	25	25	x	x	200
Beförderte Passagiere Zurück	x	x	25	25	25	25	25	25	25	25	200

Anhand der vorangegangenen Tabelle kann nun die Anzahl der Leerflüge abgelesen werden. In den ersten und letzten zwei Wochen ergeben sich zusammengerechnet zwei Umläufe, die nicht verkauft werden können. Die kommerzielle Kettenlänge beträgt daher acht Wochen bzw. acht Umläufe. Bei Ganzjahresketten, die in der Sommer- und Wintersaison mit der gleichen Sitzplatzkapazität angeboten werden, sind technische und kommerzielle Kettenlänge identisch, d.h. es fallen keine Leerflüge an.

2. Die geplante Flugauslastung

Definition: Flugauslastung

Als Auslastung bezeichnet man den prozentualen Anteil der im Saisondurchschnitt belegten Sitzplätze an der Gesamtkapazität. Es wird im Ferienflugverkehr heute mit einer Auslastung von ca. 90 % kalkuliert. Eine 100 prozentigen Auslastung kann deshalb nicht erreicht werden, weil die jeweilige Reisedauer der Teilnehmer unterschiedlich ist. Dadurch entstehen Leerplätze, die nicht gefüllt werden können. Das folgende Beispiel erklärt das Zustandekommen solcher Leerplätze durch eine unterschiedliche Reisedauer je Teilnehmer.

Beispiel: Flugauslastung

Derselbe Veranstalter aus dem Beispiel zur Kommerziellen Kettenlänge bietet unter den gleichen Voraussetzungen eine Reise von München nach Ibiza an. Der Kunde hat jedoch im Unterschied zum vorangegangenen Beispiel hier die Entscheidungsmöglichkeit, wie viele Wochen er sich im Zielgebiet aufhalten möchte. Die Kunden haben sich wie folgt entschieden:

Tabelle 3.5 : Aufenthaltsdauer Gäste

Umlauf	1				2				3				4			
Aufenthalt in Wochen	1	2	3	4	1	2	3	4	1	2	3	4	1	2	3	4
Anzahl Gäste	4	21			2	20	3		1	22		2		20		4
Gesamt		25				25				25						
Umlauf	**5**				**6**				**7**				**8**			
Aufenthalt in Wochen	1	2	3	4	1	2	3	4	1	2	3	4	1	2	3	4
Anzahl Gäste	2	18	4			19	6		1	12	7			18		2
Gesamt		24				25				20				20		

Durch die unterschiedliche Aufenthaltsdauer der Gäste ergeben sich für den Planenden vor allem in der Rückführung erhebliche Kapazitätsprobleme. Anhand der folgenden Tabelle lässt sich dies vereinfacht darstellen. Im ersten Umlauf haben sich vier Kunden für einen einwöchigen Aufenthalt im Zielgebiet entschieden. Es können daher vier Plätze auf dem sonst leeren zweiten Rückflug genutzt werden. Des Weiteren möchten zwei Teilnehmer der zweiten Woche ebenfalls nur eine Woche bleiben. Dies ist nur möglich, da durch den kürzeren Aufenthalt der vier Kunden in der ersten Woche Kapazität im dritten Rückflug frei geworden ist. Es muss daher bei der Kundenbuchung nicht nur darauf geachtet werden, ob auf dem Hinflug Platz vorhanden ist, sondern auch auf dem Rückflug. Dieses Problem zeigt sich besonders in den Umläufen fünf, sieben und acht. Im fünften Umlauf bleibt ein Sitzplatz frei. Dieser hätte nur mit einem Kunden besetzt werden können, der einen ein-, drei- oder vierwöchigen Aufenthalt im Zielgebiet gebucht hätte. Für einen zweiwöchigen Aufenthalt wäre keine Kapazität auf dem Rückflug mehr vorhanden. Aufgrund der erschwerten Situation am Ende der Kette, konnten im Umlauf sieben und acht nur noch 20 Gäste buchen.

3.2 Die operative Planung des Reiseprodukts

Tabelle 3.6 :   Darstellung Umläufe Beispiel B

1.	2.	3.	4.	5.	6.	7.	8.	9.	10.	
25	25	25	25	24	25	20	20			Hin 189
										Rück 189

Legende Hin:

$\boxed{25}$ = Anzahl der Fluggäste

$\boxed{\ }$ = Leerplätze

Legende Rück:

$\boxed{\text{x}}$ = Aufenthalt 1 Woche

$\boxed{\text{x}}$ = Aufenthalt 2 Wochen

$\boxed{\text{x}}$ = Aufenthalt 3 Wochen

$\boxed{\text{x}}$ = Aufenthalt 4 Wochen

Durch die freie Wahl der Aufenthaltsdauer entsteht häufig ein Kapazitätsproblem, weshalb nicht die maximale Passagierzahl von 200, sondern in diesem Fall nur eine Zahl von 189 Passagieren erreicht werden kann.

3. Die durchschnittliche Aufenthaltsdauer im Zielgebiet

Zur Berechnung der Flugkapazität sind folgende Schritte notwendig:

- Berechnung der kommerziellen Kettenlänge:

Wie bereits erwähnt, werden die Leerflüge zu Beginn und Ende der Kette heraus gerechnet, da diese nicht verkauft werden können. Die Anzahl der Leerumläufe entspricht der durchschnittlichen Aufenthaltsdauer der Gäste.

Rechnerisch ergibt sich die kommerzielle Kettenlänge also wie folgt:

Kommerzielle Kettenlänge = Technische Kettenlänge – durchschnittliche Aufenthaltsdauer

Einige Unternehmen rechnen nicht mit Leerflügen, sondern mit der Anzahl der Plätze, die am Ende einer Kette nicht verkauft werden können. Man spricht dann von sogenannten *Rückbringerplätzen*. Rechnerisch ergeben sie sich durch Multiplikation der Anzahl der Leerflüge mit der eingekauften Sitzplatzkapazität.

Bei Ganzjahresketten ist die oben genannt Formel nicht anzuwenden, da die technische und kommerzielle Kettenlänge identisch sind. Hier können die am letzten Sommersaisontermin hinfliegenden Gäste auf den ersten Rückflügen der Wintersaison zurückbefördert werden. Wird jedoch beispielsweise in der Wintersaison mit geringeren Kapazitäten geflogen als in der Sommersaison, sind Rückbringerplätze am Ende des Sommers zu berücksichtigen.

Ein typisches Beispiel ist das Zielgebiet Mallorca. Folgt auf die zu berechnende Saison eine Saison mit niedrigerer Flugkapazität, errechnet sich die kommerzielle Kettenlänge folgendermaßen:

Kommerzielle Kettenlänge der Sommersaison bei Ganzjahresketten mit unterschiedlichen wöchentlichen Flugkapazitäten im Sommer und Winter:

$$\text{Kommerzielle Kettenlänge} = \text{technische Kettenlänge} - \frac{\text{Kapazitätsreduktion in \%} \times \varnothing \text{Aufenthaltsdauer}}{100}$$

wobei

$$\text{Kapazitätsreduktion in \%} = \frac{\text{wöchentliche Sommerkapazität} - \text{wöchentliche Winterkapazität}}{\text{wöchentliche Sommerkapazität}} \times 100$$

Da die wöchentlichen Flugkapazitäten für die Sommersaison erst berechnet werden sollen, kann die exakte Kapazitätsreduktion hier nicht berechnet werden. Man errechnet deshalb den Wert der vergangenen Sommersaison und greift auf diesen in der Planung zurück.

Bei einem Saisonwechsel von einer niedrigen auf eine höhere Kapazität sind für die Saison mit der geringeren Kapazität keine Leerflüge zu berücksichtigen, d.h. technische gleich kommerzielle Kettenlänge.

- Bestimmung der benötigten Saisonflugkapazität

Die benötigte Saisonkapazität gibt an, wie viele Flugplätze mindestens gebraucht werden, um die geplante Teilnehmerzahl (GTZ) realisieren zu können. Die Leerflüge werden dabei noch nicht berücksichtigt. Da nicht mit 100 % Auslastung kalkuliert werden kann, ist die benötigte Kapazität größer als die GTZ. Der rechnerische Zusammenhang ergibt sich aus der Formel:

$$\text{benötigte Saisonflugkapazität} = \frac{\text{GTZ}}{\text{geplante Auslastung}} \times 100$$

Je höher man die geplante Auslastung annimmt, desto geringer wird später die Anzahl der einzukaufenden Flugplätze sein, allerdings desto höher auch das Risiko, die Auslastung tatsächlich zu erreichen.

- Berechnung der wöchentlichen Flugkapazität

Die wöchentliche Flugkapazität ergibt sich nun aus der Division der benötigten Saisonflugkapazität durch die kommerzielle Kettenlänge:

$$\text{wöchentliche Flugkapazität} = \frac{\text{benötigte Saisonflugkapazität}}{\text{kommerzielle Kettenlänge}}$$

Das Ergebnis liefert die einzukaufenden Flugplätze pro Woche und bildet die Grundlage für die Berechnung der benötigten Unterkunftskapazitäten.

3.2 Die operative Planung des Reiseprodukts

- Berechnung der einzukaufenden Gesamtkapazität

Die einzukaufende Gesamtkapazität ergibt sich durch folgende Rechnung:

Einzukaufende Gesamtkapazität = Wöchentliche Flugkapazität × technische Kettenlänge

Da bei der einzukaufenden Gesamtkapazität auch die Leerflüge berücksichtigt werden müssen, ist sie größer als die benötigte Saisonkapazität. Der Sachverhalt soll noch einmal an einem Beispiel verdeutlicht werden:

Beispiel:
Die geplante Teilnehmerzahl (GTZ) für das Zielgebiet Ibiza beträgt 11.326 Teilnehmer (Tabelle 3.2, S. 126). Es wird mit einer Auslastung von 90 % kalkuliert. Der erste Hinflug findet am 13.04.2013 statt, der letzte Rückflug am 19.10.2013. Die durchschnittliche Aufenthaltsdauer beträgt 2 Wochen. Es soll die wöchentliche Flugkapazität und die einzukaufende Gesamtkapazität berechnet werden.

Tabelle 3.7: Berechnung der wöchentlichen Flugkapazität und der einzukaufenden Gesamtkapazität

Schritt	Rechengang	Ergebnis
Technische Kettenlänge	13.04.2013–19.10.2013	27 Wochen
Kommerzielle Kettenlänge	27 Wochen – 2	25 Wochen
Benötigte Saisonflugkapazität	$\frac{11.326 \text{ TN}}{90} \times 100$	12.584 Plätze
Wöchentliche Flugkapazität	$\frac{12.584 \text{ Plätze}}{25 \text{ Wochen}}$	503 Plätze
Einzukaufende Flugkapazität	503 Plätze × 27 Wochen	13.581 Plätze

Die wöchentliche Flugkapazität ist aufgrund von Erfahrungswerten noch auf die verschiedenen Abflughäfen aufzuteilen.

Zwischen den Zielen *Teilnehmer-Steigerung* und *Kapazitätsauslastung* kann es zu Zielkonflikten kommen. Möchte ein Reiseveranstalter einen Zuwachs erreichen, muss er bei erreichter voller Auslastung zusätzlich Plätze einkaufen. Dies kann entweder durch den Einsatz eines größeren Flugzeuges oder – sofern sinnvoll – durch die Verlängerung der Flugkette geschehen. In beiden Fällen erhöht sich die Kapazität jedoch sprunghaft. Übersteigen die zusätzlich eingekauften Kapazitäten die Teilnehmer-Steigerung, kann die geplante durchschnittliche Flugauslastung nicht mehr erreicht werden. Kauft der Reiseveranstalter keine zusätzlichen Plätze, wird zwar eine gute Auslastung erzielt, die Teilnehmer-Steigerung ist dann allerdings auf die Kapazität begrenzt. Es besteht auch die Möglichkeit eines gemeinsamen Charters mit anderen Veranstaltern, um so auch eine geringere Kapazitätsausweitung zu ermöglichen. Dann aber ist der Veranstalter nicht mehr unabhängig in seinen Entscheidungen. So muss er sich z.B. mit seinem Partner auf einen gemeinsamen Flugtag einigen.

3.2.2.4 Planung der Bettenkapazitäten

Die Anzahl der einzukaufenden Hotelbetten pro Zielgebiet basiert auf der benötigten wöchentlichen Flugkapazität (Vgl. Kap. 3.2.2.3.). Da aber nicht mit einer 100 prozentigen Auslastung der Flugplätze gerechnet wird, muss die geplante Flugauslastung bei der Berechnung der Unterkunftskapazitäten Berücksichtigung finden.

Zur Berechnung der Planzahl für den Betteneinkauf ist ferner der Sales-Mix des Zielgebietes festzulegen. Er gibt an, wie viele der Teilnehmer eine Pauschalreise mit Hotelarrangement gebucht haben und wie viele der Gäste nur einen Flug. Für die Berechnung ist nur der Hotelanteil relevant. Würde der Veranstalter bei wöchentlichen Abflugterminen nur einwöchige Reisen anbieten, entspräche die wöchentliche Flugkapazität der Anzahl der benötigten Hotelbetten im Zielgebiet. Da aber auch mehrwöchige Reisen durchgeführt werden, ist die durchschnittliche Aufenthaltsdauer zu berücksichtigen. Die Rechnung für den Mindestbettenbedarf lautet dann folgendermaßen:

> **Wöchentlicher Mindestbettenbedarf =**
> Wöchentliche Flugkapazität × geplante Flugauslastung
> × Anteil der Hotelarrangementbuchungen × ∅ Aufenthaltsdauer

Aufgrund der unterschiedlichen Aufenthaltsdauer der Gäste können die Unterkunftskapazitäten während der ganzen Saison nicht gleichmäßig und zu 100 % ausgelastet sein. Deshalb rechnet man noch einen 10 % Zuschlag auf den Mindestbettenbedarf hinzu. Weitere 10 % werden vorsichtshalber für Überbuchungen oder Buchungsstopps der Hoteliers und andere Störfaktoren, wie z.B. Baumaßnahmen in den Hotels aufgeschlagen, sofern ohne Belegungsrisiko (Allotment-Verträge, vgl. Kap. 4.2.4) eingekauft werden kann.

Die einzukaufende Bettenkapazität errechnet sich also wie folgt:

> **Wöchentliche einzukaufende Bettenkapazität** = Wöchentlicher Mindestbedarf × 1,2

Beispiel:

Für das Zielgebiet Ibiza betrug die geplante wöchentliche Flugkapazität 503 Plätze bei einer Auslastung von 90 % (Vgl.: Tabelle 3.7, S. 133). Erfahrungsgemäß sind davon 80 % Pauschalbuchungen mit Hotelarrangement und 20 % reine Flugbuchungen ohne Unterkunft. Die durchschnittliche Aufenthaltsdauer beträgt zwei Wochen.

Tabelle 3.8: Berechnung der wöchentlich einzukaufenden Bettenkapazität

Schritt	Rechengang	Ergebnis
wöchentl. Mindestbettenbedarf	503 Plätze × 90 % Auslastung × 80 % Hotelarrangements × 2 Wochen	725 Betten
wöchentl. einzukaufende Bettenkapazität	725 Betten × 1,2 (20 % Zuschlag)	870 Betten

3.2 Die operative Planung des Reiseprodukts

Als Vorgabe für den Einkauf ist noch festzulegen, in welchen Kategorien die Hotelbetten eingekauft werden sollen. In der Regel liegt dabei der Schwerpunkt auf Hotels der 3- und 4-Sterne Kategorie.

Ein Problem stellt die Auslastung der Betten zu Beginn und am Ende der Saison dar, da zu diesen Terminen die Auslastung häufig unter der kalkulierten Durchschnittsauslastung liegt. Eine geringe Bettenauslastung kann aber zu Konflikten mit den Hoteliers führen, die dann im nächsten Jahr oder gar in der laufenden Saison das vereinbarte Bettenkontingent kürzen. Eine Lösung könnte der Einkauf geringerer Bettenkapazitäten zu Beginn und am Ende der Saison darstellen. Doch werden Hoteliers nicht bereit sein, hohe Kontingente nur in der Hauptsaison abzugeben und sich der Gefahr auszusetzen, in der Nebensaison ihre Zimmer nicht belegen zu können.

3.2.2.5   Planung der Reiseleiterkapazität

In diesem Bereich ist insbesondere die Entscheidung zu fällen, ob sich der Einsatz eigener Reiseleiter lohnt oder ob eine Zielgebietsagentur die Betreuung der Gäste übernehmen soll. Die Entscheidung erfolgt nicht nur unter Kostengesichtspunkten; wie im Kapitel 4.4.3 (Auswahl einer Zielgebietsagentur) sowie im Rahmen der vertikalen Integration ausgeführt wird, kann die Zielgebietsagentur ein strategisch bedeutsames Beteiligungsobjekt sein. Sie stellt für den Reiseveranstalter ein äußerst wichtiges Glied in der Wertschöpfungskette dar. Auch im Hinblick auf die geschäftspolitische Stellung im Zielgebiet kann dem Engagement des Reiseveranstalters bei einer Zielgebietsagentur große Bedeutung zukommen.

Sofern in erster Linie Kostengesichtspunkte eine Rolle spielen, ergeben sich folgende Überlegungen: Wird eine fremde Agentur eingesetzt, erhält diese in der Regel ein „Kopfgeld" (handling fee), d.h. pro Teilnehmer wird eine bestimmte Gebühr bezahlt. Die Kosten sind also proportional zur Anzahl der Teilnehmer und damit völlig variabel. Häufig muss Agenturen noch zusätzlich eine Art „Grundbetrag" bezahlt werden, der als fixer Sockelbetrag angesetzt werden muss. Werden dagegen eigene Reiseleiter beschäftigt, erhalten diese ein festes Gehalt unabhängig von der Teilnehmerzahl. Daneben sind Kosten für eine Unterbringung im Zielgebiet, Fahrzeuge, Aus- und Fortbildungsmaßnahmen und die Lohnnebenkosten zu berücksichtigen. Alle angesprochenen Kosten haben Fixkostencharakter. Welche der beiden Alternativen kostengünstiger ist, lässt sich mit Hilfe von Kostenkurven aufzeigen.

Beispiel:

Für die Betreuung der Gäste eines Reiseveranstalters verlangt eine Agentur eine Gebühr von 20,00 GE (Geldeinheiten) pro Person und Aufenthalt. Eine zusätzliche Gebühr wird nicht verlangt. Die Kosten für den Einsatz eines eigenen Reiseleiters würden etwa GE 22.000 pro Saison betragen. Ein eigener Reiseleiter kann aufgrund der Verhältnisse im Zielgebiet maximal 85 Teilnehmer pro Woche betreuen. Da die Saison über 27 Wochen laufen soll, kann er insgesamt etwa 2.300 TN betreuen. Danach ist der Einsatz eines weiteren Reiseleiters notwendig. Die Entscheidung für die günstigere Alternative kann mit der folgenden Abbildung erfolgen:

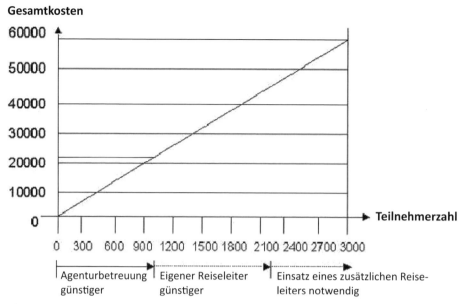

Abb. 3.8: Vergleich eigener Reiseleiter und Agenturbetreuung

Die Berechnung der Teilnehmerzahl, ab der sich der Einsatz eigener Reiseleiter lohnt, kann auch mathematisch nach folgender Formel erfolgen:

$$\text{„kritische" Teilnehmerzahl} = \frac{\text{Kosten eigener RL} - \text{Grundgebühr Agentur}}{\text{Agenturgebühr pro Person}}$$

Wie aus dem Schaubild ersichtlich, ist ab etwa 1.000 bis 1.100 Teilnehmern in einem Zielgebiet pro Saison der Einsatz eigener Reiseleiter günstiger als die Beauftragung einer Agentur. Wie viele Gäste ein Reiseleiter pro Woche betreuen kann, ist abhängig von der geographischen Verteilung der Hotels im Zielgebiet, von der Verkehrsinfrastruktur sowie von der Anzahl der in einem Hotel untergebrachten Gäste.

Neben reinen Kostengesichtspunkten gibt es eine Reihe weiterer Kriterien, die zur Entscheidungsfindung herangezogen werden müssen: Reiseleiter sind häufig die einzigen Repräsentanten eines Reiseveranstalters, die direkten Kontakt zu den Kunden haben. Das Verhalten des Reiseleiters gegenüber den Kunden, die fachliche Qualifikation und seine Einsatz- und Hilfsbereitschaft prägen den Eindruck und das Image des Gastes von dem Reiseveranstalter. Setzt ein Veranstalter eigene Reiseleiter ein, unterliegen diese als seine Angestellten seiner unmittelbaren Kontrolle. Beim Auftreten von Mängeln in der Gästebetreuung wird ein schnelles und wirksames Eingreifen durch den Veranstalter möglich. Er kann selbst die Qualifikation der Reiseleiter beeinflussen. Durch eigene Schulung kann ein hohes Qualitätsniveau gewährleistet werden und der Reiseleiter zu einem Imageträger des Veranstalters werden. Wird die Betreuung demgegenüber von einer Agentur besorgt, kann der Reiseveranstalter allenfalls mittelbar Einfluss auf das Verhalten der Reiseleiter gegenüber den Kunden ausüben.

Fremde Reiseleiter unterliegen zunächst den Anweisungen ihrer Agenturen bzw. Arbeitgeber. Ferner können eigene Reiseleiter im Zielgebiet eine Reihe weiterer Interessen für den Veranstalter wahrnehmen. Der Einsatz eigener Reiseleiter ermöglicht eine bessere Überwachung der durch die Leistungsträger erbrachten Leistungen und gewährleistet unter Umständen eine objektivere Berichterstattung über Kundenreklamationen. Beschäftigungsschwankungen aufgrund des unterschiedlichen Bedarfs an Reiseleitern in der Sommer- und Wintersaison führen dazu, dass nicht alle eigenen Reiseleiter das ganze Jahr beschäftigt werden können.

Häufig werden nur Saisonverträge abgeschlossen, die die Beschäftigung der Reiseleiter auf wenige Monate im Jahr beschränken. Das Problem bei Saisonverträgen besteht in der hohen Fluktuation dieser Kräfte, so dass jedes Jahr ein hoher Schulungsbedarf anfällt. Dazu kommt die jährlich anfallende finanzielle und arbeitsbedingte Belastung bei der Bewerberauswahl und Neueinstellung der Reiseleiter. Werden dagegen Agenturen mit der Betreuung der Gäste beauftragt, kann das Problem der Beschäftigungsschwankungen auf diese übertragen werden. Darüber hinaus verfügen Agenturen über bessere Zielgebietskenntnisse und sind somit in der Lage, auch außergewöhnliche Situationen zu meistern.

Bei Betreuung durch eine Agentur kann auf deren Einrichtungen zurückgegriffen werden. Es ist für den Veranstalter dann nicht erforderlich, die zur Betreuung erforderlichen Investitionen zu tätigen. Dazu gehören beispielsweise der Unterhalt eigener Fahrzeuge, die Unterbringung der eigenen Reiseleiter und die Beschaffung geeigneter Büroräume, die als Anlaufstelle für die Gäste dienen können. In bestimmten Zielgebieten wird der Rückgriff auf unternehmensexterne Reiseleiter deshalb notwendig, weil keine eigenen Reiseleiter zur Verfügung stehen, die die Sprache des Ziellandes beherrschen.

In einigen Ländern verlangen gesetzliche Bestimmungen den Einsatz einheimischer Reiseleiter, so dass hier zwangsläufig auf fremde Reiseleiter zurückgegriffen werden muss. In manchen Ländern müssen alle Rundreisen von einem einheimischen Reiseleiter begleitet werden. In Griechenland müssen z.B. für die Führung in bestimmten Museen und Baudenkmälern Reiseleiter mit einem speziellen Zertifikat beschäftigt werden, das für Ausländer schwer zu erlangen ist. Welche Regelungen in den einzelnen Ländern bestehen, kann man in der Regel vom zuständigen Tourismusministerium oder – wo ein solches nicht besteht – vom Arbeitsministerium erfahren.

Kategorien von Reiseleitern und ihre Einsatzbedingungen

Auf den Unterschied zwischen eigenen Reiseleitern (=Angestellten des Reiseveranstalters) und Reiseleitern der Zielgebietsagentur wurde bereits hingewiesen. Dies betrifft die ersten beiden Arten der folgenden drei Kategorien von Reiseleitern:

a) **Standortreiseleiter:** Diese empfangen und betreuen Gäste in Destinationen, die der Reiseveranstalter ständig im Programm hat. Der Großteil dieser Reiseleiter ist an Urlaubsorten tätig, die dem Badetourismus zuzurechnen sind („Warmwasser-Tourismus"). Gebräuchlich ist auch der Begriff *Zielortreiseleitung*. Auf Grund der großen Reiseerfahrung vieler Touristen nimmt die Bedeutung dieser Reiseleiter in Stranddestinationen tendenziell ab. Wer zum dritten Mal nach Gran Canaria reist, nimmt zwar in der Regel den Transfer des Reiseveranstalters in Anspruch, benötigt aber kaum noch Unterstützung und Rat durch die Reiseleitung. Auch die Bedeutung des Verkaufs von Zusatzprogrammen wie Ausflüge, Rundreisen usw. schwindet – und damit schwinden die Provisionseinnahmen der Reiseleiter.

b) **Rundreiseleiter:** Diese begleiten Gäste auf Rundreisen durch das Zielland, die in der Destination beginnen und enden. Insbesondere in Ländern der Dritten Welt ist der Anspruch an die Qualifikation dieser Reiseleiter deutlich höher als der Anspruch an die Standortreiseleiter. Häufig werden hier Akademiker eingesetzt, insbesondere Historiker, Archäologen, Geographen usw. Solche Reiseleiter können durchaus von der Zielgebietsagentur gestellt werden. Auf eine ausreichende sprachliche Qualität ist hier jedoch zu achten. Eine deutsche Touristin, die eine Rundreise durch Ägypten gebucht hatte, gewann einen Prozess wegen Reisemängeln vor einem deutschen Oberlandesgericht, weil der ägyptische Reiseleiter ihre Fragen nicht richtig verstand.

c) **Studienreiseleiter:** Besonderer Wert auf Qualität der Reiseleitung wird bei den Studienreiseveranstaltern gelegt. Hier ist die Qualität der Reiseleiter einer der entscheidenden Erfolgsfaktoren. Studienreiseleiter begleiten die Gruppen in aller Regel schon ab dem Herkunftsland, d.h. also während der gesamten Reise. Daraus ergibt sich, dass der Einsatz von Reiseleitern der Zielgebietsagentur her nicht in Betracht kommt. Personen mit akademischer Ausbildung spielen hier eine noch größere Rolle als bei den Rundreiseleiter.

Natürlich gibt es eine Vielzahl von Sonderformen der Reiseleitung, auf die wir nicht erschöpfend eingehen können: Reiseleiter bei Kreuzfahrten, Ärzte als Reisebegleiter, Betreuer von Jugendgruppen, Reiseleiter im Eventbereich etc. Es sei jedoch noch auf einen strategischen Aspekt der Führung von Reiseleiterstäben hingewiesen. Bei großen Reiseveranstaltern, die viele Destinationen anbieten, ist das Prinzip weit verbreitet, Reiseleiter nie zu lange an einem Ort zu belassen. Es ist sonst zu erwarten, dass sich dort eine soziale Verwurzelung herausbildet, die vom Reiseveranstalter unerwünscht ist. Die Führbarkeit weltweiter Reiseleiterstäbe (und ähnliches galt stets in der Diplomatie) ist nur gewährleistet, wenn diese ständig in Bewegung gehalten werden. Daraus ergibt sich, dass viele Reiseleiter, die Angestellte eines Reiseveranstalters sind, ein Leben aus dem Koffer führen und sich auch mit privaten sozialen Kontakten schwer tun.

3.3 Die Werbeplanung

Im Rahmen der Werbeplanung ist systematisch die zukünftige Geschäftspolitik im Bereich der Werbung festzulegen. Dazu ist zunächst eine Werbekonzeption zu erstellen, in der das Werbeziel, die Gestaltung und Art der Werbemittel, die Auswahl der Werbeträger, der Werbezeitpunkt und das Werbebudget festgelegt werden. Vorrangiges Ziel der Werbung ist es, zu Saisonbeginn zunächst das neue Programm bei den Kunden und Reisemittlern bekannt zu machen. Dazu soll der potentielle Reisende und der Reisebüromitarbeiter auch über Neuerungen im Programm unterrichtet werden. Ferner soll der Kunde animiert werden, möglichst frühzeitig eine Reise beim Veranstalter zu buchen, um so auch einen Werbeertrag zu erzielen. Im weiteren Verlauf der Saison kann die Werbung schließlich auch zur Auslastungssteuerung beitragen, indem schwächer gebuchte Reisen und Termine verstärkt beworben werden.

Beim Werbemitteleinsatz ist ein detaillierter Zeitplan zu erstellen, aus dem Art und Zeitpunkt des Einsatzes hervorgehen. Ein typischer Ablauf bei Reiseveranstaltern könnte für die Sommersaison etwa folgendermaßen aussehen: Ende November wird zunächst eine Pressekonferenz durchgeführt, die der Vorstellung der neuen Programme dient. Etwa zeitgleich beginnt die Präsentation der neuen Kataloge beim Vertrieb. Dazu ist es heute bei Großveranstaltern üblich, Reisebüromitarbeiter in ein attraktives Zielgebiet einzuladen und diese hier intensiv mit den Programmen vertraut zu machen. Kleinere Veranstalter müssen sich aus Kostengründen meist mit Präsentationen in verschiedenen Städten begnügen.

Zu Beginn der Hauptbuchungszeit (Dezember bis Februar für das Sommerprogramm) werden dann Kampagnen in verschiedenen Werbeträgern – wie z.B. in Print-Medien wie Zeitungen und Zeitschriften oder in elektronischen Medien wie Fernsehen oder Internet – geschaltet. Diese sollen v.a. zu einer frühen Buchung animieren. Mit Beginn der Sommersaison im April werden zunehmend nachfragesteuernde Aktionen durchgeführt, die der Auslastung von Kapazitäten dienen, die aufgrund von Abnahmegarantien nicht oder nur schwer an die Leistungsträger zurückgegeben werden können.

Zur Festlegung des Werbebudgets werden verschiedene Verfahren angewandt. Die am häufigsten angewandte Methode ist es, die Höhe des Werbebudgets als Prozentsatz vom geplanten Umsatz festzulegen. Die Höhe des Prozentsatzes wird dabei durch die Erfahrung des Unternehmens bestimmt oder man orientiert sich an einem Branchendurchschnitt. Bei Reiseveranstaltern ist ein Wert von 2 % bis 4 % des Umsatzes üblich. Hierin sind die Kosten der Kataloge enthalten. Die Kritik an dieser Methode geht dahin, dass das Kausalprinzip auf den Kopf gestellt wird: Werbung soll eigentlich den Umsatz beeinflussen und nicht der Umsatz die Werbung. Eine andere Vorgehensweise beschreibt die „all you can afford"-Methode. Hier ist ausschließlich die Verfügbarkeit der finanziellen Mittel ausschlaggebend. Problematisch dürfte hier v.a. ein stark schwankendes Werbebudget sein. Außerdem besteht kein echter Zusammenhang zwischen Werbezielen und den verfügbaren finanziellen Mitteln. Sinnvoller erscheint deshalb die Anwendung der „Ziel- und Aufgaben-Methode". Hier wird das Werbebudget anhand der angestrebten Werbeziele unter Berücksichtigung der finanziellen Situation und der Konkurrenzsituation festgelegt. Diese Methode verlangt allerdings eine sehr präzise Festlegung der Werbeziele.

3.4 Die Personalplanung

Nachdem die Planung der Reiseleiterkapazitäten schon in diesem Kapitel behandelt wurde, soll hier noch kurz auf die Personalplanung in der Zentrale des Veranstalters eingegangen werden. Für eine eingehendere Erörterung der Personalpolitik ist an dieser Stelle kein Platz. Es sei jedoch auf die Ausführungen zu den Erfolgsfaktoren (Kap. 2.4.) verwiesen, wo ausführlicher auf die Bedeutung der Mitarbeiterqualifikation und Fragen des Führungsstils eingegangen wurde.

Aufgabe der Personalplanung ist es, die Zahl und die Qualifikationsstruktur der für die Leistungserstellung erforderlichen Mitarbeiter festzulegen. Die Anpassung der Beschäftigten an die geplante Umsatzentwicklung erfordert zunächst eine Analyse der bisherigen Beschäftigungssituation. Dabei ist zu prüfen, inwieweit mit dem vorhandenen Personalbestand die Mehrarbeit bewältigt werden kann, ohne dass Neueinstellungen vorgenommen werden müssen. Ferner ist eine kritische Auseinandersetzung mit dem bisherigen Personalaufwand erforderlich, um zu untersuchen, ob das Unternehmen von der Kostenseite her überhaupt eine

Steigerung des Personalbestands verträgt. Dies ist aufgrund der Personalintensität beim Reiseveranstalter besonders wichtig. Die Planung des zur Erbringung des geplanten Umsatzes erforderlichen Mitarbeiterstabes muss mögliche Veränderungen des tatsächlichen Geschäftsablaufs so weit berücksichtigen, dass Auslastungsspitzen aufgefangen werden können. Dieses Auffangen kann durch den Auf- bzw. Abbau von Überstunden, Veränderungen bei den Teilzeitbeschäftigten usw. geschehen. Im Personalplan ist der zukünftige Personalbestand unterteilt in Voll-, Teilzeitbeschäftigte, Aushilfen und Auszubildende. Es ist auch nach Tarifgruppen und Funktionen zu vermerken, die u.a. in Tarifverträgen beschrieben sind.

Manche Unternehmen können nicht ohne weiteres angeben, wie viele Personen bzw. Angestellte im Unternehmen beschäftigt sind. Dies folgt nicht zuletzt aus der vor allem von Frauen zunehmend präferierten Teilzeitarbeit. So bietet es sich an, alle Beschäftigten auf Vollzeit umzurechnen. Hier wird häufig der Begriff *FTE* für „Full Time Equivalent" verwendet. Eine Auszubildende ist z.B. mit 50 % auf die Zahl der FTE anzurechnen. Anhand der Personalplanung lässt sich auch anschaulich darstellen, dass die **Unterscheidung in fixe und variable Kosten** beim Reiseveranstalter nicht sehr hilfreich ist. Mitarbeiter, die länger im Unternehmen sind und Anspruch auf längere Kündigungsfristen haben, werden zweifelsohne den fixen Kosten zugerechnet. Praktikanten verursachen fixe Kosten für die Dauer eines Praktikums, darüber hinaus sind die Kosten kurzfristig disponibel. Reiseleiter werden oft für die Dauer einer Saison beschäftigt, was zu einer ähnlichen Beurteilung führt. Insgesamt führt also die Unterscheidung in fixe und variable Kosten hier nicht viel weiter. Insofern ist es praktikabel, die Personalkosten den Gemeinkosten zuzurechnen. Allenfalls die von einer Zielgebietsagentur übernommenen Reiseleiter können den (touristischen) Einzelkosten zugerechnet werden. Im Rahmen der Margenbesteuerung (§ 25 UStG) werden sie auch als Reisevorleistungen verbucht, während die auf der Gehaltsliste des Reiseveranstalters stehenden Reiseleiter steuerlich den Eigenleistungen zuzurechnen sind.

3.5 Budgetierung als Instrument der operativen Planung

Nach Abschluss aller oben beschriebenen Planungen ist vom Rechnungswesen bzw. Controlling eine erste Gesamtkosten- und Ertragsplanung durchzuführen. Dazu dient die Aufstellung vorläufiger Budgets.

Definition: Budget

„Ein Budget ist dabei ein Instrument der Planung, mit dem am zeitlichen Ende des Planungsprozesses die erstellten Pläne in quantitative, vor allem wertmäßige Größen transformiert werden" (Hopfenbeck, 2002). Im Budget wird also – beim Reiseveranstalter in der Regel für eine Saison – die künftige Unternehmenstätigkeit zahlenmäßig festgelegt. Die Budgets bilden die Grundlage für den späteren Soll-Ist-Vergleich.

Beim Reiseveranstalter ist die Aufstellung folgender Budgets üblich:
- Umsatzbudget, abgeleitet aus der Teilnehmer- und Umsatzplanung
- Die verschiedenen Kostenbudgets, insbesondere
  - die Umsatzkostenbudgets gegliedert nach Zielgebieten. Sie enthalten die Kosten für Hotel und Flug und die übrigen
  - direkt zurechenbaren Leistungsträgerkosten

- das Werbebudget und
- das Betriebskostenbudget für die Gesamtunternehmung
• das Ertragsbudget

3.6 Grenzen und Schwachstellen der Planung

Da die Planung stets zukunftsorientiert ist, sind für die Planungsentscheidungen grundsätzlich verschiedene Informationen erforderlich. Häufig dienen jedoch statt systematisch gewonnener und abgesicherter Marktforschungsberichte subjektive Einschätzungen und Erwartungen als Grundlage der Planung. Dadurch wird die zur Verfügung stehende Informationsbasis unnötig eingeengt und die Planung in ihrer Qualität beeinträchtigt. Dazu kommen Schwierigkeiten bei der vollständigen Erfassung aller Fakten und der richtigen Bewertung der Einflüsse auf das Unternehmen.

Unternehmensexterne Faktoren können kurzfristig zu einer veränderten Situation führen, die ein sofortiges Überarbeiten der Pläne erforderlich macht. Genannt seien hier das Auftreten neuer Wettbewerber oder Wechselkursschwankungen, welche die Kalkulation gefährden können. Voraussetzung ist also eine hohe Flexibilität der Planung, die laufende Überwachung von Veränderungen und eine rechtzeitige Reaktion. Da in vielen Unternehmen eine konsequente strategische Planung fehlt, kann die operative Planung oft nicht auf langfristige Ziele zurückgreifen und auf diese aufbauen. Dadurch können von Jahr zu Jahr unterschiedliche Ziele verfolgt werden, ohne dass eine einheitliche Linie erkennbar wird. Eine weitere Schwachstelle bildet häufig die Plankontrolle. Ein ständiger Soll-Ist-Vergleich (vgl. Kap. 2.2.) aber garantiert erst, dass Abweichungen festgestellt werden und gegengesteuert werden kann. Bei einer ungenügenden Planungsbeteiligung von Entscheidungsträgern führt dies zu einer geringen Zielidentifikation und somit zu mangelnder Motivation, die Pläne zu erfüllen. Eine systematische Information der Mitarbeiter über die Pläne und Anreize zur Planerfüllung können zur Verbesserung beitragen. Insbesondere bei Reiseveranstaltern besteht eine gewisse Planungsaversion, da man der Meinung ist, dass aufgrund der hohen Bedeutung externer Einflüsse deren Wirkungen selbst durch die beste Planung nicht ausgeschlossen werden können. An dem ironischen Satz „Planung ersetzt Zufall durch Irrtum" ist mehr als ein Körnchen Wahrheit.

4 Der Einkauf

Im Vordergrund der „Einkaufstätigkeit" eines Reiseveranstalters steht immer der Hoteleinkauf. Das Hotel ist die zentrale Reiseleistung, um die sich beim größten Teil der organisierten Urlaubsreisen letztlich alles dreht: die Zufriedenheit des Kunden, die Profilierung und die Ertragschancen des Reiseveranstalters und – um es nicht zu vergessen – der Beratungsbedarf im Reisebüro. Demgegenüber erscheint die Reiseleistung „Flug" eher anspruchslos: fast alle Kunden sitzen in einem Airbus oder einer Boeing und gehen davon aus, dass sie sicher an ihr Ziel gebracht werden. Welcher Name auf dem Flugzeug steht, ist für das Urlaubserlebnis des Kunden zweitrangig. Hotel und Flug machen den größten Teil des Preises einer Flugpauschalreise aus, die wir hier exemplarisch zusammenstellen. Dabei wollen wir natürlich nicht vergessen, dass im Einkauf viele andere Leistungen eine ebenso wichtige Rolle spielen: seien es andere Verkehrsträger, seien es die Zielgebietsagenturen oder seien es die Reiseleiter.

4.1 Tätigkeiten des Einkäufers

Vorbemerkung: Es sei uns nachgesehen, wenn wir auch hier aus Gründen der sprachlichen Vereinfachung und leichteren Lesbarkeit die männliche Form des Begriffes verwenden. Zwar wurde in den frühen Jahren der Pauschalreise der Einkauf in den allermeisten Fällen von Männern gemacht. Dies wurde häufig damit begründet, dass Hoteliers und andere Leistungsträger in machen Zielgebieten – insbesondere in der sog. Dritten Welt – Frauen nicht als gleichwertige Verhandlungspartnerinnen akzeptierten. Auch der Hinweis auf die besonderen Anstrengungen, die dieser Beruf mit sich bringt, war als Begründung zu hören. In der Zwischenzeit ist dieses Vorurteil weitgehend verschwunden und Frauen leisten in diesem Bereich eine voll und ganz gleichwertige Arbeit. Des Weiteren sei darauf hingewiesen, dass in vielen Unternehmen die Einkäufer heute durch Produktmanager ersetzt wurden.

Ziel des Einkaufs ist es, unter Beachtung der Produktstrategie optimale Leistungen zu den bestmöglichen Konditionen einzukaufen. Dabei ist der Einkäufer ständig auf der Suche nach attraktiven Angeboten und bemüht sich um eine partnerschaftlich gute Beziehung zu den Leistungsträgern im Zielgebiet. Der Einkäufer erstellt nach den Richtlinien des Bereichsleiters bzw. der Geschäftsführung die Beschaffungsstrategie für das Zielgebiet. Zu seinen Planungsaufgaben gehört die Erstellung eines Einkaufsplanes. Ferner plant er u.U. in Abstimmung mit dem jeweiligen Chefreiseleiter und seinem Bereichsleiter die Einkaufsreisen.

Der Einkäufer ist zuständig für den Einkauf aller Bestandteile des Reiseproduktes in den Zielgebieten. Dazu gehört der Abschluss aller Hotelverträge, sowie der Service- und Handling-Fee-Verträge (= Abwicklung und Organisation im Zielgebiet) mit den Zielgebietsagenturen. Er überwacht später die Einhaltung der vereinbarten Leistungen. Er kontrolliert beim Einkauf die Produktqualität der Angebote und ist für diese dann auch verantwortlich. Er führt nach Abstimmung mit der Marketing-Abteilung Verhandlungen mit touristischen Stellen in den Zielgebieten (wie z.B. Fremdenverkehrsämtern bzw. NTO) über gemeinsame Werbemöglichkeiten und handelt Zuschüsse und Konditionen aus. Er spricht mit diesen über Probleme, die sich aus der Beschaffungssituation ergeben oder im Verlauf der Saison auftreten und strebt eine gemeinsame Lösung der Probleme an. Er beobachtet das Einkaufsverhalten der Konkurrenzveranstalter, meldet dieses weiter und schlägt gegebenenfalls Maßnahmen vor. Beim Einkauf konsultiert der Einkäufer auch den zuständigen Chefreiseleiter und nutzt dessen aus der ständigen Anwesenheit im Zielgebiet resultierende Erfahrungen.

Nach Beendigung des eigentlichen Einkaufs prüft der Einkäufer regelmäßig die Buchungssituation des von ihm eingekauften Angebotes. Er ist dabei nach Abstimmung mit der Abteilung Verkaufssteuerung auch für vorzunehmende Kontingentsaufstockungen und -reduzierungen verantwortlich. Treten Vertragsprobleme mit den Leistungsträgern auf, so schlägt er Maßnahmen zur Beseitigung vor. Bei besonders akuten Risiken, z.B. wenn der Hotelier die Aufnahme der gebuchten Kunden verweigert, leitet er unverzüglich Maßnahmen ein. Der Einkäufer kontrolliert regelmäßig die Reklamationsquote und versucht, bei einer Häufung von Beschwerden eine Verbesserung der Situation durch Gespräche mit dem betreffenden Leistungsträger zu erreichen. Muss der Reiseveranstalter aufgrund von Reklamationen Schadenersatzzahlungen an den Kunden leisten, entscheidet der Einkäufer über die Weiterbelastungen an die Leistungsträger.

Der Einkäufer wirkt aktiv an der Katalogerstellung mit. Da er in der Regel der einzige ist, der die Hotels aus eigener Anschauung kennt, ist er für Erstellung der Hotel- und Zielgebietstexte sowie deren inhaltliche Richtigkeit verantwortlich. Unter Umständen kann er sich auch auf eine stichwortartige Beschreibung beschränken, aus der insbesondere auch angebotswirksame Besonderheiten hervorgehen. Diese dient dann der Marketingabteilung als Grundlage für die Erstellung eines ausführlichen Textes. Ferner wählt er das im Katalog zu verwendende Bildmaterial aus. Dieses soll eine objektive und realitätsnahe Wiedergabe gewährleisten. Des Weiteren berät er die Marketingabteilung bei der Prospektgestaltung, insbesondere bei der Reihenfolge und Größe der Hoteldarstellungen. Der Einkäufer ist an der Kalkulation der Angebotspreise beteiligt und überprüft die Verkaufspreise. Vor der Prospektfertigstellung überprüft er noch einmal die Katalogandrucke auf inhaltliche Richtigkeit und schlägt gegebenenfalls Veränderungen vor.

4.2 Der Hoteleinkauf

Die Anmerkung mag banal erscheinen, wir wollen dennoch nicht darauf verzichten: Beim Hoteleinkauf wird natürlich nichts „eingekauft". Es werden vielmehr Miet- bzw. Belegungsverträge abgeschlossen. Kauft ein Reiseveranstalter ein Hotel im wahrsten Sinn des Wortes, so fällt das unter die Kategorie „Hotelbeteiligung", die wir unter 4.2.6.5 besprechen. Entsprechendes gilt nachfolgend für den Flugeinkauf.

4.2.1 Planung des Hoteleinkaufs

Zur Planung der Einkaufsreisen ist es erforderlich, zunächst eine Reihe von Informationen parat zu haben. Aus dem Bereich des Flugeinkaufes erhält er dabei Daten über:

4.2 Der Hoteleinkauf

- die Kettenlänge der Saison. Sie bestimmt den Zeitraum für den Verträge abgeschlossen werden müssen.
- den Verkehrs- bzw. Bettenwechseltag. Diese Tage müssen nicht identisch sein. Wird über Nacht in ein Zielgebiet geflogen, ist der Bettenwechseltag der auf den Verkehrstag folgende Tag. Der Bettenwechseltag ist in den Verträgen mit den Hotels festgehalten.
- die wöchentliche eingekaufte Flugkapazität. Sie bildet die Grundlage für die einzukaufende Bettenkapazität.
- den Bettenbedarf pro Woche.

Um sich einen Überblick über die Hotelpalette der vorangegangenen Saison zu verschaffen, ist es sinnvoll, in einer Übersicht zunächst alle für die Entscheidungen im Hoteleinkauf relevanten Informationen zusammenzutragen. Pro Hotel wird dann eine solche Übersicht erstellt, die zweckmäßigerweise auf einer Bildschirmseite zusammengefasst ist. Zu diesen Informationen gehören das bisherige Bettenkontingent, die Auslastung, die Anzahl der gebuchten Bettnächte bzw. Zimmernächte („room nights"), die Preise, der DB des Hotels, Reklamationsquoten etc. Hierzu könnte z.B. die nachfolgend abgebildete Übersicht verwendet werden. Mit Hilfe dieser Informationen lässt sich die Bedeutung eines Hotels für den Veranstalter leicht abschätzen.

Tabelle 4.1: Planungsgrundlage Hoteleinkauf

Einzukaufende Saison	**Sommer 2013**		
Hotelname:	Hotel San Juan/Puerto Rico		
Kategorie:	***-Sterne		
Verpflegungsarten:	HP/VP		
Kontingent DZ:	**50 Betten**	**Kontingent EZ:**	**5 Betten**
Bettnächte Vorjahr:	8316 Bettnächte (55 Betten × 27 Wo. × 7 Tage × 80 % Auslastung)		
Auslastung Vorjahr in %:	80 %		
EK-Preis Vorjahr (pro Tag bei Verpflegung HP)	**Saison A von – bis** 13.04.–30.05.13 27.09.–19.10.13	**Saison B von – bis** 31.05.–04.07.13 15.08.–26.09.13	**Saison C von – bis** 05.07.–14.08.13
DZ:	X US$	X US$	X US$
EZ-Zuschlag:	X US$	X US$	X US$
Zuschlag für VP:	X US$	X US$	X US$
DB Vorjahr in EUR	X EUR		
DB Vorjahr in %	X %		
Reklamationsquote:	1,0 %		
Bemerkungen:	–		

Häufig ist es auch nützlich, auf einem gesonderten Blatt die Preisentwicklung der einzelnen Hotels in den vergangenen Jahren zu erfassen. Sie zeigt schnell, welche Hoteliers in letzter Zeit besonders hohe Preissteigerungen hatten. Ferner nimmt der Hoteleinkäufer einen Ausdruck der Katalogtexte der vergangenen Saison mit auf die Einkaufsreisen, um vor Ort die inhaltliche Richtigkeit der Hotel- und Zielortbeschreibungen zu prüfen und diese gegebenenfalls zu berichtigen.

4.2.2 Einkaufspolitik im Hotelbereich

Mit Hilfe der Einkaufspolitik soll erreicht werden, dass Hotelleistungen in ausreichender Menge und in gewünschter Qualität zu günstigen Preisen und Konditionen zur Verfügung stehen. Die Einkaufspolitik umfasst somit neben dem Zeitpunkt des Einkaufs auch die Mengen-, Qualitäts-, Preis-, und Konditionspolitik.

4.2.2.1 Einkaufszeitpunkt

Sofern in einem Zielgebiet nicht die Flugkapazität, sondern das geringe Angebot an geeigneten Hotelbetten den Engpassfaktor im Einkauf darstellt, ist es notwendig, den Betteneinkauf zum frühestmöglichen Zeitpunkt vorzunehmen. Je später der Zeitpunkt des Einkaufes, desto größer ist das Risiko des Veranstalters, den Bedarf an Hotelbetten nicht mehr decken zu können. Dies hätte eine Unterauslastung der eingekauften Flugkapazitäten und eine Abwanderung der Kunden zur Konkurrenz zur Folge. Allerdings verringert sich bei einem späten Einkaufszeitpunkt das Auslastungsrisiko des Veranstalters, da nun eine exaktere Absatzprognose möglich ist. Der Einkauf zu einem späteren Zeitpunkt ist dann sinnvoll, wenn auf dem Beschaffungsmarkt ein klares Überangebot an Hotelkapazitäten herrscht und die Hoteliers mit freien Kapazitäten im Hinblick auf die mangelnde Lagerfähigkeit ihres Produktes zu Preiszugeständnissen neigen werden. Der allgemeine Trend geht in Richtung einer immer größeren Hotelkapazität, die generell die Situation des Reiseveranstalters im Einkauf verbessert.

4.2.2.2 Mengenpolitik

Wie bereits festgestellt, muss die eingekaufte Gesamtbettenkapazität der im Einzugsgebiet des Zielflughafens liegenden Hotels zur Auslastung der Flugkette ausreichen. Entscheidendes Kriterium der Mengenpolitik ist jedoch nicht nur die Gesamtkapazität, sondern auch die Festlegung der einzukaufenden Menge (= Kontingent) je Hotel. Sie hat Einfluss auf die Kosten und die Qualität der zu produzierenden Pauschalreise.

Ein großes Bettenkontingent je Hotel und damit eine Beschränkung der Anzahl der angebotenen Hotels ermöglicht eine kostengünstigere Produktion der Pauschalreisen. Bei der Abnahme großer Kontingente wird der Hotelier eher zu Preiszugeständnissen bereit sein. Beim Einkauf verringert die Konzentration auf wenige Hotels den Zeitaufwand für den Einkäufer, da der Arbeitsanfall von der Zahl der Hotelverträge, nicht jedoch von der Größe des Bettenkontingents je Hotel abhängig ist. Damit ist dieser in der Lage, ein größeres Bettenvolumen zu betreuen. Durch die Begrenzung der Anzahl der Hotelverträge wird auch eine Vereinheitlichung der Auftragsbearbeitung im Verwaltungsbereich des Veranstalters erreicht. Es müssen beispielsweise weniger Auslastungs- und Teilnehmerlisten an die Hoteliers versandt werden. Bei der Katalogerstellung werden zur Darstellung der Hotels weniger Seiten benötigt und so die Produktionskosten der Kataloge geringer. Außerdem steht nun mehr Platz im Katalog für die Hotelbeschreibung zur Verfügung, da weniger Hotels unter Vertrag stehen. Bei Vereinbarung eines großen Bettenkontingents wird die Bereitschaft der Hoteliers steigen, einen Reiseleiter des Veranstalters kostenfrei in seinem Hotel unterzubringen. Die Transferkosten im Zielgebiet sind niedriger, da weniger Hotels angefahren werden müssen und die Auslastung der Transportkapazitäten erhöht werden kann. Bei großen Kontingenten pro Hotel kann die Betreuung der Reiseteilnehmer durch den Reiseleiter intensiver gestaltet und auch das Angebot von Zusatzleistungen vergrößert werden.

Allerdings wird aufgrund der Konzentration auf wenige Hotels mit großen Kontingenten die Produktpalette sehr klein sein. Es kann damit nur ein kleines Marktsegment angesprochen und nicht allen Kundenwünschen Rechnung getragen werden. Außerdem wächst die Abhängigkeit von den Hoteliers, je größer die Konzentration der Kontingente betrieben wird. Fällt nur einer der Leistungsträger aus und stehen keine Ersatzquartiere zur Verfügung, so besteht eine große Gefahr, die geplanten Teilnehmerzahlen nicht mehr erreichen zu können. Bei der Festlegung der Kontingentsgröße pro Hotel muss ferner gewährleistet sein, dass der Veranstalter über die gesamte Saison eine gute Auslastung der eingekauften Betten erreichen kann. Kann der Veranstalter seine Kontingente in der Nebensaison nur ungenügend auslasten, wird der Hotelier dazu neigen, diese in der kommenden Saison der besser buchenden Konkurrenz zu übertragen.

4.2.2.3 Qualitätspolitik

Beim Einkauf der Hotelleistungen spielt die Qualitätspolitik eine herausragende Rolle. Dies ist vor allem darin begründet, dass die Unterkunft einen großen Teil des Urlaubserlebnisses ausmacht und sie der bedeutendste Bestandteil eines Pauschalreisearrangements ist. Die einzukaufende Hotel-Qualität richtet sich weitgehend nach der Positionierung des vom Veranstalter angebotenen Pauschalreiseproduktes am Absatzmarkt. Der qualitativen Beurteilung der Hotelleistung liegen sowohl objektiv als auch subjektiv zu bewertende Merkmale zugrunde. Problematisch bei der Qualitätsbestimmung ist, dass das Gesamturteil aus der Bewertung einer Reihe von Teilelementen hervorgeht. Es lassen sich dabei aus qualitativer Sicht vor allem vier Teilelemente der Hotelleistung unterscheiden:

1. Der **Hotelstandort** beeinflusst in starkem Maße die Kaufentscheidung des Kunden, so dass dieser bei der qualitativen Beurteilung eines Hotels einbezogen werden muss. Hierzu gehört insbesondere die Entfernung zum Strand oder Ortszentrum. Häufig haben sich die Orte in den Zielgebieten schon auf die Gäste bestimmter Herkunftsländer spezialisiert[4]. Da sich die Hoteliers mit ihren Leistungen und Sprachkenntnissen auf diese Gäste ausgerichtet haben, kann es schwierig sein, Gäste anderer Nationalitäten in diese Orte zu bringen.
2. Die **äußere und innere Ausstattung** der Hotels stellen die wesentlichen Bestandteile der Hotelqualität dar. Die äußere Ausstattung (Fassade, Garten usw.) ist aufgrund der Katalogabbildungen oft bedeutend für den Kaufentschluss des Kunden. Zur inneren Ausstattung gehören die Zimmerausstattung und -größe sowie die sonstigen Hoteleinrichtungen (z.B. Schwimmbad, Restaurants und Sporteinrichtungen).
3. Die **personelle Ausstattung** des Hotels. Als Beurteilungskriterien können Kennzahlen wie die Anzahl der Beschäftigten pro Bett, das Verhältnis von angelerntem zu ausgelerntem Personal, Sprachkenntnisse usw. herangezogen werden. Gerade von dem Hotelpersonal, seinem Qualifikationsstand und dem Umgang mit den Gästen ist die Zufriedenheit der Gäste in hohem Maße abhängig und damit der Erfolg des Veranstalters.

---

[4] So wird z.B. der Ort Palma Nova auf Mallorca nahezu ausschließlich von Gästen aus Großbritannien besucht

4. Die **Qualität** der Verpflegungs- und sonstigen Zusatzleistungen des Hotels, wie Tanzabende, Geldwechsel, Boutiquen im Hotel usw., sind ebenfalls in die Beurteilung einzubeziehen.

Zur **Hotelklassifikation** werden häufig veranstaltereigene Checklisten verwendet. Anhand einer Werteskala werden die einzelnen Teilleistungen beurteilt, entsprechend ihrer Bedeutung für die Gesamthotelqualität gewichtet und zu einem Gesamturteil zusammengefasst. Auf Klassifizierungen nationaler Stellen in den Zielgebieten kann i.d.R. nicht zurückgegriffen werden, da die Anforderungen dieser Stellen häufig unter den Erwartungen deutscher Gäste liegen. Darüber hinaus wäre die Vergleichbarkeit aller im Programm des Veranstalters enthaltenen Hotels nicht gewährleistet. Auch sind diese Klassifizierungen in aller Regel an technischen Merkmalen orientiert wie z.B. dem Vorhandensein einer Klimaanlage, der 24-stündigen Öffnung einer Bar oder der Erreichbarkeit aller Zimmer mit einem Lift. Für einen deutschen Reiseveranstalter spielt hingegen der Pflegezustand eines Hotels eine besondere Rolle – ein Merkmal, das mit nationalen Augen im Zielgebiet oft anders gesehen wird.

Bei der Qualitätsbeurteilung eines Hotels ist neben den o.g. Kriterien auch die Sicherheit der Leistungserstellung durch den Hotelier zu beurteilen. So ist vor Vertragsabschluss abzuschätzen, inwieweit während der Vertragsdauer Leistungsminderungen oder -einstellungen befürchtet werden müssen. Der mit dem Hotel geschlossene Vertrag selbst bietet keine ausreichende Sicherheit, da aufgrund des deutschen Reisevertragsrechtes Schadenersatzforderungen durch den Kunden gegenüber dem Reiseveranstalter geltend gemacht werden können, auch wenn diesen kein Verschulden trifft. Ein besonderes Problem stellen dabei **Hotelneubauten** dar. Da von Hoteliers häufig sehr optimistisch geschätzte Eröffnungstermine genannt werden, können die vertraglich fixierten Termine oft nicht gehalten werden. Gebuchte Kunden müssen dann mit den entsprechenden rechtlichen Konsequenzen umgebucht werden. Andererseits kann ein Verzicht auf dieses Hotel bewirken, dass Konkurrenzveranstalter dieses Haus unter Vertrag nehmen und es somit später nicht mehr für das eigene Unternehmen zur Verfügung steht.

4.2.2.4 Preis- und Konditionspolitik

Die Preispolitik des Veranstalters wird durch die Stellung der Anbieter (Hoteliers) auf dem Beschaffungsmarkt bestimmt. Steht den verfügbaren Hotelkapazitäten im Zielgebiet eine größere Nachfrage gegenüber, ist der Hotelier in der Lage, höhere Preise zu fordern und durchzusetzen. Die Nachfrager bestehen insbesondere bei PKW-Zielen im Nahbereich nicht nur aus konkurrierenden Veranstaltern, sondern z.T. in hohem Maße auch aus Individualreisenden. Ist der Hotelier in der Situation, sein Hotel bereits mit diesen Individualgästen gut auslasten zu können, wird er nur ein geringes Interesse an einer Zusammenarbeit mit Reiseveranstaltern zeigen, auf jeden Fall aber nicht zu größeren Preiszugeständnissen bereit sein. Bei einem Angebotsüberhang ist der Reiseveranstalter dagegen in der Situation, seine Preisvorstellungen weitestgehend durchsetzen zu können.

Ferner bestimmt die finanzielle Lage des Veranstalters sein preispolitisches Verhalten. Verfügt der Veranstalter nur über ungenügende Liquidität, wird er zu Preiszugeständnissen gegenüber dem Hotelier bereit sein, um hohe Vorauszahlungen vermeiden zu können. Das Ergebnis der Preisverhandlungen wird letztlich zu einem erheblichen Teil auch vom Verhandlungsgeschick des Einkäufers abhängen. Ein wirkungsvolles Argument ist dabei das Vorweisen eines hohen Auslastungsgrades für das Hotel in der vergangenen Saison. Weitere unterstützende Daten für die Verhandlungen sind Buchungszahlen für das Zielgebiet, Werbemaßnahmen des Veranstalters auf dem Absatzmarkt sowie der Hinweis auf die kostenlose Darstellung des Hotels im Katalog des Veranstalters.

Je schwächer die Position des Hoteliers bei den Verhandlungen ist, desto eher wird der Veranstalter auch Zugeständnisse bei den Konditionen erhalten. Hierzu gehört insbesondere die Festlegung von kurzen Verfallsfristen für die eingekauften Hotelkapazitäten. Durch sie wird es möglich, lange über ein Bettenkontingent zu verfügen, ohne ein finanzielles Risiko aufgrund von Auslastungsgarantien eingehen zu müssen. Weitere Verhandlungspunkte im Rahmen der Konditionspolitik sind eventuelle Belegungsgarantien, die freie Unterbringung eigener Reiseleiter oder die Vereinbarung einer sog. Konkurrenzklausel. Sie verwehrt dem Hotelier den Abschluss eines weiteren Hotelvertrages mit einem Konkurrenten des Veranstalters. Wer als einziger ein bestimmtes Haus im Katalog hat, kann für dieses mit höherem DB kalkulieren und muss nicht befürchten, am Konkurrenzpreis gemessen zu werden. Auf den Vertragsinhalt und die verschiedenen Vertragsarten soll im Folgenden näher eingegangen werden.

4.2.3 Der Hotelvertrag

Im Hotelvertrag werden alle Rechtsbeziehungen zwischen dem Reiseveranstalter und dem Hotel geregelt. In dem Vertrag verpflichtet sich der Hotelier, die im Vertrag vereinbarten Leistungen mängelfrei zu erbringen und sein Hotel in einwandfreiem Zustand zu halten. Der Reiseveranstalter verpflichtet sich, das Hotel in sein Reiseprogramm aufzunehmen und kostenlos darzustellen, dafür zu werben und die vom Hotel bereitgestellten Kapazitäten möglichst voll zu belegen. Ferner verpflichtet er sich zu einer umgehenden Bezahlung der Rechnungen des Hoteliers. In den meisten Fällen werden die Standardhotelverträge der Veranstalter benutzt. In Anbetracht des intensivierten Wettbewerbs und Kostendrucks bemühen sich viele Veranstalter darum, vom Hotelier einen Beitrag zur Abbildung des Hotels im Katalog zu erhalten. Dies kann in Geld oder durch die Vergabe von kostenlosen Übernachtungen geschehen. Hierfür wird häufig der Ausdruck *Barter Agreements* verwendet, was in wörtlicher Übersetzung *Tauschgeschäft* bedeutet. Getauscht werden also freie Übernachtungen gegen Darstellung im Katalog. Ist der Hotelier nicht überzeugt, dass der Veranstalter die versprochenen Gäste wirklich bringt – was besonders bei neuen oder kleinen Reiseveranstaltern bisweilen vorkommt – so kann er das Barter Agreement an die Bedingung knüpfen, dass ein bestimmter Umsatz bzw. eine bestimmte Gästezahl erreicht wird. Der hierfür international übliche Ausdruck heißt *Upon Production*.

Auf den vorgedruckten Vertragsformularen sind die Rahmenbedingungen festgelegt und müssen nur durch wenige variable Daten ergänzt werden. Die Verwendung eigener Formulare ist für den Veranstalter schon deshalb geboten, weil durch die Vielzahl der abzuschließenden Verträge individuelle Verträge nach Vorgaben des Hoteliers einen hohen Verwaltungsaufwand nach sich ziehen würden. Bei Ferienwohnungen werden keine Hotelverträge sondern Mietverträge abgeschlossen, da hier neben der Unterbringung und den damit verbundenen Nebenkosten (z.B. Wasser, Strom, Gas usw.) keine weiteren Leistungen enthalten sind.

In einem Hotelvertrag sind folgende Punkte unbedingt festzulegen:

1. die **Vertragspartner**.
2. die **Gültigkeitsdauer** des Vertrages und der Bettenwechseltag. Die Vertragsdauer muss bei Flugreisen mit der Laufzeit der Flugkette übereinstimmen. Der Bettenwechseltag ist auf den Verkehrstag des Fluges abzustimmen. Dabei sind Verkehrs- und Bettenwechseltag dann nicht identisch, wenn der Flug über Nacht in östlicher Richtung erfolgt. Hotelverträge werden üblicherweise für die Dauer einer Saison abgeschlossen. Verträge mit Laufzeiten von einem Jahr und länger sind aufgrund der Gefahr ungewisser Wechselkursentwicklungen selten. Allerdings werden häufig längerfristige Hotelverträge abgeschlossen, in denen nur die Vertragspreise zu Beginn einer jeden Saison neu festgelegt werden. Diese langfristigen Verträge dienen der Sicherung von Unterkunftskapazitäten in Gebieten mit einem knappen Angebot an Hotelbetten. Bei Ganzjahreszielen ist darauf zu achten, dass der neue Vertrag zeitlich unmittelbar an den alten Vertrag anschließt.
3. die **Vertragswährung**. Dies ist häufig die Landeswährung des Hoteliers. In Ländern ohne frei konvertierbare Währung oder in Ländern mit hoher Inflation und starken Wechselkursschwankungen werden jedoch zumeist Verträge in Euro oder US-Dollar abgeschlossen.
4. das **Kontingent** je Zimmer- bzw. Belegungsart. Das Kontingent wird auf Zimmerbasis vereinbart. Bei der Belegungsart ist zwischen Einzel-, Doppel-, Drei- und Vierbettzimmer zu unterscheiden. Außerdem ist festzulegen, welche Zimmer eventuell mit Zustellbetten ausgestattet werden können und ob diese nur von Kindern oder auch von Erwachsenen belegt werden können.
5. die **Ausstattung der Zimmer**. Hier wird die Einrichtung der Zimmer mit Bad oder Dusche/WC, Balkon usw. festgehalten. Ebenfalls ist die Lage der Zimmer im Vertrag zu präzisieren, z.B. Meerblick oder Landseite. Verfügen die Zimmer einer Belegungsart über eine unterschiedliche Ausstattung und sind die Kontingente nicht so groß, dass eine getrennte Kalkulation und Ausschreibung im Katalog wirtschaftlich ist, sind diese Zimmer einheitlich mit der niedrigeren Ausstattung gemeinsam auszuschreiben. Wie schnell der Kalkulationsaufwand „explodiert", zeigt folgendes Beispiel: Verfügt ein Hotel z.B. über drei verschiedene Zimmerkategorien (DZ-DU/WC, DZ-Bad/WC, EZ) und werden alle 3 Verpflegungsvarianten (Ü/F, HP, VP) bei 4 Saisonzeiten angeboten, müssen bereits $3 \times 3 \times 4 = 36$ Verkaufspreise für ein einziges Hotel kalkuliert werden! Es ist daher empfehlenswert, Zimmerausstattungen mit kleinen Kontingenten entweder gar nicht erst einzukaufen oder aber mit anderen Ausstattungen zusammenzufassen.
6. die **Art der Verpflegung**. Bei Hotelverträgen unterscheidet man zwischen Frühstück, Halb- und Vollpension. In der Regel ist es nicht sinnvoll, alle Verpflegungsvarianten anzubieten, sondern sich auf ein oder zwei zu beschränken. Bietet ein Hotelier zu den Mahlzeiten Büffets an, ist es zu empfehlen, diese im Hotelvertrag näher zu definieren, da diese in ihrer Qualität und Quantität sehr unterschiedlich sein können. Bei Halbpension ist festzulegen, ob die 2. Mahlzeit wahlweise mittags oder abends eingenommen werden kann.
7. die **Saisonzeiten** und der Einkaufspreis der verschiedenen Zimmerarten in den unterschiedlichen Saisonzeiten. Hierunter fallen auch sonstige Preisvereinbarungen, wie Zuschläge bei Nutzung von DZ als EZ oder Abschläge für eine 3. Person im DZ. Bei Hotelverträgen werden in der Regel Preise pro Tag und Person vereinbart, bei Ferienwohnung dagegen Preise pro Woche und Wohneinheit. Beim Einkauf sollte auf

eine möglichst weitgehende Übereinstimmung der Einkaufs-Saisonzeiten aller Hotels einer Destination geachtet werden, da bei der späteren Katalogausschreibung üblicherweise auch nur eine einheitliche Saisonfestlegung pro Zielgebiet erfolgt. Durch die Vereinheitlichung kann bei der Kalkulation die Notwendigkeit des Mischens verschiedener EK-Saisonpreise eines Hotels und so das Entstehen größerer Differenzen zwischen kalkuliertem und tatsächlichem Hotelaufwand vermieden werden.

8. die Höhe der **Kinderermäßigungen**. Dies geschieht i.d.R. durch die Festlegung eines prozentualen Abschlags vom Erwachsenenpreis. Dieser kann in den verschiedenen Saisonzeiten unterschiedlich sein. Ferner sind die Altersgrenzen festzulegen, bis zu denen Ermäßigungen gewährt werden und ob die Ermäßigung bereits bei Unterbringung mit einem oder erst mit zwei mitreisenden Erwachsenen geleistet wird. Für Kinder unter zwei Jahren wird üblicherweise vereinbart, dass die Kunden die für diese Kinder zu erbringenden Leistungen direkt mit dem Hotelier abrechnen. Das Aushandeln individueller Kinderermäßigungen mit jedem einzelnen Hotelier kann eine übersichtliche Katalogdarstellung der Ermäßigungen erschweren. Deshalb sollten von der Geschäftsleitung bzw. dem zuständigen Produktmanager Vorgaben für die Ermäßigungssätze und Altersgrenzen gemacht werden, an denen sich die Einkäufer bei den Vertragsverhandlungen zumindest orientieren können. Die Zielsetzung geht heute hin zur Darstellung von Familienpreisen in den Vertriebssystemen.

9. die **Leistungen des Hoteliers**. Hierzu gehört insbesondere die Ausstattung mit Sport- und Freizeiteinrichtungen, wie Swimmingpool, Tennisplätze, Sauna usw. Dabei muss klargestellt werden, ob diese Leistungen bereits im Übernachtungspreis inbegriffen sind oder von den Kunden vor Ort extra bezahlt werden müssen. Zu prüfen ist auch, ob diese Leistungen während der gesamten Saison angeboten werden. Ist die Einrichtung bestimmter zusätzlicher Leistungen erst geplant, sollte man in der späteren Katalogausschreibung besser auf die Ausschreibung verzichten. Es kann nicht immer mit Sicherheit davon ausgegangen werden, dass die Leistungen während der nächsten Saison tatsächlich zur Verfügung stehen.

10. **Sonderangebote**. Hierunter sind insbesondere Preissenkungen an bestimmten Anreiseterminen zu verstehen, wie „2 Wochen reisen – 1 Woche bezahlen" oder Einzelzimmer ohne Zuschlag usw. Im Vertrag sind die Höhe der Reduktion und die Termine des Sonderangebotes zu notieren.

11. **Melde- bzw. Verfallsfristen**. *Definition Meldefrist:* Meldefristen geben an, bis zu welchem Zeitpunkt die endgültigen Hotellisten beim Hotelier eintreffen müssen. *Definition Verfallsfrist:* Verfallsfristen legen fest, bis zu welchem Datum der Veranstalter über ein Kontingent frei verfügen kann.

12. Werden nach Ablauf der Verfallsfristen noch Zimmer vom Veranstalter an den Hotelier zurückgegeben, sind von diesem die vertraglich festgelegten **Stornierungsgebühren** zu bezahlen. Die Verfallsfrist liegt üblicherweise etwa 2 Wochen vor den entsprechenden Ankunftsdaten der Gäste. In der Hochsaison werden auf Wunsch der Hoteliers auch längere Fristen vereinbart, während in der Nebensaison die Kontingente teilweise bis zum Ankunftstermin zur Verfügung stehen. Da die Verteilung der Hotellisten über die örtlichen Agenturen erfolgt, muss der Veranstalter noch ca. 3–4 Verarbeitungstage zur Verfallsfrist hinzurechnen, in denen eine Buchung durch Kunden bereits ausgeschlossen werden muss.

13. der **Gerichtsstand** und das Recht, welches bei Unstimmigkeiten angewandt werden soll. Gerichtsstand ist dabei üblicherweise der Sitz des Hoteliers. Als Recht wird zumeist das des Landes vereinbart, in dem das Hotel seinen Sitz hat.
14. die **Zahlungsbedingungen**, d.h. Abwicklung und Zeitpunkt der Zahlung. Hierauf wird noch gesondert eingegangen.
15. die „Allgemeinen Geschäftsbedingungen" und die **Gewährleistung**. Hier wird das Hotel insbesondere zur Einhaltung aller Vorschriften verpflichtet, die zur Sicherheit der Gäste des Reiseveranstalters erforderlich sind und in den Bereich der allgemeinen Verkehrssicherungspflicht fallen. Dies bezieht sich insbesondere auf Brandschutz, die Ordnungsmäßigkeit der Installationen und Unfallverhütungsmaßnahmen.

Ausdrücklich wird hier auch der Regressanspruch des Reiseveranstalters gegenüber dem Hotelier festgelegt, wenn der Veranstalter bei Verschulden des Hoteliers zur Zahlung wegen Verletzung der allgemeinen Verkehrssicherungspflicht gegenüber dem Kunden verpflichtet ist. Außerdem behält sich der Veranstalter bei einer Vertragsverletzung aus den o.g. Gründen das Recht zur fristlosen Kündigung des Vertrages vor. In der Praxis wird man den Hotelier in den seltensten Fällen wirklich verklagen, denn zum einen wird der Veranstalter im folgenden Jahr keine Zimmer mehr bekommen, zum anderen sind Gerichtsverfahren im Ausland häufig sehr langwierig und führen nur selten zum gewünschten Erfolg. In der Regel informiert man den Hotelier und verrechnet den Schaden gleich mit der nächsten Hotelrechnung.

In einer Anlage zum Vertrag werden häufig noch die Informationen festgehalten, die für die spätere Katalogausschreibung von Bedeutung sind. Dazu gehören z.B. Anreise zum Hotel, Lage des Hotels, Beschreibung der Ausstattung des Hotels, Fotos usw. Diese Anlage ist Bestandteil des Vertrages.

4.2.4 Die Vertragsarten im Hoteleinkauf

Die in der Reisebranche üblichen Hotelverträge unterscheiden sich in erster Linie dadurch, inwieweit das Auslastungsrisiko der Bettenkapazitäten vom Hotelier auf den Reiseveranstalter übertragen wird.

„Free-Sale"

Definition: „Free-Sale"-Einkauf

Bei dieser Einkaufsmethode erhalten die Veranstalter vom Hotel kleine Kontingente, ohne ein Kapazitäts-Risiko eingehen zu müssen. Der Verkauf wird dem Hotel gemeldet („sell and report"). Free-Sale-Kontingente können dem Veranstalter auch über eine Zielgebiets-Agentur zur Verfügung gestellt werden, die mit dem Hotel entsprechende Vereinbarungen hat. Die Einkaufsmethode ist nur bei geringem Aufkommen pro Hotel praktikabel. In der Hauptsaison wird das Hotel darüber hinaus Veranstalter bevorzugen, die Betten mit Garantie abnehmen. Der Free-Sale-Einkauf spielt bei größeren Veranstaltern praktisch keine Rolle.

4.2 Der Hoteleinkauf

Der Allotmentvertrag

Definition: Allotmentvertrag

Er ist die am stärksten verbreitete Vertragsform beim Hoteleinkauf. Hierbei vereinbart der Reiseveranstalter mit dem Hotelier, über eine bestimmte Zimmeranzahl (Kontingent) zu einem bestimmten Preis bis zu einem festgelegten Stichtag (Optionsfrist) ohne Rücksprache frei verfügen zu können. Werden nicht genutzte Kontingente innerhalb der Optionsfrist vom Veranstalter an den Hotelier zurückgegeben, fallen keine Stornierungsgebühren an. Die Optionsfrist endet in der Regel 2–3 Wochen vor dem entsprechenden Ankunftstermin. Ab diesem Zeitpunkt kann der Hotelier wieder frei über die nicht genutzten Zimmer verfügen. Das Auslastungsrisiko der Hotelbetten verbleibt also vollständig beim Hotelier. Will der Reiseveranstalter nach Ablauf der Verfallsfrist und Rückgabe des nicht verkauften Kontingentes noch zusätzliche Zimmer belegen, muss er diese beim Hotelier neu anfordern und bestätigen lassen.

Hoteliers, die davon ausgehen, dass die Veranstalter nicht ihr gesamtes Kontingent ausnutzen, „überbuchen" bisweilen, d.h. sie vergeben ihre Zimmer mehrmals. Benötigt der Veranstalter jedoch tatsächlich einmal alle Zimmer seines Kontingentes, kann der Hotelier seine Verpflichtung nur unvollständig erfüllen. Da bei diesem Vertrag der Reiseveranstalter praktisch kein finanzielles Risiko eingeht, erhält er von den Hoteliers tendenziell schlechtere Konditionen. Diese können sich in höheren Preisen, schlechteren Zimmern oder ungünstigeren Zahlungsbedingungen (z.B. höhere Vorauszahlungen) auswirken.

Termin-Garantie-Vertrag

Definition: Termin-Garantie-Vertrag

Beim Termin-Garantie-Vertrag verpflichtet sich der Reiseveranstalter, ein vereinbartes Bettenkontingent zu bestimmten Terminen zu einem bestimmten Preis zu belegen.

Die Termin-Garantie kann sich auf die gesamte Saison oder auch nur auf wenige Termine innerhalb der Vertragslaufzeit (z.B. Hochsaison) beschränken. Das Auslastungsrisiko trägt allein der Reiseveranstalter. Im Fall einer nicht vollständigen Auslastung seines Kontingentes muss er Leerbettgebühren an den Hotelier zahlen. Durch die Übernahme des Belegungsrisikos werden in der Kalkulation die beim Allotmentvertrag variablen Unterkunftskosten nun zu fixen Kosten. Der Veranstalter muss seine Kosten auf der Basis einer realistisch erscheinenden Auslastung kalkulieren, indem er zum Einkaufspreis einen Risikozuschlag addiert. Einkaufspreis zuzüglich Risikozuschlag bilden die Grundlage für die Kalkulation des Verkaufspreises. Der Risikozuschlag ist unabhängig von der Größe des Kontingents und errechnet sich folgendermaßen:

$$\text{Risikozuschlag} = \frac{(100\% - \text{geschätzte Auslastung in \%}) \times \text{Zimmerpreis}}{\text{geschätzte Auslastung}}$$

Beispiel:

Ein Hotelier bietet bei Abschluss eines Garantievertrages einen Einkaufs-Zimmerpreis von € 20,– an, bei Abschluss eines Allotmentvertrages von € 23,–. Erfahrungsgemäß kann mit einer Auslastung des Hotels von 80 % gerechnet werden. In diesem Fall ist der Allotmentvertrag günstiger, da der Risikozuschlag € 5,– betragen würde:

Tabelle 4.2: Berechnung des Risikozuschlages bei Garantieverträgen

Schritt	Rechengang	Ergebnis
Risikozuschlag	$\frac{(100\% - 80\%) \times €\,20,-}{80\%}$	€ 5,-
EK-Kalkulationspreis als Basis zur Berechnung VK-Preis	€20,- + €5,-	€25,-

Garantieverträge sind bei größeren Kontingenten häufig mit einer Konkurrenzklausel verbunden, da das Preisverhalten der Konkurrenz einen nicht kalkulierbaren Risikofaktor darstellen würde. Durch die Konkurrenzklausel aber werden Preisvergleiche mit Konkurrenten vermieden. Weiterhin erfüllen die Garantiehäuser eine Art „Pufferfunktion". Da in diesen Häusern keine Verfallsfristen einzuhalten sind, können Überbuchungen aus anderen Hotels kurzfristig in diese Häuser umgebucht werden. Garantieverträge können häufig von den Veranstaltern als Instrument zur Durchsetzung von Qualitätsverbesserungen eingesetzt werden. Garantieverträge werden in erster Linie in Zielgebieten abgeschlossen, in denen ein knappes Unterkunftsangebot herrscht, weil hier die Hoteliers beim Kampf der Veranstalter um die Kapazitäten in der besseren Verhandlungsposition sind.

Verträge mit kumulativer Garantie

Definition: Kumulative Garantie

Hier verpflichtet sich der Reiseveranstalter im Laufe der Saison eine bestimmte Anzahl von Bettnächten oder „room-nights" abzunehmen. Diese Anzahl wird in jedem Fall – i.d.R. am Ende der Saison – abgerechnet, auch wenn der Veranstalter sie nicht erreicht hat. Der Vorteil für den Veranstalter liegt darin, dass sich Höhen und Tiefen in der Belegung über die Saison ausgleichen lassen. Allerdings wird der Hotelier auch nicht so günstige Konditionen wie bei der Termin-Garantie einräumen. Kumulative Garantien werden bisweilen mit Termingarantien kombiniert, da kein Hotelier daran interessiert ist, seine Zimmer nur in der ohnehin stark nachgefragten Hochsaison zu belegen.

Objektanmietung

Definition: Objektanmietung/Garantieobjekt

Wird das Hotel oder die Ferienwohnungsanlage komplett und über die ganze Saison fest abgenommen, so spricht man von einer Objekt-Anmietung oder einem Garantieobjekt. Auch hier liegt das Auslastungsrisiko allein beim Reiseveranstalter. Die Objektanmietung wird häufig bei Appartements und Ferienwohnungen, zunehmend aber auch bei Hotelanlagen praktiziert. Bei Objekt-Anmietungen wird nicht wie bei den anderen Vertragsarten üblich ein Preis pro Person, sondern ein feststehender Betrag pro Einheit für die Übernahme ausgehandelt. Der Einkaufspreis pro Person ergibt sich hier folgendermaßen:

$$\text{EK-Preis bei Objektanmietung} = \frac{\text{Objektpreis} \times 100}{\text{Personenbelegung} \times \text{Vertragsdauer in Tagen} \times \text{Auslastung in \%}}$$

4.2 Der Hoteleinkauf

Beispiel:

Ein Puertoricanischer Appartementhaus-Besitzer bietet die Festanmietung seiner Appartements an. Der Preis für die gesamte Saison beträgt pro Appartement US$5.800. Die Appartements können mit 2 Personen belegt werden. Es wird mit einer Durchschnittsauslastung von 90 % gerechnet. Die Saison läuft über 27 Wochen.

Tabelle 4.3: Berechnung des EK-Preises bei Objekt-Anmietung

Schritt	Rechengang	Ergebnis
Berechnung EK-Preis (pro Person und Tag)	US$ 5800,– 27Wochen × 7 Tage × 2 Pax	US$ 15,34
Berechnung EK-Preis unter Berücksichtigung vorauss. Auslastung (pro Person und Tag)	$\frac{US\$ 15{,}34}{90\%} \times 100$	US$ 17,04

Die Zahlung erfolgt in einer Mischung aus Teil- und Vorauszahlung. So ist es beispielsweise üblich, alle 3 Monate eine Rate zu zahlen. Mit der frühen Zahlung an den Hotelier sind Liquiditätseinbußen beim Reiseveranstalter verbunden. Durch die Vorauszahlungen entstehen darüber hinaus Zinsverluste bzw. entgangene Zinsgewinne und möglicherweise Währungsverluste. Der Vorteil der Festanmietung liegt darin, dass die Einflussmöglichkeiten auf den Hotelier steigen. So ist es möglich, zu beeinflussen mit welchen Konkurrenzveranstaltern man das Haus teilt. Ferner gibt es wie bei Garantieverträgen keine Verfallsfristen, so dass die Zimmer bis zum letzten Tag verkauft werden können.

4.2.5 Zahlungsbedingungen

Wie bei den Preisverhandlungen sind die Zahlungsbedingungen das Ergebnis der Verhandlungsposition und des Verhandlungsgeschickes des Reiseveranstalters. Für den Hotelier ist neben der Auslastung die Zahlungsqualität des Veranstalters wichtigstes Merkmal für die gemeinsame Zusammenarbeit. Außer der Art der Abrechnung spielt vor allem die Frage der Vorauszahlungen eine große Rolle.

4.2.5.1 Vorauszahlungen

Hoteliers verlangen häufig Vorauszahlungen, wenn bezüglich des Unterkunftsangebotes im Zielgebiet eine Verkäufermarktsituation herrscht. Sie stellen für den Hotelier eine Art „Sicherheitsleistung" für das dem Reiseveranstalter überlassene Zimmerkontingent dar. Durch die Vorauszahlungen fließt dem Hotelier zusätzliche Liquidität v.a. in der einnahmeschwachen Wintersaison zu. Sie ermöglicht ihm häufig erst, erforderliche Investitionen und Renovierungen vorzunehmen. Da es sich bei Vorauszahlungen um Darlehen handelt, die aufgrund der starken Stellung des Hoteliers i.d.R. zinslos gewährt werden, verursachen sie beträchtliche Finanzierungskosten und -risiken. Diese werden noch dadurch verschärft, dass von den Hoteliers üblicherweise auch keine Sicherheiten für die Vorauszahlungen abgegeben werden. Die Veranstalter befinden sich jedoch in einer rechtlich schwachen Position, da die nicht getilgte Vorauszahlung im Ausland eingeklagt werden müsste. Andererseits sind Vorauszahlungen häufig mit Zugeständnissen anderer Art verbunden wie Konkurrenzklauseln oder der Gewährung günstigerer Einkaufspreise.

Der Zeitpunkt der Fälligkeit der Vorauszahlungen liegt üblicherweise zu Beginn einer Saison, in seltenen Fällen sind sie auch schon mit Vertragsabschluss fällig. Sie werden in der

Regel für eine Saison fällig. Die Rückzahlung erfolgt normalerweise durch Abzug von den Rechnungen der Hoteliers. Dazu wird ein fester Zeitpunkt vereinbart, zu dem die Rückzahlungen beginnen. Die Höhe des Rechnungsabzuges wird entweder als fester Betrag oder als ein Prozentsatz des Rechnungsbetrages festgelegt. Eine Barrückzahlung ist aufgrund der starken Position der Hoteliers nicht üblich. Ist die Vorauszahlung auf diese Weise am Ende der Saison noch nicht zurückgezahlt, wird der noch ausstehende Betrag als Guthaben des Reiseveranstalters auf das nächste Jahr übertragen.

$$\text{Finanzierungskosten} = \frac{\text{Vorauszahlungsbetrag} \times \text{Zinssatz} \times \text{mittlere Kreditlaufzeit in Monaten}}{12}$$

$$\text{Kursverlust} = \frac{\text{Vorauszahlungsbetrag} \times (\text{Kurs bei Zahlungstermin} - \text{Kalkulationskurs})}{100}$$

Die Vorauszahlungen sind meist in der Vertragswährung zu zahlen, häufig also in Fremdwährung. Dadurch entsteht zusätzlich die Gefahr von Währungsverlusten, wenn die Fremdwährung im Verlauf der Saison Kursrückgänge verzeichnet und damit der spätere Kalkulationskurs unterhalb des Kurses am Zahlungstermin liegt. Die bei Vorauszahlungen entstehenden Finanzierungskosten[5] und eventuelle Kursverluste müssen vom Reiseveranstalter bei der Kalkulation berücksichtigt werden.

Beispiel 1:

Der Hotelier des „San Juan" auf Puerto Rico verlangt für einen Hotelvertrag über 50 Betten zum EK-Preis von US$ 15.90 pro Tag eine Vorauszahlung von US$ 26.511,–. Die Vorauszahlung ist am 01.11.2012 fällig. Der Kurs des US-Dollar beträgt zu diesem Termin *1 US$ = 0,75€*. Die Rückzahlung soll in der Zeit vom 01.07.2013–30.10.2013 durch Rechnungsabzug erfolgen. Der spätere Kalkulationskurs liegt bei *1 US$ = 0,80 €*. Die Saison dauert insgesamt 27 Wochen. Es wird mit einer durchschnittlichen Auslastung des Hotels von 80 % gerechnet. Der am Kapitalmarkt übliche Zinssatz beträgt z.Zt. 7,5 %.

Tabelle 4.4:   Berechnung des Zins- und Kursverlustes bei Vorauszahlungen

Schritt	Rechengang	Ergebnis
Berechnung des Kursverlustes	US$ 26.511 × (€0,80 − €0,75)	€ 1.325,55
Mittlerer Rückzahlungstermin	01.07.2013–30.10.2013	01.09.2013
Mittlere Kreditlaufzeit	01.11.2012–01.09.2013	10 Monate
Berechnung des Zinsverlustes	$\dfrac{\text{US\$ } 26.511 \times (0{,}80/1) \times 7{,}5\,\% \times 10 \text{ Mon.}}{12}$	€1.325,55
Summe Zins- und Kursverlust	€1.325,55 + €1.325,55	€2.651,10

---

[5] Das Ergebnis stellt durch die Verwendung der mittleren Kreditlaufzeit nur einen Näherungswert dar, da die Rückzahlung durch Rechnungsabzug über einen längeren Zeitraum und i.d.R. nicht in gleichen Raten erfolgt. Sie liefert für das vorliegende Problem jedoch hinreichend genaue Werte.

Die Gesamtkosten der Vorauszahlung von € 2.651,10,– müssen bei der Kalkulation auf den Zimmerpreis aufgeschlagen werden:

Tabelle 4.5: Berechnung des Betteneinkaufspreises unter Berücksichtigung von Finanzierungskosten der Vorauszahlung und Kursverlust

Schritt	Rechengang	Ergebnis
Berechnung der voraussichtlich. im ø belegten Betten	50 Betten × 80 % Auslastung	40 Betten
Berechnung der voraussichtlich verkauften Betten	40 Betten × 7 Tage × 27 Wochen	7.560 Betten
Verteilung der Kosten auf die Bettnächte	$\dfrac{€\,2.651,10}{7.560\ \text{Bettnächte}}$	€ 0,35
Anzusetzender EK-Preis als Berechnungsbasis des VK-Preis	US$ 15,90 × 0,75 + € 0,35	€ 12,28

Um die Kosten der Vorauszahlung decken zu können, muss also mit einem EK-Preis von umgerechnet € 12,28 statt € 11,93 kalkuliert werden.

Beispiel 2: Der Hotelier des „San Juan" (siehe Beispiel 1) ist bereit, auf die Vorauszahlung zu verzichten, wenn der Veranstalter einen Aufschlag auf den Bettenpreis von US$ 0,35 pro Tag akzeptiert. In diesem Beispiel ist es also für den Veranstalter günstiger, den höheren Preis zu akzeptieren und keine Vorauszahlung zu leisten.

Tabelle 4.6: Kosten-Vergleichsrechnung mit und ohne Vorauszahlung

Schritt	Rechengang	Ergebnis
Berechnung des Zins- und Währungsverlustes	Siehe Beispiel 1	€ 2.651,10
Berechnung der Ersparnis bei Akzeptanz der Vorauszahlung	7.560 Bettennächte × US$ 0,35 × 0,75/1	€ 1.984,50
Mehrbelastung bei Akzeptanz der Vorauszahlung	€ 2.651,10 − € 1.984,50	€ 576,60

Bilanztechnisch stellen Vorauszahlungen für den Veranstalter Forderungen gegenüber dem Hotelier dar.

4.2.5.2 Hotel-Abrechnungsverfahren

Zur Abrechnung der belegten Zimmer mit den Hoteliers werden bei den Reiseveranstaltern verschiedene Verfahren angewandt. Hier sollen zwei Verfahren dargestellt werden.

Das von den meisten Veranstaltern praktizierte Verfahren sieht eine Zahlung gegen Rechnung vor. Bei den Großveranstaltern ist es üblich, dass mit den Buchungslisten für den Hotelier bereits eine vorgedruckte Rechnung an den Hotelier übersandt wird (sog. *Master Bill*). Der Vorteil der vorgedruckten Rechnung bringt dabei eine erhebliche Vereinfachung des Verwaltungsaufwandes beim Reiseveranstalter. Man stelle sich vor, Hunderte von Hotels aus aller Welt würden dem Veranstalter eigene Rechnungen schicken. Diese wären in unterschiedlichen Sprachen verfasst, hätten einen unterschiedlichen Aufbau, unterschiedliche Papierformate usw. Es entstünde ein beträchtlicher Personalaufwand allein durch die Prüfung dieser Rechnungen und ihre Aufbereitung für das eigene Rechnungswesen. Grundlage der eigenen Rechnung (Master Bill) des Reiseveranstalters ist hingegen das eigene Vertriebssystem. Für ihn ist es in diesem Fall nicht mehr erforderlich, die Rechnung auf Richtigkeit zu prüfen, denn die Daten stammen ja aus dem eigenen Haus. Auch dem Hotelier wird Verwaltungsaufwand abgenommen, was dieser ggf. durch bessere Preise honoriert.

Bei Ankunft der Gäste im Hotel erhält der Hotelier von diesen einen sogenannten Hotelvoucher.

Definition: Voucher

Dies ist ein Gutschein, der den vorlegenden Gast dazu berechtigt, die genannten Leistungen in Anspruch zu nehmen. Die Leistungen hat der Kunde i.d.R. bereits im Voraus mit dem Reisepreis bezahlt.

Der Hotelier muss nun nur noch den Hotelvoucher an die vorgedruckte Rechnung heften und alles gemeinsam an die Zentrale des Veranstalters oder die beauftragte Zielgebietsagentur senden. Nach Überprüfung der Voucher und der Rechnung zahlt dann der Veranstalter per Scheck oder Überweisung von einem deutschen oder einem Zielgebietskonto an den Hotelier. Ob die Kontrolle der Voucher durch die Agentur oder vom Veranstalter durchgeführt wird, ist von Unternehmen zu Unternehmen unterschiedlich. Die Überprüfung durch die Agentur bietet dabei folgende Vor- bzw. Nachteile:

Vorteile:

- Übertragung des Verwaltungsaufwandes auf die Agentur
- Fixkostendegression beim Veranstalter, da die Bezahlung der Agentur proportional zur Teilnehmerzahl erfolgt, während beim Veranstalter eine fest angestellte Kraft die Prüfung übernimmt
- Hoteliers haben bei Problemen einen Ansprechpartner im Zielgebiet

Nachteile:

- Zahlungsverzögerung, sofern die Zahlung erst nach Weiterleitung der Voucher von der Agentur zum Veranstalter erfolgt
- Die Agentur muss über die Verwaltungsabläufe und Abrechnungsmodalitäten des Veranstalters unterrichtet sein
- Die Agentur muss über alle Buchungen und kurzfristigen Stornierungen genau informiert werden, um eine korrekte Prüfung zu gewährleisten

Auch ob die Zahlung über Banken in den Zielgebieten oder von einem deutschen Konto erfolgt, ist nicht einheitlich geregelt. Die Zahlung über eine **Zielortbank** bietet folgende Vor- bzw. Nachteile:

Vorteile:

- Erheblich geringere Bankgebühren beim Veranstalter und Hotelier (Auslandsüberweisungen sind sehr teuer).

4.2 Der Hoteleinkauf

- Hoteliers können schneller über ihre Gelder verfügen (Schecks bzw. Überweisungen zwischen verschiedenen Ländern haben z.T. sehr lange Einlösungsfristen bzw. Laufzeiten). Schecks sind mit hohem Risiko des Diebstahls verbunden.
- Veranstalter mit Einnahmen in Zielgebietswährung können diese bei der Zielortbank „parken", und zur Zahlung der Hotelrechnungen verwenden. Dies führt zur Vermeidung von Kursverlusten.

Nachteile:

- Höherer Verwaltungsaufwand durch eine Vielzahl von Konten.
- Betreuung der Konten und Zahlung erfolgt i.d.R. durch die beauftragten Zielgebietsagenturen. Da aber die Agentur nicht immer beurteilen kann, ob die Leistungen zufriedenstellend erbracht wurden, werden den Hoteliers zunächst möglicherweise mangelhafte Leistungen bezahlt. Eine nachträgliche Rückerstattung durch den Hotelier ist jedoch nur schwer erreichbar.
- auf sämtlichen Auslandskonten müssen zum Teil erhebliche Barguthaben gehalten werden. Es besteht die Gefahr erheblicher Zinsverluste.
- Für das Einrichten von Konten durch ausländische Staatsangehörige bestehen in einigen Ländern gesetzliche Restriktionen, welche die Verfügbarkeit des Kontos einschränken.
- In einigen Ländern besteht keine Möglichkeit des Rücktransfers der auf den Konten gehaltenen Guthaben. In diesem Fall ist eine sehr genaue Steuerung der Geldbewegungen nötig.

Beim klassischen Rechnungsverfahren erhält der Hotelier die Rechnungssumme oft etwa 2–3 Wochen nach Abreise des Kunden. Allerdings entsprechen solche Zahlungsfristen auch oft den vom Reiseveranstalter ausgehandelten Konditionen.

Beispiel:

So bezahlt die *TUI* nach Auskunft eines Finca-Besitzers in Mallorca die belegten Zimmer exakt vier Wochen nach Anreise der Gäste, womit der Finca-Besitzer bemerkenswerterweise sehr zufrieden ist. Berücksichtigt man, dass die Anzahlungen der Kunden sofort bei Buchung und die Restzahlungen auch 2–3 Wochen vor Reiseantritt eingezogen werden, so wird erkennbar, dass hier ein beträchtlicher Liquiditätseffekt für den Reiseveranstalter entsteht.

Das zweite Abrechnungsverfahren vereinfacht die Abwicklung. Hier ist der vom Gast beim Hotelier abgegebene Voucher bereits ein gültiger Verrechnungsscheck, der den fälligen und an das Hotel zu zahlenden Betrag in Form bestimmter Codezahlen enthält. Der Hotelier kann diesen Voucher bei seiner Bank einlösen und erhält den Rechnungsbetrag auf seinem Konto gutgeschrieben. Dazu haben die Veranstalter mit den Banken in den Zielgebieten Verträge abgeschlossen, aufgrund derer sie die Voucher wie gewöhnliche Schecks akzeptieren. Der Hotelier kann über den Rechnungsbetrag also in der Regel schon vor Abreise des Kunden verfügen. Dieses Verfahren wird von mehreren größeren Veranstaltern angewandt. Beide Verfahren haben Vor- und Nachteile für den Veranstalter, wobei es hier auf die Markt- und Wettbewerbssituation im Zielgebiet ankommt:

	Vorteile	**Nachteile**
Rechnungs-verfahren	• Zusätzliche Liquidität durch spätere Zahlung • Möglichkeit der Zahlungszurückhaltung bei mangelnder Hotelleistung • Evtl. zu viel gezahlte Beträge können bei nächster Rechnung abgezogen werden	• Hoher Verwaltungsaufwand • Bei Auftreten von Zahlungsverzögerungen Gefahr von Unzufriedenheit beim Hotel
Scheck-verfahren	• Geringerer Verwaltungsaufwand für RV und Hotelier • Schafft Vertrauen in Zahlungsqualität des RV aufgrund schneller und frühzeitiger Zahlungen • Keine Gefahr von Zahlungsverzögerungen • Positives Argument bei Vertragsverhandlungen	• Liquiditätsverlust durch frühzeitige Zahlung • Bei kurzfristigen Stornos: im Umlauf befindliche Voucher könnten bei jeweiliger Bank zur Gutschrift eingereicht werden • Bei Zahlungsstreitigkeiten mit Hotelier müssen bereits gezahlte Beträge u.U. gerichtlich eingeklagt werden (im Ausland sehr schwierig)

Abb. 4.1: Vergleich der Hotel-Abrechnungsverfahren

4.2.6 Hotelbeteiligungspolitik

Das Hauptmotiv der Reiseveranstalter, sich im Zuge der vertikalen Integration im Hotelbereich zu engagieren, ist insofern strategischer Natur, als dadurch eine nicht nur kurzfristige Sicherung von Bettenkapazitäten in stark gefragten Destinationen realisiert werden kann. Dort geht es wiederum primär um die 4-Sterne-Hotels „in der ersten Strandreihe". Aber nicht allein der Zugang zu den Kapazitäten, sondern auch wirtschaftliche Erwägungen und weitere Vorteile sprechen für eine Integration von Hotels in einen Touristikkonzern:

1. Sicherung von Hotelkapazitäten in wichtigen ausländischen Destinationen

2. Steigerung der Umsatzrendite

3. Qualitätssicherung bei der Produktgestaltung

4. Exklusivität des Angebots

5. Mehr Freiheit in der Preisgestaltung als bei überschnittenen Objekten

6. Mitsprachemöglichkeiten in der Hotelführung

7. Aufbau einer über das Veranstalterprogramm hinausgehenden Markenkette

8. Schutz vor Marktausschluss durch mögliche Veränderung der Vertriebswege

9. Möglichkeit zum gezielten Ausbau bestimmter Hotelkategorien

10. Erhöhung der Markteintrittsbarrieren für neue Konkurrenten

Abb. 4.2: Ziele von Hotelbeteiligungen

4.2 Der Hoteleinkauf

In Destinationen, die kein Überangebot an Hotels aufweisen, ist die Sicherung der Verfügbarkeit von Hotelbetten ein entscheidender Faktor. Wer nicht über genügend Kapazitäten verfügt, verliert möglicherweise Kunden an Mitbewerber. Durch eine Beteiligung kann hingegen der Zugang zu wichtigen Objekten dauerhaft gesichert werden. Ein weiterer Grund ist das hohe Gewicht der Hotelleistungen innerhalb der touristischen Wertschöpfungskette. Aus Sicht mancher Reiseveranstalters ist es unbefriedigend, dass die Mitbewerber in der Wertschöpfungskette ein Vielfaches am Kunden verdienen, weshalb sie bestrebt sind, ihre Tätigkeiten auf die Rolle des Leistungsträgers zu erweitern und dadurch den Ertrag entlang der Wertschöpfungskette zu erhöhen (vgl. Born, 2003). Bei einer typischen Flugpauschalreise in den Mittelmeerraum kann man etwa von folgenden Anteilen der einzelnen Wertschöpfungsstufen an der Gesamtwertschöpfung ausgehen:

Wertschöpfungsanteile bei einer typischen Flugpauschalreise (Mittelstrecke)

Preis der Flugpauschalreise = 100 %

Touristische Leistungen 80 %			Marge 20 %	
Hotel 40 %	Flug 35 %	ZG 5 %	DB 9 %	Provision 11 %

ZG = Zielgebietsaufwand (u.a. Handling Fee für Zielgebietsagentur)
DB = Deckungsbeitrag

Abb. 4.3 : Wertschöpfungsanteile bei einer typischen Flugpauschalreise

Betrachtet man die gesamte mit einer Flugpauschalreise verbundene Wertschöpfungskette (vgl. Kap. 1.3.4), wird sehr schnell deutlich, dass Veranstalter und Reisebüros neben den Zielgebietsagenturen die geringsten Umsatzanteile und Renditen aufweisen. Deshalb erscheint es aus rein betriebswirtschaftlichen Erwägungen sinnvoll, die vor- und nachgelagerten Wertschöpfungsstufen, besonders das Hotel, in ein Reiseveranstalter-Unternehmen zu integrieren. Der Hotelanteil macht am Gesamtumsatz der Reise je nach Zielgebiet zwischen 30 und 45 Prozent aus. Gleichzeitig werden in diesem Bereich die höchsten Umsatzrenditen (vgl. Abb. 4.4) in der gesamten Wertschöpfungskette einer Pauschalreise erwirtschaftet. Die

Wertschöpfungsstufe	Umsatzanteil in %	Umsatzrendite in %	Rendite pro 1.000 Euro
Hotel	38	20,00	76,00
Zielgebietsagentur	4	5,00	2,00
Flug	35	10,00	35,00
Reiseveranstalter (Marge)	11	9,00	9,90
Reisebüro (Provisionserlös)	12	9,00	10,80
Gesamtumsatz/-rendite	100	13,37	133,70

Abb. 4.4: Modellrechnung für Renditen der Wertschöpfungskette (Mundt, 2007)

Hoteleinrichtungen werden in den meist kostengünstigen Destinationen zu lokalen Preisen erstellt. Überdies wird das Personal im Vergleich zu den wichtigsten Quellgebieten des Tourismus nach deutlich niedrigeren örtlichen Vergütungssätzen entlohnt. Die Leistungen werden jedoch zu Weltmarktpreisen abgesetzt, wodurch sich die Investitionen in diese Anlagen in bestimmten Regionen der Welt (z.B. in der Karibik) in wenigen Jahren amortisieren. Bei höheren Betriebskosten wie z.B. in Europa dauert die Amortisation wesentlich länger.

Setzt man die erzielbaren Renditen in Beziehung zu den jeweiligen Umsatzanteilen der Wertschöpfungsstufen, so ergeben sich in etwa die von Mundt (2007, Erstes Kap. S. 20) in der hier gezeigten Modellrechnung aufgeführten Werte. Allerdings unterläuft Mundt bei dieser Darstellung ein Irrtum: der Provisionserlös des Reisebüros kann nicht unter „**Umsatzrendite**" subsummiert werden. Auch ist es verwirrend, die Marge des Reiseveranstalters unter „Umsatzrendite" aufzuführen. Abgesehen davon liegt die Marge des Reiseveranstalters nur dann in der Größenordnung von 9 %, wenn die Reisebüroprovision vorher abgezogen wurde. Bei kleinen Reiseveranstaltern, die ihren Anteil an Reisebürovertrieb nur grob abschätzen können wird zumeist von einer **Marge** von 20 % vom Endpreis ausgegangen. Die Provision wird dann den Betriebskosten bzw. Gemeinkosten zugerechnet. Weiterhin ist es zweifelhaft, ob bei Zielgebietsagenturen durchgängig von 5 % Umsatzrendite ausgegangen werden kann. Hierüber sind allenfalls innerhalb verschiedener Konzerne Zahlen bekannt, die aber sicher nicht veröffentlicht werden. Allerdings ist davon auszugehen, dass die Umsatzrendite bei Zielgebietsagenturen höher ist als bei deutschen Reiseveranstaltern, wo sie in der Mehrzahl zwischen 1 % und 3 % schwankt. Die Zielgebietsagentur ist u.a. wegen der erzielbaren Rendite ein begehrtes Beteiligungsobjekt.

Bei der Modellrechnung dürfen natürlich nicht die gesamten Umsätze von Reiseveranstaltern betrachtet werden, sondern nur der Teil, der ihrer Wertschöpfungsleistung entspricht. Der größte Teil der Umsätze des Reiseveranstalters sind so genannte „**durchlaufende Posten**", die an die Leistungsträger durchgereicht werden. Deswegen wird hier nur die Marge (= Umsatzerlöse − Reiseleistungen) als Umsatz berücksichtigt. Zudem ist die Wertigkeit von Hotelbuchungen bei im Besitz befindlichen Hotels oder anderen Beteiligungsformen in der Regel höher als die Wertigkeit reiner Reservierungsverträge, was sich anhand des zu realisierenden Deckungsbeitrages darstellen lässt. Darüber hinaus sei an dieser Stelle auf die Bedeutung der sog. **Verrechnungspreise** hingewiesen. Ein Reiseveranstalter, der an ausländischen Leistungsträgern beteiligt ist, kann die dem inländischen (hier: deutschen) Reiseveranstalter in Rechnung gestellten Preise der Reiseleistungen steuern. Damit besteht die Möglichkeit, die Preise der Reiseleistungen künstlich zu erhöhen und auf diese Weise den in Deutschland zu versteuernden Gewinn zu schmälern. Insofern sind die Gewinne (oder Verluste) der in Deutschland ansässigen Touristikkonzerne mit internationalen Beteiligungen nur schwer vergleichbar.

Durch die unmittelbare bzw. mittelbare Möglichkeit der Einflussnahme auf den Hotelbetrieb und das Management kann ein Mitspracherecht bei der Produktgestaltung ausgeübt werden. Durch die verschiedenen Beteiligungsformen und die dadurch mögliche Einflussnahme auf die Hotelführung kann eine deutliche Differenzierung der Veranstalterleistung gegenüber Mitbewerbern erreicht werden. Es kann z.B. verhindert werden, dass direkte Konkurrenten im gleichen Hotel ebenfalls Kontingente erhalten, womit eine Produktdifferenzierung über die Exklusivität des Angebotes erreicht werden kann. Damit entgeht der Reiseveranstalter auch dem leidigen **Problem der überschnittenen Hotelangebote**, welche einen Preisvergleich mit Konkurrenzveranstaltern ermöglichen. Durch die Exklusivität entgeht der Reiseveranstalter dem direkten Preisvergleich und hat mehr Spielraum in der Preisgestaltung. Allerdings ist bei den exklusiven Hotelangeboten auch zu beachten, dass es den Faktor der „indirekten Überschneidung" gibt. Die Preise in den eigenen Hotels können demnach nicht beliebig nach oben gesetzt werden, wenn vergleichbare oder ähnliche Hotelangebote der Konkurrenz es nicht zulassen (Hofmann, 2007).

Besonders der Aufbau einer eigenen **Markenkette** ist ein Argument für ein verstärktes Engagement im Bereich von Hotelbeteiligungen, denn gute Exklusivhotels sind imagebildend. Über den langfristigen Zugang zu Objekten kann eine Marke gezielt ausgebaut werden. Bei Hotelleistungen, die nur über risikolose Kontingentverträge (**Allotment-Verträge**) eingekauft werden, besteht hingegen nur eine sehr eingeschränkte Möglichkeit der Durchsetzung von Qualitätsvorstellungen. Für den Reiseveranstalter ist es nicht gerade einfach, dem Kunden konsequent und auf allen Ebenen der Wertschöpfungsstufen ein gewünschtes Unternehmens- und/oder Produktimage zu vermitteln. Der Kunde erfährt während des Konsums des Produktes eine Fülle von touristischen Einzelleistungen, die von verschiedenen Leistungsträgern erbracht werden. Der Reiseveranstalter hat bei verschiedenen Teilleistungen keinen unmittelbaren Einfluss auf die Qualität der Leistungen und das dadurch vermittelte Image. Gering ist der Einfluss beispielsweise bei Reiseleitern, die von der Agentur gestellt werden. Je mehr Leistungsbestandteile in der Hand des Reiseveranstalters liegen, desto konsequenter kann ein Qualitätsimage aufgebaut werden. Das Hotel ist der zentrale Bestandteil der Pauschalreise. In ihm verbringt der Reisende die meiste Zeit des Urlaubs. Entsprechend ist hier die Gewichtung der wahrgenommenen Qualität am größten. Die Bedeutung der Unterkunft für die Urlaubszufriedenheit ist von allen Komponenten des Reisepakets am größten, weshalb eine gezielte Imagegestaltung und Qualitätssicherung im Hotelbereich am besten durchgesetzt werden kann. Das Hotel ist die Bühne, auf der das Stück spielt, das „Urlaub" heißt. Starke Hotelmarken können vor diesem Hintergrund die Marken der anderen Leistungsträger und vor allem die des Veranstalters in seiner Händlerrolle überstrahlen.

Die Markentreue von Stammgästen macht sich auch für die Reisebüros bezahlt und vereinfacht die Beratung, da sie ihren Kunden nur ein anderes Hotel der von ihnen bevorzugten Kette oder Gruppe verkaufen müssen. Die Integration von Hotels in den Reisekonzern kann auch als eine Art Defensivstrategie zur **Sicherung des Kerngeschäfts** angesehen werden. Aus Sicht der Hotels handelt es sich beim Reiseveranstalter nur um einen Vertriebskanal unter mehreren. Ursprünglich bedurfte es der Veranstalter, die einzelnen Leistungsbestandteile zu kombinieren und erst marktfähig zu machen. Die Entwicklung alternativer Vertriebskanäle – insbesondere des Internet – ermöglicht es den Kunden heute jedoch, ihre Reisen individuell und ohne die Inanspruchnahme des Veranstalters zusammenzustellen. Selbst wenn die Reiseveranstalter und Reisemittler im Zuge einer solchen Entwicklung stark an Bedeutung verlieren oder sogar ganz herausfallen sollten, bleibt die Existenz des Unternehmens mit Hotelbeteiligungen gesichert, denn Reisen ohne Hotels werden auch in Zukunft die Ausnahme sein.

Der Eintritt von neuen Konkurrenten in den Markt wird durch Hotelbeteiligungen der etablierten Reiseveranstalter erschwert. Will ein neuer Reiseveranstalter in ein Zielgebiet einsteigen, in dem große Konkurrenten mit eigenen Hotels vertreten sind, so kann er – kein Überangebot vorausgesetzt – mit gleichen Ertragschancen nur in den Markt eindringen, wenn er Hotels in diesem Zielgebiet kauft, selbst baut oder sich daran beteiligt. Diese Varianten sind aber mit erheblichen Kosten verbunden. Er wird sich genau überlegen, ob er bereit ist, dieses Risiko einzugehen. Vor diesem Hintergrund lag es nahe, sich bei der vertikalen Expansion auf Hotels in den Zielgebieten des volumenstarken Badetourismus zu konzentrieren. Welche Beteiligungsform ein Reiseveranstalter für sich in Betracht zieht, ist auch abhängig von der Risikobereitschaft, der Kapitalausstattung und den möglichen Gewinnchancen. Auch bei der vertikalen Integration gilt der Grundsatz, dass höhere **Gewinnerwartungen** in der Regel auch mit höheren finanziellen Risiken einhergehen; umgekehrt gilt die Erkenntnis, dass Risikobereitschaft eine höhere Gewinnchance, aber auch ein deutlich höheres Verlustrisiko mit sich bringt.

Beteiligungsform	Kapitalbedarf	Fixkosten	Gewinn	Risiko
Eigentum	hoch	hoch	hoch	hoch
Pacht	mittel	hoch	mittel	mittel
Managementvertrag	gering	mittel	mittel	niedrig
Franchise	sehr gering	niedrig	mittel	niedrig

Abb. 4.5: Kosten, Gewinn und Risikostruktur bei Hotelbeteiligungen (in Anlehnung an Mundt, 2007)

Abhängig von der Kapitalausstattung eines Reiseveranstalters, der verfolgten Strategie und der Konkurrenzsituation in den Destinationen können unterschiedliche Expansionsstrategien im Hotelbereich verfolgt werden, auf die im Folgenden näher eingegangen werden soll.

4.2.6.1 Eigentum

Beim Eigentümerbetrieb handelt es sich um eine klassische Betreiberform. Der Reiseveranstalter ist Hoteleigentümer und auch gleichzeitig Hotelbetreiber. Damit besitzt der Veranstalter sämtliche Rechte und Möglichkeiten der Einflussnahme, die den Betrieb des Hotels und auch die Hotelimmobilie, wie Grundstück und Gebäude, betreffen. Dies beinhaltet, dass er sowohl die Verantwortung für den Umsatz und die Auslastung, als auch alle betriebsbedingten Kosten übernimmt (Hänssler, 2007). Daraus resultiert ein sehr hoher Kapitaleinsatz, der mit der größtmöglichen Einflussnahme verbunden ist, aber auch das größte Risiko in sich birgt. Wenn ein Zielgebiet gegenüber anderen Destinationen an Attraktivität verliert, verringert sich dementsprechend auch die Nachfrage nach den Beherbergungs- und Verpflegungsleistungen des Hotels. Darüber hinaus sind viele Destinationen mit einem Risiko mangelnder politischer Stabilität behaftet, was schnell zu einem starken Nachfrageeinbruch und damit auch zu einer mangelnden Auslastung der Hotels führen kann. Neben der politischen Situation spielt aber auch die wirtschaftliche Stabilität eine bedeutende Rolle.

Je nach der vom Reiseveranstalter verfolgten Strategie und der lokalen Situation in den Destinationen kann sich eine Investition in eine Hotelimmobilie lohnen, wenn dadurch Qualitätsziele oder eine Sicherung der Kapazitäten erzielt werden. Abgesehen vom hohen Kapitalbedarf, den Fixkosten und dem Risiko, verspricht das Eigentum auch den höchst erzielbaren Gewinn unter den Betreiberkonzepten. Dort, wo die Investitionskosten und die beim Betrieb anfallenden Fixkosten entsprechend niedrig sind, lohnt sich eventuell die Errichtung eigener Hotels. Für die *TUI* steht neben dem Vorhandensein der notwendigen Eigenmittel die Betrachtung des „Return on Invested Capital" (ROIC) im Vordergrund. Abgesehen von der Entscheidung, ob man eigene Assets besitzen will, was ein Vorteil im Hinblick auf die Qualitätssicherung und den Durchgriff auf das Produkt bzw. die Produktgestaltung darstellt, gilt es möglicherweise auch wirtschaftliche und/oder politische Risiken in der Destination abzuwägen. Ein Hotelinvestment z.B. in der Karibik hat heute einen dreimal schnelleren ROIC als in den EU-Ländern, weshalb sich Investitionen wegen der niedrigen Gestehungs- und Personalkosten lohnen könnten. Aber selbst wenn ein Reiseveranstalter die Investitionssummen für die Errichtung neuer oder den Kauf von bestehenden Hotels oder Ferienanlagen aufbringen kann, ist eine solche Investition nicht immer sinnvoll. Denn es gibt Länder, die entweder ausländische Eigentumsanteile an einheimischen Immobilien beschränken und/oder Devisenbeschränkungen eingeführt haben, die einen Rücktransfer von Gewinnen stark einschränken, sodass sich trotz guter Ausgangslage auf der Kostenseite Investitionen in eigene Hotels hier nicht lohnen. Allerdings wird ein Rücktransfer von Gewinnen nach Deutschland vielfach aus steuerlichen Gründen – wie oben dargelegt – auch gar nicht angestrebt. Da das Betreiberkonzept des Eigentums von Hotelimmobilien einen hohen Finanzierungsbedarf nach sich zieht, wird diese Form der Beteiligung von Reiseveranstaltern nur selten angewandt. Zudem können die meisten Ziele auch mit den anderen Vertragsarten realisiert werden, wenn auch die Gewinnchancen dabei etwas geringer ausfallen. Die absolute Höhe des erzielbaren Gewinns muss jedoch hinter eine Abwägung der Relation von Gewinnchance und Risiko zurücktreten.

4.2.6.2 Pacht

Um die unterschiedlichen Betreiberformen der Hotels zu differenzieren, ist es erforderlich, drei Funktionsebenen zu unterscheiden. In der ersten Funktionsebene ist der Investor (Reiseveranstalter) auch der rechtliche Eigentümer der Immobilie. In der zweiten ist er auch Inhaber der Hotelkonzession und in der dritten Ebene der Betreiber des Managements. Während beim Eigentum alle drei Funktionsebenen in einer Hand liegen, sind bei einem Pachtbetrieb in der Regel die zweite und dritte Ebene zusammengefasst. Somit ist der Reiseveranstalter hier zwar Inhaber der Hotelkonzession und des Managements, aber nicht rechtlicher Eigentümer der Immobilie. Der Reiseveranstalter führt das Hotel in eigenem Namen und auf eigene Rechnung und trägt somit das unternehmerische Risiko. Einem Pachtvertrag liegt ein Dauerschuldverhältnis (in Deutschland nach §§ 581–584b BGB) zugrunde. Für die Überlassung und Nutzung des Gebäudes zahlt der Pächter dem Eigentümer eine monatliche oder jährliche Pacht. Für die Entrichtung der Vergütung gibt es mehrere Möglichkeiten. Sie kann zum einen in Form einer Festpacht vereinbart werden. Beim Festpachtvertrag zahlt der Pächter eine fixe Summe, unabhängig von der wirtschaftlichen Tragfähigkeit des Pachtobjektes. Die Festpacht kann aber auch mit einer Staffelung versehen werden, die eine mehrjährige Anlaufphase eines neuen Betriebes berücksichtigt. Die Pacht kann in den Anfangsjahren reduziert werden, um die zunächst voraussichtlich geringere Ertragskraft des Betriebes zu berücksichtigen.

Als weitere Variante kann eine variable Pacht vereinbart werden, bei der die Pachthöhe meist abhängig von einer bestimmten Größe wie dem Umsatz oder dem Gewinn festgelegt wird. Als dritte Möglichkeit existiert die Mischpacht, die eine Kombination aus den beiden anderen Pachtarten darstellt. Ein Teil der Pacht wird als Fixum festgesetzt, der andere Teil wird umsatz- oder gewinnabhängig festgelegt. Das Risiko des Hotelbetriebes wird somit zwischen Betreiber und Eigentümer geteilt. In der Praxis finden sich häufig kombinierte Pachtverträge, da der Pächter vor allem daran interessiert ist, das Pachtrisiko zumindest zum Teil auf den Eigentümer abzuwälzen. Bei Pachtverträgen ist das Risiko gegenüber Eigentümerbetrieben somit erheblich niedriger, nicht zuletzt auch deshalb, weil der Kapitalbedarf viel geringer ist. Das dadurch gesparte Kapital kann einer rascheren Expansion dienen. Neben der Risikominimierung und einem geringeren Kapitalbedarf bestehen bei dieser Form der Beteiligung aber noch weitere Vorteile für den Reiseveranstalter. Die Zahlung der Pacht geht als Aufwandsposition in die Gewinn- und Verlustrechnung des Reiseveranstalters ein und schmälert somit den Gewinn als Grundlage der Besteuerung. Auch kann der Pächter Investitionen in das Gebäude über den Pachtzeitraum abschreiben. Zuletzt darf nicht außer Acht gelassen werden, dass sich der Pächter vollständig auf die Aufgaben des Hotelbetriebes konzentrieren kann und dadurch eine Spezialisierung auf diesem Gebiet erreicht (Hänssler, 2004).

Pachtverträge werden häufig für Clubanlagen abgeschlossen, da die Anbieter von Cluburlaub bestimmte Ausstattungen (z.B. Sportanlagen, Restaurants, Bars, Showbühne) benötigen, die sich erst in einem Zeitraum von fünf oder mehr Jahren amortisieren können. Darüber hinaus muss der Club auf dem Markt bekannt gemacht werden, was auch einige Jahre dauern kann. Sollte der Club dann aus irgendwelchen Gründen nicht angenommen werden oder nach Jahren wieder an Beliebtheit verlieren, so legt der Reiseveranstalter Wert darauf, aus einem Pachtvertrag auch wieder aussteigen zu können.

4.2.6.3 Managementvertrag

Einem Managementvertrag liegt grundsätzlich eine entgeltliche Geschäftsbesorgung (entsprechend § 675 BGB) mit einer Laufzeit von zumeist zwischen fünf und 12 Jahren zugrunde. Bei der *REWE (RTH)* werden die Verträge nicht unter 5 Jahren abgeschlossen. Nur in Ausnahmefällen, wenn der potentielle Vertragspartner noch skeptisch ist, werden auch Verträge über drei Jahre abgeschlossen. Darunter machen Vertragsabschlüsse keinen Sinn, weil für die **Hotelmanagementgesellschaft** (HMG) Vorinvestitionen für Marketing, Promotion, etc. verbunden sind, die sich erst nach 3 bis 5 Jahren amortisieren (Seitz, 2002). Der Managementvertrag besteht zwischen dem Hoteleigentümer und einer Managementgesellschaft, die im Interesse des Eigentümers das Hotel bewirtschaftet. Die Managementgesellschaft handelt also im Auftrag und auf Rechnung des Eigentümers, der damit in der Rolle des Betreibers verbleibt, führt das Hotel aber unter eigenem Namen (Markennamen). Die Mitarbeiter sind weiterhin beim Eigentümer (=Betreiber) angestellt, der die eigentliche Konzession besitzt. Der von der Hotelmanagementgesellschaft entsandte Manager ist für die operative Betriebsführung verantwortlich und ist mit einer Stellvertreter-Konzession ausgestattet. In der Verantwortung der Managementgesellschaft stehen weiterhin alle Maßnahmen der Werbung, des Vertriebes, der Produktphilosophie und eventueller Personalschulungen sowie Personalwerbungen. Gewinne und Verluste gehen auf das Konto des Hoteleigentümers, womit er das unternehmerische Risiko trägt, welches abhängig von der erfolgreichen Hotelführung der Managementgesellschaft ist. Das wirtschaftliche Ergebnis wird nicht von der Hotelmanagementgesellschaft garantiert.

4.2 Der Hoteleinkauf

Für die erbrachten Leistungen erhält die Hotelmanagementgesellschaft eine Managementvergütung, die verschiedenartig aufgebaut sein kann. Neben der fixen, vom Geschäftsverlauf unabhängigen Managementgebühr können auch erfolgsabhängige Vergütungen festgelegt werden, die sich aus auslastungs-, umsatz- oder ergebnisabhängigen Teilen zusammensetzen, wodurch sich das Risiko für die Managementgesellschaft natürlich erhöht. Im Prinzip sind alle Vergütungsformen denkbar und sind abhängig von den jeweiligen Verhandlungen. Bei der *TUI* wird in der Regel versucht, einen Managementvertrag mit einer Umsatz- und GOP-abhängigen Gebühr (Gross Operating Profit-Fee) abzuschließen. Diese basiert auf der Grundlage einer Chancen-Risikenbewertung und der Investitionskomplexität. Um sich gegen geschäftlichen Misserfolg abzusichern, verlangen manche Eigentümer zusätzlich eine Ergebnisgarantie, die unabhängig vom tatsächlich erzielten Bruttoergebnis auf jeden Fall von der HMG gezahlt werden muss.

Managementverhältnisse entsprechen wie Pachtverhältnisse ebenso dem Prinzip der funktionellen Entkopplung, wobei das Verhältnis zwischen Eigentümer und Management wesentlicher enger ist. Die enge Verbindung geht aus dem Wesen eines Geschäftsbesorgungsvertrages hervor, nach dem der beauftragte Manager im Interesse und auf Rechnung des Eigentümers handelt. Um so handeln zu können, muss aber die Interessenlage des Eigentümers bekannt sein. Der Manager unterliegt auch einer wesentlich umfassenderen Informationspflicht. Durch monatliche Berichterstattung über den Geschäftsverlauf, Budgets, sowie Gewinn- und Verlustrechnungen erfolgt eine ständige Kontrolle des Managers. Die dadurch eingeschränkte Freiheit des Managers bei der Leitung des Hotels führt im Gegenzug zu einem wesentlich geringeren zivilrechtlichen Haftungsumfang. So trägt der Manager zwar die Verantwortung für Umsätze und betriebsbedingte Kosten, die finanzielle Gesamtverantwortung und damit die Haftung für Verluste bleibt aber beim Eigentümer, da sämtliche Geschäfte auf seinen Namen laufen.

Für den Reiseveranstalter liegt bei dieser Vertragsform der Vorteil primär in dem relativ geringen Risiko, das aber von der Gestaltung des vereinbarten Vergütungssystems abhängig ist. Der deutlich geringere Kapitaleinsatz im Vergleich zu Pachtverhältnissen sowie die daraus entstehende Chance der schnelleren Expansion und noch stärkeren Spezialisierung, sind ebenfalls entscheidende Vorteile (Hänssler, 2004). Diese wurden auch frühzeitig von Reiseveranstaltern erkannt. Auf Grund des fehlenden Wissens in der Führung von Hotels schlossen sich die Reiseveranstalter mit bereits erfolgreichen Hotelbetreibern zusammen, um eigene Hotelmanagementgesellschaften zu gründen. So gründete der Reiseveranstalter *TUI* zusammen mit der *Steigenberger* Hotelkette die Managementgesellschaft *Robinson Club GmbH*. Durch den Besitz einer eigenen Hotelmanagementgesellschaft konnte somit auch Einfluss auf die Produktqualität bzw. Produktphilosophie ausgeübt und ein Mitspracherecht in der Hotelführung realisiert werden. Allerdings war diese „Ehe" nicht von langer Dauer. *Steigenberger* verlor das Interesse an der *Robinson*-Beteiligung, wohingegen der *Robinson*-Club als deutsche Marke im Wettbewerb mit dem Weltmarktführer *Club Méd* für die *TUI* hohe Bedeutung besaß. Fatalerweise wurde die Gesellschaft mit einer Beteiligung im Verhältnis 50 : 50 gegründet, sodass keiner der Gesellschafter dominieren oder entscheiden konnte. *Steigenberger* nutzte diese Pattsituation und verlangte 1989 von der *TUI* für den 50 % Anteil einen Preis, der weit über dem tatsächlichen Wert lag. *TUI* zahlte diesen überhöhten Preis, wobei man hier gern von einem „strategischen Preis" spricht.

Ein Umsetzen der Produktphilosophie des Reiseveranstalters kann beim Hotelier mit großen Kosten verbunden sein, weshalb eine Realisierung bisweilen auf Ablehnung stößt. Eine Beteiligung erscheint für den Reiseveranstalter also nur dann empfehlenswert, wenn der Betrieb ohne große Änderungen in die Produktlinie des Veranstalters passt. Verschiedene Faktoren sind entscheidend, ob ein Hotel überhaupt in die Produktpalette mit aufgenommen wird. Bei der *REWE* sind das grundsätzliche Voraussetzungen, die gegeben sein müssen, damit überhaupt mit den Verhandlungen begonnen wird. Für die Clubhotelkette *Calimera* bedeutet dies, dass eine Kapazität von mindestens 200 und maximal 350 Zimmern vorhanden sein muss. Für *Calimera* bedeutet dies auch, dass sich die Immobilie im Mittelstrecken oder Kurzstreckenbereich befindet, weil das Konzept von *Calimera* als Clubhotel ein deutsches Publikum mit einer Kapazitätsauslastung von mindestens 60 bis 70 Prozent erfordert. Grundsätzlich kommen nur Anlagen mit einem Minimum von vier Sternen, im Idealfall vier Sterne plus in Betracht. Fünf Sterne-Anlagen werden nur in Ausnahmefällen in Erwägung gezogen, da bei diesen Hotels Erwartungen suggeriert werden, die man in einem Clubhotel aufgrund der legeren Atmosphäre nicht erfüllen kann. Ebenso gehören ein Bungalowstil mit maximal drei Etagen, großzügige Flächen, Gartenanlagen, Sportanlagen und direkte Strandreihe zu den Mindestanforderungen, die gegeben sein müssen. Zudem muss die Nachfrage groß genug sein und eine weitestgehende Sicherheit garantiert werden können. Dafür ist es aber sehr schwierig für *Calimera* zu wachsen, weil nur nach „Filetstücken" geschaut wird.

Auch bei der *TUI* ist es das vorrangige Kriterium, eine hohe und gleichbleibende Bettenauslastung zu erzielen. Ferner ist zu prüfen, auf welchen Quellmärkten das Hotel verkauft werden soll, um genügend Auslastung zu generieren. Falls mehrere Nationalitäten zur Belegungsoptimierung erforderlich sind, ist der **Gästemix** zu beachten. Zudem muss gegeben sein, dass das zu planende Produkt in der Destination noch nicht vorhanden oder zumindest unterrepräsentiert ist. Außerdem ist nicht zu vergessen, dass es eine vernünftige Fluganbindung gibt oder diese realistisch aufgebaut werden kann.

Ein Nachteil der HMG besteht darin, dass die Interessen der Hotelmanagementgesellschaft, des Reiseveranstalters und des Hoteleigentümers auseinander laufen können. Aus den unterschiedlichen Interessen entstehen **Zielkonflikte**, da die HMG für die optimale Auslastung und den Umsatz des Hotels verantwortlich ist, besonders wenn eine umsatz- und ergebnisabhängige Vergütung vereinbart wurde. Der Reiseveranstalter möchte aber Betten zu günstigen Preisen und die Exklusivität des Hotels gegenüber seinen Mitbewerbern durchsetzen, auch wenn dadurch die aus der Sicht des Hotelbetreibers optimale Auslastung gefährdet wird. *Thomas Cook* und *REWE* bestätigten in Interviews, dass im Einkauf nicht unterschieden wird, ob es sich um ein eigenes oder fremdes Hotel handelt. Die Verhandlungen bei eigenen Hotels laufen nicht weniger intensiv ab als mit Dritthotels, also Hotels, die nicht zum Konzern gehören. Es soll immer streng nach den Marktprinzipien vorgegangen werden.[6] Es sind auch andere Interessenkonflikte denkbar. Die HMG versucht unter Qualitätsgesichtspunkten ihre eigene **Produktphilosophie** durchzusetzen, um die qualitativen Ansprüche der Kunden zu berücksichtigen und der Marke gerecht zu werden. Der Hoteleigentümer als Investor und Betreiber möchte tendenziell Kosten einsparen, um die Rentabilität seiner Investition zu steigern. Ein weiteres Problem besteht im Verhältnis zwischen dem Reiseveranstalters und

---

[6] Quelle: Touristik Report vom 04.09.2003, Titel: Wachstum mit geringer Kapitalbindung

4.2 Der Hoteleinkauf

den anderen Hoteliers im Zielgebiet. Da der Reiseveranstalter natürlich nicht alle seine benötigten Kapazitäten durch Beteiligungen abdecken kann, ist er weiterhin auf die partnerschaftliche Zusammenarbeit mit den anderen Hoteliers angewiesen. Die kurzfristigen Nachfrageschwankungen auf den Pauschalreisemärkten sind groß. Um auf Schwankungen der Nachfrage flexibel reagieren zu können, muss auf Flug- und Bettenkapazitäten von Drittanbietern zurückgegriffen werden. Die unabhängigen Hoteliers werden aber in der Regel lieber mit Reiseveranstaltern zusammenarbeiten, die über keine Beteiligungen im Zielgebiet verfügen. Sie werden davon ausgehen, dass der Reiseveranstalter seine Kapazitäten auf die eigenen Hotels konzentrieren und das eigene Hotel auch besser vermarkten wird.[7] Das Prinzip der Hotelmanagementgesellschaft eines Reiseveranstalters, welches die gebräuchlichste Form der Beteiligung von Touristikkonzernen ist sowie die daraus entstehen Zielkonflikte sind in der Abbildung 4.6 schematisch aufgeführt.

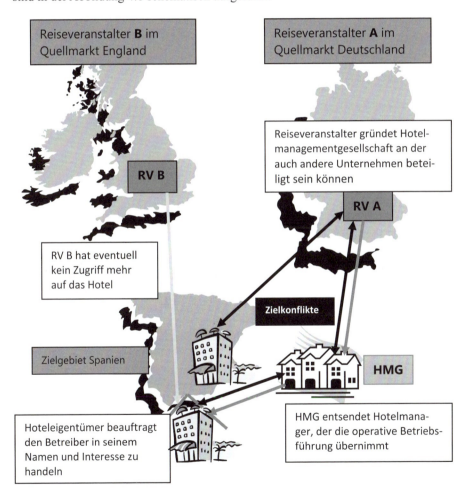

Abb. 4.6: Hotelmanagementgesellschaft

---

[7] Interview mit Dipl. Kfm. Axel Student, T.P.I. touristic projects GmbH

4.2.6.4 Franchising

Bei Franchiseverträgen bleibt das Management der Hotels im Unterschied zu den anderen Betreiberformen in der Hand der Hoteleigentümer. Bei der Führung des Hotels nutzt der Franchisenehmer (Hoteleigentümer) eine Marke, die vom Franchisegeber (Hotelgesellschaft) entwickelt wurde. Indem der Franchisegeber dem Franchisenehmer die Nutzung seines Konzeptes überlässt, werden ein einheitlicher Auftritt, ein systemkonformes Verhalten und gemeinsame Strategien aller Franchisenehmer am Markt gewährleistet (Henschel, 2001). Als wichtigstes Merkmal der Franchisepartner gilt, dass sie am Markt zwar unter einheitlichem Namen als Einheit auftreten, rechtlich und wirtschaftlich jedoch selbständig sind. Der Franchisevertrag begründet ein Dauerschuldverhältnis. Darüber hinaus kann das Franchise-Verhältnis weitere Elemente anderer Verträge, wie z.B. aus Vertretungs-, Miet-, Kauf- oder auch Pachtverträgen, enthalten. Da der Franchisegeber nicht das Betreiben des Hotels übernimmt sondern lediglich den Franchisenehmer durch sein System unterstützt, entspricht das Franchising auch nicht der funktionellen Entkoppelung, was die Einordnung des Franchisings als Kooperationsform und nicht als Betreiberform rechtfertigt (Hänssler, 2004). Im Mittelpunkt des Franchising steht das Leistungsprogramm mit den festzulegenden Leistungen und Konditionen der Franchisepartner, welches in folgender Abbildung dargestellt ist.

Franchisegeber	Franchisenehmer
• Durchführung oder Hilfestellung bei Betriebsplanung, Aufbau und Errichtung • Belieferung mit Waren, Ausstattung, Ausrüstung oder Nachweis von gelisteten Lieferanten zu festgelegten Konditionen • Betriebswirtschaftliches Know-how (z.B. Controlling, Rechnungswesen, Marktforschung, Werbung, Verkaufsförderung) • Überlassen des Systems mit seiner „Gebrauchsanleitung" (Betriebshandbuch) • Erlaubnis und Verpflichtung zum Gebrauch von Produkt-, Firmen- und Markenzeichen • Entwicklung von Marketingkonzepten • Motivation der Franchisenehmer	• Bereitstellung der notwendigen Immobilie bzw. des Kapitals • Bereitstellung des notwendigen Personals • Unternehmerische Initiative und persönliches Engagement bei der Hotelführung • Risikoübernahme und Umsatzverpflichtung • Verpflichtung zur Einhaltung von Qualitätsstandards • Abnahme und Bezahlung des Leistungspaketes einschließlich der notwendigen Betriebsausstattung • Zahlung von Eintrittsgebühr und laufenden Gebühren • Periodische Lieferung von betriebswirtschaftlichen Daten

Abb. 4.7: Das Leistungsprogramm des Franchisegebers und Franchisenehmers in der Hotellerie

Der Franchisenehmer muss demnach, obwohl er das Kapitalrisiko trägt, bereit sein, seine unternehmerischen Aktivitäten bedingungslos in den Dienst des Franchisekonzeptes zu stellen. Die individuelle, persönliche Note des Unternehmens tritt somit in den Hintergrund. Dafür erhält er mit der Systemzugehörigkeit ein am Markt erfolgreiches Produkt sowie einen Wettbewerbsvorsprung gegenüber der Konkurrenz durch das Image des Franchise-Markennamens. Die Konzepte, Standards und Managementvorgaben des Franchisegebers sind vertraglich nicht verhandelbar und stehen fest. Bei Nichteinhaltung der Vorgaben werden in der Regel auch Strafen vereinbart, da sonst die Gefahr des Imageverlustes zu groß ist. Bei nichtkonformen Verhalten eines Franchisenehmers kann die ganze Marke geschädigt werden, was im Endeffekt ein wirtschaftliches Risiko darstellt und der bedeutendste Nachteil eines Franchisesystems für den Franchisegeber ist. Deshalb ist im Vorfeld ein bisschen „Fingerspitzengefühl" bei der Auswahl der Hoteliers gefragt. Nach Art und Umfang lassen sich drei Varianten des Franchise-Systems darstellen:

- **Gesamtleistungspaket**
Der Franchisenehmer baut das Hotel auf eigene Rechnung und wird vom Franchisegeber unterstützt bei der Standortanalyse, der Hotelplanung, der Finanzierung, der Konstruktion, den Standards und der operativen Tätigkeit, vor allem im Marketing und in der Schulung.

- **Operative Tätigkeit**
Der Franchisegeber plant, finanziert und baut die Hotelimmobilie nach seinen speziellen Standards und verkauft sie an den Franchisenehmer, der das Hotel betreiben will. In diesem Fall erhält er ausschließlich Unterstützung in der operativen Tätigkeit.

- **Namensfranchise**
Der Franchisenehmer stellt seinen existierenden Hotelbetrieb zur Verfügung. Sofern bestimmte vorgegebene gestalterische und operative Standards erfüllt sind bzw. das Hotel den produktpolitischen Kriterien des Franchisegebers entspricht, stellt der seinen Markennamen und/oder sein Reservierungssystem zur Verfügung. Der Franchisenehmer wird in reduzierter Form nur in bestimmten operativen Funktionen vom Franchisegeber unterstützt (Henschel, 2001).

Für die Nutzung des Leistungspaketes zahlt der Franchisenehmer eine Gebühr. Die Franchise-Gebühr kann sich aus mehreren fixen als auch variablen Komponenten zusammensetzen:

- Einmalige Eintrittsgebühr (fix bzw. abhängig von der Objektgröße)
- Laufende Lizenzgebühr (fix oder umsatzabhängig)
- Laufende Marketinggebühr (fix oder umsatzabhängig)
- Laufende Gebühr für das Reservierungssystem (umsatzabhängig)

Die Vor- und Nachteile eines Franchise-Systems müssen aus zwei verschiedenen Blickwinkeln betrachtet werden: Aus Sicht des Franchisegebers und des Franchisenehmers.

Vorteile Franchisegeber	Vorteile Franchisenehmer
• schnellere Expansion ohne Kapitalinvestition • Steigerung des Bekanntheitsgrades des Namens, der Marke • Präsenz an weniger rentablen Standorten eher möglich (Personal- und Kapitalkosten entfallen) • höhere Leistungsmotivation bei selbständigen Unternehmen • bessere Rationalisierungsmöglichkeiten (ein Leistungspaket für alle Betriebe) • Weiterentwicklung des Konzeptes durch Franchisegebühren ab einer bestimmten Größe • optimales Marketing möglich, da System nach außen hin wie ein Konzentrationsgebilde wirkt	• Markteintritt mit geringem Risiko durch Anschluss an ein bekanntes System mit bewährter oder erprobter Idee (Bekanntheitsgrad des Markennamens) • Unterstützung durch das Know-how des Franchisegebers • günstige Konditionen durch zentralisierten Einkauf • Wettbewerbsvorteile auf regionalen Märkten • leichterer Übergang zur Selbständigkeit • Finanzierungshilfen durch den Franchisegeber • günstigere Einschätzung der Bonität durch Banken und Investoren • psychologische Wirkung auf Mitarbeiter auf Grund des Zusammengehörigkeitsgefühls zur Systemfamilie

Nachteile Franchisegeber	Nachteile Franchisenehmer
• Franchisebetriebe sind schwerer zu kontrollieren als Filialbetriebe • Gefahr der Starrheit und geringeren Flexibilität des Systems • Konflikte mit den Franchisenehmern wegen ihres Selbständigkeitsgefühls einerseits und ihrer notwendigen Systemgebundenheit andererseits • weniger leistungsfähige Betriebe belasten das Gesamtimage des Systems	• Akzeptanz von Kontrollen • Einschränkung der unternehmerischen Selbständigkeit durch die Weisungsgebundenheit • eventuell entstehende Kosten um Anforderungen des Franchisegebers zu erfüllen • Nachvertragliche Wettbewerbsverbote bei Vertragsauflösung

Abb. 4.8: Die Vor- und Nachteile für Franchisegeber und Franchisenehmer

Mit dieser Form der Kooperation ist es einem Reiseveranstalter möglich, ohne großen Kapitalbedarf sehr schnell im Hotelbereich zu wachsen. Der zusätzliche Vorteil gegenüber den anderen Vertragsformen liegt darin, dass das Management auf die Aufgaben der Kooperation beschränkt bleibt und nicht für jedes einzelne Hotel operative Personalkapazitäten aufgebaut werden müssen.

4.2.6.5 Hotelbeteiligungen deutscher Reiseveranstalter

Die *TUI* setzte auf die langfristige Entwicklung einer engen Beziehung zwischen Veranstalter und Hotelgruppe. Hierzu erwarb sie 1977 zunächst eine Minderheitsbeteiligung an den mallorquinischen *RIU*-Hotels, nachdem sie sich bereits an *Iberotel* beteiligt hatte, und trug dazu bei, dass die Hoteliersfamilie expandieren konnte. Zwar hat der Touristikkonzern mittlerweile die Mehrheit an dieser Hotelgesellschaft, aber das Management ist weitestgehend bei der Familie *RIU* geblieben.

Gemessen an der Zahl der Betten von nahezu 200.000 ist die *TUI* seit längerem der mit Abstand größte deutsche Hotelkonzern, auch wenn diese Betten im Ausland stehen. Schon 2003 war TUI Hotels & Resorts der größte Hotelier Europas und weltweit auf Platz 14. Mit 290 Hotels verfügte der Konzern 2003 über 157.000 Betten. Zu *TUI* Hotels & Resorts zählen im Jahr 2012 Hotelgesellschaften, an denen eine Mehrheitsbeteiligung besteht, Joint Ventures mit lokalen Partnern, Gesellschaften, an denen finanzielle Beteiligungen gehalten werden und Hotels, mit denen Managementverträge bestehen. Zu den bekannten Marken gehören *RIU, Grecotel, Grupotel, Iberotel, Dorfhotel, Robinson* und *Magic Life*. Dabei leistet sich die *TUI* eine bemerkenswerte Doppelgleisigkeit: die *TUI* Deutschland GmbH entwickelt unabhängig von den Hotelbeteiligungen der *TUI AG* eigene Hotelmarken entsprechend einer eigenen Zielgruppenanalyse. Die in den letzten Jahren neu auf dem Markt gebrachten Marken heißen *Sensimar, Puravida* und *Viverde*. Für diese Marken wie auch für *Robinson* und *Magic Life* wird der Begriff *Konzepthotels* verwendet. Anfang 2012 bestehen 80 dieser exklusiv für *TUI* betriebenen Hotels. Im Sommer 2012 sollen weitere 10 hinzu kommen, bis 2015 sollen es 136 werden. Der Geschäftsführer der TUI Deutschland GmbH spricht von „margenstarkem Geschäft für eine anspruchsvolle Klientel", das sich vom „preiswerten Massengeschäft", das TUI auch betreibt, deutlich unterscheidet (touristik aktuell 10/2012, S. 6).

Die neue Strategie der *TUI Deutschland* GmbH wird umschrieben mit Aussagen, die auf den ersten Blick mehr aus der PR-Abteilung als aus der strategischen Planung zu stammen scheinen. Man will „weg von der Urlaubsfabrik" und will aus der *TUI* eine „Traumfabrik" machen

4.2 Der Hoteleinkauf 173

(ZEIT Online, 25.07.2011). Zitiert wird die *TUI*-Hotel-Entwicklerin *Stefanie Schulze zur Wiesch*: „Vor 20 Jahren ging es nur um das Wohnen. Das Reiseziel und das Urlaubsbedürfnis standen im Mittelpunkt". Baden, erholen, entspannen – dieser Dreisatz gelte heute nur für ein paar Millionen Pauschaltouristen: Die anderen seien anspruchsvoller geworden. Das liege daran, dass deutsche Touristen heute erfahrener sind ... Es liege aber auch an der Tatsache, dass die Menschen immer weniger Freizeit haben. Diese will genutzt werden, so die TUI-Hotel-Entwicklerin. In einer Segmentanalyse wurden Kundengruppen definiert. Wo einer Kundengruppe kein Hotelkonzept zugeordnet werden kann, wird ein neues entwickelt. Beispiel: die Hotelmarke *Sensimar* ist speziell auf die Bedürfnisse von Paaren ausgerichtet. Es gibt „kulinarische Themenabende, Wellness zur Entspannung und ein dezentes Sportprogramm", jedoch z.B. keine Animation. Nach Aussage des *TUI* Geschäftsführers Dr. Böttcher erreicht *Sensimar* eine durchschnittliche Auslastung von 80 %. „Zugleich verdient das Unternehmen mehr an jedem Kunden, weil diese in exklusiven Hotels überdurchschnittlich viel für eine Übernachtung zahlen." Nach allgemeiner Einschätzung wird mit exklusiven Hotels á la *Sensimar* eine überdurchschnittlich hohe Marge verdient (ZEIT Online, 25.07.2011).

Die Hotels und Clubanlagen der TUI AG sind lt. Geschäftsbericht für das Touristikjahr 2010/2011 prozentual auf die folgenden Regionen verteilt:

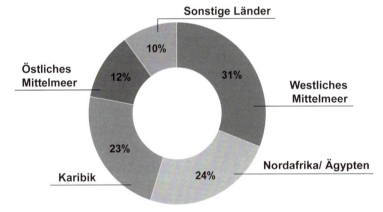

Abb. 4.9: Hotelbetten der TUI nach Regionen (TUI AG Geschäftsbericht 2011)

Im Fokus der konzerneigenen Hotels steht die Risikominimierung durch profilierte Marken, die Vielseitigkeit des Hotelangebotes, die zielgruppengerechte Produktvielfalt, die nachhaltige Entwicklung und die Qualitätsgarantie. Welchen Einfluss die Beteiligungen der TUI auf die Qualität der Hotels hat, spiegelt sich in der höheren Gästezufriedenheit wieder. Mit einer Auslastung der konzernzugehörigen Hotels von 80 %, von denen 60 % von den Veranstaltern der World of TUI kommen, ist man gewiss, ein erfolgreiches Hotelportfolio zu haben. Zudem ist der Hotelbereich in der Touristiksparte der TUI AG der mit Abstand profitabelste und verlässlichste Ergebnisbringer.[8]

---

[8] Interview: TUI Hotels & Resorts

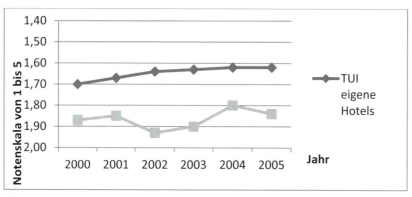

Abb. 4.10: Gästezufriedenheit bei der TUI (TUI Hotels & Resorts im Fokus)

Auch die *Thomas Cook* AG, vormals C&N (Abkürzung für Condor & Neckermann), hat schon früh in Hotels in den Zielgebieten investiert; allerdings nur dort, wo die entsprechenden Kapazitäten nicht in den gewünschten Qualitäten vorhanden waren und wo nur geringe Risiken hinsichtlich der Auslastung bestanden. Die unter anderem durch eine falsche Airline-Strategie verursachte Krise des Thomas Cook Konzerns, die im Jahr 2003 fast zum Zusammenbruch des Konzerns geführt hätte, verhinderte wohl die Realisierung des damals gesetzten Ziels von 100.000 steuerbaren Betten in 2005. Auch unter neuer Führung setzte Thomas Cook den Verkauf von Beteiligungen fort. So wurden im Januar 2007 zwei Hotelbeteiligungen in Marokko und auf Mallorca abgegeben. Der Konzern hatte bereits in den vergangenen beiden Jahren Beteiligungen an Hotels, aber auch an der Clubmarke *Aldiana* verkauft. Im November 2006 verkaufte *Thomas Cook* seine Beteiligung an den Creativ- und IFA-Hotels. IFA war eine zentrale Hotelbeteiligung von Thomas Cook. Der Konzern hatte sich mit der *Lopesan*-Gruppe verbündet, um sich vor allem die Hotels auf Gran Canaria zu sichern. Bis auf das Joint Venture mit dem größten Partner *Iberostar* des spanischen Unternehmers Fluxa stehen bei Thomas Cook alle Hotelbeteiligungen zur Disposition. Mit der Veräußerung dieser Hotelbeteiligungen setzt *Thomas Cook* sein Desinvestitionsprogramm kontinuierlich fort. Die hinreichend bekannten Sparprogramme lassen teure Hotelkäufe nicht zu. *Thomas Cook* will dennoch sein Hotelportfolio ausbauen, allerdings mit einer möglichst geringen Kapitalbindung („asset-light"). Das bedeutet, dass ein Wachstum zurzeit überwiegend mit Betreiberverträgen realisiert werden soll, durch die eine Expansion mit einem Minimum an Kapital und einem maximalen Zugriff auf die Hotelbetten gewährleistet werden soll.

Die feste Bindung von Kapital stellt ein Risiko dar. Deshalb soll das Geschäftsmodell flexibilisiert werden und das Hotelengagement nur dort fortgesetzt werden, wo es sowohl aus touristischen Gesichtspunkten als auch von der Immobilieninvestition her interessant erscheint. Ein Beispiel für die Expansion durch Hotelbeteiligungen bei *Thomas Cook* stellte Bulgarien dar. Das Land gilt als wichtiges touristisches Wachstumsziel mit einem interessanten Preis-Leistungsverhältnis. Aus diesem Grund hat sich der *Thomas Cook*-Konzern für einen hohen „einstelligen Millionenbetrag" mit 20 Prozent an einem bulgarischen Immobilienfonds beteiligt, der acht Hotels mit mehr als 4000 Zimmern aus dem Boden stampfen soll. Davon sollten rund die Hälfte von der *Thomas Cook*-Beteiligung *Iberostar* betrieben werden. Am Beginn des Jahres 2012 stehen alle Beteiligungen des *Thomas Cook Plc.* Konzern zur Disposition. Es wird nach Wegen gesucht, die hohe Verschuldung durch Verkäufe

4.2 Der Hoteleinkauf

von Vermögenswerten abzubauen und die Liquidität zu sichern. Sogar ein Verkauf der deutschen Tochter *Condor* wird in Erwägung gezogen.

Die *REWE* ist erst 1988 durch die Übernahme der kleinen Reisebürokette *Atlas Reisen* aus Köln in das Tourismusgeschäft eingestiegen und hat sich mit deren Ausbau zunächst auf den Reisevertrieb beschränkt. Erst durch die Übernahme von *ITS* im Jahre 1995 erfolgte der Einstieg in das Veranstaltergeschäft. Die *ITS* besaß damals bereits die Hotelgesellschaft „ITC". Damals existierten bereits *Aldiana (Thomas Cook)* und *Robinson (TUI)*. *ITS* wollte 1988 analog auch eine Clubkette aufbauen und eröffnete 1989 die erste *Calimera* Anlage. Parallel dazu entwickelte sich 1989 auch die „*LTI*" Hotelgesellschaft, die eng mit der *LTU* Airline zusammenarbeitete. Diese Expansion war eng an die Flugstrecken der *LTU*-Airline gekoppelt. Der Fokus lag hier in der Eröffnung von *LTI Hotels*, bei denen garantiert werden konnte, dass die *LTU* diese Strecken auch bedient. Nach der Fusion mit der *LTU Touristik* in Düsseldorf und der *ITS* in Köln verfügte die *REWE* nun über zwei Hotelgesellschaften mit unterschiedlich strategischer Ausrichtung. Durch die Gründung der „Rewe Touristik-Hotels & Investments" (RTH) im Jahre 2003 wurden die zwei Hotelgesellschaften zusammengefasst. Im Zuge der Fusion entschied man, sich sukzessive von allen Hotels auf der Fernstrecke zu verabschieden. Der Grund lag vor allem in der geringen Auslastung der Hotels durch die eigenen Veranstalter. Vor allem eine Mindestkapazität von 50 Prozent durch eigene Veranstalter und die Sicherung von Qualitätsbetten sollte gegeben sein. Das war auf der Fernstrecke wegen der niedrigen Flugkapazität und geringen Flugfrequenzen nicht möglich.

Anfang des Jahres 2004 gab die *Rewe Touristik-Hotels & Investments* zwei Ferienhotels auf Kuba und Bali ab. Künftig sollte nur noch dort expandiert werden, wo die *REWE* Veranstalter die Hotels auch füllen. Im Januar 2007 ist *REWE* noch mit drei eigenen Hotels (Kenia, Punta Cana und Venezuela) auf der Fernstrecke vertreten. Die Desinvestitionsstrategie auf der Fernstrecke soll aber nicht bedeuten, dass die Expansion rückläufig ist. Prinzipiell wird es nicht abgelehnt, Hotels auf der Fernstrecke zu haben. Eine ausreichende Flugfrequenz und Mindestauslastung muss aber gegeben sein. Die zukünftige Expansion wird sich allerdings auf die Mittel- und Nahstrecke konzentrieren. Im Moment wird mit allen möglichen Vertragsformen gearbeitet. Dazu zählen Eigentum (100 %, Majoritätseigentum und Minoritätsbeteiligungen), Management-, Pacht- und Franchiseverträge. In der Zukunft wird ganz klar primär mit Management oder Franchiseverträgen gearbeitet.

Das Hotelportfolio soll bei *REWE* pro Jahr und Marke um ein bis zwei Anlagen wachsen. Dabei hat das Wachstum weniger mit einer fixen Investitionssumme zu tun, als vielmehr mit der Möglichkeit bestimmte Objekte zu bekommen, ohne jedoch in operative oder qualitative Schwierigkeiten zu geraten. Die maximale Größe bei den *Calimera* Hotels wird bei 25 bis 30 Anlagen gesehen. Dann gilt der Mittelmeerraum, das Rote und Schwarze Meer, sowie die Kanaren als gut abgedeckt. Im Januar 2007 verfügte der *REWE* Konzern über 47 Hotels (Calimera 13, LTI International 22, Prima Sol 12) und eine steuerbare Bettenkapazität von ungefähr 33.000 Betten. Nachdem in den letzten Jahren sehr viel expandiert und ausgetauscht wurde, soll der Fokus künftig auf einer bewussten Qualitätsoffensive liegen. Ab dem Sommer 2007 wurden die kapitalintensiven Beteiligungen ausgesetzt. Die Expansion wird über die Marke *LTI* vorrangig mit risikoarmen Franchiseverträgen vorangetrieben.

Die Beteiligungspolitik der großen Reiseveranstalter in der Hotellerie bestätigt den bereits im Kap. 2.4 beschriebenen **Trend zur Polarisierung**. Es wird zunehmend unterschieden zwischen dem margenstarken Geschäft für eine anspruchsvolle Klientel und dem preisorientierten Massengeschäft. Die Hotels der unteren Preisklassen werden zunehmend über X-Produkte verkauft und sind immer weniger geeignet, im Portfolio eines Reiseveranstalters zur Markenprofilierung und zu Erträgen aus Beteiligungen beizutragen.

4.3 Der Flugeinkauf

Dieses Kapitel erhebt nicht den Anspruch, einen Überblick über alle Fragen des Luftverkehrs zu liefern, die für einen Reiseveranstalter von Interesse sein können. Hierzu sei auf die umfangreiche Literatur zu Fragen des Luftverkehrs verwiesen (z.B. Sterzenbach, R., Conrady, R., Fichert, F., 2009) Vielmehr geht es darum, die Entscheidungsparameter zu verdeutlichen, die dem Reiseveranstalter in der gegenwärtigen Marktsituation zur Verfügung stehen. Diese Marktsituation ist insbesondere von einer **starken Zunahme des Wettbewerbs** im Luftverkehr und von einer Konvergenz der Geschäftsmodelle geprägt.

4.3.1 Zur Entwicklung des Luftverkehrs

Seit Beginn des touristischen Luftverkehrs von Deutschland in Urlaubsgebiete des Mittelmeeres im Jahr 1955 haben sich Begriffssysteme und Kategorien des Luftverkehrs grundlegend verändert. Insbesondere ist die über Jahrzehnte gewohnte Einteilung der Geschäftsmodelle in Linien- und Charterflugverkehr – obgleich rechtlich noch von Bestand – in der Praxis heute anderen Klassifizierungen gewichen. Wir unterschieden Luftverkehrsgesellschaften heute in Netz-Carrier (z.B. Lufthansa), Low Cost Carrier (z.B. Ryanair oder Germanwings) und Ferienflieger (z.B. TUIFly oder Condor). Für Fluggesellschaften, die in mehreren Geschäftsmodellen aktiv sind wie z.B. Air Berlin hat sich auch der Begriff *Hybrid Carrier* etabliert.

Das System des weltweiten Luftverkehrs wurde im Jahr 1944 durch das Chicagoer Abkommen neu geregelt. Die in der Konferenz von Chicago beschlossene *Convention of International Cicil Aviation* führte 1945 in Havanna zur Gründung der IATA, der International Air Transport Association, dem Dachverband der Linienfluggesellschaften. Hauptsitz der IATA ist Montreal und Genf. Eine der wesentlichen Zielsetzungen der IATA war es, allen Luftverkehrsgesellschaften auskömmliche Tarife zu sichern. So entstand ein weltweites Kartell des Luftverkehrs, das in Tarifkonferenzen für alle Regionen der Welt Tarife, Kapazitäten und weitere Regeln festlegte. Charterflüge durften – von einigen Ausnahmen abgesehen – beispielsweise in Deutschland über Jahrzehnte nur zusammen mit mindestens einer touristischen Leistung für die Dauer des Aufenthalts verkauft werden. Damit sollte vermieden werden, dass die mit höherer Auslastung kalkulierten billigeren Charterflüge in Konkurrenz zu den (zwangsläufig teureren) Linienflügen treten.

Die Ausschaltung des Wettbewerbs im Luftverkehr und die Durchsetzung hoher Tarife, die nicht den Kostenstrukturen zahlreicher (vor allem asiatischer) Luftverkehrsgesellschaften entsprachen, musste letztlich ebenso scheitern wie alle anderen in der Wirtschaftsgeschichte bekannten Versuche, über längere Zeit in großen Räumen den Wettbewerb durch Regulie-

4.3 Der Flugeinkauf

rungen auszuschalten (Beispiel Europäischer Agrarmarkt). Sehr bald entwickelte sich im Luftverkehr nämlich ein umfangreicher *Grauer Markt*, auf dem Fluggesellschaften über ausgewählte Großhändler die offiziellen IATA-Tarife unterliefen. Dies taten insbesondere solche Fluggesellschaften, die auf Grund ihrer geringeren Qualität und Zuverlässigkeit im Wettbewerb gegen renommierte Fluggesellschaften bei gleichen Preisen keine Chance hatten.

Den Anfang vom Ende des IATA-Tarifkartells läutete der amerikanische Präsident Jimmy Carter mit seinem *Deregulation Act* ein. Die auf Intensivierung des Wettbewerbs angelegte Europäische Gemeinschaft (EG) bzw. spätere Europäische Union (EU) griff diese Bestrebungen gern auf und liberalisierte den Luftverkehr in mehreren Phasen zwischen 1988 und 1993. Heute kann innerhalb der EU jede europäische Fluggesellschaft (Definition: das Kapital darf nicht mehrheitlich im Besitz von Nicht-EU-Bürgern sein) auf jeder Strecke auch innerhalb eines anderen EU-Staates fliegen, wenn sie das für wirtschaftlich sinnvoll hält (sog. *Kabotage*). In der Praxis tun das aber nur wenige europäische Airlines (Beispiel *Air Berlin* ab Drehkreuz Palma de Mallorca mit einem umfangreichen innerspanischen Streckennetz).

Wir haben für den Flugeinkauf heute zwischen zwei Begriffssystemen zu unterscheiden, die eine gewisse Gefahr der Verwechslung mit sich bringen. Aus verkehrsrechtlicher Sicht werden so gut wie alle Flüge heute als Linienflüge durchgeführt. Diese Entwicklung begann in den Achtzigerjahren des 20. Jahrhunderts. Fluggesellschaften, die ursprünglich für den rein touristischen Luftverkehr gegründet wurden wie z.B. die Düsseldorfer *LTU*, beantragten zunehmend Linienflugrechte. So startete *LTU* z.B. im Jahr 1991 mit einer Boeing 767 eine Kette von wöchentlichen Flügen nach Costa Rica mit Weiterflug in die Karibik. Diese Flüge wurden als Linienflüge durchgeführt, was u.a. den Vorteil mit sich brachte, dass Fracht befördert werden konnte. Zur gleichen Zeit flog *Condor* für einen deutschen Reiseveranstalter eine Kette von Charterflügen nach Costa Rica. Beide Ketten erwiesen sich allerdings auf Dauer als nicht rentabel. Der Begriff des **Charterfluges** wird auch heute noch im Flugeinkauf der Reiseveranstalter verwendet, wenn es darum geht, bestimmte Kapazitäten unter Vertrag zu nehmen und Verträge mit Linien- oder Ferienfluggesellschaften auszuhandeln. So sprechen wir auch heute noch von Vollcharter oder Teilcharter – Begriffe, die im Folgenden näher erläutert werden. Die Flüge, um die es dabei geht, sind jedoch aus luftverkehrsrechtlicher Sicht zumeist Linienflüge.

Die Risikoverteilung der Ferienflüge hat sich im Laufe der letzten Jahre verändert. Während vor 10 oder 20 Jahren von Reiseveranstaltern durchweg erwartet wurde, dass sie ins Risiko gehen und Plätze fest belegen oder das Flugzeug komplett chartern, sind Fluggesellschaften heute zunehmend bereit, auf eigenes Risiko zu fliegen. Die Plätze werden großen, aber auch kleinen Reiseveranstaltern angeboten, die damit ihre Reiseprogramme gestalten können. Es wird nach Flugplänen geflogen, die frühzeitig mit großen Kunden (vorwiegend Großveranstaltern) abgestimmt werden. Dabei wird versucht, die Flugzeuge an allen Wochentagen möglichst gleichmäßig auszulasten. Im Folgenden wird zunächst auf die klassische Unterscheidung zwischen Linienflugverkehr und Charterflugverkehr eingegangen, um die Unterschiede in den rechtlichen Rahmenbedingungen deutlich zu machen.

4.3.2 Linienflugverkehr

Definition: Linienflugverkehr
Unter Linienflugverkehr versteht man „jede öffentliche, zwischen bestimmten Landeplätzen eingerichtete regelmäßige Flugverbindung mit Beförderungspflicht für Personen, für die dem durchführenden Luftfahrtunternehmen eine Genehmigung erteilt wurde. Die Fluggesellschaft trägt das Beschäftigungs- und Auslastungsrisiko" (Schroeder, 1991). Aus der Definition ergibt sich, dass der Reiseveranstalter bei Linienflugleistungen keinen Einfluss auf Reisetage, Flugzeiten oder Verkehrsverbindungen hat. Vielmehr kann er aus dem veröffentlichten Flugplan nur für ihn passende Verbindungen heraussuchen. Vorteile für den Veranstalter ergeben sich bei der Beschaffung von Linienflügen allerdings dadurch, dass der Veranstalter meist kein Auslastungsrisiko trägt.

Grundsätzlich eignen sich Flugreisen mit Linienflügen für die Reiseveranstalter dann, wenn das Aufkommen in das Zielgebiet den Einsatz von Charterverbindungen nicht zulässt oder die entsprechenden Verkehrsgenehmigungen für die Chartergesellschaften nicht erteilt werden. Allerdings fehlen bei Linienfluggesellschaften häufig direkte Verbindungen in die Urlaubsziele, so dass nur Umsteigeverbindungen existieren. Die Zusammenarbeit zwischen Linienfluggesellschaften und Reiseveranstaltern erfolgt ab einem gewissen Geschäftsvolumen auf der Basis besonderer Vereinbarungen. So gibt es für Reiseveranstalter bei Linienflügen ein eigenes Preisgefüge, die sog. **TO-Raten**. TO steht hier für Tour Operator. Dieser Vertriebsweg wird seitens der Fluggesellschaften durchweg getrennt von anderen Vertriebswegen wie z.B. dem Firmengeschäft (Business Travel) gesehen. TO-Raten liegen mehr oder weniger deutlich unter den veröffentlichten Tarifen, werden oft streng vertraulich behandelt und sind zur Gestaltung von Urlaubsreisen mit Linienflügen gedacht. Bis vor einigen Jahren gab es hierzu noch den IT-Tarif, wobei IT für *Inclusive Tours* stand. Dieses Relikt aus IATA-Zeiten hat sich mittlerweile überholt und ist den TO-Raten gewichen.

Für kleine Reiseveranstalter, die Reisen nach Kundenwunsch zusammenstellen und keine eigene IATA-Agentur haben, stellt sich die Situation zum Teil schwierig dar. Sie können Linienflüge über die gängigen Reservierungssysteme wie z.B. Amadeus buchen, haben aber bei den günstigsten Tarifen (Discount-Tarife) meist nur sehr wenig Zeit, über die Ausstellung des Tickets zu entscheiden. Tickets, die zu Discount-Tarifen einmal ausgestellt und abgerechnet sind, können jedoch nicht oder nur mit Verlust zurückgegeben werden. Auch hier hilft wiederum ein „guter Draht" zum Vertrieb der jeweiligen Fluggesellschaft, die den Reiseveranstalter mit speziellem Service unterstützt. In einer gewissen Zwickmühle befindet sich ein Reiseveranstalter, der einen Kunden auf einem Linienflug gebucht hat, wenn der Kunde von der Reise zurücktreten und einen anderen Kunden an seiner Stelle teilnehmen lassen möchte. Diesem **Name Change** kann der Reiseveranstalter nämlich nach deutschem Reiserecht (§ 651 b BGB) nur widersprechen, wenn der Ersatzteilnehmer „...den besonderen Reiseerfordernissen nicht genügt". Ein Namenwechsel ist jedoch bei Linienflügen im Bereich der Discount Tarife grundsätzlich nicht möglich. Hier hilft wiederum nur eine entsprechende Vereinbarung mit der Fluggesellschaft, die dem Reiseveranstalter ein gewisses Maß an Namenswechsel (Name Change Kontingent) gestatten kann.

In den letzten Jahren sind zunehmend kleine, nur über Internet anbietende, dynamisch paketierende Reiseveranstalter („**X-Veranstalter**") auf den Markt gekommen, die sich auf den

Zugriff auf Flug- und Hoteldatenbanken oder das Auslesen der Bildschirmseiten der Fluggesellschaften (sog. Screen Scraping) beschränken. Eine touristische Kompetenz weisen diese Reiseveranstalter in manchen Fällen gar nicht auf. Die Entwicklung wird von manchen Fluggesellschaften mit Argwohn betrachtet. Der irische Low Cost Carrier *Ryanair* geht gegen diese Reiseveranstalter sogar systematisch vor. Die starke Zunahme der X-Veranstalter ist allerdings primär auf die starke Zunahme der Sitzplatzkapazitäten zurückzuführen. Das zunehmende Überangebot auf dem Flugmarkt provoziert einen Absatz über den Preis.

4.3.3 Flugpauschalreisen im Charterflugverkehr

Definition: Charterflugverkehr

Der Charterflugverkehr, auch „Bedarfsflugverkehr", ist im Grunde genommen keine gesonderte Verkehrsart. Er gehört vielmehr zum Bereich des gewerblichen Gelegenheitsverkehrs. Ursprünglich führte man die gewerbliche Beförderung von Personen oder Fracht mit nicht planmäßig verkehrenden Flugzeugen von einem Punkt zum anderen aus. Seine Hauptaufgabe liegt heute jedoch in der Beförderung von Flugpauschalreisenden. Im Gegensatz zum Linienflugverkehr besteht beim Charterverkehr keine Beförderungspflicht, d.h. dass bei ungenügender Auslastung auch Flüge storniert werden können.

Beim Einkauf von Charterflügen hat der Reiseveranstalter eine wesentlich bessere Verhandlungsposition als beim Linienflug. Charterfluggesellschaften können ihre Preise mit ihren Vertragspartnern frei aushandeln, ohne den staatlichen Genehmigungsbestimmungen der Linienflüge zu unterliegen, die insbesondere im außereuropäischen Verkehr gelten. Ferner kann der Veranstalter in den Verhandlungen Einfluss auf die Verkehrstage, Flugzeiten und den eingesetzten Flugzeugtyp nehmen. Anders als beim Linienverkehr trägt aber i.d.R. der „Charterer" (= Reiseveranstalter) das alleinige Auslastungsrisiko. Auch Charterfluggesellschaften unterliegen den Luftverkehrsgesetzen und Verkehrsvorschriften. Für die Durchführung der Flüge benötigen sie zudem eine Betriebserlaubnis und eine Genehmigung zur Durchführung des Fluges durch den Zielstaat. Für die Durchführung von Pauschalreisen auf Charterflügen gelten die folgenden besonderen gesetzlichen Bestimmungen, die im „Luftfahrthandbuch Deutschland" veröffentlicht sind:

- Die Pauschalflugreise muss als Rundreise nach einem oder mehreren Orten, ganz oder teilweise durch Beförderung in der Luft zu einem Gesamtpreis und unter vorheriger Festlegung von Reisedauer und Zielort(en) von Reiseveranstaltern angeboten und durchgeführt werden. Reiseveranstalter ist dabei, wer sein Gewerbe nach § 14 der Gewerbeordnung angemeldet hat.
- Die Fluggäste müssen nach dem Buchstaben des Gesetzes bei dem Reiseveranstalter ein Pauschalreise-Arrangement gebucht haben, welches außer dem Flug eine Unterkunft für die Zeit ihrer Abwesenheit vom Ausgangspunkt der Reise sowie möglicherweise weitere Leistungen einschließt. Die Unterkunft muss vor Reiseantritt gebucht und eindeutig bestimmbar sein. Allerdings ist diese Vorschrift heute kaum noch relevant, sofern es sich verkehrsrechtlich um Linienflüge handelt.
- Die Pauschalflugreise darf nur zu einem Gesamtpreis angeboten und verkauft werden, welcher den Flugpreis und den Preis des Landarrangements umfasst.

Die für die Reise ausgegebenen Flugscheine müssen den Aufdruck „Gültig nur mit Pauschalreisearrangement" tragen. In dem Flugschein müssen ferner der Name des Reiseveranstalters, des Fluggastes und des Luftfahrtunternehmens, sowie die Hin- und Rückflugdaten angegeben sein.

4.3.4 Die Vertragsarten im Charterflugeinkauf

Im Charterflugeinkauf unterscheiden sich die Verträge insbesondere hinsichtlich der Verteilung des Auslastungsrisikos zwischen Veranstalter und Fluggesellschaft.

4.3.4.1 Vollcharter

Der Veranstalter nimmt der Airline ein komplettes Flugzeug unter Garantie ab und trägt somit das alleinige Auslastungsrisiko. Dabei bezieht sich die Vereinbarung i.d.R. auf eine gesamte Charterkette. Sie beinhaltet alle Flüge zwischen einem Abflughafen und einem Zielflughafen für die Dauer einer ganzen Saison. In den meisten Verträgen kann die Charterkette bis zu vier Wochen vor dem ersten Flug seitens des Reiseveranstalters gekündigt werden.

4.3.4.2 Teil- oder Blockcharter

Hier übernimmt der Veranstalter nur ein bestimmtes Kontingent von Plätzen auf Charterflugzeugen unter Garantie. Dabei gibt es grundsätzlich zwei Möglichkeiten: den Splitcharter und den Subcharter. Beim Splitcharter schließen verschiedene Veranstalter getrennt einen Chartervertrag mit der Airline ab und teilen sich so die Kapazität des Flugzeuges. Der Vorteil des Splitcharters besteht darin, dass beide Partner direkten Kontakt zur Fluggesellschaft haben und an diese direkt die Passagierzahlen melden sowie die Bezahlung vornehmen. Das Problem besteht darin, dass sich beide Partner im Voraus über die Aufteilung der Kapazität einigen müssen. Hier wird aber auch oft der Vertrieb der Fluggesellschaft tätig und bietet die verfügbaren Plätze an. Schließlich haben nicht alle Konkurrenten ein Interesse daran, miteinander zu verhandeln.

Beim Subcharter übernimmt ein einziger Reiseveranstalter (=Hauptcharterer) zunächst die gesamte Flugkapazität und gibt dann einen Teil der Kapazität an einen oder mehrere Veranstalter (=Subcharterer) weiter. Dazu schließt er mit diesen ebenfalls Charterverträge ab, die als Subcharterverträge bezeichnet werden. Das subcharternde Unternehmen begibt sich bei diesem Verfahren in eine gewisse Abhängigkeit vom Hauptcharterer. Da der Subcharterer seine Passagierzahlen an den Hauptcharterer meldet, hat dieser Einblick in die Buchungszahlen des Konkurrenten. Die Bezahlung der subgecharterten Kapazitäten erfolgt an den Hauptcharterer, so dass dieser als alleiniger Vertragspartner der Airline das Risiko der Zahlung trägt. Der Vorteil besteht darin, dass der Hauptcharterer gegenüber der Airline aufgrund der Bündelung von Nachfrage eine starke Verhandlungsposition hat und so u.U. günstigere Einkaufspreise erhält. Außerdem kann die Verteilung der gecharterten Kapazitäten zwischen den beteiligten Veranstaltern von Abflug- zu Abflugtermin individuell geregelt werden, so dass Buchungsschwankungen untereinander ausgeglichen werden können. In Verbindung mit einem Teilcharter tritt häufig eine sog. **Pro-Rata-Vereinbarung**. Das gecharterte Kontingent besteht dann aus einem Garantiekontingent und einigen Pro-Rata-Plätzen. Diese Plätze werden der Airline nicht mit Garantie abgenommen, sondern müssen nur bezahlt werden, wenn sie auch tatsächlich belegt werden. Der Vorteil für den Veranstalter besteht darin, dass er mit den Garantieplätzen eine hohe Auslastung kalkulieren kann und mit jedem weiteren verkauften Platz ein Zusatzgeschäft macht. Der Risikoträger für die „Pro-Rata"-Plätze bleibt in jedem Fall die Fluggesellschaft, die u.U. auf den nicht unter Garantie verkauften Plätzen sitzen bleibt. Während die Fluggesellschaften früher für Pro-Rata-Plätze höhere Preise verlangten als für die Garantieplätze, sind die Preise heute oft identisch.

4.3.4.3 Kumulative Garantie

Bei der kumulativen Garantie verpflichtet sich der Veranstalter gegenüber der Fluggesellschaft, im Verlauf der Saison eine bestimmte Anzahl von Plätzen abzunehmen. Dabei ist es gleichgültig, an welchen Terminen wie viele Plätze abgenommen werden, wenn am Saisonende die vereinbarte Zahl von Plätzen erreicht ist. Am Ende der Saison wird dann mindestens die garantierte Zahl der Plätze abgerechnet, auch wenn diese nicht vom Veranstalter ausgenutzt wurden. Der Vorteil der kumulativen Garantie liegt darin, dass Auslastungsschwankungen zwischen verschiedenen Terminen ausgeglichen werden können. Da das Risiko für die Fluggesellschaft größer ist als bei den o.g. Charterarten, liegen die Flugpreise hier höher.

4.3.4.4 Flugstundeneinkauf

Hier verpflichtet sich der Veranstalter, das Fluggerät einer Fluggesellschaft für eine bestimmte Anzahl von Stunden pro Saison zu nutzen. Die Berechnung des Pauschalentgeltes bezieht sich dabei auf die Zahl der Blockstunden, d.h. auf die Dauer der Flugzeugbewegung einschließlich der Rollzeiten am Boden. Das Auslastungsrisiko liegt allein beim Veranstalter. Der Flugstundeneinkauf ist von geringer Bedeutung.

4.3.4.5 Zubucher/Einbucher

Hierunter versteht man den Einzelplatzvertrieb von Plätzen auf Charterflugzeugen an Veranstalter oder Reisebüros. Dazu werden von den Fluggesellschaften Listen veröffentlicht, aus denen die Flugpreise zu entnehmen sind. Die Einzelplätze dürfen theoretisch nur zur Konstruktion von Pauschalreisen verwendet werden. Durch den allgemeinen Wandel von Charterflügen zu Linienflügen ist diese Bestimmung in der Praxis jedoch kaum noch relevant. Das Auslastungsrisiko liegt allein bei der Fluggesellschaft. Pionier im Einzelplatzvertrieb war die Düsseldorfer Fluggesellschaft *LTU*, die mit dieser Methode bereits in den Siebzigerjahren ihre aus Großraumflugzeugen des Typs Lockheed L-1011 bestehende Flotte füllte.

4.3.5 Einkaufspolitik im Flugbereich

Im Rahmen des Einkaufs der Flugkapazitäten ist eine Reihe von Entscheidungen zu treffen, die zumindest indirekt den späteren Verkaufspreis einer Pauschalreise beeinflussen. Die Auswirkungen dieser Faktoren sollen im Folgenden näher betrachtet werden.

4.3.5.1 Die Streckenführung

Bei der Festlegung der Streckenführung wird entschieden, ob die Flüge direkt vom Abflug- zum Zielflughafen durchgeführt werden oder ob Zwischenlandungen im Herkunfts- oder Zielland zur Aufnahme bzw. zum Absetzen von Gästen vorgesehen sind. Zwischenlandungen werden im Herkunftsland nur dann vorgesehen, wenn es sich nicht rentiert, ab aufkommensschwachen Flughäfen im Direktflug zu fliegen, man diese Abflugorte aus Gründen eines flächendeckenden Angebotes aber anbieten will. Durch die Zwischenlandungen wird es möglich, eine bessere Auslastung auch größerer Flugzeuge zu erzielen. Zwischenlandungen erhöhen jedoch die Flugkosten um durchschnittlich fünf bis acht Prozent, da zusätzliche Lande- und Abfertigungsgebühren anfallen und die Zwischenlandung erheblich Treibstoff kostet. Diese Kosten können an die Kunden häufig nicht weitergegeben werden, da das ohnehin schwächere Aufkommen weiter sinken könnte. Ein Ausgleich ist letztlich nur möglich durch die Kalkulation einer überdurchschnittlich hohen Flugauslastung, um so den Preis pro Sitzplatz zu senken. Darüber hinaus führen Zwischenlandungen zu erheblich längeren Gesamtreisezeiten. Sie beeinträchtigen die Wettbewerbsfähigkeit des Veranstalters v.a. dann, wenn Konkurrenten mit ausreichendem Passagieraufkommen dieselbe Strecke direkt fliegen.

Eine spezielle Form der Streckenführung stellen „Drehkreuzflüge" dar. Beim Drehkreuz werden Flüge zum Zweck einer möglichst kurzfristigen Umverteilung der Passagiere auf ausgehende Flüge an einem Ort zusammengeführt. Drehkreuze haben einen hohen organisatorischen Aufwand. So müssen alle Flüge so gelegt sein, dass sie innerhalb kürzester Zeit im Drehkreuzflughafen landen und wieder starten. Für Drehkreuze eignen sich daher kleinere Flughäfen mit kurzen Wegen und ohne Slot-Probleme wie z.B. Nürnberg.

Man unterscheidet Zielgebiets- und Herkunftslanddrehkreuze. Zielgebietsdrehkreuze sind sinnvoll, wenn in der Zielregion mehrere Flughäfen angeschlossen werden sollen. Beispiel ist hier das Drehkreuz der *Air Berlin* in Palma de Mallorca. Von hier aus werden viele innerspanische Verbindungen angeboten, die im Übrigen nicht nur von Touristen, sondern auch von Geschäftsleuten genutzt werden.

Drehkreuz airberlin in Nürnberg Winter 2011/2012

Zu-/Abbringer

	Wochenabflüge
	47
Berlin TXL	5
Düsseldorf	5
Hamburg	5
Hannover	5
Wien	5
Leipzig	4
Saarbrücken	4
Dresden	3
Münster	3
Paderborn	3
Dortmund	2
Bremen	2
Köln/Bonn	1

Internationale Strecken

	Wochenabflüge
	42
Las Palmas	5
Teneriffa	5
Sharm-el-Sheik	4
Fuerteventura	4
Marsa Alam	3
Hurghada	3
Larnaca	3
Arrecife	2
Catania	2
Enfidha	2
Rom	2
La Palma	1
Agadir	1
Djerba	1
Luxor	1
Malta	1
Paphos	1
Ponta Delgada	1

Abb. 4.11: Herkunftslanddrehkreuz Nürnberg (Air Berlin)

4.3 Der Flugeinkauf

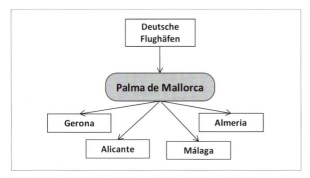

Abb. 4.12:   Zielgebietsdrehkreuz, Beispiel Palma de Mallorca

Häufig ist es nicht möglich, ein Flugzeug die gesamte Woche über nur an einem Flughafen zu beschäftigen, es muss gleichzeitig Umläufe ab anderen Flughäfen durchführen. Dazu gibt es vier Möglichkeiten:

- *Ferry-Flüge*

Ferry-Flüge sind Überführungsflüge, bei denen keine Passagiere befördert werden dürfen.

Beispiel:

Ein Fluggerät wird an einigen Tagen in Hannover, ansonsten in München benötigt. Das Problem, das dabei auftritt sind die hohen Kosten des Überführungsfluges. Um diese zu verteilen, müssen mindestens sechs bis acht Umläufe durchgeführt werden.

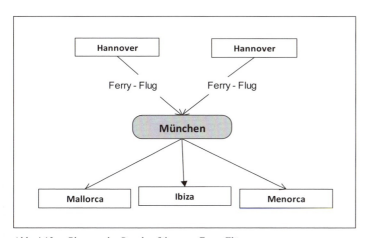

Abb. 4.13:   Planung der Streckenführung – Ferry-Flüge

- *W-Darstellung*

Das Gerät steht in Hannover und wird für einen zusätzlichen Umlauf ab München am selben Tag benötigt. Bei den Flügen im Mittelstück verlieren die Gäste einen halben Urlaubstag wegen ungünstiger Abflug- und Heimflugzeiten.

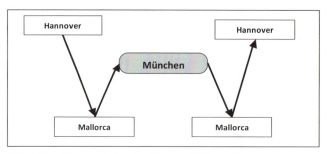

Abb. 4.14:   Planung der Streckenführung – W-Darstellung

- *M-Darstellung*

Das Fluggerät steht auf Mallorca und soll ab München einen zusätzlichen Malaga Umlauf fliegen. Dies ist nicht immer für deutsche Gesellschaften geeignet, da oft keine eigenen Wartungsmöglichkeiten im Ausland vorhanden sind. Außerdem verlieren Urlauber aufgrund ungünstiger Flugzeiten im Randstück einen ganzen Urlaubstag. Diese Art von Streckenführung ist v.a. bei ausländischen Gesellschaften typisch.

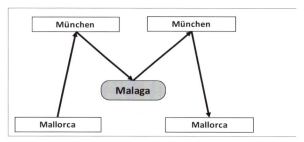

Abb. 4.15:   Planung der Streckenführung – M-Darstellung

- *Zielgebietsgabelflug*

Bei dieser Art von Umlauf werden zwei Zielflughäfen in der Zielregion nacheinander angeflogen. In dem folgenden Beispiel müssen die Gäste mit dem Reiseziel Cancun auf dem Hinflug eine Zwischenlandung in Puerto Plata machen. Der Rückflug erfolgt dagegen direkt von Cancun nach München. Auf diese Weise kann die Auslastung erhöht werden, wenn auf der Streckenführung einzelne Zielgebiete angeflogen werden, die kein hinreichend großes Aufkommen haben, um ein ganzes Flugzeug zu füllen. Für die Gäste folgt jedoch, dass sich mit einer größeren Zahl an Zwischenlandungen der Komfort immer mehr verringert.

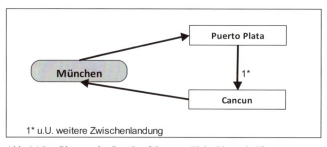

Abb. 4.16:   Planung der Streckenführung – Zielgebietsgabelflug

Bei den abgebildeten Streckenführungen handelt es sich um theoretische Modelle, in denen davon ausgegangen wird, dass ein Flugzeug nur wenige Flüge pro Tag macht. Wenn eine Fluggesellschaft ihre Maschinen, wie im Beispiel der M-Darstellung mit nur vier Flügen auf der Mittelstrecke einplant, erreicht sie möglicherweise nur eine unbefriedigende Auslastung, die zu höheren Preisen oder Betriebsverlusten führen kann. Das Flugzeug wird daher so oft wie möglich und nach Möglichkeit rund um die Uhr eingesetzt, was in Deutschland an zahlreichen Flughäfen nur sehr eingeschränkt möglich ist.

Flugumläufe werden vor allem an die Zeiten der Flughäfen in Deutschland angepasst. Die meisten deutschen Flughäfen haben ein Nachtflugverbot, das i.d.R. zwischen 23:00 und 05:00 des nächsten Tages gilt. Es gibt nur ein paar Ausnahmen die nicht an diese Regelungen gebunden sind, z.B. Nürnberg und Köln. Daher versucht man den letzten Flug des Vorabends auf einem dieser Flughäfen enden zu lassen, da man dort noch um Mitternacht landen darf. Nachdem die Crew ausgetauscht und die Flugvorbereitungen getroffen wurden, kann um ein Uhr nachts die Maschine mit neuen Gästen ans Mittelmeer oder in andere Regionen weiterfliegen. Somit wird verhindert, dass das Flugzeug auf anderen Flughäfen bis 5 oder 6 Uhr morgens parken muss, um dann erst wieder zu starten. Dementsprechend fliegt das Flugzeug zum Beispiel um ein Uhr nachts von Hannover in die Türkei und dann zurück nach München. Bis zur Landung hat der Münchner Flughafen schon wieder geöffnet, die Crew wird wieder ausgetauscht und die nächsten Passagiere können ans Mittelmeer befördert werden. Auf diese Weise steuert der Flieger den ganzen Tag über alle deutschen Flughäfen an, die ein Nachtflugverbot haben und nutzt nachts Deutschlands „Rund-um-die-Uhr" Flughäfen.

Bei der Planung von Umläufen sind auch Fragen der Wartung zu klären, wobei dies natürlich nicht Sache des Reiseveranstalters, sondern Sache der Fluggesellschaft ist. Ein Airbus oder eine Boeing kann eigentlich an fast jedem Flughafen der Welt gewartet werden. Dafür nötig ist allerdings das entsprechend ausgebildete Personal vor Ort. Natürlich sind die meisten Techniker, wie beispielsweise bei Condor oder Lufthansa, an den deutschen Flughäfen angestellt. Es muss trotzdem auch die Möglichkeit vorhanden sein, technische Probleme wie z.B. ein schadhafter Reifen oder ein Hydraulik-Leck vor Ort lösen zu können, da sonst ein beschädigtes Flugzeug, das an einem Zielflughafen steht, nicht mehr nach Deutschland zurückkommen kann. Um dieses Problem zu lösen, gibt es zwei Möglichkeiten:

1. Im Zielgebiet gibt es ein Partnerunternehmen, das im Falle eines Flugzeugschadens geeignetes technisches Personal zur Verfügung stellt.
2. Im Zielgebiet wird eigenes Personal beschäftigt. Das ist jedoch eine Kostenfrage. Condor hat beispielsweise eigenes Personal auf Mallorca, in Antalya, auf den Kanarischen Inseln, in der Dominikanischen Republik und in Chicago. Bei technischen Problemen in alle anderen Destinationen werden die Techniker eingeflogen. Da diese gut auf der Welt verteilt sind können sie kurzfristig zu einem Einsatzort reisen.

Bisweilen muss der Kapitän oder die Einsatzleitung entscheiden, ob ein Schaden an einem Zielflughafen repariert werden soll oder nicht. Vor einigen Jahren startete ein Airbus der Fluggesellschaft Hapag Lloyd Flug in Athen. Kurz nach dem Start stellte sich heraus, dass das Fahrwerk nicht eingefahren werden konnte. Nach Rücksprache mit der Einsatzleitung entschied der Kapitän, mit ausgefahrenem Fahrwerk nach Deutschland zu fliegen, da eine Reparatur in Athen schwierig erschien. Eine überschlägige Berechnung des Treibstoffverbrauchs ergab, dass das gehen müsste. Über Wien zeigt sich dann plötzlich, dass das Kerosin zu Ende ging. Die Triebwerke blieben im Flug stehen und dem Kapitän gelang eine Notlandung in Wien im Segelflug, bei der glücklicherweise niemand verletzt wurde. Nur das Flugzeug drehte sich bei der doch sehr harten Landung. Eine reiserechtliche Randbemerkung: Ein Reiseveranstalter, der Gäste auf so einem Ferienflug hat, haftet den Gästen gegenüber selbstverständlich für die Schäden, die ihnen bei so einem Ereignis entstehen. Die Ferienfluggesellschaft ist sein Leistungsträger, für dessen Tun oder Unterlassen der Reiseveranstalter auch unabhängig von eigenem Verschulden haftet. Die Schäden, die hier auftreten können, müssen durch entsprechende Haftpflichtversicherungen abgedeckt sein.

Die Kettenlänge und Frequenz

Von großer Bedeutung für die Wirtschaftlichkeit einer Flugkette sind der Beginn und das Ende der Kette. Beide müssen so gewählt werden, dass auch bei den ersten Hinflügen und letzten Rückflügen eine hohe Auslastung erreicht wird. Sonst müssen die Kosten der Flugkette auf zu wenige Passagiere verteilt werden, was zu hohen Kosten pro Flugpassagier führt. Üblicherweise beginnen Sommerketten mit den Osterfeiertagen und laufen dann durchgehend bis Ende Oktober. Als Problem stellt dabei häufig die Auslastung der Ketten zwischen Ostern und Pfingsten dar, da die Nachfrage in diesem Zeitraum stark nachlässt. Die Flugkette für diese Zeit zu unterbrechen ist allerdings kaum möglich, da dann die Zahl der Leerflüge steigt und die so entstehenden höheren Leerflugkosten auf die übrigen Flüge umgelegt werden müssten. Bei jeder saisonal begrenzten Flugkette entstehen Leerflüge am Beginn und Ende der Flugkette, deren Kosten auf die übrigen Flüge verteilt werden müssen. Eine Degression dieser Leerflugkosten kann durch eine Erhöhung der Anzahl der Flüge pro Kette oder durch die Beförderung von mehr Passagieren erreicht werden. Diese Kostendegression verändert sich jedoch mit zunehmender Kettenlänge und wird zunehmend unbedeutend, wie folgendes Beispiel zeigt.

Beispiel:

Es sollen Gesamtkosten von € 40.000 pro Umlauf zugrunde gelegt werden. Das Flugzeug soll über 150 Sitzplätze verfügen. Zur Vereinfachung soll von einer – nur theoretisch möglichen – Auslastung von 100 % ausgegangen werden. Es entstehen jeweils zwei Leerflüge am Beginn und am Ende der Kette. Daraus ergeben sich im Verhältnis zur Anzahl der Flüge folgende Kosten pro Passagier:

Für die Berechnung gilt:

$$\text{Kosten pro geflogener Passagier} = \frac{\text{Kettenlänge} \times \text{Kosten pro Umlauf}}{(\text{technische Kettenlänge} - \text{Leerflüge}) \times \text{Sitzplätze}}$$

Die nachstehende Tabelle zeigt den Verlauf der Leerflugkostendegression bei Zunahme der Umläufe. Das darauf folgende Säulendiagramm stellt dies noch einmal graphisch dar.

4.3 Der Flugeinkauf

Tabelle 4.7: Leerflugkostendegression bei Kettenverlängerung

Anzahl der Umläufe	5	10	15	20	25	30	35	40
Kosten pro geflogenen Pax in €	444	333	308	296	290	286	283	281
Kosteneinsparung in %	–	25,0	7,7	3,7	2,2	1,4	1,0	0,08

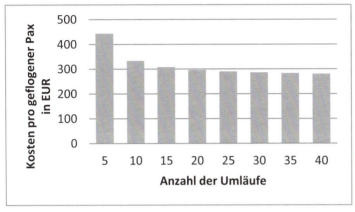

Abb. 4.17: Leerflugkostendegression bei Kettenverlängerung

Erst bei der Durchführung von Ganzjahresketten können Leerflugkosten gänzlich vermieden werden. Die Kosten pro Passagier liegen dann bei € 267. Eine Komplikation des Sachverhaltes ergibt sich, wenn mehrere Ketten verschiedener Dauer aufgelegt werden, also zeitweise die Frequenz erhöht wird. So sind vor allem kurze zusätzliche Hauptsaisonketten durch die größere Bedeutung der Leerflüge kostenintensiv. Mit steigenden Flugfrequenzen nehmen die Variationsmöglichkeiten in der Reisedauergestaltung und damit die Attraktivität des Reiseprogramms zu. Wird beispielsweise ein zweiter wöchentlicher Abflugtermin eingerichtet, werden neben 1-, 2- und 3-wöchigen Reisen auch 11- und 18-tägige Reisen möglich.

4.3.5.2 Das eingesetzte Fluggerät

Für die Beförderung der Passagiere stehen mehrere Flugzeugtypen von verschiedenen Herstellern zur Auswahl. Diese Fluggeräte werden grundsätzlich in zwei Klassen unterteilt. Es wird zwischen „Narrow Body" und „Wide Body" Flugzeugen unterschieden.

„Narrow Body" Fluggeräte

Das wesentliche Merkmal dieser Flugzeugklasse ist der vergleichsweise schmale Rumpf mit nur einem Passagiergang.

Bei deutschen oder den anderen westlichen Airlines sind zum größten Teil Flugzeuge der Hersteller Boeing und Airbus im Einsatz, zunehmend jedoch auch Flugzeuge der Hersteller Embraer (Brasilien) und Bombardier (Kanada) eingesetzt. Andere Flugzeugtypen, wie z.B. die russische Iljushin oder Tupulev, können daher hier außer Acht gelassen werden, da diese in den westlichen Ländern ohnehin so gut wie keinen Anklang finden. Im Ferienflugverkehr werden meist „Narrow Bodies" eingesetzt. Aus diesem Grund betrachten wir im Folgenden kurz drei der für die Touristik interessanten Fluggeräte aus dieser Klasse.

1. **Boeing 737**

Die Boeing 737 ist das meistgebaute Verkehrsflugzeug der Welt. Es gibt verschiedene Versionen, die sich in Sitzplatzkapazität und Reichweite unterscheiden. Diese Modelle haben beispielsweise die Bezeichnung 737-200, 737-400 oder 737-800. Da sich die verschiedenen Flugzeugtypen teilweise erheblich voneinander unterscheiden, brauchen nicht nur Piloten, sondern auch Flugbegleiter eine individuelle Einweisung für jeden Flugzeugtyp und dürfen somit nicht einfach jedes Flugzeug dieser Reihe fliegen. Low-Cost-Airlines, wie zum Beispiel Ryan Air und Easy Jet, haben daher in der Vergangenheit sich auf nur einen Flugzeugtyp beschränkt und somit weitere Schulungen für das Personal eingespart.

2. **Boeing 757**

Für Ferienfluggesellschaften ist oft auch die Boeing 757 ein interessanter Flugzeugtyp. Die Reichweite dieser Maschine ist ideal für alle Ziele rund ums Mittelmeer bis hin nach Nordafrika, kanarische Inseln und sogar Dubai. Des Weiteren bietet die 757 erheblich mehr Raum für Sitzplätze, wodurch sich relativ günstige Kosten pro Passagier ergeben.

3. **Airbus A320 Familie**

Die Flugzeugtypen von Airbus A318, A319, A320 und A321 werden unter dem Begriff „A320-Familie" zusammengefasst, weil sich diese untereinander sehr ähnlich sind und weil die Crews der verschiedenen Flugzeugtypen, sowohl Piloten als auch Stewards und Stewardessen, problemlos untereinander ausgetauscht werden können. Die genauen Unterschiede zwischen den verschiedenen Modellen der A320-Familie liegen ähnlich wie bei Fluggeräten des Herstellers Boeing in der maximalen Reichweite, der Länge des Flugzeuges und damit natürlich der Sitzplatzanzahl.

„Wide Body" Fluggeräte

„Wide Body" Fluggeräte bieten durch ihren breiten Rumpf mehr Platz für wesentlich mehr Passagiere. Anders als bei „Narrow Body" Flugzeugen, hat diese Klasse zwei Gänge. Die Bodenzeiten lassen sich so viel kürzer halten, da bspw. das „Boarden" wesentlich schneller geht und der Innenraum innerhalb kürzerer Zeit gereinigt werden kann. Außerdem gestaltet sich der Service für die Fluggäste einfacher als bei nur einem Gang. Flugzeuge dieser Klassen werden meist auf Langstreckenflügen eingesetzt oder auf Strecken, die durch ein erhöhtes Buchungsaufkommen ein Flugzeug dieser Größe rechtfertigen. Die Boeing 747 ist allerdings bei keinem deutschen Ferienflieger mehr im Einsatz. Nur Condor hatte in den Siebzigerjahren zwei Flugzeuge dieses Typs. Wie bei den „Narrow Bodies", sind auch hier Boeing und Airbus bei den westlichen Airlines die meist genutzten Flugzeuge. Auf der Langstrecke sind bei touristischen Airlines die Boeing 767 und der Airbus A330 sehr beliebt.

Sitzplatzkapazitäten bei den am Häufigsten eingesetzten Flugzeugtypen

Eine allgemeine Sitzplatzanzahl für ein bestimmtes Flugzeugmuster kann man nicht angeben. Die Fluggesellschaften kaufen das Flugzeug zunächst ohne Bestuhlung von Airbus oder Boeing und bauen sich die Inneneinrichtung selbst ein bzw. geben diese in Auftrag. Es gibt Fluggesellschaften, die nur eine Economy Class anbieten (z.B. *Air Berlin, TUI Fly*). Diese können dann natürlich mehrere Sitze einbauen lassen als eine Fluggesellschaft, die auch zusätzlich Business Sitze einbaut. *Condor* hat auf der Langstrecke eine spezielle Variante einer gehobenen Klasse, die sich *Comfort Class* nennt. Auf Langstrecken kommt bei Netzcarriern wie *Lufthansa* oft auch noch eine sehr exklusive First Class zum Einsatz, die viel

4.3 Der Flugeinkauf

Narrow-Body-Fluggerät			Wide-Body-Fluggerät		
Flugzeugtyp			Flugzeugtyp		
Boeing 737			Boeing 747		
Boeing 757			Boeing 767		
Airbus A-320			Boeing 777		
Airbus A-319			Airbus A-300		
Embraer 95			Airbus A-310		
Fokker 100			Airbus A-340		
Bombardier Q 400	(Propeller)		Airbus A-380		

Abb. 4.18: Flugzeugtypen und ihre Zuordnung zu den Kategorien Narrow-/Wide-Body

Platz braucht, weil jeder Gast einen Sitz hat, den er zum Bett umklappen kann. Des Weiteren kommt es auf die Enge der Bestuhlung an. *Ryanair* hat wesentlich geringere Sitzabstände als beispielsweise *Lufthansa* oder *Condor*.

4.3.5.3 Flugzeugbesatzung

Die Größe der Flugzeugbesatzung ist ein Faktor, der sich in den Kosten eines Fluges niederschlägt. Moderne Verkehrsflugzeuge werden nur noch von zwei Piloten geflogen. Auf sehr langen Langstrecken (z.B. nach Südamerika oder USA Westküste) oder auf Flügen, die sehr belastend sind (z.B. komplette Nachtflüge), ist ein dritter Pilot an Bord, damit die Crew sich beim Steuern abwechseln kann. Auf diese Weise kann jeweils ein Pilot schlafen. Die Flugbegleiter-Crew ist in erster Linie für die Sicherheit an Bord verantwortlich und deshalb auch vom Luftfahrtbundesamt gesetzlich vorgeschrieben. Derzeitige Regelungen besagen, dass ab einer Sitzplatzanzahl von 21 Sitzen ein Flugbegleiter mitfliegen muss. Hierbei kommt es einzig und allein auf die Sitzplatzanzahl der Maschine an, selbst wenn auch nur ein einziger Passagier gebucht hat. Die weiteren Bestimmungen geben vor, dass je 50 Passagiere mindestens 1 Flugbegleiter vorhanden sein muss (siehe folgende Tabelle).

Sitze	Flugbegleiter
0–20	0
21–50	1
50–100	2
101–150	3
151–200	4
usw.	usw.

Abb. 4.19: Benötigte Flugbegleiter

Mit dieser Vorgabe soll gewährleistet sein, dass im Notfall eine Evakuierung des Flugzeuges innerhalb von 90 Sekunden möglich ist, auch wenn nur die Hälfte aller Notausgänge benutzbar ist. Die in der oben stehenden Tabelle genannten Zahlen der Flugbegleiter sind gesetzliche Vorgaben für eine Mindestbesatzung. Natürlich kann diese nach oben hin von der Airline erweitert werden. Besonders wenn es dann um die Serviceaufgaben der Flugbegleiter während des Fluges geht, werden mehrere benötigt. Hier zeigt sich wieder deutlich, dass in höherwertigen Serviceklassen das Verhältnis von Fluggast zu Flugbegleiter ganz anders ist als in der „Economy Class". Die First Class von *Lufthansa* auf der Boeing 747 hat beispielsweise nur 16 Sitzplätze und dort arbeiten alleine zwei Flugbegleiter, die *Comfort Class* von Condor auf der Boeing 767 hat 24 Sitzplätze und dort arbeiten ebenfalls zwei Flugbegleiter, während in der „Economy Class" 245 Gäste sitzen und sich fünf Flugbegleiter teilen müssen. Vor allem asiatische Airlines setzen auf eine hohe Personalzahl. *Thai Airways* fliegt die Boeing 747 z.B. mit einer 24-köpfigen Besatzung, während *Lufthansa* nur mit 17 fliegt. Das ist natürlich auch eine Kostenfrage – in Asien ist die Arbeitskraft relativ günstig im Vergleich zu europäischen Ländern.

4.3.5.4 Die Wahl der Fluggesellschaft

Hier stellt sich zunächst die Frage, inwieweit ausländische Fluggesellschaften bei der Kapazitätsbeschaffung berücksichtigt werden sollen. Ausländische Carrier können ihre Leistungen oft günstiger anbieten als deutsche Gesellschaften. Dies resultiert zum einen aus der Tatsache, dass ausländische Fluggesellschaften mehr Umläufe produzieren können, weil – wie im Abschnitt 4.3.5.1 erwähnt – es im Ausland nicht die in Deutschland üblichen Nachtflugbeschränkungen gibt. Dadurch können die hohen Fixkosten bei Airlines (z.B. Abschreibung der Flugzeuge, Personalkosten) auf mehr Flüge verteilt werden. Zum anderen sind auch die Personal- und Wartungskosten im Ausland deutlich niedriger als in Deutschland. Darüber hinaus sind ausländische Fluggesellschaften häufig im Staatsbesitz und erhalten von diesem Subventionen, die dann eine günstigere Kalkulation erlauben.

Immer wieder versuchen ausländische Regierungen durch die Festlegung sog. **Quoten,** nach denen ein bestimmter Anteil des Verkehrs mit deren nationaler Fluggesellschaft abgewickelt werden muss, die Beschäftigung ihrer nationalen Airline sicherzustellen. Die aus den o.g. Faktoren resultierenden niedrigeren Preise ausländischer Fluggesellschaften werden bisweilen dazu genutzt, sie mit den höheren deutschen Charterpreisen zu mischen und so einen niedrigeren Gesamtpreis als bei alleiniger Beschäftigung von deutschen Fluggesellschaften zu erzielen. Generell ist allerdings festzuhalten, dass deutsche Gäste deutsche Fluggesellschaften bevorzugen und dass die Reiseveranstalter in Anbetracht ausreichender Flugkapazitäten auch meist deutschen Fluggesellschaften den Vorzug geben.

An dieser Stelle treten wiederum Aspekte hinzu, die in das Thema vertikale Integration (vgl. Kapitel 2.5) gehören. Bekanntlich sind zwei deutsche Ferienflieger im Besitz deutscher Reisekonzerne: die frühere *Hapag Lloyd Flug* heißt heute *TUI Fly, Condor* gehört zum *Thomas Cook* Konzern. War es der *TUI* stets relativ leicht möglich, ihre nicht sehr große Ferienfluggesellschaft ausreichend zu beschäftigen, so war dies für den *Thomas Cook* Konzern zeitweise schon weitaus schwerer – insbesondere, als man die langjährig erfolgreiche und hoch renommierte *Condor* in *Thomas Cook Airlines* umbenannt hatte. Eine Reihe von Veranstalterkunden kehrte der *Condor* den Rücken, da sie es nicht akzeptieren konnten, ihre Kunden in ein Flugzeug zu setzen, auf dem der Name eines Mitbewerbers stand. Die Folgen waren ein wirtschaftliches Desaster und führten dazu, dass eine Rückumbenennung in Condor erfolgte. Nur auf dem Leitwerk prangt noch das Logo des Mutterkonzerns. Ein ähnliches Problem bekam Jahre danach die *TUI*, als sie ihre Tochter *Hapag Lloyd Flug* mit der Billigflugtochter *HLX* zusammenlegte und in *TUI Fly* umbenannte. Ein Rückzieher wie bei *Condor* blieb allerdings aus.

4.3.5.5 Der Flugtag und die Tageszeit des Fluges

Während es aufgrund von Kundenpräferenzen zu einer Nachfrageballung an den Wochenendterminen kommt, ist eine Fluggesellschaft stets bestrebt, eine gleichmäßige Auslastung über alle Tage der Woche zu erreichen. Deshalb ist es üblich, durch eine zeitliche Preisdifferenzierung die Flugpreise bei Abflügen am Samstag und Sonntag gegenüber den anderen Tagen zu erhöhen und so zu einer gleichmäßigeren Verteilung der Nachfrage zu kommen.

Im Interesse seiner Gäste wünscht der Veranstalter Abflugzeiten, die eine möglichst lange Aufenthaltsdauer und angenehme Ankunftszeiten am Zielort gewährleisten. Dabei ist zu berücksichtigen, dass nach Ankunft im Zielland unter Umständen noch mehrstündige Transfers zur Unterkunft erforderlich sind. So starten deutsche Fluggesellschaften gewöhnlich morgens in Deutschland, fliegen möglichst zwei Umläufe und sind abends dann wieder zurück am deutschen Airport. Da ausländische Gesellschaften meist morgens im Ausland starten, mittags in Deutschland wenden und abends wieder am Ausgangsairport landen, verlieren Gäste – wie bei der M-Darstellung schon deutlich gemacht wurde – hier häufig einen ganzen Urlaubstag. Die Vorstellungen der Fluggesellschaften hinsichtlich für sie optimaler Flugzeiten lassen sich aufgrund fehlender Slots an manchen deutschen Flughäfen (z.B. Frankfurt, Stuttgart, Düsseldorf) nicht immer realisieren.

Definition: Slot
Unter einem Slot versteht man die für einen bestimmten Flughafen zugeteilten Start- und Landezeiten sowie die zugeteilten Ein- oder Überflugzeiten für bestimmte Lufträume.

Es kommt vor, dass zugeteilte Slots für bestimmte Fluggesellschaften aufgrund des Flugplanes ungeeignet sind. So nützt beispielsweise eine Abflugzeit von 22.00 Uhr ab Gran Canaria einer deutschen Airline wenig, da sie aufgrund des Nachtflugverbotes in Deutschland auf zahlreichen Flughäfen nicht mehr landen kann. Auf manchen Flughäfen wie z.B. München oder auch Berlin-Brandenburg sind die Nachtstarts- und Landungen eng kontingentiert. Anlässlich des Streits um Starts und Landungen auf der neuen dritten Landebahn des Frankfurter Flughafens traf das Bundesverwaltungsgericht in Leipzig am 04.04.2012 eine vermutlich weitreichende Entscheidung. Das Gericht entschied, dass auf dem Flughafen Frankfurt entgegen der vom Land Hessen erteilten Genehmigung zwischen 23.00 und 05.00 Uhr keine Flüge erlaubt sind. Dem dauerhaften Nachtflugverbot am größten deutschen Flughafen könnten bald weitere ähnliche Verbote an anderen Flughäfen (z.B. Köln) folgen. Wie nicht anders zu erwarten, beklagten Branchenvertreter unisono vehement die dem Luftverkehr dadurch vermutlich entstehenden Wettbewerbsnachteile.

Ein weiteres Urteil im Zusammenhang mit Flugzeiten sorgte im April 2012 für Diskussionen und Unruhe in der Branche. Das Landgericht Hannover urteilte auf eine Klage des Verbraucherschutzverbandes VZBV gegen die TUI, Hinweise wie „Änderungen vorbehalten" seien nicht rechtens und würden gegen die Pauschalreiserichtlinie der EU verstoßen. Nach der bestehenden Rechtslage ist ein Beförderungstag, aber keine bestimmte Beförderungszeit Gegenstand des Reisevertrages. Dies führt allerdings dazu, dass Reiseveranstalter auch kurz vor Reiseantritt Flüge beispielsweise vom Abend auf den Morgen verlegen können und umgekehrt. Für die Kunden bedeutet dies möglicherweise sehr belastende Reisezeiten (bei Abflug am späten Abend kommt man am nächsten frühen Morgen im Hotel an), zusätzliche Kosten durch nötige Planungsänderungen, den Verlust ganzer Urlaubstage und andere unschöne Nebeneffekte. Reiseveranstalter argumentieren dahingehend, dass bei Buchung des Kunden Flugzeiten oft noch gar nicht feststünden und dass eine Beschneidung der Flexibilität bei den Flugzeiten zu Kostenerhöhungen, damit wohl auch zu höheren Reisepreisen führen würde. Eine Einschränkung des Rechts zu Flugzeitenänderungen würde sich weniger bei Linienflügen bzw. Ferienflügen nach festem Flugplan, als vielmehr bei Charterflügen (Vollcharter) auswirken. Hier legen Reiseveranstalter Flüge bisher bei ungenügender Auslastung (diese soll i.d.R. mindestens 90 % betragen) zusammen. Würde ihnen dieses Recht genommen, so würde dies eine grundlegend andere Flugplanung erfordern. Allerdings geht der Trend – wie bereits dargelegt – in Anbetracht der wachsenden Überkapazität im Luftverkehr weg von der Risikoübernahme durch Reiseveranstalter und hin zu einer Flugdurchführung seitens der im Wettbewerb stehenden Fluggesellschaften auf deren eigenes Risiko.

4.4 Zielgebietsagenturen

Die Zielgebietsagentur ist für jeden Reiseveranstalter ein unverzichtbarer Partner im Zielgebiet. Es ist bisweilen auch von Zielland, von Zielregion oder von der Destination die Rede. Diese Worte werden hier als Synonym für den Begriff *Zielgebiet* verwendet. An dieser Stelle sei jedoch auch sogleich auf die Gefahr einer Verwechslung hingewiesen: Die Zielgebietsagentur, die wir hier meinen, erfüllt eine privatwirtschaftliche Aufgabe. Sie liefert ausländischen Reiseveranstaltern mit der Absicht der Gewinnerzielung touristische Leistungen, die sie entweder selbst erbringt (z.B. durch eigene Reiseleiter oder mit eigenen Fahrzeugen) oder die sie auf ihrem Heimatmarkt beschafft. Dabei ist sie ein wichtiges Glied in der Wertschöpfungskette, aus der das Produkt „Reise" entsteht.

Nun findet sich jedoch der Ausdruck *Destination Management* auch dort, wo öffentlichrechtliche Körperschaften – dies sind zumeist Tourismusbehörden – die Aufgabe zu erfüllen haben, ihr Land oder ihre Region auf ausländischen touristischen Quellmärkten zu präsentieren. Zur Erfüllung dieser Aufgabe werden sehr häufig privatwirtschaftlich strukturierte Unternehmen gegründet, die jedoch allein dem jeweiligen Staat oder der Gebietskörperschaft des Zielgebietes gehören. Ein Beispiel hierfür ist die Bayern Tourismus Marketing GmbH, die vollständig dem Freistaat Bayern gehört. Wird ein Unternehmen also als *Destination Management Company (DMC)* bezeichnet, so ist darauf zu achten, dass keine Verwechslung bezüglich des Eigentums und der Aufgabenstellung eintritt.

4.4.1 Die Zielgebietsagentur in der Wertschöpfungskette

Zielgebietsagenturen werden im Branchenjargon der Reiseveranstalter auch einfach als „Agenturen" bezeichnet. Im internationalen Sprachgebrauch haben sich die Begriffe *Incoming Agentur* oder *Incoming Tour Operator (ITO)* eingebürgert. Er beinhaltet die Information, dass Zielgebietsagenturen nicht nur vermittelnde, vertretende und ggf. beratende Funktionen ausüben; dass sie vielmehr auch Pakete schnüren, die sie dem Reiseveranstalter für seinen Quellmarkt anbieten. Im Idealfall braucht der Reiseveranstalter die Pakete – sofern in deutscher Sprache geschrieben – nur noch neu zu kalkulieren und in einem Katalog oder Vertriebssystem zu präsentieren.

Setzt man den Reisepreis der Pauschalreise gleich 100 %, so verbleibt bei der Zielgebietsagentur ein Wertschöpfungsanteil von ca. 5 % (vgl. Abb. 4.3, Kap. 4.2.6). Dieser Anteil wird bisweilen auch als *Zielgebietsaufwand* oder *Sockelkosten* bezeichnet. Nicht zu verwechseln ist dieser Wertschöpfungsanteil mit der Umsatzrendite, die in einer Zielgebietsagentur erwirtschaftet werden kann. Diese Umsatzrendite liegt in vielen Fällen weit über der Umsatzrendite, die Reiseveranstalter im Quellmarkt oder gar Reisebüros erwirtschaften können. Der Grund liegt zum einen in der Schlüsselstellung, die der Agentur bei der Beschaffung der Reiseleistung zukommt bzw. zukommen kann. So verdient die Agentur – sofern in den Hoteleinkauf einbezogen – an so gut wie allen Leistungen, die der Reiseveranstalter im Zielgebiet einkauft. Ein zwischen Reiseveranstalter und (nicht im eigenen Besitz befindlicher) Agentur bisweilen kontrovers diskutiertes Thema ist die Frage, wie viel Prozent vom Wert der eingekauften Hotelleistungen die Agentur als Vermittlungsgebühr verdienen darf. Zum Anderen liegt dies aber auch an den günstigen Kosten (Personal, Miete) mit denen eine Zielgebietsagentur insbesondere in Ländern der Dritten Welt „produzieren" kann. Auf Grund dieser häufig sehr guten Umsatzrenditen und des meist geringen Kapitalbedarfs ist die Zielgebietsagentur für den Reiseveranstalter ein willkommenes Anlageobjekt.

4.4.2 Funktionen im Zielgebietsmanagement der Reiseveranstalter

Zielgebietsagenturen unterstützen Reiseveranstalter mit den verschiedensten Funktionen, die nicht zuletzt von der Größe, Erfahrung, wirtschaftlichen Leistungsfähigkeit und regionalen Orientierung der Agentur abhängen:

- Kennenlernen des Zielgebietes und seiner touristischen Ressourcen (Erforschung des Beschaffungsmarktes des Reiseveranstalters)
- Produktplanung, insbesondere im Hinblick auf Unterkünfte, Rundreisen und Veranstaltungen
- Einkauf, insbesondere bei Hotels und anderen Leistungsträgern des Zielgebietes
- Transport (Transfers, Beförderung auf Rundreisen)
- Reiseleitung
- Betreuung der Gäste des Reiseveranstalters bei Fragen und Problemen
- Büroservice, Verwaltung, Abrechnung
- Durchführung von Veranstaltungen
- Beschaffung nötiger Genehmigungen
- Lieferung kompletter Reiseprogramme mit allen erforderlichen Leistungsbestandteilen
- Unterstützung des Reiseveranstalters bei Werbung und Marketing (z.B. Erzielen von Werbekostenzuschüssen)

Insbesondere bei Transportleistungen sowie bei der Reiseleitung sind Zielgebietsagenturen in zahlreichen Ländern in der komfortablen Position, dass der Reiseveranstalter solche Leistungen von einer einheimischen Agentur beziehen muss. Zahlreiche Länder schotten ihre nationalen Arbeitsmärkte im Tourismus ab und gestatten die Arbeit ausländischer Reiseleiter nicht oder nur sehr eingeschränkt. Für Reiseveranstalter stellt dies möglicherweise ein Problem dar, weil das Produktimage und/oder das deutsche Reiserecht dem Einsatz ausländischer

Reiseleiter, die möglicherweise schlecht Deutsch sprechen, entgegenstehen. Besonders hoch sind die Anforderungen an Reiseleiter bei Studienreisen. So klagte eine deutsche Touristin, die eine Studienreise durch Ägypten gebucht hatte, mit Erfolg vor einem deutschen Gericht gegen den Reiseveranstalter, dessen ägyptischer Reiseleiter nur sehr mittelmäßig Deutsch sprach und Fragen der Touristin nicht verstand. Beim Badeurlaub in Mittelmeerregionen ist hingegen ein schwindendes Interesse vieler Gäste an der Reiseleitung festzustellen. Dies hängt u.a. mit der Reiseerfahrung vieler Gäste und den geringen Sprachbarrieren zusammen, die in Spanien und anderen Mittelmeerländern bestehen.

Im Folgenden stellen wir die Geschäftsbedingungen einer großen international tätigen Zielgebietsagentur dar, die in mehreren Ländern tätig ist. Das Beispiel ist ein Angebot für das Zielgebiet Chile. Der Name der Agentur wurde verändert – wir nennen sie *ABC Destination Management*. Das Leistungsprogramm wird in englischer Sprache **im Original** wiedergegeben. Angebote dieser Art in englischer Sprache sind weltweit üblich und werden in aller Regel auch nicht übersetzt.

ABC Destination Management

TERMS AND CONDITIONS

RESPONSIBILITY
ABC Destination Management and/or its other subsidiaries/affiliated or associations companies, agents and sub agents act only as booking agents for the owners, outfitters, operators and contractors providing means of transportation, accommodation or other services. *ABC Destination Management* is not a carrier or keeper of inns, hotels, refreshments, boarding or lodging houses. *ABC Destination Management* will arrange tickets, bookings and reservations only as agent for its clients, who accept the same subject to these terms and conditions and those of each of the parties with whom *ABC Destination Management* may make arrangements for its clients.

CONFIRMATION
All confirmations must be in writing.

PAYMENT POLICY
A 30 % deposit over the total amount of the booking is necessary to guarantee the reservations. However, *ABC Destination Management* reserves the right to increase this deposit according to our supplier's terms and conditions.

Full payment for FIT is due to *ABC Destination Management* not later than 45 (forty five) days prior to date of travel. Full payment is due to *ABC Destination Management* not later than 90 days prior to date of travel for groups (above 15 pax). In the case of a dispute, only the disputed amount may be withheld until such time as settlement is agreed. All other amounts must be paid in accordance with the payment policy.

LATE BOOKINGS
Should a request be received less than 30 days prior to date of travel this booking can only be confirmed on receipt of full prepayment.

PAYMENT
Payment should be made to the following bank account:

Bank Details
Intermediary Bank:

Further credit to the following account:
Beneficiary Bank:
BANCO ITAU CHILE
Account number:
Swift address:

Credit Card Payments:
ABC Destination Management accepts payment by Credit Card (Amex, Visa and MasterCard). However, please note all clients should have to fill out and sign a detailed authorization form (which *ABC* Chile will forward to you).

CANCELLATIONS
If a cancellation is received up to and including 46 days (forty six for FIT) and 91 days (ninety one for Groups) prior to date of arrival in South America, the tour deposit is refundable, less USD 200 per person to cover communication expenses. However, certain properties in South America have sixty or more days' cancellation policies and these will be applied. Bookings for Explora properties, fishing lodges and Expeditions cruises on the Chilean fjords have more stringent cancellation policies and therefore, please check with us when booking any of these products.

If a cancellation is received between 45 to 31 days for FIT and 90 to 61 days for Groups, prior to date of travel in South America, 50 % cancellation penalties will apply. Cancellations of all bookings must be in writing.

If a cancellation is received 30 or less days for FIT and 60 or less days for Groups, prior to date of travel in South America, 100 % of the total tour price is non-refundable. Cancellations of all bookings must be in writing.

NOTE:
1) Certain supplies have more stringent cancellation policies relating to FIT & groups, which will be detail case by case.
2) On group bookings exceeding 10 passengers, the suppliers reserve the right at 90 or more days prior to date of travel to levy a 50 % and a 100 % cancellation penalty.

3) During peak season periods *ABC Destination Management* reserve the right to alter the cancellation policies, should our suppliers apply different penalties to those listed above.
4) Cancellation of airline tickets: refunds will be governed by the policy of the individual airline.
5) *ABC Destination Management* will advise the agents at the time of booking if there are any changes to these above terms and conditions.
6) For all cancellations the agent is responsible for payment on the client's behalf.

UNSCHEDULED AMENDMENTS TO BOOKINGS
Although every effort will be made by *ABC Destination Management* to adhere to the booked itinerary including all accommodation arrangements, the company reserves the right to change the itinerary or offer alternative accommodation of the same category if forces to do so due to circumstances beyond the control of *ABC Destination Management*.

AIRLINES
The airlines concerned cannot be held liable for any act, omission or event during the time the passengers are not on board their aircraft. Passengers' air tickets shall constitute the sole contract between the airline and the purchaser of these air tickets.

AIRLINE DELAYS
ABC Destination Management cannot be held liable for any delays due to airline or air charter services not running to schedule. *ABC Destination Management* cannot refund passengers missing any other services in the itinerary due to delays.

MISSED SERVICES
Should clients choose to miss any pre-booked services during their stay in South America, *ABC Destination Management* cannot refund for these unused services.

TRAVEL INSURANCE
ABC Destination Management strongly recommends all clients to take out comprehensive travel insurance prior to date of travel. This insurance should cover cancellation and curtailment, all medical expenses including evacuation/repatriation, personal baggage, personal liability, death and permanent disability and travel document insurance. *ABC Destination Management* cannot be held responsible for any costs arising from such loss or injury.

HEALTH PRECAUTIONS
Certain inoculations are appropriate while traveling in different areas of South America. *ABC Destination Management*, therefore strongly recommend all clients contact their medical practitioners prior to travel for advice on the appropriate precautions and/or inoculations, vaccinations etc. Clients traveling to the Amazon region in Peru must be carrying a valid Yellow Fever certificate, which may be inspected by local officials.

PASSPORTS AND VISAS
Onus is on the client to ensure that they travel to South America with the correct documentation i.e.; valid passport and any visas required entering the countries concerned. *ABC*

Destination Management cannot be held responsible for clients not in possession of the correct travel documentation.

INDEMNITY
At some places clients visit on their tour, there are optional activities available furnished by independent supplies not affiliated in any way with *ABC Destination Management*. Certain of these activities carry with them various inherent risks including attack by wild animals, which can cause serious personal injury. These activities include but are not necessarily limited to:

Patagonian walks
Scuba diving
Fixed wing or helicopter flights
Horse riding
Paragliding
Rafting
Fjords and River cruises
Alpine style or volcano climbing

Clients should be aware that although every precaution is taken by the suppliers to guard against such danger, their safety cannot be guaranteed. Participation will be at the clients' risk and *ABC Destination Management* can assume no responsibility for clients' safety in this regard.

FORCE MAJEURE CLAUSE
Neither *ABC Destination Management* and our service providers shall be responsible for any loss, damage, delay or failure in performance under this Agreement resulting from act of God, civil commotion, arrest or restraint by princes, rulers and people, bad weather, closure of ports, quarantine and epidemics or any other event whatsoever arising after signing this Agreement that cannot be avoided or guarded against by the exercise of due diligence or the consequences of which, as may affect the performance of this Agreement, cannot be avoided or guarded against by the exercise of due diligence. If the cause of the Force Majeure is not eliminated within 90 days, the other party may at its option terminate this Agreement.

4.4.3 Die Auswahl einer Zielgebietsagentur

Die Suche nach einer geeigneten Zielgebietsagentur ist für einen Reiseveranstalter, der eine Destination neu in sein Programm aufnehmen möchte, ein nicht ganz einfaches Unterfangen. Grundsätzlich gibt es verschiedene Möglichkeiten, eine Zielgebietsagentur zu finden:

- **Messe**: viele Zielgebietsagenturen sind als Anbieter oder Verkäufer (engl. *Seller*) auf den großen Tourismusmessen wie der ITB in Berlin oder der WTM in London vertreten. Die Zahl der vertretenen Agenturen ist oft so groß, dass es unmöglich ist, von einer zur anderen zu gehen und ihre Angebote zu prüfen. Die meisten Agenturen haben nur einen Tisch. Bei manchen Ländern (z.B. Indien auf der ITB) haben sehr große Agenturen eigene Stände. Viele Agenturen akquirieren im Vorfeld der Messe bei Reiseveranstaltern

per e-Mail und bieten Gesprächskontakte an. Der Kontakt auf der Messe muss also im Vorfeld angebahnt werden oder bleibt dem Zufall überlassen.
- **Listen der Verkehrsämter/Tourismusbüro:** die nationalen Vertretungen oder ihre Repräsentanten versenden auf Anforderung Listen der Zielgebietsagenturen aus ihren Ländern. Auch bei kleineren Ländern wie Sri Lanka oder Peru umfasst eine solche Liste leicht 100 oder mehr Namen. Anfragen an die Verkehrsämter/Tourismusbüros nach Empfehlungen werden in aller Regel bewusst nicht beantwortet, da die Verkehrsämter zur Neutralität verpflichtet sind.
- **Empfehlungen:** von Leistungsträgern des Zielgebietes (Fluggesellschaften, Hotelketten) sind eher Empfehlungen hinsichtlich einer Agentur zu erhalten. Allerdings ist zu beachten, dass hier in vielen Fällen eigene geschäftliche Interessen eine Rolle spielen. Nicht zu erwarten ist hingegen, dass andere Reiseveranstalter (Mitbewerber) Empfehlungen hinsichtlich einer Agentur aussprechen. Die Namen der Agenturen werden im Gegenteil eher geheim gehalten. Dies ist auch verständlich, denn wenn eine Zielgebietsagentur auf dem Quellmarkt mehrere Kunden (Reiseveranstalter) hat, nimmt die Bedeutung des einzelnen Reiseveranstalters als Kunde für die Agentur ab. Das kann aber nicht im Interesse des Veranstalters sein. Außerdem muss er befürchten, dass die Produkte der Agentur bei mehreren Mitbewerbern auftauchen.
- **Besuch im Zielgebiet:** den Geschäftsbetrieb einer Agentur im Zielgebiet selbst in Augenschein zu nehmen ist immer noch die beste und verlässlichste, wenn auch die aufwändigste Methode. Es ist insbesondere bei einer neu auszuwählenden Agentur angezeigt, so vorzugehen, da die Präsentation auf Messen (s.o.) nicht selten mit geschicktem Auftreten und teuer gestalteten Broschüren verziert wird; bei näherem Hinsehen stellt sich die Agentur dann vor Ort möglicherweise als kleines Ein-Mann-Büro heraus, das alle eventuell benötigten Leistungen selbst nur zukauft, mietet oder vermittelt. Auch aus Gründen der reiserechtlichen Verantwortung ist es opportun, eine Agentur im Zielgebiet selbst in Augenschein zu nehmen. Sollte sich herausstellen, dass die angebotenen Leistungen (z.B. Fahrzeuge, Unterkünfte) nicht der Qualität oder Sicherheit entsprechen, die wir auf dem deutschen Markt erwarten, so muss dem Reiseveranstalter das Risiko seiner Haftung bewusst sein. Kennt er eventuelle Mängel und nimmt die Leistung dennoch in sein Programm auf, so kommt über die allgemeine verschuldensunabhängige Haftung eines jeden Reiseveranstalters auch noch eine strafrechtliche Verantwortung (Vorsatz oder Fahrlässigkeit) in Betracht.
- **Repräsentanten:** eine gute und günstige Methode der Auswahl einer Zielgebietsagentur ist der Weg über Repräsentanten. Auf dem deutschen Markt hat sich eine erhebliche Zahl von Repräsentanten (oder „Repräsentanzen") etabliert, die sowohl Zielgebietsagenturen als auch Leistungsträger vertreten. Einen Überblick über solche Repräsentanten gibt u.a. das Branchenhandbuch TID unter der Rubrik „Internationale Incoming-Agenturen und Repräsentanten". Die meisten der großen Repräsentanten bemühen sich, aus den wichtigsten Zielgebieten der Welt je eine Agentur zu vertreten. Das Aufgabenspektrum der Repräsentanten reicht von Auswahl und Präsentation der Agentur über die Verfügbarkeit der Programme, die Annahme und Weiterleitung von Buchungen bis zur Beratung des Reiseveranstalters in Fragen der Beurteilung von Zielgebieten. Nur aus dem Geldfluss und der Produkthaftung halten sich die Repräsentanten in aller Regel heraus. So übernimmt z.B. kein Repräsentant, der eine Agentur aus Amerika vertritt, das Risiko von Währungsveränderungen zwischen Euro und Dollar.

- Auch **nationale Tourismusbehörden** ziehen heute immer mehr die Vertretung durch eine Repräsentanz einem eigenen, meist deutlich kostenintensiveren Büro in Deutschland vor. Die Beauftragung einer Repräsentanz bietet auf Grund der üblichen zeitlich begrenzten Verträge auch mehr Flexibilität und bessere Möglichkeiten der Leistungskontrolle als ein eigens Büro mit angestelltem Personal. Allerdings darf das Geschäft der Vertretung eines Landes nicht mit der Vertretung von Agenturen und Leistungsträgern aus diesem Land vermischt werden.

5 Die Produktion

In den Ausführungen zur betriebswirtschaftlichen Perspektive des Begriffes *Reiseveranstalter* wurde bereits auf die Frage eingegangen, ob der Reiseveranstalter überhaupt Produzent (Hersteller eines Produkts) oder aber eher eine Art Großhändler ist. Wie dem auch sei: sowohl die Kalkulation als auch die Herstellung von Katalogen gehört zu seinen zentralen Aufgaben, denen wir uns hier widmen wollen.

5.1 Die Kalkulation

Der Rückgriff auf einige betriebswirtschaftliche Grundlagen erscheint zweckmäßig, um darzustellen, dass für den Reiseveranstalter die Deckungsbeitragsrechnung eine besondere Bedeutung hat. Auf der Grundlage dieser Methode erarbeiten wir dann die Kalkulation einer exemplarischen Flugpauschalreise.

5.1.1 Grundlagen und Begriffsbestimmungen

Definition: Kalkulation
Aufgabe der Kalkulation ist die Ermittlung der Kosten jeder einzelnen Reise. Das Ergebnis der Kalkulation ist letztendlich der in den Reiseprogrammen ausgeschriebene Reisepreis, wobei dieses Ergebnis häufig unter preisstrategischen und preistaktischen Erwägungen verändert wird. Die Kalkulation erfolgt vor dem Absatz der Pauschalreisen (Vorkalkulation) mit Kosten, die einerseits durch die Produktionstätigkeit im Reiseunternehmen hervorgerufen werden und andererseits durch den Einkauf von Kapazitäten fremder Leistungsträger entstanden sind. Erstgenannte Kosten bezeichnet man als Betriebskosten.

Definition: Betriebskosten
Dies sind alle Kosten, die durch die Produktionstätigkeit in der Zentrale des Veranstalters anfallen. Dazu gehören v.a. die Personal-, Werbe- und Kommunikationskosten. Häufig wird auch der Begriff *Gemeinkosten* verwendet. Davon sind die touristischen Kosten zu unterscheiden.

Definition: Touristische Kosten
Dies sind die Kosten für die vom Reiseveranstalter eingekauften touristischen Leistungen, also die Kosten für Transport, Unterkunft, Reiseleitung, Transfers und andere Kosten, die im Zielgebiet anfallen. Sie werden oft auch als *Einzelkosten* bezeichnet, obwohl diese Abgrenzung nicht genau ist.

Ein erhebliches Problem stellt in der Kalkulation die Verteilung der Gemeinkosten auf die einzelnen Reisen dar. Weil die Kalkulation zeitlich vor dem Absatz der Reisen liegt, müssen in der Kalkulation die Gemeinkosten auf eine fiktiv geschätzte Anzahl von Reisen verteilt werden. Da aber nur die später tatsächlich verkauften Reisen zur Deckung der Gemeinkosten beitragen, ergibt sich die Notwendigkeit einer exakten Teilnehmerplanung (Ermittlung der GTZ). Die Kalkulation von Pauschalreisen in Zielgebiete außerhalb der Euro-Zone ist darüber hinaus mit einem finanzwirtschaftlichen Risiko verbunden. Da die Kalkulation für die Sommersaison bereits im Oktober des Vorjahres durchgeführt wird, müssen bereits zu diesem Zeitpunkt Wechselkurse für die Kostenermittlung zugrunde gelegt werden. Wenn allerdings bis zur Durchführung der Reisen der Wechselkurs des Euro gegenüber den Ziellandwährungen an Wert verliert, steigen die Kosten der touristischen Leistungen in den Zielländern aus der Sicht des deutschen Reiseveranstalters, ohne dass dieser die Möglichkeit hat, diese an die Kunden weiterzugeben.

Die Kalkulation kann auf einer Voll- oder Teilkostenrechnung basieren.

5.1.1.1 Kalkulation auf Vollkostenbasis

Bei einer Kalkulation mittels einer traditionellen Vollkostenrechnung werden alle auf eine Reise entfallenden Kosten dieser zugerechnet, also sowohl die Einzelkosten als auch die Gemeinkosten. Die Belastung der Reise mit den Gemeinkosten erfolgt mit Hilfe eines für alle Reisen einheitlichen Gemeinkostenzuschlages. Die auf diese Art ermittelten Kosten bilden die Basis der Verkaufspreisermittlung. Dazu wird noch ein bestimmter (absoluter oder prozentualer) Gewinn aufgeschlagen. Die Vollkostenrechnung belastet wegen des einheitlichen Gemeinkostenzuschlages bestimmte Reisen zu stark und bietet nur einen geringen preispolitischen Spielraum auf dem Absatzmarkt. Eine Anpassung an Marktschwankungen wird somit stark erschwert.

Die Gemeinkostenzuschläge führen zu keiner verursachungsgerechten Zurechnung der Kosten und verhindern eine gerechte Leistungskontrolle. Da die Kalkulationszuschläge aus Daten vorangegangener Perioden abgeleitet werden, werden aktuelle Kostenschwankungen nicht berücksichtigt. Darüber hinaus führt die Vollkostenrechnung bei rückläufigem Umsatz zu einer höheren Belastung der einzelnen Reise mit anteiligen Gemeinkosten und damit zu höheren Angebotspreisen. Damit besteht die Gefahr, dass sich der Veranstalter aufgrund fehlender Marktorientierung aus dem Markt kalkuliert. Diese Nachteile können durch die Teilkostenrechnung vermieden werden.

5.1.1.2 Kalkulation auf Teilkostenbasis

Die Teilkostenrechnung verrechnet nur die variablen touristischen Einzelkosten auf die Reiseprodukte. Die übrigen Kosten werden als Ganzes in die Erfolgsrechnung übernommen. Bei der Teilkostenrechnung dienen also nur die variablen Einzelkosten als Grundlage preispolitischer Entscheidungen und erlauben eine flexible Preispolitik. Nicht die einzelne Reise, sondern alle verkauften Reisen decken den Gemeinkostenblock und sollen einen Gewinn erwirtschaften. Der Einsatz der Teilkostenrechnung ist jedoch nur dann sinnvoll, wenn pro Reise genügend Einzelkosten anfallen. Die Abgrenzung der variablen Einzelkosten kann dabei durchaus Probleme aufwerfen. Ob Flugkosten z.B. variabel oder überwiegend fix sind, hängt erheblich von der Vertragsart im Flugeinkauf ab. In den folgenden Berechnungen sollen folgende Kosten als variable Einzelkosten behandelt werden: Flugkosten, Hotelkosten,

5.1 Die Kalkulation

Transferkosten, Agenturgebühren und sonstiger Zielgebietsaufwand. Die in der Praxis am häufigsten angewandte Art der Teilkostenrechnung ist die Deckungsbeitragsrechnung.

Definition: Deckungsbeitrag

Der Deckungsbeitrag (DB) einer Reise ist die Differenz zwischen dem Verkaufspreis der betreffenden Reise und den auf sie direkt zurechenbaren, variablen Einzelkosten. Durch den Deckungsbeitrag werden üblicherweise folgende Kalkulationsbestandteile abgedeckt:
- die an die vermittelnden Reisebüros zu zahlende Provision (ca. 10–12 % des VK-Preises)
- die gesamten Betriebskosten sowie die übrigen Gemeinkosten des Veranstalters
- der Gewinn (ca. 1–3 % des VK-Preises)

Er gibt also den Teil des Verkaufserlöses an, der zur Erwirtschaftung der Betriebskosten, der Vermittlungsprovision und zur Gewinnerzielung dient. Sind die Betriebskosten und die Provision erwirtschaftet, so führt jeder zusätzliche Deckungsbeitrag unmittelbar zu einer Steigerung des Gewinnes.

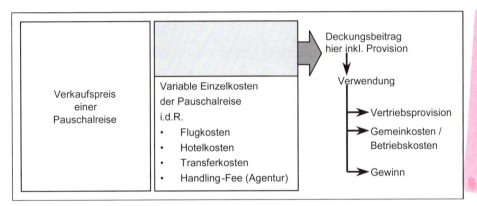

Abb. 5.1: Der Deckungsbeitrag

Die **Einbeziehung der Reisebüroprovision in den DB** wird von den Veranstaltern unterschiedlich gehandhabt. Da die Reisebüroprovision nur beim tatsächlichen Verkauf einer Reise anfällt, sehen einige Veranstalter diese ebenfalls als variable Einzelkosten an und rechnen sie nicht dem DB zu. Dies gilt insbesondere für mittlere und große Veranstalter, die ihre Reisen ausschließlich über Reisebüros absetzen. Wird jedoch ein erheblicher Teil der Reisen nicht über Reisebüros sondern im direkten Verkauf an den Kunden abgesetzt, fällt die Provision nur bei den übrigen Reisen an. Sie sollte dann lieber in den DB eingerechnet und als Erlösschmälerung betrachtet werden.

Von Reiseveranstaltern wird etwa mit einem DB inkl. Reisebüroprovision von 20 bis 23 % des Verkaufspreises kalkuliert. Die Höhe des DB wird dabei in den einzelnen Saisonzeiten unterschiedlich hoch angesetzt. So wird in der Nebensaison möglicherweise ein niedrigerer DB kalkuliert als in der Hauptsaison. Grund hierfür ist, dass in der Hauptsaison die Preiselastizitäten der Kunden geringer eingeschätzt werden und diese so die höheren Verkaufspreise akzeptieren. Die Höhe des DB orientiert sich dabei v.a. an den Kosten der eigenen Verwaltung und den Vertriebskosten. Es besteht auch die Möglichkeit den DB nicht prozentual vom VK-Preis festzulegen, sondern einen absoluten €-Betrag anzusetzen. Einzelangebote, deren Absatz besonders unterstützt werden soll, können auch einmalig oder für einen begrenzten Zeitraum ohne jeden DB-Anteil kalkuliert werden. Legt man bei diesen Angeboten von vornherein das zur Verfügung stehende Kontingent fest und ist technisch in der Lage, den Vertrieb den Planzahlen entsprechend zu steuern, dann droht durch diese Null-Gewinn-Kalkulation keine Gefahr für das Betriebsergebnis. Stattdessen werden für andere Angebote höhere DB zum Ausgleich kalkuliert. Eine solche Kalkulation wird vor allem beim Absatz von „Kurzfrist-Reisen" angewandt, um der Gefahr nicht verkaufter Garantieplätze in Flugzeugen oder bei den Hotelunterkünften zu entgehen. In den Abschnitten 5.1.5. *Hotelkalkulation* und 5.1.6. *Flugkalkulation* wird die Kalkulation auf Teilkostenbasis beim Reiseveranstalter im Detail erläutert.

5.1.2 Ablauf der Kalkulationsprozesses

Der Kalkulationsprozess umfasst eine Reihe von verschiedenen Tätigkeiten, an denen unterschiedliche Abteilungen des Reiseveranstalters beteiligt sind. Zunächst soll der Ablauf anhand der folgenden Abbildung erläutert werden:

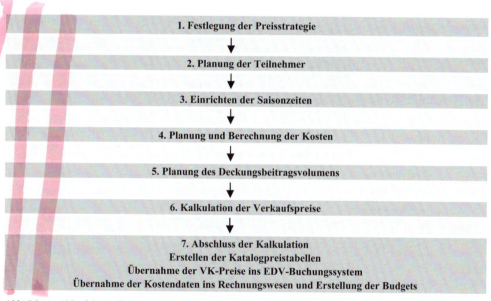

Abb. 5.2: Ablauf des Kalkulationsprozesses

5.1.2.1 Festlegung der Preisstrategie

Die Grundlage der Kalkulation bildet die Festlegung der Preisstrategie. Die Preisstrategie legt fest, in welcher Preislage ein Produkt oder das ganze Programm des Reiseveranstalters operieren soll. Bei der Festlegung der Preisstrategie spricht man häufig auch von der strategischen Preisgestaltung. Bei den meisten Reiseveranstaltern erfolgt die Festlegung der Preisstrategie in Zusammenarbeit von Geschäftsführung und dem für das jeweilige Produkt verantwortlichen Mitarbeiter. Je nach Organisationsstruktur und Größe des Unternehmens sind

5.1 Die Kalkulation

dies die Einkäufer selbst oder der für das betreffende Produkt zuständige Produktmanager. Wie die Festlegung der Preisstrategie im Einzelnen erfolgen kann, wird im Kap. 5.1.3. „Strategische Preisgestaltung" erläutert.

5.1.2.2 Teilnehmer-Planung

Eine exakte Teilnehmerplanung ist in der Kalkulation die Voraussetzung für die Berechnung des zu erwartenden Deckungsbeitragsvolumens, da dessen Höhe unmittelbar von der Anzahl der Reiseteilnehmer abhängig ist. Wird die geplante Teilnehmerzahl (GTZ) nicht erreicht, besteht die Gefahr, dass auch das geplante Deckungsbeitragsvolumen nicht erreicht werden kann. Die Methodik der Teilnehmerplanung wurde bereits in Kap. 3.2. ausführlich erläutert, so dass hier auf weitere Ausführungen verzichtet werden kann.

5.1.2.3 Einrichten der Verkaufssaisonzeiten

Die Festlegung der Saisonzeiten erfolgt einerseits in Abhängigkeit von den Ferienterminen auf den Absatzmärkten. Zum anderen sind auch die in den Verträgen mit den Hoteliers vereinbarten Einkaufssaisonzeiten zu berücksichtigen. Diese Aufgabe wird bei den meisten Unternehmen entweder von dem zuständigen Produktmanager oder aber von den Einkäufern selbst wahrgenommen. Nach Verabschiedung der VK-Saisonzeiten werden diese im Vertriebssystem des Veranstalters abgespeichert.

5.1.2.4 Planung und Berechnung der Kosten

Hier sind zum einen die touristischen Kosten zu planen. Diese Kosten können den entsprechenden Verträgen der Einkäufer entnommen werden. Zur Umrechnung der in Fremdwährungen abgeschlossenen Verträge wird von der Abteilung Rechnungswesen oder dem zuständigen Produktmanager ein Kalkulationskurs festgelegt, der durch Beobachtung der Wechselkurse auf den Devisenmärkten festgelegt wird. Zum anderen erfolgt durch das Rechnungswesen eine detaillierte Planung der Betriebskosten des Reiseveranstalters.

5.1.2.5 Planung des Deckungsbeitragsvolumens (DB-V)

Die Höhe des erforderlichen Deckungsbeitragsvolumens lässt sich aufgrund der vorhergehenden Kostenplanung mit Hilfe der folgenden Formel berechnen:

$$\text{Deckungsbeitragsvolumen (DB-V)} = \text{Betriebskosten} + \text{geplanter Gewinn} + (\text{geplante Provisionszahlungen})^*$$

*bei Einbeziehung der Reisebüroprovision in den Deckungsbeitrag

Wird das DB-V ins Verhältnis zu den geplanten Teilnehmerzahlen gesetzt, ergibt sich der absolute Deckungsbeitrag, der durchschnittlich für jede Reise kalkuliert werden muss.

$$\text{zu kalkulierender } \varnothing \text{ - absoluter Deckungsbeitrag je Reise} = \frac{\text{geplantes Deckungsbeitragsvolumen}}{\text{geplante Teilnehmerzahl}}$$

Wird das DB-V dagegen ins Verhältnis zum geplanten Umsatz gesetzt, ergibt sich der prozentuale Deckungsbeitrag, der durchschnittlich für jede Reise kalkuliert werden muss:

$$\text{zu kalkulierender } \varnothing - \text{prozentualer Deckungsbeitrag je Reise} = \frac{\text{geplantes Deckungsbeitragsvolumen}}{\text{geplanter Gesamtumsatz}} \times 100$$

Beispiel:

Aufgrund der Kostenplanung eines Reiseveranstalters rechnet dieser in der kommenden Saison mit Betriebskosten von € 4 Mio. Er plant bei einem Umsatz von € 50 Mio. einen Gewinn von € 770.000. Die Vertriebsprovision beträgt voraussichtlich 11 % des Umsatzes.

Schritt	Rechengang	Ergebnis
Berechnung des erforderlichen DB-V	4 Mio. + 770.000 + (0,11 × 50 Mio.)	€ 10.270.000
zu kalkulierender Ø-prozentualer Deckungsbeitrag je Reise (inkl. Provision)	$\frac{10.270.000}{50.000.000} \times 100$	20,54 %

Es sei darauf hingewiesen, dass in der Kalkulation dieser ø-prozentuale DB nicht für alle Reisen einheitlich angewandt werden kann und soll. Er gibt jedoch eine Information, in welcher Höhe sich der Deckungsbeitrag in der späteren Kalkulation etwa bewegen muss, um den angestrebten Gewinn erzielen zu können.

5.1.2.6 Kalkulation der Verkaufspreise

Die Teilnehmerplanung, das angestrebte DB-Volumen, die eingerichteten Verkaufssaisonzeiten und die Kostenplanung bilden als Kalkulationsdaten die Grundlage der Kalkulation im engeren Sinne. Mit ihrer Hilfe werden die Verkaufspreise kalkuliert. Die Kalkulation kann bei den Veranstaltern je nach Organisationsform von den Einkäufern oder dem Produkt-Management vorgenommen werden. Auf die Methoden der Kalkulation wird in den Kap. 5.1.5. „Hotelkalkulation" und 5.1.6. „Flugkalkulation" detailliert eingegangen.

5.1.2.7 Abschluss der Kalkulation

Nach Abschluss der eigentlichen Kalkulationsphase werden die Preistabellen für die Kataloge erstellt, die ermittelten Verkaufspreise im Vertriebssystem abgespeichert, sowie die Plan- und Kostendaten zur Erstellung der Budgets und der späteren Kostenkontrolle an das Rechnungswesen übermittelt.

5.1.3 Strategische Preisgestaltung

Aufgabe der strategischen Preisgestaltung ist die langfristige Festlegung des Preisniveaus, innerhalb dessen ein Produkt oder Produktbereich, eine Marke oder die gesamte Firma operieren soll. Dieses Preisniveau ist u.a. auf Vereinbarkeit mit dem Marken- oder Firmenimage zu untersuchen. Die Ergebnisse der strategischen Preisgestaltung bilden die Vorgaben für die preispolitischen Spielräume des Einkaufs. Die strategische Preisgestaltung kann sich grundsätzlich an den Kosten, der Nachfrage oder der Konkurrenz orientieren.

5.1.3.1 Kostenorientierte Preisgestaltung

Bei kostenorientierter Preisgestaltung bilden die Kosten des Reiseproduktes die Grundlage für die Verkaufspreisermittlung. Als langfristige Preisuntergrenze ist dabei die volle Kostendeckung anzusehen. Kurzfristig ist ein Preis gerechtfertigt, wenn er die variablen Einzelkosten der Reise deckt und darüber hinaus zumindest einen Teil der übrigen Kosten abdeckt. Aufgrund der auf dem Pauschalreisemarkt herrschenden Marktverhältnisse ist es für den Veranstalter jedoch erforderlich, dass nicht nur die Kosten, sondern auch die Erfordernisse des Absatzmarktes die Preise bestimmen. D.h. der Veranstalter muss sich daran orientieren, was der potentielle Kunde bereit ist, für eine Pauschalreise zu bezahlen. Jedoch behält die Kostenrechnung ihre Bedeutung zur Ermittlung der wirtschaftlichen Folgen einer marktorientierten Preispolitik.

5.1.3.2 Nachfrageorientierte Preisgestaltung

Bei nachfrageorientierter Preisgestaltung wird der Preis in erster Linie am Markt, d.h. also an den potentiellen Nachfragern gebildet. Der Reiseveranstalter untersucht vor dem Einkauf der touristischen Kapazitäten, welchen Preis der Kunde bei welcher Leistung maximal bereit ist zu bezahlen. Anschließend plant er anhand der Ergebnisse, welche Teilnehmerzahlen bei welchen Preisen zu realisieren sind. Das Verhalten der Nachfrager kann dabei mit Hilfe der Preiselastizität untersucht werden.

Definition: Preiselastizität

Die Preiselastizität gibt das Verhältnis relativer Mengenänderung zu relativer Preisänderung an. Zwar ist die Preiselastizität der Nachfrager für Pauschalreisen unterschiedlich, jedoch kann allgemein insbesondere bei den Badeurlaubs-Produkten der großen Reiseveranstalter (im Branchenjargon *Warmwassertourismus*) aufgrund ihrer Homogenität und weitgehenden Substituierbarkeit von einer relativ großen Preiselastizität ausgegangen werden. Eine geringere Preiselastizität kann dagegen bei Bausteinreisen und hochpreisigen Spezialangeboten angenommen werden: Kunden mit hohem Einkommen sind in der Regel weniger preissensibel als Kunden unterer Einkommensschichten.

Die Nachfrage stellt an die Preisgestaltung des Veranstalters insbesondere die drei folgenden Forderungen:

- *Preiswürdigkeit,* d.h. der geforderte Preis muss der Nutzenerwartung des Kunden mindestens entsprechen.
- *Verhältnismäßigkeit,* d.h. der Kunde muss den Eindruck haben, er hätte bei privater Organisation der Reise mindestens einen gleich hohen Preis bezahlen müssen.
- *Konkurrenzfähigkeit,* d.h. Leistung und Produktimage müssen beim Konkurrenzvergleich durch den Kunden mindestens ebenso positiv beurteilt werden wie das Angebot des Mitbewerbers.

5.1.3.3 Konkurrenzorientierte Preisgestaltung

Bei der konkurrenzorientierten Preisgestaltung orientiert man die eigenen VK-Preise an den preispolitischen Verhaltensweisen der übrigen Anbieter am Absatzmarkt. Dabei können drei Möglichkeiten unterschieden werden:

- der Reiseveranstalter muss sich den preispolitischen Maßnahmen seiner Konkurrenten anpassen. Die Preisfindung sollte in diesem Fall endpreisorientiert erfolgen. Dieses Ver-

halten ist aufgrund teiloligopolistischer Bedingungen (wenige große, viele kleine Veranstalter) insbesondere im Bereich der Mittelstrecken-Pauschalreisen („Warmwasser-Tourismus") zu beobachten.
- der Reiseveranstalter kann unabhängig von der Konkurrenz seinen Preis festsetzen. Diese Strategie kann zumindest begrenzt auf Märkten mit überdurchschnittlichem Marktwachstum und Verkäufermarktsituation verfolgt werden (z.Zt. beispielsweise der Markt für Fernreisen). Die Preisfindung erfolgt weitgehend ertragsorientiert.
- der Reiseveranstalter geht davon aus, dass die Konkurrenten auf seine Preisaktionen reagieren, d.h. er übt eine Art Preisführerschaftsfunktion aus.

5.1.4 Bestimmung der VK-Saisonzeiten

Die Festlegung von Verkaufs-Saisonzeiten (VK-Saisonzeiten) stellt für den Reiseveranstalter eine Maßnahme der Preisdifferenzierung auf dem Absatzmarkt dar. Indem gleiche Leistungen zu unterschiedlichen Preisen angeboten werden, können die differierenden Nachfrageelastizitäten hinsichtlich der Reisezeit verschiedener Käufergruppen ausgenutzt werden. Es wird dem Reiseveranstalter so möglich, zu nachfragestarken Reiseterminen überdurchschnittlich hohe Deckungsbeiträge zu kalkulieren. Die Bestimmung der VK-Saisonzeiten richtet sich in erster Linie nach der Lage der Ferientermine in den einzelnen Absatzregionen des Veranstalters. Abweichend davon orientieren sich die in den Verhandlungen mit den Hoteliers festgelegten Einkaufs-Saisonzeiten (EK-Saisonzeiten) an der Nachfragesituation in den Zielgebieten. Dies führt häufiger dazu, dass die EK- und VK-Saisonzeiten eines Hotels nicht übereinstimmen, wie es folgende Abbildung veranschaulicht:

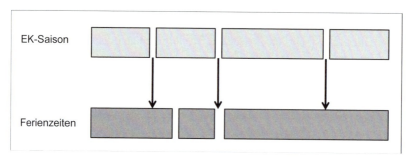

Abb. 5.3:   Fehlende Kongruenz zwischen EK- und VK-Saisonzeiten

Stimmen die EK-Saisonzeiten und die VK-Saisonzeiten zeitlich nicht überein, können die vertraglich vereinbarten Einkaufspreise für das Hotel nicht unverändert in die Kalkulation übernommen werden. Es ist notwendig, durch das sog. „Mischen" die Einkaufspreise neu zu ermitteln.

Definition: *Mischen*

Das „Mischen" bezeichnet einen Rechenvorgang, bei dem zwei unterschiedliche Ausgangspreise (hier die Einkaufspreise zweier Saisonzeiten) durch Bildung eines gewichteten Mittelwertes zu einem neuen Einkaufspreis zusammengefasst werden.

Beispiel A:

Für das Hotel „San Juan" wurde aufgrund der Sommerferien die Verkaufssaisonzeit C auf den Zeitraum 05.07.–09.08.2013 festgelegt. Mit dem Hotelier wurden vertraglich folgende Einkaufspreise vereinbart:

Vertragszeitraum	Anzahl der Wochen	Einkaufspreis
05.07.–19.07.2013	2 Wochen	€ 250,00
19.07.–09.08.2013	3 Wochen	€ 300,00

Es wird zu allen Reiseterminen der Saisonzeit C mit der gleichen Teilnehmerzahl gerechnet.

Die Berechnung des „gemischten" Einkaufspreises erfolgt durch Berechnung des gewichteten Mittelwertes:

$$\text{Neuer EK-Preis nach dem „Mischen"} = \frac{2 \text{ Wochen} \times € 250,00 + 3 \text{ Wochen} \times € 300,00}{5 \text{ Wochen}}$$

$$= € 280,00$$

Dieser Preis dient als neuer Einkaufspreis für die gesamte VK-Saisonzeit C. Er ist der Ausgangspreis für die Kalkulation des Verkaufspreises für das Hotel. Diese Formel kann allerdings nur dann benutzt werden, wenn zu allen Anreiseterminen der Verkaufssaisonzeit C etwa gleich viele Teilnehmer reisen, sie sich also gleichmäßig über die gesamte Reisezeit verteilen. Ist dies nicht der Fall, muss eine detaillierte Teilnehmerplanung für jeden Anreisetermin vorgenommen werden. Die geplante Teilnehmerzahl pro Woche kann dann als Gewichtung zur Berechnung des gemischten Einkaufspreises verwandt werden:

Beispiel B:

Eine detaillierte Teilnehmerplanung ergab bei dem o.g. Beispiel für die Verkaufssaisonzeit C folgende geplante Teilnehmerzahlen:

Reisetermine	Geplante Teilnehmerzahlen (GTZ) pro Woche	GTZ gesamt
05.07.–19.07.2013	50 TN/Woche	100 TN
19.07.–09.08.2013	80 TN/Woche	240 TN
Summe geplante TN in VK-Saison C		340 TN

Die Berechnung des neuen „gemischten" Einkaufspreises erfolgt durch Einbeziehung der geplanten Teilnehmerzahlen nach folgender Formel:

$$\text{Neuer EK-Preis nach dem „Mischen"} = \frac{€ 250,00 \times 100 \text{ TN} + € 300,00 \times 240 \text{ TN}}{340 \text{ TN}}$$

$$= € 285,29$$

Weichen die zu mischenden Einkaufspreise stark voneinander ab, kann es zu großen Differenzen zwischen kalkuliertem und tatsächlichem Hotelaufwand kommen. Dies führt dann zu einer unvertretbaren Kostenintransparenz und u.U. zu falschen preispolitischen Entscheidungen. Der geschilderte Sachverhalt soll anhand des oben angeführten Beispiels A durch Gegenüberstellung der vertraglich vereinbarten Einkaufspreise und des neuen gemischten Einkaufspreises verdeutlicht werden:

Tabelle 5.1: Berechnung des EK-Preises durch „Mischen"

Anreisedatum	EK-Preis lt. Vertrag	VK-Saison	EK-Preis nach Mischung	Abweichung
05.07.2013	€ 250	C	€ 280	€ 30
12.07.2013	€ 250	C	€ 280	€ 30
19.07.2013	€ 300	C	€ 280	€ −20
26.07.2013	€ 300	C	€ 280	€ −20
02.08.2013	€ 300	C	€ 280	€ −20

*Berechnung des EK-Preises durch Mischung, Vgl. Beispiel A (Bei der Ermittlung des neuen EK-Preises wurde von einer gleichmäßigen Verteilung der Teilnehmer über alle Anreisetermine ausgegangen.)

Wie aus der Tabelle ersichtlich ist, wird bei den Anreiseterminen 19.07.–02.08.2013 gegenüber dem tatsächlichen, vertraglich vereinbarten Hotelaufwand von € 300,00 nur ein „gemischter" Einkaufspreis von € 280,00 in der Kalkulation angesetzt. D.h. jeder in diesem Zeitraum gebuchte Teilnehmer verursacht eine Ertragseinbuße von € 20,00. Dies stellt kein Problem dar, wenn die tatsächlich gebuchten Teilnehmer sich später – wie in der Planung vorgesehen – gleichmäßig auf die Anreisetermine verteilen. In diesem Fall wird die Ertrags-

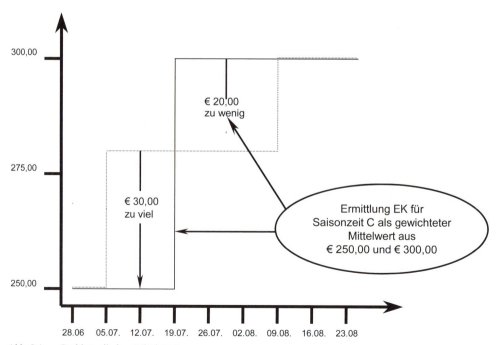

Abb. 5.4: Problematik des „Mischens"

5.1 Die Kalkulation

einbuße durch den zusätzlichen Ertrag von € 30,00 pro Person zu den Terminen 05.07. und 12.07. ausgeglichen. Werden aber mehr Reisen pro Woche zu den Terminen mit negativen Abweichungen verkauft als im Zeitraum 05.07.–12.07.2013, verursacht jeder zusätzliche Teilnehmer eine Ertragseinbuße von € 20,00! Diese Problematik des „Mischens" veranschaulicht auch die vorstehende Grafik (Abb. 5.4).

Die geschilderte Problematik kann nur durch den Rückgriff auf nicht durch Mischung/ Durchschnittsbildung verfälschte Hoteleinkaufspreise vermieden werden. Es sollte deshalb schon bei den Vertragsverhandlungen darauf geachtet werden, dass die EK-Saisonzeiten an den VK-Saisonzeiten bzw. Ferienterminen abgestimmt werden. Ist dies nicht möglich, besteht eventuell die Möglichkeit zusätzliche Verkaufssaisonzeiten einzurichten, um so ein „Mischen" vermeiden zu können. Wie die Einrichtung solcher zusätzlicher Saisonzeiten geschieht, zeigt die folgende Abbildung:

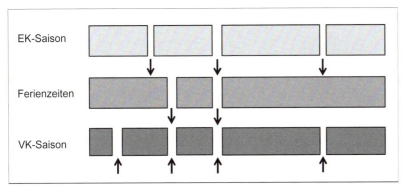

Abb. 5.5: Einrichten von Verkaufs-Saisonzeiten ohne „Mischen"

Saisonzeiten können grundsätzlich ankunftsorientiert oder aufenthaltsbezogen festgelegt werden. Der Unterschied zwischen beiden Methoden liegt dabei in der Art der Berechnung des Reisepreises:

Definition: Ankunftsorientierte Festlegung von Saisonzeiten
Wenn Saisonzeiten ankunftsorientiert festgelegt werden, richtet sich der vom Gast zu zahlende Reisepreis für den Gesamtaufenthalt nach der Saisonzeit des Anreisetermins.

Definition: Aufenthaltsbezogene Festlegung von Saisonzeiten
Bei aufenthaltsbezogener Festlegung des Saisonzeiten errechnet sich der vom Gast zu zahlende Reisepreis durch Addition der Wochenpreise der in den betreffenden Aufenthaltswochen jeweils gültigen Saisonzeit. Nachfolgend soll die Problematik der ankunftsorientierten Festlegung von Saisonzeiten aufgezeigt werden.

Probleme tauchen bei dieser Berechnungsweise beim Übergang von einer niedrigeren zu einer preislich höheren Saisonzeit auf: Reist ein Kunde am letzten Anreisetermin der niedrigen Saisonzeit, so richtet sich der Preis für den gesamten Aufenthalt nach der niedrigen Saisonzeit. Dies gilt unabhängig davon, ob er nun 1, 2 oder 3 Wochen reist. Andererseits werden in den Verträgen mit den Hoteliers grundsätzlich aufenthaltsbezogene Saisonzeiten vereinbart. Das bedeutet, dass der Veranstalter für die 2. Aufenthaltswoche mit dem Hotelier bereits den Einkaufspreis der preislich höheren Saisonzeit abrechnen muss. Und dies obwohl der Kunde den Preis der niedrigen Saisonzeit bezahlt. Es besteht also die Gefahr, dass inakzeptable Deckungsbeiträge erzielt werden. Dieses Problem soll anhand des folgenden Beispiels veranschaulicht werden:

Beispiel A (ankunftsbezogene Festlegung der Saisonzeiten):
Die Verkaufspreise einer Pauschalreise mit eigener Anreise betragen laut der Preistabelle eines Reiseveranstalters:

Saisonzeit	Anreisetermine	VK-Preise bei Aufenthalt		
		1 Woche	2 Wochen	3 Wochen
A	07.07., 14.07., 21.07.	€ 250	€ 500	€ 750
B	28.07., 04.08., 11.08.	€ 320	€ 640	€ 960

Der Preis für den Gesamtaufenthalt richtet sich nach der Saison des gebuchten Reiseantrittstermins.

Aus dem Vertrag mit dem Hotelier ergeben sich folgende Wocheneinkaufspreise für den Hotelaufenthalt:

Zeitraum 07.07.–28.07.	€ 200,00
Zeitraum 28.07.–18.08.	€ 260,00

Um das Beispiel zu vereinfachen, sollen weitere Kosten (z.B. Reiseleitung) nicht einbezogen werden.

Unter Berücksichtigung der oben gemachten Angaben ergibt sich in Abhängigkeit von der jeweiligen Aufenthaltsdauer folgender Deckungsbeitragseffekt:

Tabelle 5.2: DB-Effekt bei Mehrwochen-Reisen über VK-Saisonsprünge (Methode A)

Anreisetermin	Aufenthalt 1 Woche		
	VK-Preis	Hotelkosten	DB
07.07.	€ 250	€ 200	€ 50
14.07.	€ 250	€ 200	€ 50
21.07.	€ 250	€ 200	€ 50
28.07.	€ 320	€ 260	€ 60
04.08.	€ 320	€ 260	€ 60
Anreisetermin	**Aufenthalt 2 Wochen**		
	VK-Preis	Hotelkosten	DB
07.07.	€ 500	€ 400	€ 100
14.07.	€ 500	€ 400	€ 100
21.07.	€ 500	€ 460	€ 40
28.07.	€ 640	€ 520	€ 120
04.08.	€ 640	€ 520	€ 120

5.1 Die Kalkulation

Anreisetermin	VK-Preis	Aufenthalt 3 Wochen Hotelkosten	DB
07.07.	€ 750	€ 600	€ 150
14.07.	€ 750	€ 660	€ 90
21.07.	€ 750	€ 720*	€ 30
28.07.	€ 960	€ 780	€ 180
04.08.	€ 960	€ 780	€ 180

* Berechnung des Aufwandes: Aufenthalt Zeitraum 21.07.–28.07.: € 200
+ Aufenthalt Zeitraum 28.07.–04.08.: € 260
+ Aufenthalt Zeitraum 04.08.–11.08.: € 260
= Gesamtkosten: € 720

Reist ein Kunde also am 21.07. für 3 Wochen, führt dies zu einem DB von lediglich € 30,00 und somit zu einer Einbuße von € 120,00 gegenüber dem Anreisetermin 07.07. Trotz dieses Problems wird diese Methode von vielen Veranstaltern vor allem bei Flugreisen aber auch bei Reisen mit eigener Anreise angewandt. Es ist bei vielen Veranstaltern üblich das Problem zu lösen, indem die Saisonzeit B „vorverlegt" wird und schon ab dem Ankunftstermin 14.07. oder 21.07. ausgeschrieben wird. Allerdings verliert das Angebot dann deutlich an Konkurrenzfähigkeit. Würde der Kunde direkt beim Hotelier buchen, würde er dort sicher günstigere Konditionen als beim Veranstalter erhalten.

Eine akzeptable Lösung des Problems ist nur möglich, wenn jeweils Preise sowohl für die 1. Aufenthaltswoche als auch die Verlängerungswochen ausgeschrieben werden. Der Gesamtreisepreis muss sich dann durch die Addition des Preises der 1. Woche und der Preise der Verlängerungswochen der jeweiligen Reisezeit errechnen (aufenthaltsbezogene Festlegung der Saisonzeiten).

Beispiel B (aufenthaltsbezogene Festlegung der Saisonzeiten):

Die Verkaufspreise einer Pauschalreise mit eigener Anreise betragen laut der Preistabelle eines Reiseveranstalters:

Saisonzeit	Anreisetermine	VK-Preise bei Aufenthalt	
		1. Woche	Verlängerungswoche
A	07.07.–28.07.	€ 250	€ 250
B	28.07.–18.08.	€ 320	€ 320

Der Gesamtreisepreis errechnet sich durch Addition des Preises der 1. Woche und der Preise der Verlängerungswochen der jeweiligen Reisezeit.

Aus dem Vertrag mit dem Hotelier ergeben sich folgende Einkaufspreise für den Hotelaufenthalt:

Zeitraum 07.07.–28.07.	€ 200,00
Zeitraum 28.07.–18.08.	€ 260,00

In diesem Falle ergibt sich nun der folgende DB-Effekt:

Tabelle 5.3: DB-Effekt bei Mehrwochen-Reisen über VK-Saisonsprünge (Methode B)

Anreisetermin	Aufenthalt 1 Woche		
	VK-Preis	Hotelkosten	DB
07.07.	€ 250	€ 200	€ 50
14.07.	€ 250	€ 200	€ 50
21.07.	€ 250	€ 200	€ 50
28.07.	€ 320	€ 260	€ 60
04.08.	€ 320	€ 260	€ 60
Anreisetermin	Aufenthalt 2 Wochen		
	VK-Preis	Hotelkosten	DB
07.07.	€ 500	€ 400	€ 100
14.07.	€ 500	€ 400	€ 100
21.07.	€ 570	€ 460	€ 110
28.07.	€ 640	€ 520	€ 120
04.08.	€ 640	€ 520	€ 120
Anreisetermin	Aufenthalt 3 Wochen		
	VK-Preis	Hotelkosten	DB
07.07.	€ 750	€ 600	€ 150
14.07.	€ 820	€ 660	€ 160
21.07.	€ 890*	€ 720	€ 170
28.07.	€ 960	€ 780	€ 180
04.08.	€ 960	€ 780	€ 180

* Berechnung des VK-Preises: Aufenthalt Zeitraum 21.07.–28.07.: € 250
+ Aufenthalt Zeitraum 28.07.–04.08.: € 320
+ Aufenthalt Zeitraum 04.08.–11.08.: € 320
= Gesamtpreis: € 890

Wie aus dem Beispiel ersichtlich ist, wird bei dieser Art der Berechnung der negative Effekt beim DB verhindert.

5.1.5 Die Hotelkalkulation

Unter Hotelkalkulation soll die Berechnung des Verkaufspreises für Hotelaufenthalte verstanden werden, bei denen der Kunde die Anreise zur Unterkunft in eigener Regie durchführt, d.h. also der Veranstalter erbringt keine Transportleistung und bietet auch keine Transfers an. Da bei der Kalkulation dieser Reiseangebote eine Reihe der Kosten unabhängig von der Aufenthaltsdauer des Gastes am Zielort anfallen, wird bei vielen Veranstaltern eine getrennte Kalkulation für Grund- und Verlängerungswoche vorgenommen. Unter der Grundwoche wird dabei die 1. Aufenthaltswoche verstanden.

1. Kalkulation des Verkaufspreises der Grundwoche[9]

Die Kalkulation von Pauschalreisen mit eigener Anreise kann nach folgendem Schema vorgenommen werden:

Kalkulationsschema Pauschalreisen:
Hotelaufenthalt in Zielgebietswährung pro Woche (EK-Preis) × Kalkulationskurs (lt. Verabschiedung der Geschäftsleitung)
= Hotelaufwand in EUR pro Woche
+ anteilige Kosten der Reiseleitung pro Woche
= Summe der von der Aufenthaltsdauer abhängigen Kosten
+ Provisionen oder handling fee für Zielgebietsagentur + sonstige von der Aufenthaltsdauer unabhängigen Kosten
= Nettopreis der Grundwoche
+ Deckungsbeitrag (DB) Grundwoche (= Marge) + evtl. MwSt. vom DB
= Verkaufspreis der Grundwoche

Abb. 5.6: Kalkulationsschema für Pauschalreisen/Hotel

Zur Berechnung des VK-Preises der Grundwoche werden zunächst die von der Aufenthaltsdauer abhängigen Kosten ermittelt. Dies ist bei Pauschalreisen mit eigener Anreise durch den Kunden in erster Linie der Aufwand für den Hotelaufenthalt. Zunächst wird dazu der Vertragspreis des Hotelaufenthaltes (EK-Preis) sofern erforderlich in Euro umgerechnet. Diese Umrechnung erfolgt zu dem von der Geschäftsleitung verabschiedeten Kalkulationskurs. Neben dem Hotelaufwand können auch noch anteilige Kosten für die Reiseleitung zu den aufenthaltsdauerabhängigen Kosten zählen.

Neben dem reinen Hotelaufwand (und den anteiligen Kosten für die Reiseleitung) werden auch alle von der Aufenthaltsdauer unabhängigen Kosten in die Kalkulation der Grundwoche einbezogen. Dadurch wird erreicht, dass diese Kosten bereits durch den VK-Preis der Grundwoche abgedeckt sind. Zu den unabhängig von der Aufenthaltsdauer anfallenden Kosten gehört insbesondere die Provision bzw. Handling Fee für die Zielgebietsagenturen. Sie wird für die organisatorische Abwicklung im Zielgebiet bezahlt. In der Regel erfolgt die Bezahlung nach der Anzahl der Gästeankünfte unabhängig von deren Aufenthaltsdauer. Bei der Kalkulation von Ferienwohnungen gehören außerdem auch die Kosten der Endreinigung zu den aufenthaltsdauerunabhängigen Kosten und müssen deshalb in die Grundwoche eingerechnet werden (vgl. Gerichtsurteile zu den Nebenkosten bei Ferienwohnungen). Durch die Addition aller bisher genannten Kosten ergibt sich der Nettopreis der Grundwoche. Auf diesen Nettopreis wird anschließend der Deckungsbeitrag (DB) aufgeschlagen. Die Summe ergibt dann den Verkaufspreis der Grundwoche.

Die Höhe des zu kalkulierenden DB wird prozentual vom späteren Verkaufspreis festgesetzt. Deshalb kann der Verkaufspreis nicht dadurch berechnet werden, dass der DB-Prozentsatz

---

[9] Es soll hier und im Folgenden davon ausgegangen werden, dass die Reisebüroprovision im DB enthalten ist.

auf den Nettopreis aufgeschlagen wird. Vielmehr erfolgt die Berechnung des absoluten DB mit Hilfe folgender Formel:

$$\text{absoluter DB} = \frac{\text{Nettopreis} \times 100}{(100 - \text{DB in \% des VK-Preises})} - \text{Nettopreis}$$

Der Deckungsbeitrag inkl. Provision entspricht nach der deutschen Gesetzgebung der Marge des Reiseveranstalters. Ist diese Marge nach § 25 UStG ganz oder teilweise umsatzsteuerpflichtig, muss auf den Deckungsbeitrag die entsprechende Umsatzsteuer kalkuliert werden. Auf die Besteuerung von Reiseleistungen soll an dieser Stelle aber nicht näher eingegangen werden. Im Folgenden soll anhand eines Beispiels der Verkaufspreis für ein Hotelangebot mit eigener Anreise mit Hilfe des Schemas kalkuliert werden:

Beispiel:
Der Einkaufspreis für eine Ferienwohnung betrage 380 Schweizer Franken (CHF). Die örtliche Reiseleitung zur Betreuung der Kunden kostet 16 CHF pro Woche. Die Zielgebietsagentur verlangt für die Abwicklung am Zielort 8 CHF pro Person (Handling-Fee). An sonstigen von der Aufenthaltsdauer unabhängigen Einzelkosten fallen für die Endreinigung 40 CHF an. Der Kalkulationskurs wurde mit 1 CHF = 0,82 € festgelegt. Es soll ein DB von 20 % des Verkaufspreises kalkuliert werden. Es ergibt sich folgende Kalkulation:

Tabelle 5.4: Kalkulation des Hotelverkaufspreises – Grundwoche

Schritt	Rechengang	Ergebnis
Berechnung des €-Preises für den Hotelaufenthalt	380 CHF × € 0,82	€ 311,60
Berechnung des €-Preises für den Reiseleiter	16 CHF × € 0,82	€ 13,12
Berechnung der Agenturprovision	8 CHF × € 0,82	€ 6,56
Sonstige objektbezogene Kosten unabhängig von der Aufenthaltsdauer	40 CHF × € 0,82	€ 32,80
Nettopreis Grundwoche	€ 311,6 + € 13,12 + € 6,56 + € 32,8	€ 364,08
Berechnung des DB der Grundwoche	$\frac{€\ 364{,}08 \times 100\ \%}{100\ \% - 20\ \%} - €\ 364{,}08$	€ 91,02
VK-Preis Grundwoche (gerundet)	€ 364,08 + € 91,02	€ 456

In diesem Beispiel wäre die Kalkulation von MwSt auf den DB nicht erforderlich, da die Leistung nicht in einem EU-Staat erbracht wurde und die Marge damit nach § 25 UStG nicht steuerpflichtig ist.

2. Kalkulation der VK-Preise der Verlängerungswoche

Da die unabhängig von der Reisedauer anfallenden Kosten bereits in der Grundwoche verrechnet wurden, ergibt sich für die Verlängerungswoche folgendes vereinfachte Kalkulationsschema:

Tabelle 5.5: Kalkulationsschema für Verlängerungswochen

Kalkulationsschema Verlängerungswoche:
Hotelaufenthalt in Zielgebietswährung pro Woche (EK-Preis)
× Kalkulationskurs (lt. Verabschiedung der Geschäftsleitung)
= Hotelaufwand in EUR pro Woche
+ anteilige Kosten der Reiseleitung pro Woche
= Summe der von der Aufenthaltsdauer abhängigen Kosten
+ DB Verlängerung (Marge)
+ evtl. MwSt. der Marge
= Verkaufspreis der Verlängerungswoche

Beispiel:

Für das oben genannte Beispiel ergibt sich folgender Verkaufspreis für die Verlängerungswoche:

Tabelle 5.6: Kalkulation des Hotelverkaufspreises – Verlängerungswoche

Schritt	Rechengang	Ergebnis
Berechnung des €-Preises für den Hotelaufenthalt und der Reiseleitung pro Woche	EK-Preise siehe Grundwoche	Preis Hotel: € 311,60 Preis RL: € 13,12
Nettopreis Verlängerungswoche	€ 311,60 + € 13,12	€ 324,72
Berechnung des DB der Verlängerungswoche	$\dfrac{€\,324{,}72 \times 100\,\%}{100\,\% - 20\,\%} - €\,324{,}72$	€ 81,18
VK-Preis Verlängerungswoche (gerundet)	€ 324,72 + € 81,18	€ 406

Einige Veranstalter verzichten auf eine getrennte Kalkulation von Grund- und Verlängerungswoche. Stattdessen verteilen sie die unabhängig von der Aufenthaltsdauer anfallenden Kosten gleichmäßig über die gesamte Reisezeit. Dazu werden diese Kosten durch die durchschnittliche Aufenthaltsdauer der Gäste dividiert. Beträgt diese z.B. genau 2 Wochen, müssen pro Aufenthaltswoche nur 50 % der aufenthaltsdauerunabhängigen Kosten angesetzt werden. Dieses Rechenverfahren setzt allerdings eine exakte Teilnehmer-Planung auch nach Reisedauer voraus. Außerdem werden darüber hinaus Gäste, die nur 1 Woche reisen von 2 und 3 Wochen Reisenden „subventioniert".

3. Kalkulation auf „Cost-Plus-Basis"

Da die Berechnung von Grund- und Verlängerungswoche für jede Saisonzeit, Verpflegungs- und Unterbringungsvariante einzeln erfolgt, führt dies sehr schnell zu einem hohen Kalkulations- und Zeitaufwand. So müssen bei einem Hotel mit jeweils 3 Unterbringungs- und Verpflegungsvarianten und 4 Saison-Zeiten bereits 72 Preise kalkuliert werden.

Berechnung:	3 Verpflegungsvarianten
×	3 Unterbringungsvarianten
×	4 Saisonzeiten
×	2 (Grund- und Verlängerungswoche)
=	**72 unterschiedlich zu kalkulierende Preise**

Ein explizites Kalkulieren aller Produktvarianten ist in der Regel jedoch unwirtschaftlich. Deshalb kalkulieren einige Veranstalter nur die sogenannte Basisvariante exakt durch.

Definition: Basisvariante/Untervariante

Die Basisvariante ist die Produktvariante, auf die sich die Nachfrage aufgrund von Kundenpräferenzen und Angebotsstrukturen konzentriert. Die übrigen Produktvarianten werden als Untervarianten bezeichnet. Für die Untervarianten wird die Preisfindung auf sogenannter „Cost-Plus-Basis" vorgenommen.

Definition: Cost-Plus-Kalkulation

Bei der Kalkulation auf „Cost-Plus-Basis" wird auf den Verkaufspreis der Basisvariante lediglich die Einkaufspreisdifferenz zwischen der Basisvariante und der Untervariante aufgeschlagen. Das heißt, es wird für alle Produktvarianten der gleiche absolute Deckungsbeitrag pro Person wie bei der Basisvariante angesetzt. Dieses Verfahren ist grundsätzlich ausreichend, da die Preispolitik bei den Untervarianten nur geringe Auswirkungen auf Gästezahl und Gesamt-Deckungsbeitrag hat. Lediglich bei Produktvarianten mit besonders günstigen Einkaufskonditionen kann es sinnvoll sein, außer den Basisvarianten auch einige der übrigen Varianten genau zu kalkulieren, um beispielsweise günstige Eckpreise zu erzielen. Das Verfahren wird an einem Beispiel veranschaulicht:

Beispiel:

Das vertraglich vereinbarte Zimmerkontingent mit einem Hotelier verteilt sich in der kommenden Saison wie in der Tabelle angegeben.

Zimmerart	%-Anteil am Vertragskontingent	Preis HP pro Person/Woche
DZ ohne Balkon	80 %	€ 285,00
DZ mit Balkon	15 %	Zuschlag € 15,00
EZ	5 %	Zuschlag € 25,00

Bei Buchung von Vollpension wird ein Zuschlag von € 35,00 pro Woche und Person berechnet, bei Übernachtung/Frühstück beträgt der Abschlag € 25,00 pro Woche und Person auf die angegeben Zimmerpreise.

Die verschiedenen Verpflegungsarten haben erfahrungsgemäß folgende Anteile an den Buchungen:

Verpflegungsart	%-Anteil am Buchungsaufkommen
Frühstück	15 %
Halbpension	75 %
Vollpension	10 %

Unter Berücksichtigung dieser beiden Faktoren ergibt sich die in Abb. 5.7 gezeigte erwartete Verteilung der Gäste auf die angebotenen Produktvarianten.

5.1 Die Kalkulation

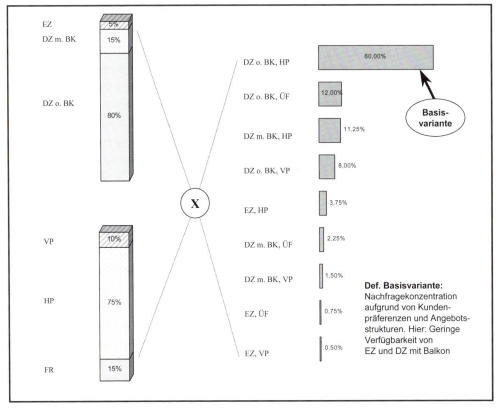

Abb. 5.7: Gästeverteilung auf angebotene Produktvarianten eines Hotels

Aufgrund der geringen Verfügbarkeit von EZ und DZ mit Balkon ist die Produktvariante „DZ ohne BK, HP" in diesem Falle die Basisvariante. Auf diese Variante entfallen etwa 60 % aller Buchungen.

Zunächst wird nun die Basisvariante nach dem folgenden Schema kalkuliert:

In dem Beispiel sollen neben den reinen Hotelkosten noch jeweils Kosten in Höhe von € 10,00 für die Reiseleitung und die Zielgebietsagentur anfallen.

Kalkulation der Basiswoche (DZ ohne Balkon, HP):	
Hotelaufwand DZ ohne Balkon, HP	€ 285,00
+ Kosten für Reiseleitung	€ 10,00
+ Kosten für Zielgebietsagentur	€ 10,00
= Nettopreis der Basisvariante	€ 305,00
+ 20 % DB vom VK-Preis	€ 76,00
= Verkaufspreis Basisvariante	€ 381,00

Die übrigen Produktvarianten werden nicht explizit kalkuliert. Auf den berechneten Verkaufspreis werden lediglich die Mehrkosten der zu kalkulierenden Produktvariante aufgeschlagen.

Kalkulation der Untervariante (EZ, HP):

Verkaufspreis der Basisvariante	€ 381,00
+ Mehrkosten des EZ, HP pro Woche	€ 25,00
= Verkaufspreis Untervariante EZ, HP	€ 406,00

Die Untervariante hat damit den gleichen absoluten Deckungsbeitrag wie die Basisvariante. Der prozentuale Deckungsbeitrag liegt allerdings geringfügig unter dem der Basisvariante:

$$\text{Prozentualer Deckungsbeitrag Untervariante} = \frac{€\ 76}{€\ 406} \times 100\% = 18{,}7\%$$

Aufgrund der geringen Bedeutung der Untervariante „EZ, HP" (lediglich 3,75 % der Buchungen!) ist die Auswirkung auf den Gesamtdeckungsbeitrag des Hotels sehr gering.

4. Die Problematik der Sprünge

Definition: Sprünge

Unter Sprüngen versteht man die Differenz zwischen

- den VK-Preisen zweier Unterkunftsvarianten oder
- den VK-Preisen zweier Verpflegungsvarianten oder
- den VK-Preisen von Grund- und Verlängerungswoche oder
- Doppel- und Einzelzimmerpreis

Die meisten Veranstalter kalkulieren diese Sprünge „gerade". D.h., dass diese Differenzen in allen Saisonzeiten eines Hotels identisch sein müssen.

Tabelle 5.7: Problematik der Sprünge

VK-Preise Pension „Sonnenschein"									
Grundwoche	Saison A			Saison B			Saison C		
	DZ/ÜF	DZ/HP	EZ/ÜF	DZ/ÜF	DZ/HP	EZ/ÜF	DZ/ÜF	DZ/HP	EZ/ÜF
EK-Preise	139	219	169	161	240	191	232	311	261
Agenturprovision	22	22	22	22	22	22	22	22	22
Deckungsbeitrag	38	58	48	46	67	56	75	96	86
VK-Preis	199	299	239	229	329	269	329	429	369
DB in % vom VK-Preis	19,1	19,4	20,1	20,1	20,4	20,8	22,8	22,4	23,3
Sprünge ÜF zu HP	100			100			100		
Sprünge EZ zu DZ	40			40			40		

Wie aus dem Beispiel hervorgeht beträgt die Differenz des Verkaufspreises zwischen den beiden Produktvarianten „DZ/ÜF" und „DZ/HP" in jeder Saisonzeit € 100,00.

Durch die Kalkulation „gerader" Sprünge ergeben sich häufig unter- bzw. überdurchschnittliche Deckungsbeiträge in den einzelnen Saisonzeiten. Dies ist immer dann der Fall, wenn im Einkauf mit dem Hotelier keine geraden Sprünge vereinbart wurden. Deshalb verzichten einige Veranstalter ebenfalls auf die Einhaltung gerader Sprünge bei den Verkaufspreisen und kalkulieren mit „krummen" Sprüngen.

5.1.6 Die Flugkalkulation

Die Kalkulation von Flugpauschalreisen ist ein wesentlich komplexerer Vorgang als die Preisfindung bei Hotelaufenthalten. Die Preise der Flugreisen werden durch ein mehrstufiges Iterationsverfahren, das als „Kippen" bezeichnet wird, ermittelt.

Definition: Kippen

Das „Kippen" bezeichnet einen Rechenvorgang, bei dem ein Ausgangspreis (in diesem Fall der Netto-Flugpreis) schrittweise je nach erwarteter Teilnehmerzahl soweit abgeändert wird, bis er am Ende überhaupt nicht mehr mit den tatsächlichen Flugkosten übereinstimmt, aber dafür in höchster Vollendung marktgerecht eingesetzt werden kann.

Zweck des Kippens ist zum einen die Anpassung an saisonale oder andere Auslastungsschwankungen. Zum anderen geht es aber auch darum, die eigene Kalkulation vor den Mitbewerbern zu verstecken. Diese sollen – zumindest auf den ersten Blick – nicht erkennen, welche Objekte und Zielgebiete vom Reiseveranstalter gezielt gefördert bzw. subventioniert werden. Um die Transparenz für die Mitbewerber weiter herabzusetzen, können außer den Flugkosten auch die Hotelkosten und der Deckungsbeitrag gekippt werden. Der Kalkulationsvorgang des Kippens läuft, wie auf der folgenden Seite dargestellt, in 8 Schritten ab:

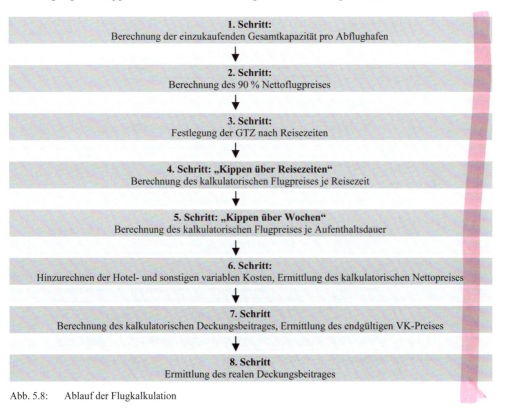

Abb. 5.8: Ablauf der Flugkalkulation

Bevor in einem Rechenbeispiel für das Zielgebiet Ibiza (IBZ) der Kalkulationsprozess im Einzelnen erläutert werden soll, zunächst ein Blick auf die Flugeinkaufspreise der Veranstalter. Grundlage der Flugpreisberechnung bildet dabei der Preis je Sitzplatzstunde, d.h. pro eingekauftem Flugplatz und Flugstunde. Die EK-Preise reichen dabei von ca. € 30 bei der Vermarktung von Restkapazitäten der Ferienfluggesellschaften, z.B. an wenig gefragten Wochentagen oder zu ungünstigen Uhrzeiten, bis zu ca. € 50 als Spitzenwert für attraktive Wochentage und Uhrzeiten.

Als üblicher Mittelwert beim Einkauf ganzer Ketten durch größere Veranstalter ist ein Preis von € 35,00 pro Sitzplatzstunde realistisch. Unter diesen Voraussetzungen ergeben sich für das Zielgebiet Ibiza folgende Flug-Einkaufspreise:

Tabelle 5.8: Flug-Einkaufspreise für Reiseveranstalter

Ziel: Ibiza					
Abflughafen	Flugzeit in Stunden : Minuten		EK-Preis Hin/Rück bei Preisen je Sitzplatzstunde in Höhe von		
	Oneway	Return	€ 30	€ 35	€ 40
Hamburg	02:45	05:30	€ 165	€ 193	€ 220
Düsseldorf	02:30	05:00	€ 150	€ 175	€ 200
Frankfurt	02:30	05:00	€ 150	€ 175	€ 200
Stuttgart	02:05	04:10	€ 125	€ 146	€ 167
München	02:15	04:30	€ 135	€ 158	€ 180

Das zur Verdeutlichung des Rechenvorganges im Folgenden illustrierte Beispiel einer Flugpreis-Kalkulation geht von folgenden Annahmen aus:

Tabelle 5.9: Basisangaben der Flugpreiskalkulation

Zielgebiet:	Ibiza
Angebotene Flughäfen:	HAM, DUS, FRA, STR, MUC
Geplante Teilnehmerzahl (GTZ):	11.325 Plätze
Technische Kettenlänge:	27 Wochen
Ø-Aufenthaltsdauer:	2 Wochen
Geplante Flugauslastung:	90 %
Einzukaufende Gesamtkapazität:	13.581 Plätze

Hinweis: Bei der Berechnung kann es zu Rundungsdifferenzen kommen – je nachdem, ob die Kettenlänge und die Auslastung in einem Rechenvorgang umgerechnet werden oder ob Zwischenergebnisse gebildet werden, bei denen jeweils wiederum gerundet wird.

1. Schritt: Berechnung der einzukaufenden Gesamtkapazität pro Abflughafen

Zunächst ist die einzukaufende Gesamtkapazität aufgrund von Erfahrungswerten und der zu berücksichtigenden unterschiedlichen Entwicklung der einzelnen Absatzregionen auf die angebotenen Abflughäfen zu verteilen. Diese Rechnung dient v.a. der Bestimmung des einzusetzenden Flugzeugtyps. In diesem Beispiel soll von folgender Verteilung ausgegangen werden:

5.1 Die Kalkulation

Tabelle 5.10: Verteilung der einzukaufenden Gesamtkapazität und der GTZ auf die Abflughäfen

Ziel: Ibiza

Abflughafen	Verteilung der einzukaufenden Gesamtkapazität und der GTZ auf die angebotenen Abflughäfen		
	In %	einzukaufende Gesamtkapazität	GTZ absolut
Hamburg	18 %	2.445	2.038
Düsseldorf	29 %	3.938	3.285
Frankfurt	25 %	3.395	2.831
Stuttgart	10 %	1.358	1.133
München	18 %	2.445	2.038
SUMME:	100 %	13.581 Plätze	11.325

Zunächst ist nun zu prüfen, welche Größe das Fluggerät ungefähr haben muss, um die wöchentlich einzukaufende Gesamtkapazität abdecken zu können. Dazu berechnet man die pro Woche einzukaufende Flugkapazität für den jeweiligen Abflughafen. Dies geschieht mit folgender Formel:

$$\text{Wöchentlich einzukaufende Flugkapazität} = \frac{\text{einzukaufende Gesamtkapazität}}{\text{technische Kettenlänge}}$$

Für das Beispiel ergibt sich beim Abflughafen Düsseldorf folgende Rechnung:

Schritt	Rechengang	Ergebnis
Wöchentlich einzukaufende Flugkapazität	$\dfrac{3.938}{27 \text{ Wochen}}$	146 Plätze

2. Schritt: Berechnung des 90 %-Nettoflugpreises

Es soll vereinfachend davon ausgegangen werden, dass eine Fluggesellschaft ein Flugzeug mit 146 Plätzen (entsprechend einer B737) zu folgenden Konditionen anbieten kann:

Flugstrecke	DUS – IBZ – DUS
Flugzeugtyp	B 737
Sitzplätze	146 Plätze
Kettenlänge	27 Umläufe
Ketten-Einkaufspreis	€ 689.850 (= € 35 pro Sitzplatzstunde)

Mit Hilfe dieser Angaben lässt sich der sogenannte „90 %-Nettoflugpreis" berechnen. Er berücksichtigt, dass eine 100 %-ige Auslastung der Maschinen über die gesamte Saison nicht möglich ist. Ferner werden in diesem Beispiel 2 Leerflüge angesetzt. Welcher tatsächliche Leerfluganteil im Einzelfall zu rechnen ist, hängt von der durchschnittlichen Aufenthaltsdauer ab.

Der Rechengang sieht nun wie folgt aus:

Tabelle 5.11: Berechnung des „90 %-Nettoflugpreises"

a) Berechnung des Flugpreises bei 100 % Auslastung ohne Leerflüge			
Schritt	Formel	Rechengang	Ergebnis
Preis je Flug	$\dfrac{\text{Kettenpreis}}{\text{technische Kettenlänge}}$	$\dfrac{€\ 689.850}{27\ \text{Umläufe}}$	€ 25.550
Preis je Sitzplatz	$\dfrac{\text{Preis je Flug}}{\text{Sitzplatzanzahl}}$	$\dfrac{€\ 25.550}{146\ \text{Plätze}}$	€ 175
b) Berechnung des „90 %-Nettoflugpreises" bei 2 Leerflügen			
Preis je Flug	$\dfrac{\text{Kettenpreis}}{\text{kommerzielle Kettenlänge}}$	$\dfrac{€\ 689.850}{25\ \text{Umläufe}}$	€ 27.594
Preis je Sitzplatz	$\dfrac{\text{Preis je Flug}}{(\text{Sitzplatzanzahl} \times 0{,}9)}$	$\dfrac{€\ 27.594}{(146\ \text{Plätze} \times 0{,}9)}$	€ 210

Nettoflugpreis als Kalkulationswert (bei 90 % Auslastung und 2 Leerflügen)

3. Schritt: Festlegung der GTZ nach Reisezeiten

In diesem Schritt werden die für das gesamte Zielgebiet geplanten Teilnehmerzahlen auf die einzelnen Reisezeiten verteilt. Dieser Schritt ist deshalb von besonderer Bedeutung, weil später auf die verschiedenen Reisezeiten unterschiedlich hohe Deckungsbeiträge verrechnet werden. Angebote mit niedrigem DB dürfen nicht von zu vielen TN gebucht werden, hoch kalkulierte nicht von zu wenigen, weil sonst das geplante Gesamt-DB-Volumen nicht erreicht werden kann und so die Rendite geschmälert wird. Basis für die Verteilung der Teilnehmer auf die Saisonzeiten in der Kalkulation bilden Erfahrungswerte der Vergangenheit und Trendanalysen.

Im Rechenbeispiel für das Zielgebiet Ibiza soll folgende Anzahl von Reiseterminen pro Saisonzeit und die angegebene Flugauslastung angenommen werden:

Tabelle 5.12: Berechnung der GTZ nach Reisezeiten

Abflughafen: Düsseldorf Maschine: B-737 (146 Plätze)			
Reisezeit	Anzahl Termine	Ø-Auslastung in % nach Erfahrungswerten	GTZ
A	1	74 %	108
B	4	82 %	479
C	14	90 %	1.840
D	4	98 %	572
E	2	98 %	286
Gesamt	25	Ø 90 %	3.285

5.1 Die Kalkulation

Die Berechnung der GTZ pro Saisonzeit erfolgt mit Hilfe folgender Formel:

GTZ pro Reisezeit =
Anzahl Abflugtermine × eingekaufte Flugkapazität × geplante Auslastung in %

4. Schritt: Berechnung des kalkulatorischen Flugpreises je Reisezeit („Kippen über Reisezeiten")

Rechnerisch wird beim „Kippen über die Reisezeiten" der Umsatz einer Flugkette, der anfangs von einem einheitlichen 90 %-Flugpreis je Sitzplatz (im Beispiel 210,00 €) ausging, marktorientiert so verändert, dass für jede Reisezeit unterschiedliche Flugpreise entstehen. Dies geschieht üblicherweise mit einem sog. *Kippungsansatz*. Die Festlegung des Kippungsansatzes wird aufgrund von Erfahrungswerten und der Markteinschätzung frei gewählt. Im Beispiel reichen sie von 66 % in der Saison A bis 125 % in der Saison E. Multipliziert mit dem „90 %-Flugpreis" ergibt sich der neue Flugpreis. Es entstehen somit Flugpreise zwischen € 139,00 und € 263,00. Beim Kippen ist darauf zu achten, dass der nach jedem Kippvorgang entstehende Ist-Umsatz der gesamten Flugkette mindestens den vor dem Kippungsvorgang gültigen Soll-Umsatz erreicht oder ihn übersteigt. Die folgende Tabelle verdeutlicht den Kippvorgang für die Beispielrechnung der Flugkette Düsseldorf-Ibiza:

Tabelle 5.13: Berechnung des kalkulatorischen Flugpreises je Reisezeit („Kippen über die Reisezeiten")

Saison	A	B	C	D	E
GTZ*	108	479	1.840	572	286
× 90 %-Flugpreis	€ 210	€ 210	€ 210	€ 210	€ 210
= Soll-Umsatz je Reisezeit	€ 22.680	€ 100.590	€ 386.400	€ 120.120	€ 60.060
= Soll-Umsatz mit LVG			€ 689.850		
90 %-Flugpreis**	€ 210	€ 210	€ 210	€ 210	€ 210
× Kippungsansatz***	66 %	81 %	100 %	110 %	125 %
= neuer Flugpreis	€ 139	€ 170	€ 210	€ 231	€ 263
× GTZ	108	479	1.840	572	286
= Ist-Umsatz je Reisezeit	€ 14.969	€ 81.478	€ 386.400	€ 132.132	€ 75.075
= Ist-Umsatz mit LVG			€ 690.054		

* lt. Tabelle 5.12
** lt. Tabelle 5.11
*** kalkulatorisch frei gewählt, je nach Markteinschätzung und Erfahrungswerte
**** Ist-Umsatz mit LVG muss den Soll-Umsatz erreichen und übertreffen

5. **Schritt: Berechnung des kalkulatorischen Flugpreises je nach Aufenthaltsdauer („Kippen über die Wochen")**

Als nächster Schritt wird der in Tabelle 5.13 ermittelte neue kalkulatorische Flugpreis für jede Reisezeit anhand der geplanten Teilnehmerzahlen noch einmal je nach ein-, zwei- oder dreiwöchiger Aufenthaltsdauer umverteilt. Dabei gibt es verschiedene Kalkulationsprinzipien. So kann auf diese Weise entweder der Preis für Ein-Wochen-Reisen teurer kalkuliert werden oder der Preis für 3-Wochen-Reisen. Der Kippungsansatz für die Flugkosten kann dabei wie im 4. Schritt je nach Markteinschätzung und Erfahrungswerten wieder frei gewählt werden. Der Reiseveranstalter im Fallbeispiel bevorzugt den Gast, der eine Woche bucht und verteuert die 3-Wochen-Reisen. Die rechnerische Darstellung erfolgt anhand der Reisezeit D.

Die Berechnung basiert auf den folgenden Ergebnissen des 4. Schrittes:

GTZ: 572
gekippter Flugpreis: 231 €
Soll-Umsatz: 132.132 €

Tabelle 5.14: Berechnung des kalkulatorischen Flugpreises je Reisezeit („Kippen über Wochen")

Saison D				
Reisedauer	1 Woche	2 Wochen	3 Wochen	Summe
Flugpreis lt. Tabelle	€ 231	€ 231	€ 231	–
× Kippungsansatz für Flugkosten*	75 %	105 %	122 %	–
= neuer Flugpreis	€ 173	€ 243	€ 282	–
TN-Verteilung nach Reisedauer**	25 %	60 %	15 %	100 %
GTZ absolut***	143	343	86	572
× neuer Flugpreis	€ 173	€ 243	€ 282	–
= Gesamtumsatz pro Woche	€ 24.739	€ 83.349	€ 24.252	–
Gesamt-Umsatz bei LVG****		€ 132.340		–

*	kalkulatorisch frei gewählt, je nach Markteinschätzung und Erfahrungswerte
**	kalkulatorisch freie Absplittung aufgrund von Erfahrungswerten der Vorjahre
***	lt. Tabelle 5.12
****	muss den Ist-Umsatz der Saison D (s. Tabelle 5.13) erreichen und übertreffen

Aus dem für die Reisezeit D einheitlich zugrunde gelegten Flugpreis von € 231,00 werden so drei neue Flugpreise zwischen € 173,00 und 282,00. Genau wie bei dem Kippen über die Reisezeiten muss der neue Gesamt-Umsatz der Reisezeit D dem Ist-Umsatz der Saison D entsprechen oder diesen übertreffen.

6. **Schritt: Ermittlung des kalkulatorischen Nettopreises der Flugreise**

Nachdem der Flugpreis nach mehrmaligen „Kippen" nun kalkulatorisch feststeht, wird er mit den Hotelkosten und den sonstigen variablen Kosten, wie Reiseleitung, Transfers, Versicherungen usw., zum Nettopreis addiert. Natürlich ist es möglich auch diese Kosten noch einmal über Saisonzeiten und Wochen zu kippen, doch wird dieses eher selten praktiziert. Für das fiktive Beispiel ergeben sich folgende Nettopreise für die Saison D:

5.1 Die Kalkulation

Tabelle 5.15: Ermittlung des kalkulatorischen Nettopreises

Saison D			
Reisedauer	1 Woche	2 Wochen	3 Wochen
Flugpreis*	€ 173	€ 243	€ 282
+ Hotelkosten	€ 190	€380	€ 570
+ Sonstige touristische Kosten**	€ 60	€ 90	€ 120
= Nettopreis	€ 423	€ 713	€ 972

* lt. Tabelle 5.14 (Neuer Flugpreis)
** z.B. Reiseleitung, Transfer, Versicherungen

7. Schritt: Ermittlung des endgültigen VK-Preises (Katalogpreis)

Zum Nettopreis wird nun der Deckungsbeitrag hinzugerechnet. In welcher Höhe ihn der Veranstalter festsetzt, ob er ihn prozentual oder absolut rechnet, bleibt weitgehend der Unternehmenspolitik überlassen. Allerdings kann davon ausgegangen werden, dass der Deckungsbeitrag üblicherweise zwischen 20 und 23 % des VK-Preises liegt. In diesem Prozentsatz ist auch die Vertriebsprovision enthalten. Dieser Basis-DB lässt sich ebenfalls noch kippen. In dem Fallbeispiel soll von einem Basis-DB von 21,5 % ausgegangen werden, der anschließend noch über die Wochen gekippt wird:

Tabelle 5.16: Berechnung des kalkulatorischen DB und des Katalogpreises

Saison D				
Reisedauer	1 Woche	2 Wochen	3 Wochen	In % vom VK Preis
Nettopreis	€ 423	€ 713	€ 972	78,5 %
+ Basis-DB*	€ 116	€ 195	€ 266	21,5 %
= VK-Preis 1	€ 539	€ 908	€ 1.238	100,0 %
GTZ**	143	343	86	–
Basis- DB × GTZ = abs. DB	€ 16.588	€ 66.885	€ 22.876	–
= DB gesamt (Soll)	€ 106.349			–
Nettopreis	**€ 423**	**€ 713**	**€ 972**	
+ neuer DB***	€ 127	€ 197	€ 298	
= VK-Preis (Katalog)	**€ 550**	**€ 910**	**€ 1.270**	–
GTZ**	143	343	86	–
neuer DB × GTZ = abs. DB	€ 18.161	€ 67.571	€ 25.628	–
= DB gesamt (Haben)	€ 111.360			–
Sprünge VK-Preis	**€ 360**			–

* notwendig lt. Betrieblicher Kostenrechnung
** lt. Tabelle 5.14
*** kalkulatorisch frei gewählt, je nach Markteinschätzung und Erfahrungswerte
**** muss DB gesamt/soll errechnen oder übertreffen

8. Schritt: Ermittlung des realen DB

Am Ende der Kalkulation wird zu Kontrollzwecken der reale Deckungsbeitrag mit Hilfe der tatsächlichen Kosten ermittelt. In der Modellrechnung zeigt sich, dass 1-Wochen-Reisen von dem Veranstalter durch einen niedrigen prozentualen DB gegenüber den 3-Wochen-Reisen stark gefördert werden sollen. Da der DB der 1-Wochen-Reise gerade noch die durchschnittlich übliche Vertriebsprovision erfasst, kann dieser Preis nahezu als absolute Preisuntergrenze angesehen werden. Er trägt bereits nicht mehr zur Deckung der Fixkosten und zur Erwirtschaftung eines Gewinnes bei.

Tabelle 5.17: Berechnung des realen DB für den errechneten Katalogpreis

Saison D			
Reisedauer	1 Woche	2 Wochen	3 Wochen
VK-Preis (Katalog)*	€ 550	€ 910	€ 1.270
– Flugkosten**	€ 210	€ 210	€ 210
– Hotelkosten***	€ 190	€ 380	€ 570
– Sonstige touristische Kosten***	€ 60	€ 90	€ 120
= realer DB	€ 90	€ 230	€ 370
Realer DB in % vom VK-Preis	16,3 %	25,2 %	29,1 %

*   lt. Tabelle 5.16
**   lt. Tabelle 5.13 (90 %-Netto-Flugpreis)
*** lt. Tabelle 5.15

Das gesamte Kalkulationsbeispiel bezieht sich lediglich auf ein einziges Hotel, einen Abflughafen und nur eine Reisezeit. Es soll die Steuerungsmöglichkeiten beispielhaft aufzeigen, die letztlich alle dem Ziel dienen, eine möglichst hohe und gleichmäßige Flugauslastung zu erreichen. Bei der Vielzahl der angebotenen Hotels und Produktvarianten eines Veranstalters wird deutlich, dass eine solche Kalkulation nur EDV gestützt möglich ist. Dazu setzen nahezu alle größeren Reiseveranstalter eigene Kalkulationsprogramme ein. Vor der Verabschiedung der Preiskalkulation ist noch ein Preisvergleich mit dem Vorjahr nötig, damit keine zu starke Preisentwicklung auftritt.

5.1.7 Kinderermäßigungen

Eine besondere Problematik in der Kalkulation bildet die Ausschreibung von Kinderermäßigungen. Eine einfache Übernahme der mit den Hoteliers vereinbarten prozentualen Reduktionen ist nicht möglich, da die in den Katalogen ausgeschriebenen Ermäßigungen sich grundsätzlich auf den gesamten Reisepreis beziehen. Die Reduktion würde also auf alle Kosten gleichmäßig gewährt werden. Außer bei der Hotelunterbringung fallen alle anderen Kosten bei Kindern und Erwachsenen aber in gleicher Höhe an. Dadurch entstünden bei den Kindern negative oder zumindest niedrigere Deckungsbeiträge als bei den Erwachsenen, wie folgendes Beispiel zeigt:

Der Verkaufspreis einer Reise betrage für Erwachsene € 1000, davon beträgt der Hotelaufwand € 500, die übrigen touristischen Kosten € 400 und der DB € 100. Der Hotelier gewährt eine Kinderermäßigung von 80 %. Würde diese Ermäßigung unverändert an den Kunden

5.1 Die Kalkulation

weitergegeben, so beträgt der Preis für Kinder € 200. Da alle Kosten außer den Hotelkosten unverändert bleiben, würde nun ein negativer DB von € 300 anfallen.

Die Problematik des Beispiels veranschaulicht folgende Grafik:

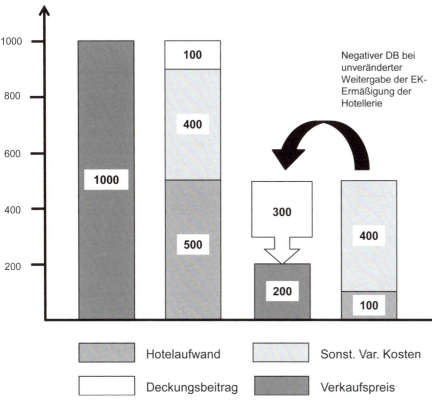

Abb. 5.9: Problematik der Kinderermäßigung

Eine Möglichkeit wäre es nun, diese negativen Erträge von allen Teilnehmern subventionieren zu lassen, indem man bei allen Erwachsenen durch eine Mischkalkulation einen leicht erhöhten Deckungsbeitrag kalkuliert, der die Verluste bei den Kinderermäßigungen ausgleicht. Diese Methode wird von vielen Veranstaltern heute noch angewandt. Sie hat den Vorzug, dass das Preisbild für Familien attraktiv ist. Für Einzelreisende ohne Kinder wird der Preis dadurch allerdings höher. Es besteht die Gefahr, durch diesen höheren Preis in einen Wettbewerbsnachteil gegenüber der Konkurrenz zu geraten. Bei einer Verschiebung der Nachfrage zum Familiensegment verschlechtert sich darüber hinaus das Ertragsergebnis für das gesamte Produkt. Für eine profitable Bearbeitung des Familiensegmentes ist es daher erforderlich, eine Differenzierung von Normal- und Familienprodukt in Kalkulation und Gästeplanung vorzunehmen.

- **Normalprodukt:**

Der Grundsatz des Normalproduktes muss es sein, die von den Hoteliers gewährten Ermäßigungen für Kinder möglichst DB-neutral weiterzugeben. Dies bedeutet, dass jeder Gast –

gleichgültig ob Erwachsener oder Kind – den gleichen Deckungsbeitrag erzielen muss. In der Gästeplanung ist damit keine Differenzierung nach Kindern und Erwachsenen erforderlich. Alle Gäste werden in der Kalkulation also gleich behandelt.

Für das Fallbeispiel bedeutet dies, dass die im Katalog ausgeschriebene Kinderermäßigung nicht 80 %, sondern lediglich 40 % beträgt (Abb. 5.10).

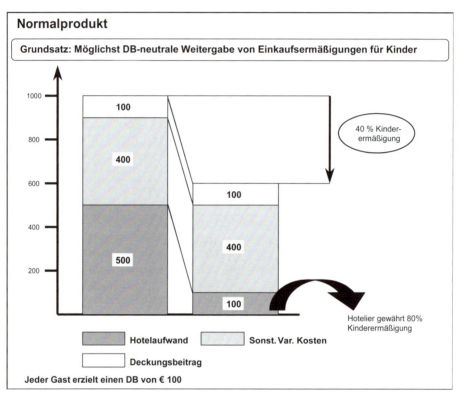

Abb. 5.10: Kinderermäßigung bei Normalprodukten

- **Familienprodukt**

Manche Reiseveranstalter weisen in Ihren Katalogen prozentuale Kinderermäßigungen aus. Andere Reiseveranstalter bevorzugen hingegen Kinderfestpreise. Um die von den Hoteliers gewährten oder überhöhte Kinderermäßigungen ausschreiben zu können, müssen die mitreisenden Erwachsenen (und nicht alle Gäste) die Kinderermäßigungen subventionieren und somit mehr bezahlen. Beim Familienprodukt erzielen Erwachsene und Kinder einen unterschiedlichen Deckungsbeitrag. Als Kalkulationsgrundlage dient nicht der DB pro Person, sondern der absolute DB pro Buchung. Die Kinder müssen hier in der Gästeplanung explizit berücksichtigt werden.

In diesem Fall bildet jede Familienbuchung eine eigene Einheit. Wobei für jede Einheit, die kalkuliert und angeboten wird, die Anzahl Erwachsener und Kinder anzugeben ist. D.h. in der Katalogausschreibung ist anzugeben, für wie viele mitreisende Erwachsene und Kinder die ausgeschriebene Kinderermäßigung Gültigkeit hat. Im Beispiel sei eine Kinderermäßi-

5.1 Die Kalkulation

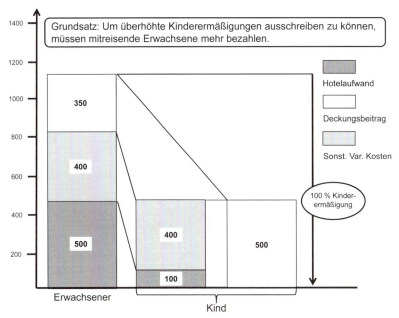

Abb. 5.11: Kinderermäßigung bei Familienprodukten

gung von 100 % bei gemeinsamer Buchung von 2 Erwachsenen und 1 Kind geplant. Der DB für jeden Erwachsenen muss € 350 betragen, um für die gesamte Buchung einen DB von € 200 zu erreichen (Abb. 5.11).

5.1.8 Taktische Preisgestaltung

Zur taktischen Preisgestaltung zählen alle Maßnahmen der Preisbestimmung, die nach Abschluss des Einkaufes durchgeführt werden. Die taktische Preisgestaltung richtet sich bei der Preisermittlung für die eingekauften und fertig kalkulierten touristischen Produkte nach den strategischen Leitlinien der Preispolitik und den Marketingzielen. Als Instrumente der taktischen Preisgestaltung dienen die verschiedenen Formen der Preisdifferenzierung und die Eckpreisbildung.

5.1.8.1 Preisdifferenzierungen

Preisdifferenzierung auf dem Absatzmarkt liegt vor, wenn ein Reiseveranstalter für Reisen mit gleichen Leistungsbestandteilen von unterschiedlichen Käufern verschiedene Preise fordert. Er nutzt dabei die unterschiedlichen Nachfrageelastizitäten der einzelnen Käufergruppen aus. Dabei stehen folgende Maßnahmen der Preisdifferenzierung zur Verfügung:

1. saisonale Preisdifferenzierung
2. Preisdifferenzierung nach Abreisetagen
3. Preisdifferenzierung nach Buchungszeitpunkt
4. Preisdifferenzierung nach Reisedauer
5. Regionale Preisdifferenzierung
6. Preisdifferenzierung nach Zielgruppen
7. Preisdifferenzierung nach Anzahl der Reisenden pro Buchung

Die verschiedenen Arten der Preisdifferenzierung können sowohl einzeln als auch kombiniert eingesetzt werden.

1. **saisonale Preisdifferenzierung:**

Durch die saisonale Preisdifferenzierung wird es möglich, Schwankungen der Nachfrage im Zeitablauf auszugleichen. Die Reiseveranstalter richten dazu verschiedene Saisonzeiten ein, an denen sie die gleichen Reisen zu unterschiedlichen Preisen verkaufen. Zur Bedeutung und Einrichtung von VK-Saisonzeiten sei auf Kap. 5.1.4. verwiesen, wo auf diese Punkte bereits ausführlich eingegangen wurde.

2. **Preisdifferenzierung nach Abreisetagen:**

Bei dieser Art der Preisdifferenzierung wird angestrebt, die Kunden dazu zu bewegen, von den nachfragestarken Wochenendterminen auf die anderen Wochentage auszuweichen. Bei Flugreisen verlangen manche Reiseveranstalter an den Abreisetagen Freitag–Sonntag höhere Abflughafenzuschläge als an den übrigen Wochentagen.

3. **Preisdifferenzierung nach Buchungszeitpunkt:**

Hier können in erster Linie sogenannte Früh- bzw. Spätbucherrabatte unterschieden werden.

Frühbucherrabatte werden von den Veranstaltern mit dem Ziel gewährt, den Touristen zu einem möglichst frühzeitigen Buchungsentschluss zu bewegen. Dies erlaubt dem Veranstalter einerseits eine bessere Prognose des Nachfrageverlaufes, so dass Anpassungen bei den Hotel- und Flugkapazitäten so rechtzeitig vorgenommen werden können, dass keine Stornierungsgebühren gegenüber den Leistungsträgern anfallen. Andererseits verschafft sich der Veranstalter zusätzliche Liquidität, wenn mit der Reiseanmeldung des Kunden eine Anzahlung auf den Reisepreis zu leisten ist. Dies ist insbesondere dann von Interesse, wenn der Veranstalter aufgrund vertraglicher Vereinbarungen zu Vorauszahlungen gegenüber den Leistungsträgern verpflichtet ist, da mit den Kundenanzahlungen Zinserträge erzielt werden können, die die Zinsverluste der Vorauszahlungen zumindest teilweise ausgleichen können.

Frühbucherrabatte werden häufig auch auf Reisen gewährt, für die noch keine Reisekataloge vorliegen. Dann ist es Voraussetzung, dass der Reiseveranstalter sein Programm über mehrere Saisonzeiten hinweg weitgehend beibehält, um dem Kunden zumindest eine Information über die Leistungsbestandteile der Reise zu ermöglichen. Um die Bereitschaft der Kunden zu einer frühzeitigen Buchung zu erhöhen, ist mit Frühbucherrabatten häufig ein befristetes kostenloses Rücktrittsrecht verbunden. Frühbucherrabatte sind nur dann als sinnvoll anzusehen, wenn nicht nur solche Kunden das Angebot in Anspruch nehmen, die in der Hauptsaison reisen. Zu diesen Terminen ist es dem Veranstalter auch möglich, ohne solche Aktionen zu verkaufen. Zielgruppe solcher Angebote müssen also in erster Linie Nebensaisonreisende sein.

Spätbucherrabatte:

Spätbucherrabatte sind preispolitische Maßnahmen zur kurzfristigen Absatzsteigerung. Sie werden gewährt, um zusätzliche Deckungsbeiträge zu erzielen, oder bisher nicht verkaufte Garantieplätze in Hotels und Flugzeugen abzusetzen. Vermarktet wurden die wenige Wochen oder Tage vor Abreise gebuchten Reisen über viele Jahre hinweg unter dem Begriff „Last Minute". Dieser Begriff hat aber deutlich an Bedeutung abgenommen, da die Reiseveranstal-

5.1 Die Kalkulation

ter zum einen in geringerem Maße Plätze mit Risiko einkaufen und zum anderen ihre Auslastung bei Risikoplätzen durch Prognosen besser vorausschätzen können. Der Markt der Kurzfrist-Reisen hat sich allerdings fest etabliert. Die generelle Verschiebung der Nachfrage zu kurzfristigen Buchungen ist nicht unproblematisch. Der Trend zu spontanen Entscheidungen erschwert eine optimale Kapazitätsprognose und -steuerung. Darüber hinaus wird die Liquidität des Veranstalters belastet, da für diese Reisen keine langfristig vor Abreise fälligen Kundenanzahlungen zu leisten sind.

4. Preisdifferenzierung nach Reisedauer:

Eine häufig anzutreffende Form der Preisdifferenzierung in diesem Bereich ist, die Preise für 1-wöchige Reisen im Verhältnis zu 3-wöchigen Reisen zu verbilligen. Dazu wird bei den 1-Wochen-Reisen ein niedrigerer Deckungsbeitrag kalkuliert, bei den 3-Wochen-Reisen dagegen ein überdurchschnittlich hoher DB. Wie dies geschieht wurde bereits erläutert. Eine andere Art der Preisdifferenzierung nach Reisedauern bieten Reiseveranstalter in Form von sog. „3-Wochen-Reisen zum 2-Wochen-Preis" oder „2-Wochen-Reisen zum 1-Wochen-Preis". Diese Angebote werden allerdings nur in der Nebensaison ausgeschrieben und beruhen in nahezu allen Fällen auf Preisermäßigungen der Leistungsträger, die lediglich an den Kunden weitergegeben werden. Ein weiteres Beispiel hierfür sind die Langzeiturlaubsangebote vieler Reiseveranstalter in mediterrane Länder während der Wintersaison.

5. regionale Preisdifferenzierung:

Sonst gleichartige Reisen werden bei dieser Art der Preisdifferenzierung je nach Abreise- bzw. Abflugort zu unterschiedlichen Preisen durchgeführt. Die Pauschalpreise berücksichtigen zwar auch die von der Entfernung zwischen Ausgangs- und Zielort abhängigen Transportkosten, aber primär werden die für die einzelnen Abflugorte unterschiedlichen Nachfrage- und Wettbewerbsverhältnisse zugrunde gelegt. So ist es durchaus üblich, Flugreisen von aufkommensschwachen Abflughäfen (z.B. Bremen, Paderborn, Münster) aus wettbewerbspolitischen Gründen im Angebot zu halten, obwohl sie nicht kostendeckend sind, und diese von den aufkommensstarken Flughäfen subventionieren zu lassen. Regionale Preisdifferenzierung kann auch Ausdruck eines starken Wettbewerbs auf bestimmten Flughäfen sein, so dass die Preiszuschläge und Preisabschläge danach kalkuliert werden, welche anderen Reiseveranstalter im Einzugsbereich des Flughafens anbieten.

6. Preisdifferenzierung nach Zielgruppen:

Zur Preisdifferenzierung nach Zielgruppen zählen in erster Linie Kinderermäßigungen, Familien-, Studenten- oder Seniorenermäßigungen. Diese Ermäßigungen werden häufig mit anderen Arten der Preisdifferenzierung verknüpft: So sind Kinderermäßigungen häufig je nach Saisonzeit unterschiedlich. Sie dienen häufig auch einer kurzfristigen Auslastung von Garantiekapazitäten.

7. Preisdifferenzierung nach Anzahl der Reisenden pro Buchung:

Bei dieser Art der Preisdifferenzierung handelt es sich letztlich um den klassischen Mengenrabatt. Er dient zur Steigerung der Teilnehmerzahl, zur Homogenisierung der Gästestruktur oder zur Senkung der Buchungskosten. Dabei werden i.d.R. für alle Teilnehmer gleiche Abreiseorte und Unterbringung am Zielort verlangt. Bei Gruppen werden außer einem Gruppenrabatt bei Erreichen einer bestimmten Mindestteilnehmerzahl auch Freiplätze pro einer bestimmten Anzahl Teilnehmern gewährt.

5.1.8.2 Eckpreisbildung

Als Eckpreise werden in der Touristik die niedrigsten möglichen Preise von Reisen bezeichnet, die nur mit einem Minimum an Basisleistungen angeboten werden. Durch ergänzende Zusatzleistungen fällt der Endpreis häufig höher aus. Da die Eckpreise nur für eine sehr geringe Anzahl von Reiseterminen Gültigkeit haben, sind die Preise für den Kunden kaum realisierbar. Trotzdem werden diese Preise aufgrund ihrer Signalwirkung in der Werbung und den Katalogen mancher Veranstalter immer wieder in den Vordergrund gestellt und vermitteln dem Reisenden ein verfälschtes Bild vom tatsächlichen Preisniveau eines Veranstalters. Ein besonders niedriger Eckpreis lässt sich vom Veranstalter dann kalkulieren, wenn hinter dem Angebot nur ein kleines Kontingent mit wenigen Zimmern steht: Wird dann bei diesem Angebot kein oder ein sehr niedriger Deckungsbeitrag kalkuliert, hat dies praktisch keinen Einfluss auf den Gesamtdeckungsbeitrag eines Zielgebietes oder Hotels.

Für ein Hotelangebot seien die in der abgebildeten Tabelle angegeben Reisezeiten angenommen. Die jeweils geplanten Teilnehmerzahlen (GTZ) pro Saisonzeit sowie die EK-Preise sind ebenfalls angegeben. Der Fall 1 zeigt VK-Preise, die mit für Reiseveranstalter typischen prozentualen Deckungsbeiträgen kalkuliert wurden. Im Fall 2 wurde, um einen günstigen Eckpreis in der Saison A zu erzielen, ein erheblich geringerer prozentualer Deckungsbeitrag von 11,4 % kalkuliert. Dieser umfasst gerade noch die Reisebüro-Provision. Wird der DB in der Saison C um lediglich 0,4 % angehoben, so wird im Saisondurchschnitt wieder der gleiche Schnittdeckungsbeitrag (und das gleiche DB-Volumen) erreicht wie im Fall 1. Durch eine Erhöhung des VK-Preises um lediglich € 3 wurde es so möglich, einen Eckpreis von € 299 zu realisieren.

Tabelle 5.18: Auswirkungen günstiger Eckpreiskalkulation auf den DB

Saison	GTZ	EK-Preis/ Woche	Fall 1			Fall 2		
			DB in %	DB abs.	VK-Preis	DB in %	DB abs.	VK-Preis
A	34	€ 265	20,0	€ 66	€ 331	11,4	€ 34	€ 299
B	160	€ 330	20,8	€ 87	€ 417	20,8	€ 87	€ 417
C	613	€ 380	21,5	€ 104	€ 484	21,9	€ 107	€ 487
D	191	€ 440	22,4	€ 127	€ 567	22,4	€ 127	€ 567
E	95	€ 530	22,9	€ 157	€ 687	22,9	€ 157	€ 687
Ø*	–	€ 393	21,6	€ 109	€ 502	21,6	€ 109	€ 502

* gewichtet mit der geplanten Teilnehmerzahl (GTZ)

5.2 Währungsmanagement bei Touristik-Unternehmen

Ein besonderes Problem in der Kalkulation entsteht bei Reiseveranstaltern, die Pauschalreisen ins Ausland anbieten und dort mit Leistungsträgern zusammenarbeiten, die Zahlung in einer Fremdwährung verlangen. Bevor wir auf das Problem des Währungsmanagement bei

Touristikunternehmen eingehen können, müssen zunächst einige Grundlagen und Funktionen der Devisenmärkte näher erläutert werden.

5.2.1 Grundzüge des Devisenmarktes

In der Entwicklung des Wechselkurses zwischen eigener Währung und Fremdwährung liegt für Reiseveranstalter einerseits ein erhebliches Risiko, andererseits auch eine Chance. Wer auf den Devisenmärkten geschickt agiert und dazu auch noch das berühmte Quäntchen Glück hat, kann seine Erträge beträchtlich steigern. Zu den Voraussetzungen gehören jedoch nicht nur Kenntnisse der finanztechnischen Vorgänge, sondern auch die Fähigkeit zu einem Urteil über globale ökonomische Zusammenhänge.

5.2.1.1 Grundbegriffe

Allgemeine Informationen über Devisenkurse

Zwei Grundbegriffe aus der Währungsthematik sind „Sorten" und „Devisen". Als Sorten bezeichnet man das Bargeld in Noten oder Münzen, als Devisen wird das Buchgeld, also das Geld bezeichnet, das im bargeldlosen Zahlungsverkehr eine Rolle spielt. Dazu zählt sowohl ein Fremdwährungsguthaben bei ausländischen Kreditinstituten, als auch Wechsel und Schecks, die auf eine fremde Währung ausgestellt sind. Des Weiteren spielt der Wechselkurs der unterschiedlichen Devisen eine essentielle Rolle (Lipfert, 1981). „Devisenkurse sind Bewertungsrelationen zwischen zwei Währungen, in denen das Austauschverhältnis in Einheiten der einen Währung für eine bestimmte Anzahl von Einheiten der anderen Währung festgelegt wird" (Lipfert, 1992). Diese Bewertung erfolgt entweder in einer Preis- oder in einer Mengennotierung, wobei die Preisnotierung im weltweiten Handel überwiegt.

Die Preisnotierung bedeutet, dass eine Einheit (z.B. beim US-Dollar oder beim Pfund Sterling) der ausländischer Währung dieser Notierung des Eurowertes entspricht. Eine Mengennotierung ist eher die Ausnahme und ist z.B. in London gebräuchlich. Hier ist die ausländische Währung der bewegliche Gegenwert und die eigene Währung stellt die feste Einheit dar. Ein Wechselkurs wird je nachdem, ob er von der Bank an- oder verkauft wird, zum Geld- oder Briefkurs gehandelt. Der Geldkurs liegt unter dem Briefkurs, d.h. wenn die Bank ausländische Noten ankauft, bekommt der Kunde einen niedrigeren Eurowert ausbezahlt; wenn die Bank ausländische Noten verkauft, muss der Kunde einen höheren Euro-Betrag bezahlen (Lipfert, 1992).

Devisenhandel

Der Devisenhandel umfasst im Wesentlichen die drei folgenden Punkte:

1. Kauf oder Verkauf eines Buchgeldguthabens in einer fremden Währung gegen ein Buchgeldguthaben in der eigenen oder einer fremden Währung
2. Eigentumsrechte werden übertragen
3. Voraussetzung ist die Konvertibilität der jeweiligen Währung

Konvertibilität bedeutet freie Austauschbarkeit der Währungen verschiedener Länder zum jeweiligen Wechselkurs. Im aktiven Devisenhandel gibt es jeweils zwei Kurse für ein Währungspaar. Nimmt man beispielsweise eine Euro und US-Dollar Notierung von EUR/USD

(1,3021/1,3036), dann entspricht der erste Kurs dem Ankaufskurs, den die Bank für einen Euroankauf bietet, der zweite ist der Verkaufskurs für den Euro. Fachsprachlich wird der erste Kurs auch Geldkurs oder „Bid", der zweite wird Briefkurs oder „Ask" genannt. „Devisenhandel ist sowohl die Vielzahl von Devisenhandelsabschlüssen in den Formen Kassa-, Outright/Termin- und Swapgeschäften als auch die Ausübung der Funktionen Kontrahierung und Abwicklung von Devisengeschäften sowie (Devisen-)Positionsführung" (Lipfert, 1992). Damit will Lipfert deutlich machen, dass der Devisenhandel ein Geschäft zur Risikolimitierung mit ständiger Anpassung an die jeweilig verändernden Rahmenbedingungen ist und somit alle einwirkenden Faktoren auch in gegenseitiger Interdependenz stehen.

Träger und Vermittler des Devisenhandels sind Geschäftsbanken, Zentralbanken und Devisenmakler, wobei die Geschäftsbanken im Mittelpunkt stehen, da diese die zentrale Position bei Abwicklungen im internationalen Zahlungsverkehr haben. Die Zentralbanken spielen eine übergeordnete Rolle, sie stellen durch An- oder Verkauf von Devisen Kundengeschäfte glatt und beeinflussen durch Interventionen die Devisenkurse. Devisenmakler fungieren als Zwischenglied im aktiven Devisenhandel. Sie werden inzwischen in vielen westlichen Ländern als Vermittler zwischengeschaltet. Die vielfältigen Kontakte der Händler zu Banken im In- und Ausland erhöhen seine Leistungsfähigkeit und somit verfügt er innerhalb kürzester Zeit über die wichtigsten Marktinformationen. Mit dieser breit aufgestellten Informationsbasis kann er häufig zu günstigeren Kursen als andere Marktteilnehmer handeln. In der Touristikbranche ist die Zwischenschaltung von Devisenmaklern nicht üblich. Dieser Aspekt wird deshalb im Weiteren nicht näher betrachtet.

Die nachfolgende Tabelle gibt einen Überblick über die Marktteilnehmer und deren Funktionen am Devisenmarkt.

Marktteilnehmer	Geschäftsart
Zentralbanken	• Zahlungsabwicklung zwischen anderen Zentralbanken und Geschäftsbanken • Stützkäufe und -verkäufe • Eigenhandel • Vermittler von Devisengeschäften gegen Provision (keine eigenen Fremdwährungspositionen) • Konvertierung • Absicherung von Währungsrisiken • Geldanlage in Fremdwährung
Geschäftsbanken Maklerbüros Andere Finanzinstitute	• Kundengeschäfte • Vermittler von Devisengeschäften gegen Provision (keine eigenen Fremdwährungspositionen) • Konvertierung • Absicherung von Währungsrisiken • Geldanlage in Fremdwährung
Unternehmen	• Konvertierung • Absicherung von Währungsrisiken • Geldanlage in Fremdwährung

Abb. 5.12: Marktteilnehmer des Devisenmarktes (Souren, 1995)

Devisenmärkte

„Der Devisenmarkt ist zugleich der älteste, größte und technisch am meisten entwickelte Markt der Welt" (Königsmarck, 2000). In ständiger Interaktivität werden auf dem internationalen Marktplateau die wichtigsten Währungen der Welt fast rund um die Uhr gehandelt, ausgenommen an Sonn- und Feiertagen. Die Voraussetzung für diesen Handel mit einer Währung ist die volle Konvertibilität. Der Wechselkursmarkt ist als OTC-Markt aufgebaut. OTC bedeutet „over the counter" und zeichnet sich dadurch aus, dass es keinen speziellen Ort gibt, an dem gehandelt wird. Das bedeutet, dass Hunderte von einzelnen Händlern, welche meist für Banken arbeiten, in ständigen Kontakt zueinander stehen und Devisen sowohl kaufen als auch verkaufen. Aufgrund des ständigen Telefon- bzw. Computerkontaktes ist der Markt sehr interaktiv. Durch gezielte Käufe und Verkäufe von Währungen wird die Beeinflussung des Wechselkurses beabsichtigt (Caspers, 2002).

Der US-Dollar steht trotz der Euro-Einführung immer noch an der Spitze der Weltwährungen. Um eine Relation zwischen den unterschiedlichen Landeswährungen herstellen zu können, wird an allen Devisenhandelsplätzen der Dollar stets im Verhältnis zur Landes- und Drittwährung gehandelt, wobei der Euro für den Wert des US-Dollars eine sehr wichtige Rolle spielt. Er fungiert als Wertmesser und bestimmt somit maßgeblich den Preis des Dollars. Der Dollar/Euro Handel macht seit 1999 den Großteil des gesamten Handelsvolumens am Devisenmarkt aus. Aber auch der Handel zweier Drittwährungen wie z.B. Japanischen Yen (JPY) gegen Schweizer Franken gewinnt immer mehr an Bedeutung. Dieses Verhältnis der Drittwährungen gegeneinander bezeichnet man als „Cross-Dealing".

5.2.1.2 Volatilität und Preisbildung bei Wechselkursen

Begriff der Volatilität

„Ganz allgemein steht der Begriff der Volatilität als Maß für Preisschwankungen und zwar sowohl längerfristiger Natur (jährliche Schwankungen), als auch mittel- bis kurzfristiger (monatliche) oder sehr kurzfristiger Art (tägliche, stündliche oder sogar noch kurzfristigere Preisschwankungen, die neuerdings Eingang in die Untersuchung von Wechselkursschwankungen gefunden haben" (Königsmarck, 2000). Königsmarck unterscheidet weiterhin zwischen zwei unterschiedlichen zeitlichen Blickrichtungen, mit der die Volatilität betrachtet werden kann, der historischen und der erwarteten Volatilität, wobei die historische Betrachtung in der Praxis häufiger angewandt wird. Diese orientiert sich hauptsächlich an den prozentualen Preisveränderungen der Vergangenheit. Hier gilt: je größer diese Preisveränderungen, desto höher wird auch die Volatilität eingestuft. Die erwartete Volatilität ist dagegen schwer einzustufen.

Den Preisschwankungen der weltweit existierenden Währungen sieht sich jeder Marktteilnehmer ausgesetzt, da der internationale Devisenmarkt insgesamt von einer starken Wechselkursvolatilität geprägt ist. Deshalb ist es für international agierende Unternehmen besonders wichtig, diese Entwicklungen zu verfolgen und ständig darauf zu reagieren. Die Preisveränderung ist auf verschiedene Ursachen und Faktoren zurückzuführen, die im nächsten Unterkapitel erläutert werden.

Faktoren des Devisenmarktes

Die Ursachen für Kursänderungen können sehr verschieden sein. Folgende wirtschaftlichen und politischen Indikatoren in den Zielgebieten sind möglich:

Wirtschaftliche Indikatoren einer Devisenkursänderung:

- *Angebot und Nachfrage:*
  Wie in vielen volkswirtschaftlichen Betrachtungsweisen bedingen das Angebot und die Nachfrage den Markt. In diesem Fall erfolgt die Zusammenführung auf dem Devisenmarkt und dort findet auch der Kurshandel statt. Dabei sind die Leistungsaktionen der Handelsströme und die Finanzaktionen die ausschlaggebenden Größen bei der Preisbildung der Kurse.

- *Inflationsrate des Ziellandes:*
  Es kann davon ausgegangen werden, dass sich der Außenwert einer Währung (= Wechselkurs) längerfristig einer Veränderung des Innenwertes (=Preisniveau) anpasst. Hohe Inflationsraten in Zielländern werden also zu einer Abwertung der Fremdwährung gegenüber den anderen Währungen führen.

- *Lohnsteigerungsrate:*
  Höhere Einkommen führen zu inflationären Tendenzen, wenn diese nicht durch Produktivitätssteigerungen ausgeglichen werden können. Ist dies der Fall, besteht zumindest längerfristig die Gefahr einer Abwertung der Währung.

- *Zinsniveau:*
  Eine Senkung der Leitzinsen durch Notenbanken kann eine Kursveränderung hervorrufen. Bei einem hohen Zinsniveau im Zielland wird es vermehrt zu Kapitalzuflüssen in dieses Land durch ausländische Kapitalanleger kommen. Durch die höhere Nachfrage nach der Zielgebietswährung steigt der Wechselkurs der ausländischen Währung gegenüber anderen an.

Politische Indikatoren einer Devisenkursänderung:

- Regierungskrisen, der Ausgang von Wahlen, wirtschaftspolitische Entscheidungen sowie die Verschuldungspolitik eines Staates können zumindest mittelbar eine Änderung des Devisenkurses bewirken und müssen bei der Prognose bzw. Festlegung des Kalkulationskurses bedacht werden.
- Schlechte Prognosen können ebenfalls Kursveränderungen an den Finanzmärkten auslösen. Allein ein Gerücht kann ausreichen, um den Devisenmarkt zu beeinflussen.

Um die vielschichtige Problematik des Zustandekommens eines Wechselkurses und die Einflussfaktoren der Wechselkurse auf andere Größen verständlich zu machen, soll nebenstehende Grafik (Abb. 5.13) die Zusammenhänge und Interaktionen der verschiedenen Faktoren verdeutlichen.

Da der Wechselkurs sehr sensibel auf Veränderungen der einzelnen Einflussfaktoren reagiert, reichen schon die geringsten Auslöser um eine Kursänderung hervorzurufen. Die einzelnen Parameter sind eng miteinander verbunden, so dass es bei einer Preisänderung des Kurses oftmals sehr schwierig ist, Ursache und Wirkung einer Kurserhöhung bzw. eines Kursverfalles zu isolieren und auf einen Parameter zurückzuführen. Der Wechselkurs wiederum beeinflusst sowohl die inländische als auch die ausländische Binnenwirtschaft. Er nimmt vor allem

5.2 Währungsmanagement bei Touristik-Unternehmen 239

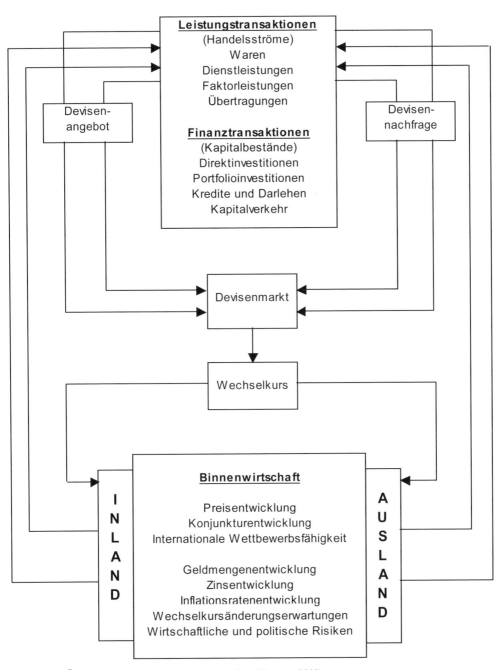

Abb. 5.13: Überblick über Faktoren des Devisenmarktes (Caspars, 2002)

Einfluss auf die Preisbildung am Binnenmarkt, die Wettbewerbsfähigkeit und die Konjunkturentwicklung. Des Weiteren beeinflusst er u.a. auch die Geldmengen-, Zins- und Inflationsentwicklung einer Wirtschaft.

Zeitliche Komponenten des Wechselkursrisikos

Nach Büschgen existieren drei verschiedene Komponenten, die Einfluss auf das Währungsmanagement eines Unternehmens nehmen. Dazu gehören das Währungsumrechnungsrisiko, das ökonomische Risiko und das Währungskonvertierungsrisiko. Diese unterscheiden sich jeweils durch einen zeitlichen Aspekt der Betrachtungsweise, d.h. im Hinblick auf den Zeitpunkt des Wechselkursumtausches.

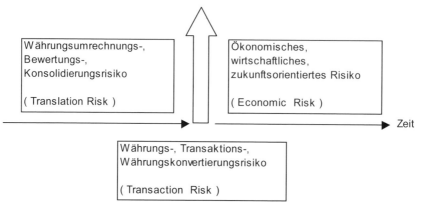

Abb. 5.14: Komponenten des Wechselkursrisikos (Büschgen, 1997)

Das Währungsrisiko (Translation Risk) bezieht sich auf die Auswirkung von Wechselkursänderungen auf die Bilanzposition, es liegt demnach einer bilanzorientierten Sichtweise zugrunde. Das Umrechnungsrisiko entsteht dadurch, dass Fremdwährungspositionen bei der Bilanzerstellung in Inlandswährung umgerechnet werden müssen. Oft besteht diese Gefahr nur bei multinationalen Unternehmen im Zuge der Konsolidierung der Einzelabschlüsse der Konzerngesellschaften. Trotzdem treten diese Umrechnungsvorgänge natürlich auch bei einfachen Im- bzw. Exportunternehmen auf (Stephan, 1989).

Das ökonomische Wechselkursrisiko (Economic Risk) berücksichtigt, welche Auswirkungen eine Wechselkursänderung auf den Zukunftserfolg des Unternehmens haben kann. Dabei geht es hauptsächlich um eine dynamisch zukunftsorientierte Betrachtungsweise der Auswirkungen von Wechselkursänderungen auf den künftig zu erwartenden Zahlungsstrom. Das Währungskonvertierungsrisiko (Transaction Risk) bezieht sich auf die Auswirkungen von Wechselkursänderungen auf einzelne Zahlungstransaktionen, die einen tatsächlichen Umtausch einer Währung bedingen. Im Gegensatz zu dem ökonomischen Wechselkursrisiko und dem Währungsumrechnungsrisiko kann das Konvertierungsrisiko abgesichert werden, da es leicht bestimmbar ist und durch verschiedenartige Sicherungsinstrumente, die am Markt von den diversen Anbietern angeboten werden, aufgegangen werden kann (Stephan, 1989).

Maßnahmen des Wechselkursmanagements

Die Maßnahmen, die ein Unternehmen zum Kursmanagement in Betracht ziehen kann, sind die risikovorbeugenden, die risikovermeidenden bzw. vermindernden und die risikokompensierenden Maßnahmen. Zu den risikovorbeugenden Maßnahmen zählen z.B. Reservenbildung, Risikozuschläge und die Streuung des Wechselkursrisikos. Die risikovermeidenden und -vermindernden Maßnahmen können durch zweierlei Strategien abgefangen werden: Zum einen durch die unternehmerische Anpassung wie z.B. Zahlungsverzögerung und -beschleunigung, Kauf von Vorleistungen in Fremdwährung und interner Währungspositionsausgleich. Die andere Strategie zielt direkt auf die Vertragsgestaltung des Geschäftes ab. Dies kann u.a. durch Fakturierung in Inlandswährung, Voraus- oder Anzahlungen und Kurssicherungsklauseln erfolgen (Büschgen, 1997). Die risikokompensierenden Maßnahmen, um die es in den folgenden Ausführungen ausführlicher geht, sind u.a. das Devisenkassageschäft, das Termingeschäft und Devisenoptionen.

5.2.1.3 Wechselkursgewinne und Wechselkursverluste
Begriffserklärung

Unter einem „Wechselkursgewinn" bzw. einem „Wechselkursverlust" wird jeder durch Wechselkursveränderungen verursachte Gewinn oder Verlust verstanden. In diesem Zusammenhang wird auch oft von Kursgewinn oder Kursverlust gesprochen. Die Kursgewinne bzw. Kursverluste können in zwei Ausprägungen vorkommen. Die eine Form ist das reine Währungsumwechseln, was sich direkt in liquiditätswirksamen Gewinnen oder Verlusten äußert; die andere Form sind die buchmäßigen Umrechnungsgewinne bzw. Umrechnungsverluste, die sich aus der Erstellung der Rechnungsabschlüsse durch die verschiedenen Fremdwährungspositionen bei der Bewertung ergeben können (Obenaus, 1990).

Bedeutung und Abgrenzung

Kursgewinne und Kurverluste spielen bei international operierenden Unternehmen eine sehr große Rolle. Je nach Umfang und Volumen des Handlungsbedarfs wird versucht, im entsprechenden Maße zu agieren oder zu reagieren. Da sich Währungsverluste in der Gewinn- und Verlustrechnung gewinnmindernd auswirken und somit das Ergebnis negativ beeinflussen können, wird in jedem Falle versucht, das Risiko eines Kursverlustes einzudämmen. Währungsgewinne hingegen beeinflussen das Ergebnis positiv und stellen bei internationalen Transaktionen auf jeden Fall einen willkommenen Gewinn dar. Somit müssen sich sowohl international ausgerichtete Touristikunternehmen als auch Investoren mit dem Thema Devisenkursschwankung auseinandersetzen, um die gewünschten Gewinn zu erzielen, die sie konkurrenzfähig halten.

Im Zuge der zunehmenden Globalisierung und der intensiven Verflechtung der Weltmärkte nimmt auch die Geschwindigkeit von Waren- und Kapitaltransfer ständig zu. Diese wirkt sich wiederum auf die Volatilität des Devisenmarktes aus. Wechselkursschwankungen stellen daher eine wesentliche Komponente in der Veränderung von Risikopositionen von Unternehmen dar. So ist eine moderne Unternehmensführung und Vermögensverwaltung ohne eine Berücksichtigung von wechselkursinduzierten Risiken nicht mehr vorstellbar.

5.2.2 Währungsmanagement in Unternehmen

Das Währungsmanagement kann insbesondere für kleine und mittlere Reiseunternehmen (KMU) zu einer problematischen Herausforderung werden. Während sich große Konzerne eigene Finanzspezialisten leisten können, sind KMU in aller Regel auf das eigene Urteilsvermögen und ggf. auf den Rat der Hausbank angewiesen. Solche Ratschläge ersetzen aber nicht die eigene Entscheidungsverantwortung und sichern keinesfalls vor teils erheblichen

Verlusten. Erst kürzlich hat der Reiseveranstalter *Schauinsland* einen Prozess gegen die eigene Hausbank wegen fehlerhafter Beratung in Devisenangelegenheiten gewonnen.

5.2.2.1 Generelle Anforderungen

Währungspolitische Zielsetzungen

Die Zielsetzung der Unternehmen im Rahmen der Währungspolitik sollte in erster Linie darin bestehen, mögliche Gefährdungssituationen, die aus internationalen Aktivitäten drohen können, nach Möglichkeit völlig auszuschließen oder – sofern dies nicht realisierbar ist – im höchst erreichbaren Umfang zu vermindern. Da derartige Maßnahmen in der Regel mit Kosten verbunden sind, wird eine Konkretisierung der währungspolitischen Zielsetzungen dahingehend erfolgen, dass nur solche Maßnahmen in Betracht kommen, deren erwartete Kosten die maximal prognostizierten Verluste nicht überschreiten.

Das Währungsmanagement ist integraler Bestandteil des Finanzmanagements jeder Unternehmung, die internationale Aktivität in unterschiedlichen Währungsräumen entfaltet. Das bedeutet, dass das Währungsmanagement nicht gesondert von den Instanzen und den Prozessen der anderen Abteilungen einer Unternehmung erfolgen kann, sondern in gegenseitiger Abstimmung mit den übrigen Unternehmensbereichen erfolgt. Die Entscheidungen sollten so geartet sein, dass die vorgegebenen finanzwirtschaftlichen Ziele erreicht werden. Währungsmanagement bedeutet somit lediglich eine Spezialisierung innerhalb des Finanzmanagements. Bei kleineren Unternehmen kann das Finanzmanagement aufgrund der begrenzten Personalbemessung oft nicht in einer eigenen Organisationseinheit angesiedelt werden, Vielmehr wird es von anderen Abteilungen als Querschnittsfunktion mitgeführt. Bei größeren Unternehmen kann diese Spezialisierung im Finanzmanagement durchaus realisiert werden, was wiederum durch „Experten-Know-how" einen Wettbewerbsvorteil bedeuten kann.

Ein kontinuierliches Währungsmanagement erfordert, dass sich die finanzielle Führung der Unternehmen laufend Informationen über die Entwicklung der international relevanten Finanzmärkte beschafft und diese verarbeitet. Entscheidend ist auch die entsprechende Flexibilität, da Entscheidungen im Währungsbereich relativ rasch zu treffen sind und längere Zeiten für Überlegungen oft schon ausschlaggebend für Erfolg oder Misserfolg sein können. Organisatorisch wird zwischen dem institutionellen und dem funktionalen Währungsmanagement unterschieden. Das institutionelle Währungsmanagement betrachtet den institutionellen Sinn, dazu gehören die Positions-, Interaktions- und Kompetenzgefüge der Entscheidungsträger mit Währungskompetenz. Das funktionale Währungsmanagement beinhaltet die zielgerichtete Steuerung, d.h. die Wahrnehmung der Managementfunktionen Planung, Entscheidung und Kontrolle in diesem Bereich (Eilenberger, 2004).

Strategische Orientierung des Währungsmanagements

Die strategische Orientierung des Währungsmanagements richtet sich generell an den restlichen Unternehmenszielen aus bzw. sollte mit diesen nicht in einem Zielkonflikt stehen. Dies ist u. a. die Voraussetzung für eine erfolgreiche Position am Markt. Diese Strategie soll mehrere Potentiale ausschöpfen. Zum einen die eigentliche Absicherung von Geschäftstransaktionen und zum anderen die Möglichkeit der Fremdwährungsfinanzierung. Die Notwendigkeit das Risiko abzusichern, haben viele Unternehmen teilweise noch nicht oder nicht bewusst in ihre Unternehmensstrategie eingebaut. Jedoch ist der zielgerichtete Einsatz von

Absicherungsinstrumenten bei international tätigen Unternehmen heute unablässig, denn er dient dem Schutz und dem Erfolg des Unternehmens. Die Thematik des Währungsmanagements hängt unmittelbar von dem Finanzmanagement eines Unternehmens ab, wobei das Ausmaß und die Bedeutung des Risiko- und Finanzmanagements von dem Grad der internationalen Aktivität und Intensität abhängen. Somit sind Unternehmen, die weniger internationale Geschäftsbeziehungen haben, auch weniger gefährdet bzw. müssen weniger Risikomanagement betreiben als ein im großen Maße international tätiges Unternehmen (Fastrich, 1999).

5.2.2.2 Sicherungsmöglichkeiten
Interne Kurssicherung

Interne Kurssicherung bedeutet, dass ein Unternehmen ausschließlich auf unternehmensinterne Maßnahmen zurückgreift, um das Währungsrisiko abzusichern. Diese Maßnahmen sind im weiteren Verlauf nicht von Bedeutung, da sich, wie eingangs schon erwähnt, diese Arbeit auf die externen Kurssicherungsmöglichkeiten konzentriert. Um die vorliegenden Ausführungen thematisch zu vervollständigen, sollen die internen Möglichkeiten aber trotzdem kurz angesprochen und beschrieben werden.

Eine einfache Möglichkeit der internen Kurssicherung ist es, Rechnungen ausschließlich in Inlandswährung zu fakturieren oder fakturieren zu lassen. Damit wird das Risiko problemlos ausgeschlossen. Des Weiteren besteht die Möglichkeit des „Leading und Lagging". Das bedeutet nichts anderes als eine Beschleunigung (leading) oder Verzögerung (lagging) des Umtausches der Valuta in Inlandswährung und umgekehrt. So kann z.B. durch intensive Marktbeobachtung bei einer prognostizierten Kurssteigerung versucht werden, Zahlungen möglichst schnell zu leisten. Damit soll verhindert werden, dass durch eine spätere Zahlung ein ungünstigeres Austauschverhältnis riskiert wird (Fastrich, 1999). Obwohl für international tätige Unternehmen die eine oder andere Möglichkeit der internen Sicherungsmöglichkeit sehr wohl in Frage kommt bzw. auch praktiziert wird, konzentriert sich diese Arbeit aber weitergehend auf die **externen Kurssicherungsinstrumente**.

Externe Kurssicherung

Möglichkeiten zur externen Kurssicherung bestehen in der Sicherung über Devisenmärkte, Finanzmärkte, spezielle Terminbörsen und mittels sonstiger Sicherungsgeschäfte. Diese sich daraus ergebenden unterschiedlichen Sicherungsinstrumente können insgesamt als kompensierende Instrumente bezeichnet werden. Im Unterschied zu den internen Maßnahmen, welche eine neutralisierende Wirkung haben, erlauben die kompensierenden Instrumente sowohl eine individuelle als auch eine globale Kurssicherung.

Die Kurssicherung über Devisenmärkte kann mit Hilfe von verschiedenen Instrumenten realisiert werden. Dazu gehören beispielsweise das Devisenkassageschäft, das Termin- und Optionsgeschäft sowie das Swapgeschäft. Sicherung über die Finanzmärkte kann mit Hilfe von Währungskrediten bzw. Währungsanlagen erfolgen. Dabei spielen ebenfalls die Diskontierung von Währungswechseln und Krediten bzw. Geldanlagen eine Rolle. Darüber hinaus gibt es noch weitere Möglichkeiten, z.B. die Sicherung über Terminbörsen. Da diese Maßnahme aber keine Relevanz für diese Arbeit hat, wird nachstehend nur auf die Kurssicherung über die Devisenmärkte eingegangen.

5.2.3 Anforderungen im Bereich Tourismus

Bei aller Finanztechnik kann nicht oft genug erwähnt werden, dass erfolgreiches Währungsmanagement in Reiseunternehmen neben den stets erforderlichen eigenen finanziellen Möglichkeiten auch sehr persönliche Anforderungen an das Management stellt: Urteilsvermögen, Mut und gute Nerven!

5.2.3.1 Anforderungen an den Reiseveranstalter

Generelle Anforderungen

Für Reiseveranstalter kann je nach Unternehmensgröße, Marktposition, Geschäftsfeld sowie Geschäftsumfang eine Integration des Währungsmanagements in das Finanzmanagement sinnvoll sein. Es besteht, wie bei allen international agierenden Unternehmen auch, die Maxime, den wirtschaftlichen Erfolg und das Fortbestehen des Unternehmens zu gewährleisten. In diesem Rahmen sind insbesondere Veranstalter mit hohem währungsbedingt beeinflusstem Umsatz bemüht, die Währungsabsicherung möglichst optimal zu gewährleisten, was im Voraus entsprechend hohen Aufwand, z.B. im Bereich Personal oder Technologie, verursachen kann. Der Veranstalter wird, entsprechend der internationalen Ausrichtung und der Unternehmensstrategie, geeignete Absicherungsinstrumente in Anspruch nehmen. Gleichzeitig kann er versuchen, nicht nur durch Währungsschwankungen drohende Verluste zu vermeiden, sondern diese sogar gewinnbringend auszunutzen.

Die Schwierigkeit beim Reiseveranstalter ist nun, dass sein Erfolg wesentlich davon abhängt, welchen Wechselkurs er in seinen Katalogpreis einkalkuliert hat und inwieweit dieser mit dem tatsächlich zu zahlenden Betrag, der durch die zeitliche Verschiebung noch nicht genau bemessen werden kann, übereinstimmt. Der Reiseveranstalter kalkuliert mit einer vorher berechneten Basis, die den gesamten veröffentlichten Katalogpreisen zugrunde liegt, ohne vorher mit Bestimmtheit sagen zu können, inwieweit der Kurs sich im Laufe der Zeit bis zum Fälligkeitstag der Verbindlichkeit verändert. Das Währungsrisiko nimmt mit der Länge des zwischen Kalkulation und Ausgleich der Verbindlichkeit liegenden Zeitraumes üblicherweise zu. Um einen günstigen VK-Preis zu erzielen, versucht der Reiseveranstalter den Kalkulationskurs möglichst niedrig anzusetzen, wodurch sich die Gefahr eines Kursverlustes zusätzlich erhöht.

Der Veranstalter hat aufgrund gesetzlicher Bestimmungen nicht die Möglichkeit, dieses Währungsrisiko auf den Kunden abzuwälzen: Nach der deutschen Preisangabenverordnung (PAngV) müssen die Reiseveranstalter die Grundsätze von Preiswahrheit und -klarheit beachten. Danach sind Reisen immer mit Euro-Preisen auszuschreiben, wenn sie im Bundesgebiet gebucht und bezahlt werden. Darüber hinaus verbietet das Währungsgesetz, dass Devisenschulden zwischen zwei Vertragspartnern entstehen, die die Inländereigenschaft besitzen. Eine Person besitzt die Inländereigenschaft, wenn sie in der Bundesrepublik Deutschland lebt. Diese gilt natürlich vor allem für Veranstalter, die in ihrer Wertschöpfungskette Geschäfte außerhalb des Euro-Raumes tätigen. Daher ist ein Management der Währungsrisiken unerlässlich, denn eine falsche Einschätzung bzw. einer Vernachlässigung des Währungsmanagements kann beim Reiseveranstalter, der außerhalb der Eurozone operiert, sehr schnell zu erheblichen Währungsverlusten führen.

Dienstleistungen des Reiseveranstalters

Der klassische Reiseveranstalter bietet seine Leistungen im Outgoing- oder Incomingverkehr an, d.h. er importiert eine Dienstleistung, wenn er eine Reise ins Ausland anbietet. Obwohl sich vieles durch die Einführung einer einheitlichen europäischen Währung für die Touristikbranche vereinfacht hat, bleibt das Währungsrisiko durch die weltweite Vielfalt der Reiseangebote bestehen. Obwohl durch dieses weltweite Angebot sehr viele „exotische Währungen" eine Rolle spielen, sollte das Hauptaugenmerk auf die drei Leitwährungen US-Dollar, Euro und Japanischer Yen gerichtet werden. Zunehmend wichtig werden auch die Wachstumsmärkte, besonders Osteuropa und auch Asien, allen voran China. Hauptsächlich sind davon die Verbindlichkeiten gegenüber Hoteliers betroffen. Die Charterverträge der Fluggesellschaften werden üblicherweise auf Euro-Basis abgeschlossen werden. Dies gilt auch für Verträge mit ausländischen Charterfluggesellschaften.

5.2.3.2 Spezifische Währungsproblematik der Reiseveranstalter

Fristigkeit der Planungszeiträume

Wie bereits im Kapitel 3.1 erläutert, gliedert sich das touristische Jahr in eine Winter- und eine Sommerperiode, wobei die Winterperiode meist vom 01. November bis 30. April, die Sommerperiode meist vom 01. Mai bis 31. Oktober dauert. Darüber hinaus gibt es Ziele, die unabhängig von der Saison, das ganze Jahr angeboten werden können. Andere Reisedestinationen können, z.B. auf Grund des herrschenden Klimas, nur saisonal angeboten werden. Der Planungshorizont der Reiseveranstaltung hat – wie in den Ausführungen zur operativen Planung bereits dargelegt – in der Regel eine Dauer von ca. einem Jahr.

Die Planungen für eine Pauschalreise z.B. für den Sommer sind meist schon im August des vorherigen Jahres abgeschlossen. Die Planung der Sommerperiode erfordert auf Grund des im Sommer zumeist breiteren Angebots wesentlich mehr Zeitaufwand als die Winterplanung. Um den Zusammenhang zwischen Kalkulation und Entstehen des Währungsrisikos zu verdeutlichen, sei hier nochmals der Prozess der Leistungserstellung eines Reiseveranstalters am Beispiel einer einzelnen Buchung dargestellt (Abb. 5.15).

Bereits zum Zeitpunkt der Planung muss die Kursentwicklung des jeweiligen Zielgebietes bewertet werden. Dabei ist es üblich, sowohl auf Prognosen der jeweiligen Hausbanken der Veranstalter als auch auf Ratschläge von Zielgebietsbanken zurückzugreifen. Außerdem werden von den Veranstaltern eigene Trendanalysen zur Kursentwicklung durchgeführt. Dazu ist die Entwicklung der gesamten wirtschaftlichen, wirtschaftspolitischen und allgemeinpolitischen Lage des betreffenden Ziellandes zu beobachten, die Einfluss auf das Nachfrage- oder Angebotsverhalten auf den Devisenmärkten haben könnte.

Frühestens zum Zeitpunkt des Einkaufes kann ein Währungsrisiko entstehen, wenn z.B. der Hotelier zur Absicherung der vereinbarten Kontingente Vorauszahlungen bei Vertragsabschluss verlangt. Mit Beginn der Preiskalkulation muss der Kalkulationskurs endgültig festgelegt werden, um die VK-Preise ermitteln zu können. Der kritische Zeitpunkt für Überlegungen zur Kurssicherung ist der Moment, an dem die endgültigen VK-Preise durch die Geschäftsleitung verabschiedet wurden und die Kataloge in Druck gehen. Spätestens ab diesem Zeitpunkt entsteht für den Reiseveranstalter das Währungsrisiko, da nun keinerlei Preisänderungen mehr vorgenommen werden können. Zwar besteht jetzt noch keine konkrete

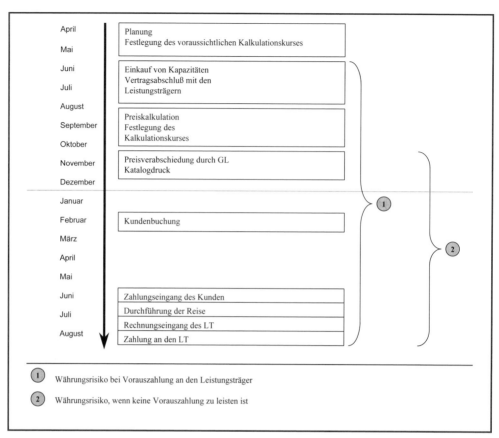

Abb. 5.15: Problematik des Währungsrisikos

Valutaverbindlichkeit gegenüber dem Leistungsträger, jedoch ist das Reiseunternehmen dem Währungsrisiko ausgesetzt, weil es an die Einhaltung der veröffentlichten Katalogpreise gebunden ist.

Die Kundengelder werden nur in Höhe des Katalogpreises eingehen, der Euro-Wert der Valutaverbindlichkeit gegenüber dem Leistungsträger ist jedoch aufgrund der späteren Fälligkeit unbekannt. Die Verbindlichkeit ist in der Regel erst nach Rückkehr der Kunden fällig, wenn diese die Leistung in Anspruch genommen haben. Liegt der Kurs der Fremdwährung am Fälligkeitstag höher als der Kalkulationskurs, führt dies zu einer Verringerung des Deckungsbeitrages der Reise und damit zu einer Schmälerung der Rendite. Generell wird der Kalkulationskurs schon nach dem Hoteleinkauf festgelegt und vor dem Druck von der Geschäftsleitung verabschiedet. Großveranstalter lassen die Sommerkataloge im September oder Oktober drucken. Die Zeiträume, in denen die Sommerreisen beginnen, reichen bis in den November des nächsten Jahres hinein und bis diese abgerechnet werden können immer noch zwei bis drei Monate vergehen. Der Reiseveranstalter ist also gezwungen, einen Kalkulationspreis festzulegen, der für die Dauer von einem Jahr Bestand hat. Hier zeigt sich die Währungsproblematik sehr deutlich.

Der Veranstalter errechnet aufgrund aller relevanten Einflussgrößen und den vorliegenden Planzahlen die geplante Teilnehmerzahl (GTZ), die als Grundlage für die weitere Kalkulation dient (siehe Kapitel 3.2.). Diese GTZ beeinflusst somit auch die Höhe des Bedarfs an Fremdwährung. Je niedriger die GTZ z.B. für eine US-Destination sein wird, desto weniger US-Dollar wird ein Reiseveranstalter absichern müssen. Da die GTZ, wie oben bereits beschrieben, eine Prognosezahl ist, diese aber im direkten Zusammenhang mit dem benötigten Fremdwährungsbedarf steht, bleibt auch hier die Unsicherheit, dass die GTZ von dem tatsächlichen Reiseaufkommen abweicht.

Unsicherheiten im Hinblick auf die Höhe des Währungsbedarfs

Im Unterschied zu einem herkömmlichen Importeur, der eine bestimmte Menge zu einem bestimmten Preis an einem bestimmten Termin bestellt, kann der Reiseveranstalter Größen wie Menge, Preis und Termin nur bedingt vorhersehen. Der benötigte Devisenbetrag hängt neben dem Wechselkurs in hohem Maße von der Buchungssituation ab. Die Planzahlen, die er für die Bestimmung zur Verfügung hat, beruhen weitgehend auf Erfahrungswerten aus der Vergangenheit. Da der Reiseveranstalter mit den ihm zugrunde liegenden Planzahlen agiert, ist er mit dem Problem konfrontiert, dass vielfältige weitere Einflüsse auf das Reisegeschäft nur sehr bedingt kalkulierbar sind. Die Terroranschläge vom 11.September 2001 auf das World Trade Center in New York bedeuteten für viele Reiseveranstalter einen großen Umsatzeinbruch, da die Anzahl der Reisenden durch die Terrorangst drastisch zurück ging und dies bedeutete, dass viele Veranstalter ihre Planzahlen für das Jahr 2001 nicht erreichen konnten. Dadurch entstanden und entstehen auch im Hinblick auf den Währungsbedarf erhebliche Unsicherheiten. Hinzu kommt, dass auch in Bezug auf die Fälligkeit der Zahlungsverpflichtung, also die Frage, wann der Leistungsträger die Rechnung tatsächlich stellt, Unsicherheiten bestehen, was die Prognose noch weiter erschwert.

Preisunterschiede durch Hotelvertragsarten

Die rechtliche Grundlage zwischen den Hoteliers und den Veranstaltern ist ein Vertrag, in dem die genauen Eckdaten aller Bestandteile festgehalten werden. Dies fängt an bei der Saisonzeit, geht über die Anzahl der Zimmer, deren Differenzierung nach Belegung, Ausstattung und Lage, Verpflegungsart, Preis und Meldefrist.

Die gebräuchlichste Vertragsform ist der Kontingent- oder Allotmentvertrag (siehe Kapitel 4.2.4). Da hier der Veranstalter für die Auslastung nicht verantwortlich ist, ist der Hotelier in der Lage, höhere Preise zu verlangen. Die Bezahlung erfolgt auf Rechnung, was für den Veranstalter wiederum den Vorteil hat, das Geld vom Kunden bereits vor Reiseantritt zu bekommen und damit Liquidität zu generieren. Bei anderen Vertragsarten wie z.B. der kumulativen Garantie, trägt der Veranstalter ein höheres Risiko in Bezug auf die Auslastung und kann entsprechend günstigere Einkaufspreise erwirken. Die unterschiedlichen Vertragsarten und die damit verbundenen Preisunterschiede im Einkauf sind einer der Ausgangsfaktoren für die Konfiguration des Währungsmanagements.

5.2.3.3 Währungsrisiken und Währungschancen im Bereich Touristik

Währungsrisiken und Währungschancen spielen für Reiseveranstalter eine sehr wichtige Rolle. Eine einzige Fehlkalkulation kann ausreichen, um auf dem sehr wettbewerbsintensiven Markt nicht mehr konkurrenzfähig zu sein. Daher ist es wichtig, das Risiko möglichst einzugrenzen oder auszuschalten, also die Absicherung weitestgehend zu gewährleisten. Die

Chance, Währungsgewinne zu verbuchen, ist je nach Wahl des Sicherungsinstruments gegeben und natürlich ein willkommener Nebeneffekt der Absicherung. Das Problem hierbei sind die Kosten, die für ein flexibles Absicherungsinstrument bezahlt werden müssen. Deshalb muss sich der Reiseveranstalter entscheiden, ob es sich für ihn lohnt, die Chance auf eventuelle Währungsgewinne zu haben, im Gegenzug aber mit höheren Absicherungskosten für das entsprechende Instrument rechnen zu müssen. Dieses hängt natürlich auch in hohem Maße von den unternehmenseigenen Einschätzungen ab. Besteht aufgrund einer positiven Kursentwicklung am Devisenmarkt die Chance, einen Währungsgewinn zu erwirtschaften, lohnt sich der Einsatz eines flexibleren Instruments, da die somit erwirtschafteten Gewinne die Kosten decken können und darüber hinaus eventuell auch noch ein Währungsgewinn verbucht werden kann.

5.2.4 Instrumente der Wechselkurssicherung

Dem Reiseveranstalter stehen verschiedene Instrumente zur Verfügung, das Währungsrisiko zu reduzieren. Eine Beratung durch die Hausbank erscheint in den meisten Fällen unerlässlich, darf aber nicht als sichere Entscheidungsgrundlage betrachtet werden. Auch sind diese Ratschläge mit einer gewissen Vorsicht zu betrachten, da die Bank verständlicherweise eigene wirtschaftliche Interessen verfolgt und ihre eigenen Ergebnisse zu optimieren bemüht ist.

5.2.4.1 Anforderungen an die Kurssicherungsinstrumente

Damit ein Instrument optimal eingesetzt werden kann, sollten zunächst die Voraussetzungen bzw. Anforderungen festgelegt werden, die das Instrument zu erfüllen hat. Dazu gehören die folgenden Punkte:

- *Zuverlässigkeit der Absicherungswirkung/Sicherung der Kalkulationsbasis*:
  Diese Eigenschaft ist eine der Wichtigsten, die ein Kurssicherungsinstrument haben muss, um das Risiko eines Verlustes zu minimieren. Besonders in der Reiseveranstalterbranche spielt die feste Kalkulationsbasis eine sehr wichtige Rolle und sollte möglichst zuverlässig abgesichert werden, denn jede Änderung dieser Basis nach der Verabschiedung der VK-Preise kann sich gewinnmindernd auswirken.

- *Liquiditätswirksamkeit:*
  Das Kurssicherungsinstrument darf der Reiseunternehmung keine liquiden Mittel entziehen, da dieses Geld dann nicht mehr für andere Zwecke verwendet bzw. kapital- und zinswirksam eingesetzt werden kann. Gerade beim Entzug der Finanzmittel zu einem frühen Zeitpunkt stehen die für andere Zwecke notwendigen Mittel nicht mehr zur Verfügung, da die Kunden ihre Zahlungen erst kurz vor Reiseantritt leisten müssen. Es müssten Kredite zur Kurssicherung aufgenommen werden, wodurch zusätzliche Finanzierungskosten entstehen.

- *Verfügbarkeit:*
  Die Basisinstrumente der Kurssicherung sind generell immer verfügbar. Bei „exotischen" Währungen kann es schwieriger werden, da die Kurssicherungsinstrumente häufig nur für Haupthandelswährungen zur Verfügung stehen. Auf Anfrage gibt es bei größeren Banken speziell auf den Kunden abgestimmte Instrumente, so dass die Verfügbarkeit heute kein unlösbares Problem mehr darstellt. Unter Berücksichtigung des

zeitlichen Aspektes ist die schnelle Einsatzbereitschaft der Absicherungsmaßnahme bei einer erwarteten Änderung des Wechselkurses zu beachten.

- *Zeitliche Flexibilität:*
Die Flexibilität des Instruments ist vielfach sehr erwünscht. Das Problem hierbei ist, dass „erkaufte" Flexibilität auch hohe Kosten verursachen kann. Je flexibler der Einsatz eines Instruments, desto teurer wird es, da derjenige, der sich in die Gefahrensituation eines möglichen Verlustes begibt und somit ein zukunftsbezogenes Risiko eingeht, dies natürlich nicht kostenfrei bekommen kann.

- *Reversibilität (liquidierbar):*
Entwickelt sich der Wechselkurs wider Erwarten, so kann es von großer Bedeutung sein, die Kurssicherung rückgängig machen zu können. Dies ist v.a. im Hinblick auf die Konkurrenzfähigkeit wichtig. Ist die Kurssicherung nicht reversibel, beeinträchtigt dies die Wettbewerbsfähigkeit des Veranstalters. Das gleiche gilt, wenn sich der Buchungsverlauf entgegen den Planungen entwickelt. Der abgesicherte Devisenbetrag wird dann nicht mehr in voller Höhe benötigt. Es sollte die Möglichkeit zum Verzicht auf das Sicherungsgeschäft gegeben sein. Ähnlich wie bei der Flexibilität bedeutet dies jedoch einen deutlichen Kostennachteil, da hier das Risiko auch wieder allein beim Geschäftspartner liegt und deshalb ebenfalls eine Prämie anfällt.

- *Kosten:*
Die absoluten Kosten der Kurssicherung fließen in die Kalkulation mit ein und müssen daher berücksichtigt werden. Dies ist schwierig, da sich erst am Fälligkeitstag die Höhe mit dem Kassakurs der Verbindlichkeit feststellen lässt. Beim Einsatz bestimmter Kurssicherungsinstrumente entstehen höhere Kosten, wie z.B. beim Optionsgeschäft. Mit Hilfe eines relativen Kostenvergleiches unter Berücksichtigung von Zinsen, Provisionen und Prämien kann ein Vergleich durchgeführt werden.

- *Kursgewinne*:
Mit dem Währungsrisiko ist natürlich auch die Chance für den Reiseveranstalter verbunden, bei einer günstigen Kursentwicklung Kursgewinne zu erzielen. Dies ist aber nicht bei allen Sicherungsinstrumenten gegeben, denn wie bei der zeitlichen Flexibilität ist auch die Chance auf Kursgewinne mit höheren Kosten verbunden. Allerdings sollte bei der Beurteilung dieses Kriterium nicht ausschlaggebend sein, da Unternehmensgegenstand eines Reiseveranstalters die Erstellung und der Verkauf von Reisen und nicht das Erzielen von Kursgewinnen ist.

5.2.4.2 Basisinstrumente

Sofortiger Kauf der Fremdwährung über ein Kassageschäft

Der Kauf der Devisen, die zum Ausgleich der später fälligen Währungsverbindlichkeiten benötigt werden, wird bereits bei Festlegung des Kalkulationskurses vorgenommen. Dadurch wird der Veranstalter unabhängig von späteren Wechselkursschwankungen. Diese Methode ist vor allem dann sinnvoll, wenn mit einer Kurssteigerung gerechnet wird. Die per Kassa gekauften Devisen können bis zum Ausgleich der Verbindlichkeiten gegenüber dem Leistungsträger zinsbringend angelegt werden. Der große Nachteil dieser Sicherungsmaßnahme liegt v.a. darin, dass Reiseveranstalter oft nicht über genügend Liquidität verfügen, um den gesamten Devisenbedarf durch frühzeitige Kassakäufe zu decken. Eine Aufnahme von Krediten zur Finanzierung der Kassakäufe verursacht u.U. einen erheblichen Zinsaufwand. Eine Rentabilität ist eigentlich nur gegeben, wenn der Zinsertrag durch die Anlage in Fremdwährung höher ist als der Zinsaufwand des Krediets. Außerdem werden der Unternehmung finanzielle Mittel entzogen, die dann nicht mehr für andere Aufgaben zur Verfügung stehen.

Kalkulation einer Sicherheitsmarge

Die Kalkulationskurse werden um einen bestimmten Prozentsatz oder absoluten Betrag erhöht, um so Kursschwankungen auf den Devisenmärkten in einem bestimmten Rahmen ausgleichen zu können. Diese Methode dürfte aufgrund der starken Konkurrenzsituation auf dem Reisemarkt kaum in größerem Ausmaß praktikabel erscheinen, führt sie doch unmittelbar zu höheren Verkaufspreisen. Dies gilt insbesondere für das preissensible Massengeschäft der Großveranstalter. Sollte diese Sicherheitsmarge nicht ausreichend hoch gewählt worden sein und ist die Devisenkursänderung höher als erwartet, führt jedes „Überschreiten" dieser Marge unweigerlich zu einer Deckungsbeitragsminderung.

Die beiden bisher genannten Instrumente werden auf Grund der beschriebenen Nachteile von Reiseveranstaltern selten angewendet. Die folgenden Geschäfte bieten wesentlich mehr Vorteile und kommen daher häufiger in der Praxis vor.

Devisentermingeschäft (Outrightgeschäft)

Devisentermingeschäfte (Outrightgeschäfte) stellen die klassische Form der Devisenkurssicherung für Reiseveranstalter dar. Sie umfassen den Kauf und Verkauf von später verfügbaren Devisen. Käufer (und Verkäufer) von Termindevisen müssen ihre Geschäftsabschlüsse erst zu einem späteren Termin erfüllen. Bei Abschluss des Vertrages werden die Währung, die Höhe des einzukaufenden Betrages, der Kurs und der Erfüllungszeitpunkt festgelegt. Dabei handelt es sich um ein unbedingtes Termingeschäft, d.h. der Käufer der Devisen hat in jedem Fall eine Abnahmeverpflichtung, auch wenn er sie bei Fälligkeit nicht mehr benötigt. Dem Kunden entgeht so unter Umständen eine für ihn positive Wechselkursentwicklung – auf der anderen Seite sichert er sich eine fixe Kalkulationsbasis, die gerade für Reiseveranstalter eine große Rolle spielt.

Der Terminkurs ist abhängig vom Kassakurs und von den Ab- und Aufschlägen, die sich aufgrund der Zinsdifferenz zwischen den beteiligten Währungen ergeben. Dieser Ab- bzw. Aufschlag auf den Kassakurs hängt von dem jeweiligen Zinsniveau der Währung ab und wird auch als Swapsatz bezeichnet. So kann es zum Beispiel sein, dass ein Kunde, der heute Dollar kauft, mit einem Aufschlag auf den Kassakurs rechnen muss, sofern das Zinsniveau für den Dollar höher ist als das für den Euro. Das Gegenteil kann der Fall sein bei einer Währung, deren Zinsniveau unter dem des Euro liegt. In diesem Fall kann für diese Währung mit einem Abschlag auf den Kassakurs gerechnet werden. Somit sichert sich der Käufer den vereinbarten Kurs. Egal wie sich der Dollarkurs weiterentwickelt: dieses Geschäft wird zu diesem vereinbarten Terminkurs abgewickelt und schließt somit gleichermaßen Chancen und Risiken aus.

Das Termingeschäft ist sehr flexibel hinsichtlich der Höhe des Betrages und der Laufzeit. Eine kurze Laufzeit rentiert sich nur bei großen Geschäften. Es sollten jedoch zwischen Abschluss und Erfüllung mindestens drei Werktage liegen. Möglich sind Termingeschäfte mit einer Laufzeit bis zu 5 Jahren, üblich sind jedoch nur solche mit maximal einem Jahr Laufzeit. Der Fälligkeitstag kann i.d.R. frei gewählt werden. Termingeschäfte können für alle amtlich notierten Währungen abgeschlossen werden. Amtlich notierte Währungen sind solche, bei denen der Kurs der Währung durch amtliche Kursmakler an der Devisenbörse ermittelt wird.

Mindestbeträge werden von den Banken üblicherweise nicht verlangt. Allerdings ist es möglich, dass die Geschäftsbanken eine Sicherheit verlangen (z.B. Wertpapiere). Sie errechnet sich als ein bestimmter Prozentsatz der vereinbarten Devisensumme. Die von der Bank für das Termingeschäft erhobenen Gebühren werden üblicherweise über den Kurs abgerechnet. Der Veranstalter kann mit Hilfe des Devisentermingeschäfts also seine in der Zukunft liegenden Valutazahlungen sichern. Die Fälligkeitstermine der Termingeschäfte sollten dabei so gewählt werden, dass sie mit den voraussichtlichen Zahlungsterminen übereinstimmen. Sie verlangen also eine exakte Prognose sowohl der Höhe als auch des Fälligkeitstermins der Verbindlichkeiten gegenüber den Leistungsträgern. Bei jeder Abweichung von dieser Prognose, z.B. aufgrund eines ungünstigen Buchungsverlaufes angesichts politischer oder wirtschaftlicher Entwicklungen im Zielgebiet, wird der Reiseveranstalter nur einen geringeren Devisenbetrag als geplant benötigen. Aufgrund der Irreversibilität des Devisentermingeschäftes ist er aber verpflichtet, den gesamten vertraglich vereinbarten Betrag abzunehmen. Das gleiche Problem taucht bei Stornierungen von Reisen auf. Termingeschäfte bieten dem Reiseveranstalter eine feste Kalkulationsbasis. Eine Kurssteigerung der Fremdwährung am Devisenmarkt führt für ihn nicht zu Kursverlusten, da er die Devisen zum vereinbarten Kurs erhält. Ein weiterer Vorteil des Termingeschäftes liegt darin, dass die Liquidität des Veranstalters nicht frühzeitig eingeschränkt wird, da die Bezahlung der Devisen erst am Fälligkeitstag erfolgt. Zu diesem Zeitpunkt werden die Kundenzahlungen bereits auf den Konten des Reiseveranstalters eingegangen sein.

Der Abschluss eines Terminkontraktes ist dann nicht zu empfehlen, wenn in der kommenden Saison mit einem fallenden Kurs der Fremdwährung gerechnet wird. Liegt der Kassakurs an dem Tag, an dem die Zahlung gegenüber den Leistungsträgern fällig wird, niedriger als der Terminkurs, hat der Reiseveranstalter keine Möglichkeit mehr, zu diesem günstigeren Kurs abzurechnen. Es lässt sich jedoch immer nur ex-post, d.h. also am Fälligkeitstag feststellen, ob der Abschluss eines Termingeschäftes günstig war.

Devisenterminoptionsgeschäfte

Bei dieser Sonderform des Devisentermingeschäftes kann der vertraglich vereinbarte Devisenbetrag innerhalb eines gewissen Zeitraumes (i.d.R. ca. 2–4 Wochen) in unterschiedlicher Höhe und zu frei gewählten Zeitpunkten abgerufen werden. Nach Ablauf des Zeitraumes muss der gesamte Devisenbetrag abgenommen worden sein. Gegenüber dem üblichen Devisentermingeschäft bietet diese Form den Vorteil einer größeren Flexibilität bei der Abnahme der Devisen. So können Schwankungen im Buchungsverlauf und Abweichungen von den Planzahlen leichter ausgeglichen werden.

Devisenoptionsgeschäfte

Bei einer Devisenoption erwirbt der Käufer gegen Zahlung einer Optionsprämie das Recht, innerhalb eines bestimmten Zeitraumes einen bestimmten Devisenbetrag zu einem vorher vereinbarten Preis, der hier weiterführend auch Basispreis oder Strike-price genannt wird, zu kaufen oder zu verkaufen. Das Besondere hierbei ist, dass für den Käufer lediglich ein Recht, nicht aber eine Pflicht besteht, das Geschäft zu vollziehen. Allerdings muss der Käufer für dieses Wahlrecht dem Verkäufer, also der Bank, eine Prämie zahlen. Die Höhe der Prämie hängt von verschiedenen Faktoren ab und wird rechnerisch und computerunterstützt mit Hilfe eines mathematisch-statistischen Verfahrens ermittelt.

Devisenoptionsgeschäfte sind damit bedingte Termingeschäfte, da sie ebenfalls vom aktuellen Wechselkurs, der Laufzeit der Option und der Zinsdifferenz abhängig sind. Allerdings werden beim Optionsgeschäft noch zusätzliche Faktoren in Betracht gezogen, wie z.B. die Volatilität des Wechselkurses der jeweiligen Fremdwährung und der Basispreis. Basispreis und Laufzeit der Option sind grundsätzlich frei wählbare Größen, beeinflussen aber zusammen mit den aktuellen Marktfaktoren den Optionspreis. Im Gegensatz zum Termingeschäft eröffnet das Optionsgeschäft eine Kurssicherung mit Chance auf Kursgewinn, da immer noch die Möglichkeit besteht, bei aktuellem Kursverfall den Termin nicht wahrzunehmen, sondern das Geschäft zu dem günstigeren Wechselkurs am Markt abzuschließen. Im Vergleich liegen hierbei aber die Prämienkosten für den Kauf einer Devisenoption immer über den Kurssicherungskosten eines vergleichbaren Devisentermingeschäftes.

Devisenoptionen werden im Ausland an Börsen gehandelt. An den Börsen gehandelte Devisenoptionen können nur zu festgelegten standardisierten Devisenbeträgen und für die wichtigsten Währungen (z.Zt. Brit. Pfund, US-Dollar, Kanadischer-Dollar, Euro, Schweizer Franken und Japanischer Yen) abgeschlossen werden. Die möglichen Höhen des Kontraktes sind dabei vom jeweiligen Börsenplatz abhängig. Allerdings besteht in jedem Fall eine Mindestkontraktgröße. Neben diesen börsenmäßig gehandelten Optionen werden von einigen deutschen Kreditinstituten eigene Devisenoptionsgeschäfte angeboten. Sie haben den Vorteil, dass sich hier häufig Beträge und Laufzeiten in Abhängigkeit von den individuellen Anforderungen der Kunden (=Reiseveranstalter) vereinbaren lassen. Es werden Devisenoptionen unterschieden, die nur zu bestimmten Verfallstagen ausgeübt werden können oder verfallen, und solche, die bis zu ihrem Verfallstag jederzeit ausgeübt werden können. Die letzteren bieten also eine höhere Flexibilität, haben aber auch einen höheren Preis. Weiterhin unterscheidet man beim Optionsgeschäft zwischen Kauf- (=Call) und Verkaufsoptionen (= Put).

Definition: Kaufoption – Call
Der Käufer einer Kaufoption erwirbt gegen Zahlung einer Prämie das Recht, innerhalb der Optionslaufzeit vom Verkäufer einen Währungsbetrag zum vereinbarten Preis zu kaufen.

Definition: Verkaufsoption – Put
Der Käufer einer Verkaufsoption erwirbt gegen Zahlung einer Prämie das Recht, während der Laufzeit der Option einen Währungsbetrag zu verkaufen.

Für den Reiseveranstalter ist eigentlich nur der Kauf von Kaufoptionen zur Verringerung des Währungsrisikos von Bedeutung. Die für den Abschluss des Optionsgeschäftes zu zahlende Prämie ist abhängig von dem vereinbarten Wechselkurs (=Basiskurs) und der Laufzeit der Option: Eine Kaufoption, deren Basiskurs niedriger als der Kassakurs ist, muss teurer sein als eine, deren Basiskurs über dem Kassakurs liegt. Eine Option ist umso teurer, je länger der Zeitraum bis zu ihrem Verfalltag ist.

Da das Devisenoptionsgeschäft keine Verpflichtung beinhaltet, das Optionsrecht auszuüben, ist eine schnelle Anpassung an geänderte Wechselkursverhältnisse gegeben. Benötigt der Reiseveranstalter einen Devisenbetrag nicht mehr, weil die Reise storniert wird, besteht für ihn keine Abnahmeverpflichtung der Devisen. Er kann die Option verfallen lassen oder an andere Interessenten weiterverkaufen. Seine Kosten bestehen lediglich in der Bezahlung der Optionsprämie, die u.U. bereits in den VK-Preis der Reisen kalkuliert werden kann. Dieses Sicherungsinstrument eignet sich also insbesondere für Geschäfte, die zwar erwartet werden, deren Realisierung aber nicht sicher ist. Der besondere Vorteil des Devisenoptionsgeschäftes ergibt sich jedoch dann, wenn der Kurs der Fremdwährung sinkt: Der Reiseveranstalter kann seine Option verfallen lassen und zum Kassakurs die benötigten Devisen einkaufen. Er besitzt somit eine hohe Flexibilität in Bezug auf die Anpassung an geänderte Wechselkursverhältnisse. Darüber hinaus wird die Liquidität des Reiseveranstalters nicht frühzeitig belastet, denn die Bezahlung der Devisen erfolgt erst am Tag der Optionsausübung. Das Devisenoptionsgeschäft bietet außerdem Gewähr für eine feste Kalkulationsbasis. Bei steigenden Kursen besteht sogar die Möglichkeit, einen außerordentlichen Gewinn zu erzielen, wenn er die Option weiter verkauft. Zu beachten ist allerdings, dass Devisenoptionsgeschäfte nicht für alle Währungen angeboten werden. An einem Beispiel sollen noch einmal das Devisentermin- und das Devisenoptionsgeschäft miteinander verglichen werden:

Beispiel:

Ein Reiseveranstalter organisiert Reisen in die USA. Die Reisen sollen Mitte April 2013 stattfinden. Die Reiseteilnehmer müssen bis 01.04.2013 den Reisepreis an den Veranstalter bezahlt haben. Die Zahlungsabwicklung mit den Leistungsträgern erfolgt auf US$-Basis. Der Rechnungsausgleich soll am 01.05.2013 erfolgen. Im November 2012 benötigt er aus kalkulatorischen Gründen einen festen Wechselkurs. Der Reiseveranstalter erwartet einen Rechnungsbetrag von ca. US$ 50.000. Der Kassakurs beträgt am 01.11.2012 € 0,86. Ihm stehen folgende Möglichkeiten offen:

a) Abschluss eines Devisentermingeschäftes zu folgenden Konditionen am 01.11.2012	
Kontraktgröße/Devisenbetrag	US$ 50.000,00
Fälligkeit	01.05.2013
Laufzeit	6 Monate
Swapsatz	Report: € 0,03
b) Abschluss eines Devisenoptionsgeschäftes zu folgenden Konditionen am 01.11.2012	
Kontraktgröße/Devisenbetrag	US$ 50.000,00
Fälligkeit	01.05.2013
Laufzeit	6 Monate
Swapsatz	US$ 0,01 über Kassakurs
Optionsprämie	€ 0,04 pro US$

Bankgebühren und sonstige Spesen werden nicht berücksichtigt.

Für die einzelnen Alternativen ergeben sich für das Beispiel folgende Gesamtaufwendungen:

1. Devisentermingeschäft:

Schritt	Rechengang	Ergebnis
Terminkurs = effektiver Umrechnungskurs	€ 0,86 + € 0,03	€ 0,89
Währungsbetrag in € = Gesamtaufwand	US$ 50.000 × € 0,89	€ 44.500

2. Devisenoptionsgeschäft

Schritt	Rechengang	Ergebnis
Währungsbetrag in €	US$ 50.000 × € 0,88	€ 44.000
Optionsprämie	US$ 50.000 × € 0,04	€ 2.000
Gesamtaufwand	€ 44.000 + € 2.000	€ 46.000
Effektiver Umrechnungskurs	$\frac{€\ 46.000 \times 1\ US\$}{US\$\ 50.000}$	€ 0,92

Nun soll festgestellt werden, ab welchem Kassakurs des Fälligkeitstages das Devisenoptionsgeschäft die günstigere Alternative darstellt. Dies ist dann der Fall, wenn gilt:

$$\text{Kassakurs} < \text{Terminkurs} - \text{Optionsprämie je US\$}$$

Für das Fallbeispiel bedeutet dies:

Kassakurs < € 0,88 − € 0,04

Kassakurs > € 0,84

Wenn zum Zeitpunkt der Fälligkeit, also am 01.05.2013, der Kassakurs unter den berechneten 0,84 € liegt, ist das Devisenoptionsgeschäft die günstigere Alternative. Es besteht die Möglichkeit, die Option nicht auszuüben und die benötigten Devisen zum Tageskurs zu kaufen. Liegt der Kurs über 0,84 €, ist das Termingeschäft vorzuziehen. Es soll aber noch einmal festgestellt werden: Eine präzise Aussage, welche Alternative die günstiger ist, lässt sich erst treffen, wenn der Kassakurs des Fälligkeitstages bekannt ist. Die Entscheidung, welche der beiden Sicherungsmethoden die bessere ist, muss also aufgrund von Prognosen der Kursentwicklung getroffen werden. Wurde ein Devisenoptionsgeschäft abgeschlossen, sollte bereits ab einem Kurs, der unter dem Basiskurs von unter 0,88 € liegt, auf das Ausüben der Option verzichtet werden. Ein Kauf der Devisen zum Tageskurs ist dann günstiger. Die folgende Grafik (Abb. 5.16) veranschaulicht noch einmal den Sachverhalt.

Neben dem Kostengesichtspunkt spielen auch die übrigen Beurteilungskriterien, auf die bereits auf weiter oben hingewiesen wurde, eine Rolle. In der nachfolgenden Tabelle werden die verschiedenen Kurssicherungsinstrumente hinsichtlich der Vor- und Nachteile in Bezug auf diese Kriterien untersucht.

Devisenswapgeschäft

Das Swapgeschäft zählt nicht zu den klassischen Absicherungsinstrumenten. Es handelt sich um einen vorübergehenden Tausch eines Fremdwährungsguthabens gegen ein Guthaben in

5.2 Währungsmanagement bei Touristik-Unternehmen

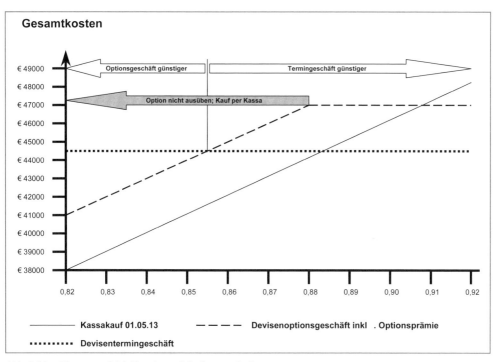

Abb. 5.16: Kostenvergleich Termin- und Optionsgeschäft

einer anderen Währung. Gleichzeitig wird der Rücktausch für einen späteren Zeitpunkt vereinbart. Das Swapgeschäft dient zu Liquiditätssteuerung oder in Verbindung mit einem entsprechenden Kassageschäft zur Konstruktion von Devisentermingeschäften, d.h., wenn sich eine Zahlung über den vereinbarten Termin eines bereits abgeschlossenen Termingeschäfts hinauszögert, besteht die Möglichkeit dies durch ein kurzfristiges Swapgeschäft abzufangen.

Devisenkassageschäft

Das Devisenkassageschäft zählt ebenfalls nicht zu den klassischen Absicherungsinstrumenten, da das reine Kassageschäft lediglich der Tausch der eigenen Währung in die Fremdwährung bedeutet und so keine Absicherung im eigentlichen Sinne stattfindet. In der Praxis wird das Kassageschäft vielfach nur eingesetzt, wenn es um niedrigere Tauschbeträge geht, wenn das Währungsrisiko aufgrund einer stabilen Fremdwährung überschaubar ist oder bei unvorhergesehenem kurzfristigen Fremdwährungsbedarf. Der gewünschte Betrag kann bei der Bank zu einem beliebigen Zeitpunkt mit dem Sofortkauf der Währung zum Kassakurs erfolgen. Der Kassakurs entspricht hier dem Tauschkurs, den die Bank anbietet und unterliegt dem aktuellen Wechselkurs der jeweiligen ausländischen Währung. Diese Geschäftstransaktion erfolgt innerhalb von zwei Werktagen. Sowohl der Kunde als auch die Bank verpflichten sich, beim Abschluss eines Devisenkassageschäftes die vereinbarten Beträge gegeneinander zu tauschen. Dass Kassageschäft verhindert zwar, dass bei Kursanstieg der Währung das Risiko eines Verlustes eingegangen wird, ist aber für eine optimal Absicherung vor Kursschwankungen nicht präzise und nicht flexibel genug. Des Weiteren ist aus Sicht des Kunden ein enormer Bestand an liquiden Mitteln erforderlich, um den Fremdwährungsbetrag so zu finanzieren, dass sich das Geschäft lohnt.

6 Der Katalog

Auch wenn das Geschäftsvolumen der X-Veranstalter zunimmt: der Verkauf von Urlaubsreisen ist – insbesondere im Reisebüro – ohne Katalog undenkbar. Vor allem im gehobenen Markt investieren die Reiseveranstalter enorme Summen, um sich mit der Optik ihrer Kataloge gegenüber den Mitbewerbern zu profilieren.

6.1 Aufgaben des Katalogs

Der Katalog ist nach wie vor das Hauptwerbemittel des Reiseveranstalters. In der Marketingliteratur wird der Katalog häufig als ein Instrument der Direktwerbung definiert, was insbesondere im Hinblick auf die Versandhäuser verständlich ist. Dies trifft jedoch auf die Tourismusbranche nicht zu. Das Gegenteil ist in der Reisebranche eher der Fall: der Katalog ist das klassische und unverzichtbare Instrument des indirekten Vertriebs, also des Reisebürovertriebs. Im touristischen Direktvertrieb spielt heute das Internet die entscheidende Rolle – eine Rolle, deren Dominanz ständig wächst.

Kataloge sind die wichtigsten Werbemittel für einen Reiseveranstalter und sein Aushängeschild. Mit dem Katalog tritt er an die Öffentlichkeit und präsentiert sich. Außerdem steht ein Veranstalter vor der schwierigen Aufgabe, mit seinem Katalog Marketing für eine unsichtbare Leistung zu betreiben. Ein Hotelzimmer beispielsweise stellt zwar ein sachliches Gut dar, die eigentliche Leistung *Übernachtung* ist jedoch nicht greifbar und kann nicht visualisiert werden. Da der Reiseveranstalter dem Kunden also keine Ware, sondern ein Versprechen verkauft, muss er mit seinem Katalog bei den Abnehmern eine emotionale Beziehung zum Unternehmen oder Angebot herstellen.

Kataloge dienen also der Beschreibung des im Reiseunternehmen erstellten Produktes. Dieses kann aufgrund seines Dienstleistungscharakters nur unvollkommen dargestellt werden. Quantität und Qualität der Leistungen lassen sich erst zum Zeitpunkt der Inanspruchnahme tatsächlich beurteilen. Das Produkt entsteht im Grunde genommen überhaupt erst in dem Moment, in dem es konsumiert wird. Neben Produktbeschreibungen und Abbildungen enthält der Reisekatalog Preisangaben sowie Informationen über Zahlungsbedingungen und Serviceleistungen. Es wird zwischen Katalog, Prospekt und Broschüren unterschieden. Unter einem Prospekt oder einer Broschüre verstehen wir eine zu Werbezwecken eingesetzte Druckschrift, die keinen vollständigen Überblick über die gesamte Leistungspalette des Anbieters gibt, sondern nur Teilbereiche darstellt. Die Abgrenzung der drei Begriffe kann also in der Praxis nicht eindeutig vorgenommen werden.

Die Hauptaufgabe von Reisekatalogen ist es, interessierte Kunden zu informieren und den Verkauf vorzubereiten. Nachteilig wirken sich die hohen Produktions- und Vertriebskosten aus. Hinsichtlich der Preisfestschreibung während der Gültigkeitsdauer hat es im Jahr 2010 eine Lockerung seitens der Gesetzgebung gegeben. So können Preise nun auch nachträglich verändert werden, sofern mit den ausgeschriebenen Preisen noch keine Buchung getätigt bzw. kein Reisevertrag abgeschlossen wurde.

6.2 Die Katalogplanung

Da die Katalogproduktion in etwa 50 % des Werbebudgets bindet, ist eine exakte Planung dringend erforderlich, um nicht unnötig hohe Kosten, z.B. wegen einer zu hohen Auflage, zu verursachen. Die Katalogplanung umfasst die Bestimmung der Auflage, des Umfangs und der Kosten. Ferner ist eine Zeitplanung für die Katalogproduktion vorzunehmen.

6.2.1 Auflagenhöhe

Reiseveranstalter wenden verschiedene Methoden zur Bestimmung der Auflagenhöhe an. Die gängigste Art ist dabei, die Berechnung des Katalogbedarfs anhand der geplanten Teilnehmerzahl (GTZ) vorzunehmen. Dabei gilt folgende Faustregel:

> Auflagenhöhe:
> Für Flug- und Bahnreisen im Mittelmeerraum: Katalogauflage = GTZ × 8
> Für Fernreisen und Spezialveranstalter: Katalogauflage = GTZ × 15

Diese Zahlen sind natürlich nur sehr grobe Richtwerte. Sie variieren von Veranstalter zu Veranstalter und von Sparte zu Sparte. Das Bemühen des Reiseveranstalters muss immer darin bestehen, die Zahl der pro Teilnehmer oder pro Buchung benötigten Kataloge zu reduzieren. Eine andere Möglichkeit der Berechnung ist es, von der Vorjahresauflage auszugehen, zu prüfen, wie hoch der Lagerbestand noch ist und unter Berücksichtigung des geplanten Teilnehmerzuwachses die neue Auflage zu berechnen. Weiter wäre es denkbar, anhand der vorjährigen Katalogbestellungen der Reisebüros den Bedarf für die kommende Saison zu berechnen. Dabei ist ein eventueller Ausbau des Vertriebswegs zu beachten.

6.2.2 Katalogumfang

Der Umfang eines Katalogs bestimmt sich hauptsächlich nach der Anzahl der Zielgebiete und der Summe der pro Zielgebiet darzustellenden Hotels. Ferner müssen die Einleitungsseiten, die hauptsächlich der Imagewerbung dienen, sowie die Informationsteile über Zielgebiete, Seiten für Fremdanzeigen und die Vertragsbedingungen eingerechnet werden. Grundlage der Bestimmung des Umfangs ist dabei der Katalog der Vorsaison. Für Zielgebiete, in denen das Angebot ausgebaut und für die mehr Hotels eingekauft wurden, werden zusätzliche Seiten zur Verfügung gestellt.

Bei der Darstellung der Hotels ist jedoch immer kritisch zu prüfen, ob die Größe der Darstellung noch mit den in den Hotels bestehenden Bettenkontingenten und dem realisierbaren Umsatz harmonisiert. Für neue Zielgebiete wird in der Regel eine großzügigere Darstellung gewählt, um sie besonders zu fördern. Die Erfahrung zeigt, dass sich neu in den Katalog aufgenommene Hotels schwerer verkaufen als eingeführte Hotels. Das mag zum Einen an der Gewöhnung des Vertriebs an das Angebot liegen, zum anderen an einer Weiterempfehlung seitens der Kunden, die das Hotel gebucht haben.

Hoteliers erhalten gegen Kostenbeteiligung oftmals die Möglichkeit zu einer größeren halb- oder ganzseitigen Darstellung. Dabei können auch Platzierungswünsche berücksichtigt werden. Bei der Katalogplanung ist die Entscheidung zu fällen, ob ein separater oder in den Katalog integrierter Preisteil gedruckt werden soll. Der Vorteil separater Preisteile liegt darin, dass billigere Papiersorten gewählt werden können. Außerdem kann ein getrennter Preisteil später in Druck gehen als der Hauptkatalog, so dass die Preiskalkulation hinausgeschoben werden kann. So können möglicherweise noch Preisvergleiche mit bereits erschienenen Katalogen von Konkurrenzveranstaltern durchgeführt werden. Beim Katalogumfang muss bei gehefteten Katalogen darauf geachtet werden, dass die Seitenzahl der Kataloge durch 4, durch 8 oder durch 16 teilbar ist, da dies der Bogenbreite bei jeweiligen Druckmaschinen entspricht. Bei geklebten Katalogen spielt die Seitenzahl hingegen keine Rolle.

6.2.3 Kostenplanung

Bei der Kostenplanung sind als wichtige Bestandteile die Konzeptions- und die Herstellungskosten zu nennen. Die Konzeptionskosten sind abhängig davon, ob die Arbeiten von der eigenen Werbeabteilung oder von einer beauftragten Werbeagentur durchgeführt werden. Entspricht die Kataloggestaltung in weiten Teilen der des Vorjahres, kann auf bereits bestehende Graphiken, Landkarten, Symbole und Markenzeichen zurückgegriffen werden. Die Umsetzung einer neuen Gestaltung zieht dagegen höhere Kosten nach sich. Die Herstellungskosten setzen sich aus den Kosten für Satz, Reproduktion, Druck und Verarbeitung zusammen. Von den Kosten der Katalogproduktion entfallen etwa 50–52 % auf Papierkosten, 30–33 % auf die technische Herstellung (z.B. Lithographie, Grafik), ca. 10 % auf internes Handling der Druckerei und 5 % auf Buchbindung und Verpackung. Die Herstellungskosten eines Kataloges liegen bei ca. 2,00–5,00 €, je nach Umfang und Auflage auch höher. Berücksichtigt man den Bedarf an Katalogen pro Buchung, kommt man schnell auf Katalogkosten von ca. 15 bis 30 € pro Reiseteilnehmer.

6.2.4 Zeitplanung

Das Erscheinungsdatum des Kataloges kann man als den einzigen wirklich feststehenden Termin im Marketing der Reiseveranstalter bezeichnen, da die gesamte operative Planung und Produktion mit Rücksicht auf den Drucktermin des Katalogs gesteuert wird. Der Zeitpunkt der Katalogausgabe wird durch den Beginn der Buchungssaison bestimmt. So erscheinen Sommerkataloge zwischen Anfang November und Mitte Dezember, die Winterprogramme zwischen Ende Juli und Anfang September. Um ein pünktliches Erscheinen der Kataloge zu garantieren, läuft die Zeitplanung für die Katalogproduktion rückwärts vom Erscheinungstermin. Bei der Zeitplanung der Katalogproduktion müssen v.a. die folgenden Arbeiten koordiniert werden:

1. Texterfassung

Nach Beendigung des Hoteleinkaufs werden zunächst die Hoteltexte für die neu ins Programm aufgenommenen Hotels erfasst. Die bestehenden Texte der anderen Hotels werden auf ihre sachliche Richtigkeit und Aktualität geprüft und gegebenenfalls korrigiert. In einem weiteren Schritt werden – sofern der Veranstalter dies bei den Hotelbeschreibungen ausweist – Sonderangebote (z.B. Preisermäßigungen) und die gewährten Kinderermäßigungen in den Texten erfasst. Nach Abschluss der Kalkulation müssen die berechneten Eckpreise in den Hoteltexten ergänzt werden. Des Weiteren muss die Zeichenzahl der einzelnen Texte ermittelt werden, da sie die spätere Darstellungsgröße des Hotels im Katalog beeinflussen. Den Abschluss der Texterfassung bildet eine stilistische, grammatikalische und orthographische Korrektur der Texte durch einen Lektor.

2. Bilderauswahl

Der zuständige Produktmanager oder Hoteleinkäufer wählt die Hotel- und Landschaftsaufnahmen aus, die später im Katalog abgedruckt werden sollen. Dabei ist besonders darauf zu achten, dass die Rechte an den abzudruckenden Bildern zweifelsfrei geklärt werden. Eine Verletzung von Urheberrechten bzw. Nutzungsrechten kann zu erheblichen Kosten führen.

3. Erstellen der Katalogpreis- und Saisonzeitentabellen

Diese Tabellen werden zunächst ohne Preise erstellt und erst nach Abschluss der Kalkulation mit diesen ergänzt.

4. Erstellen des Layouts

Nach Abschluss der oben genannten Arbeiten wird ein Vorlayout erstellt. Aus ihm gehen die Seitenumbrüche, die Platzierung, die Darstellungsgröße und -reihenfolge der Hotels im Katalog hervor. Sie dient in erster Linie als Informationsgrundlage für die Erstellung des Endlayouts durch die Marketingabteilung oder durch eine vom Veranstalter beauftragte Werbeagentur. Immer mehr Reiseveranstalter erstellen die kompletten Katalogseiten einschließlich Bildern und Texten nach einem zuvor gestalteten Layout selbst am Bildschirm. Hierzu werden Programme aus dem Bereich der *Desktop Publishing* Software verwendet, z.B. Quark-XPress oder InDesign. Das Erlernen dieser Programme dauert zwar einige Wochen und erfordert ständige Übung, die Einsparungen im Hinblick auf Dienstleistungen von Grafikern oder Werbeagenturen sind aber beträchtlich. Sind die Katalogseiten fertig erstellt, so wird nur noch ein PDF in entsprechend guter Auflösung an die Druckerei übergeben.

5. Probeandrucke (proof)

Nach Fertigstellung des Layouts erfolgt im Haus ein erster Probeandruck der Katalogseiten. In diesem ersten Andruck fehlen möglicherweise noch die Bilder. Dieser Probedruck wird entweder von der Marketingabteilung des Veranstalters selbst erstellt oder, wenn er nicht über die notwendigen technischen Geräte verfügt, durch die Druckerei. Der Probeandruck dient der Überprüfung der Vollständigkeit und Platzierung der Angebote.

6. Farbandruck

Nach der Korrektur des Probeandrucks werden die Bilder eingelesen und ein erster Farbandruck erstellt. Anhand dieses Druckes wird noch einmal der gesamte Text korrekturgelesen und die Richtigkeit der Bilder überprüft. Anschließend erfolgt die Druckfreigabe. Der späteste Termin hierfür liegt etwa vier Wochen vor dem geplanten Erscheinungstermin. Die Schritte 4, 5 und 6 können – wie schon dargelegt – auch im Haus des Reiseveranstalters vollzogen werden. Arbeitsschritte können bei Verwendung von Desktop-Publishing-Programmen zusammengefasst und an einem Arbeitsplatz erledigt werden.

7. Katalogdruck

Der Druck der Kataloge dauert je nach Verfahren ca. zwei bis drei Wochen.

8. Katalogversand

Für den Katalogversand an die Vertragsreisebüros muss nochmals eine Woche einkalkuliert werden. Aufgabe der Zeitplanung ist es, alle diese Tätigkeiten zeitlich so zu koordinieren, dass der Erscheinungstermin des Kataloges eingehalten werden kann. Ein Beispiel eines typischen Zeitplanes für die Katalogproduktion eines Großveranstalters zeigt die folgende Abbildung. Für kleinere Reiseveranstalter hat er nur bedingt Gültigkeit. Wie aus der Abbildung ersichtlich ist, werden die unterschiedlichen Tätigkeiten der Katalogerstellung innerhalb der Zielgebiete zeitversetzt durchgeführt. Dies hat den Vorteil, dass die Kapazitäten gleichmäßig ausgelastet werden können und der Arbeitsanfall besser zeitlich verteilt wird.

Flugkatalog Sommer 2013

Bogen	Bogen 1	Bogen 2	Bogen 3
Katalogseiten	3 bis 18	19 bis 34	35 bis 50
Zielgebiete	Spanien	Italien, Türkei	Ägypten, Tunesien, Marokko
Aufgaben			
Beendigung des Hotel-/Flugeinkaufs bis zum	18.09.	18.09.	18.09.
Erstellen der Hotelneutexte bzw. Korrektur der Alttexte durch Hoteleinkäufer bis zum	23.09.	24.09.	25.09.
Abgabe Alt- und Neutexte an Texterfassung bis zum:	24.09.	25.09.	28.09.
Texterfassung 1			
Verarbeitung der Korrekturen der Alttexte und Erfassen der neuen Hoteltexte	25.09.–28.09.	28.09.–29.09.	29.09.–30.09.
Erstellen der Endfassung der Katalogpreistabellen (ohne Preise) bis spätestens:	29.09.	30.09.	01.10.
Erstellung der Saisonzeittabellen für Flug durch PM	30.09.–01.10.	01.10.–02.10.	02.10.–05.10.
Texterfassung 2			
Einfügen von Sparterminen und Kinderermäßigungen	30.09.–02.10.	01.10.–05.10.	02.10.–06.10.
Diaauswahl durch PM/Hoteleinkäufer	02.10.	05.10.	06.10.
Vorlayouterstellung durch PM mit Zeichenzahl der Texte	05.10.–06.10.	06.10.–07.10.	07.10.–08.10.
Verabschiedung der VK-Preise durch PM und GL	07.10.	08.10.	09.10.

Ende Kalkulation: Katalogpreistabellen von EDV an PM Berechnung der Eckpreise unter Berücksichtigung eventueller Spartermine	08.10.–09.10.	09.10.–12.10.	12.10.–13.10.
Texterfassung 3			
Textkorrekturen verarbeiten	09.10.	12.10.	13.10.
Eintragen der VK-Preise in Katalogpreistabelle: Korrekturlesen der Preise	09.10.–12.10.	12.10.–13.10.	13.10.–14.10.
Stilistische und orthographische Überprüfung der Hoteltexte durch den Lektor	12.10.	13.10.	14.10.
Texterfassung 4			
Eckpreise in Hoteltexte eintragen	13.10.	14.10.	15.10.
Abgleich von Hoteltexten mit Endfassung Preistabellen	14.10.–15.10.	15.10.–16.10.	16.10.–19.10.
Texterfassung 5			
Letzte Korrekturen aus Abgleich ausführen	16.10.	19.10.	20.10.
Endtabellen (mit VK-Preisen) und Endtexte an Produktion	19.10.	20.10.	21.10.
Redaktionsschluss	20.10.	21.10.	22.10.
Layoutbeginn	21.10.	22.10.	23.10.
Probeandruck schwarz/weiß und Korrektur	22.10.–23.10.	23.10.–26.10.	26.10.–27.10.
Einlesen der Bilder	26.10.	27.10.	28.10.
Probeandruck farbig, incl. Bilder an:			
a) die Geschäftsleitung b) PM (letzte Revision) c) Einkäufer (Richtigkeit der Bilder prüfen) d) EDV (überprüfen der Preistabellen)	27.10. + 28.10.	28.10. + 29.10.	29.10. + 30.10.
Korrekturen ausführen/3. Probedruck herstellen	29.10.	30.10.	02.11.
3. Probeandruck an Lektor: Korrekturen gegenlesen	30.10.	02.11.	03.11.
Freigabe für Druck durch PM und PC-Leitung	02.11.	03.11.	04.11.
Daten und Disketten an Druckerei	03.11.	04.11.	05.11.
Probedruck der Druckerei an Veranstalter zurück	04.11.	05.11.	06.11.
Korrekturlesen vom Probedruck der Druckerei durch PM	05.11.	06.11.	09.11.
zurück an Druckerei	05.11.	06.11.	09.11.
Katalogdruck		05.11.–23.11.	
Katalogversand		24.11.–01.12.	
Buchungsfreigabe		03.12.	

Erläuterung der in dieser Abbildung verwendeten Abkürzungen:
PM = Produkt-Manager
GL = Geschäftsleitung

Abb. 6.1: Katalogaufbau eines Reiseveranstalters

6.3 Die Katalogerstellung

Das Bemühen um Kreativität und Profilierung im Katalogauftritt führt zum Einsatz renommierter Designer, zu aufwändigem Bildeinsatz, zur Verwendung von teurem Papier und sogar zu Formaten, die beträchtlich von den üblichen Katalogformaten abweichen (Beispiel *airtours* Kataloge 2012).

6.3.1 Kataloggestaltung und -aufbau

Wir unterscheiden zwei teilweise gegensätzliche Aufgaben der Gestaltung von Veranstalterkatalogen:

- umfassende und sorgfältige Information über das Angebot des Veranstalters
- eine Präferenzbildung für die Leistungen des Veranstalters und einzelne Angebote bei den potentiellen Kunden

Um diese Aufgaben erfüllen zu können, teilte bereits Hebestreit den Katalog in einen primär werblichen und einen primär informierenden Teil ein. Primär werblich sind dabei die Titelseite, die allgemeinen einleitenden Werbeseiten, die Werbeseiten vor einzelnen Produktbereichen bzw. Zielgebieten, Hinweise auf andere Programme desselben Veranstalters sowie Fremdanzeigen von Unternehmen anderer Branchen. Zu den primär informierenden Teilen gehören das Inhaltsverzeichnis, Erklärungen zu verwendeten Piktogrammen und zur Hotelklassifizierung, Preisberechnungsbeispiele, Zielgebiets-, Orts-, und Hotelbeschreibungen sowie Preis- und Saisonzeitentabellen. Im Folgenden soll auf die einzelnen Teile des Kataloges kurz näher eingegangen werden.

6.3.1.1 Die Katalog-Titelseite

Die Titelseite eines Kataloges vermittelt den ersten Eindruck von einem Katalog und dem dahinter stehenden Veranstalter. Er ist eine Art „Visitenkarte". Die Katalogtitelseite besteht üblicherweise aus zwei Komponenten: dem Bildmotiv und einem Text. Im Mittelpunkt einer optimalen Titelbildgestaltung steht dabei das Bildmotiv. Die hauptsächliche Anforderung an das Bildmotiv ist es, beim potentiellen Kunden Interesse zu wecken und sich durch eigenständige Merkmale von den Katalogen der Konkurrenz zu unterscheiden. Bei Untersuchungen wurde festgestellt, dass Titelseiten mit einem einzigen, in sich geschlossenen Bildmotiv dem Verbraucher besser in Erinnerung bleiben. Der Textteil enthält den Namen des Veranstalters bzw. der Veranstalter-Marke, die Saison und eine Produktkennzeichnung. Es sollte dabei weitgehend vermieden werden, auf der Titelseite eine große Anzahl von Destinationsverweisen, Sonderpreisen oder Spezialangeboten unterzubringen. Stattdessen sollten nur wenige kurze und prägnante Slogans abgedruckt werden, die die Besonderheiten des Produktes betonen. Die Rückseite des Katalogumschlages kann zur Finanzierung der Katalogkosten durch Anzeigen genutzt werden. Häufig sind dort auch andere Katalogtitel des Veranstalters abgebildet. Außerdem ist auf der Rückseite auch ein Platz für die Adresse des vermittelnden Reisebüros vorzusehen, sofern die Reisen über diesen Vertriebsweg verkauft werden sollen.

6.3.1.2 Allgemein einleitende Werbe- und Informationsseiten

Sie enthalten zum einen veranstalterspezifische werbliche Verkaufsargumente, die die „Philosophie" des Veranstalters darstellen sollen. Dazu gehören eventuelle allgemeinen Kinderermäßigungen, Hinweise auf die Arten der angebotenen Preisermäßigungen und Spartermine, besondere Serviceleistungen des Veranstalters, Hinweise auf die besondere Qualität der unter Vertrag stehenden Leistungsträger, die Reiseleitung usw. Weiterhin werden hier Informationen zur Handhabung des Prospektes abgedruckt. Dazu gehört ein nach Zielgebieten und Zielorten geordnetes Inhaltsverzeichnis, die Erklärung verwendeter Symbole und Abkürzungen, Hinweise auf die verwendete Hotelklassifikation und Rechenbeispiele zur Berechnung der Reisepreise. Dieser Teil des Kataloges beträgt in der Regel ca. 5 % des Gesamtumfanges eines Kataloges.

6.3.1.3 Der Angebotsteil

Der Angebotsteil besteht aus Einführungsseiten für die Zielgebiete sowie den Orts- und Hotelbeschreibungen. Die Darstellungsreihenfolge der einzelnen Destinationen erfolgt dabei in erster Linie entsprechend ihrer wirtschaftlichen Bedeutung und der Höhe der geplanten Teilnehmerzahlen. Innerhalb der einzelnen Destinationen wird in der Regel eine Gliederung nach geographischen Gesichtspunkten bevorzugt. Die Seitenzahl pro Destination ist abhängig von der Anzahl der Hotelangebote des Zielgebietes, der geplanten Teilnehmerzahl und dem Bekanntheitsgrad der Destination. Insbesondere neue Zielgebiete werden großzügiger dargestellt als schon längere Zeit im Programm befindliche Destinationen, um ein erhöhtes Interesse bei den Kunden zu wecken. Dabei wird u.U. bewusst in Kauf genommen, dass diese Zielgebiete in der ersten Saison keinen Gewinn erwirtschaften können.

Der Angebotsteil umfasst wie bereits erwähnt zunächst die Einführungsseiten für jedes Zielgebiet. Sie enthalten eine kurze, charakterisierende Beschreibung des Zielgebietes und weisen auf Besonderheiten des veranstalterspezifischen Angebotes in diesem Zielgebiet hin. Ferner werden häufig typische Landschaftsbilder, Klimatabellen und Landkarten verwendet, in der alle in dem jeweiligen Zielgebiet angebotenen Orte eingezeichnet sind. Der Umfang dieser Seiten sollte von der wirtschaftlichen Bedeutung des Zielgebietes für den Veranstalter abgeleitet werden. Es gilt dabei zu bedenken, dass mit diesen Seiten kein Umsatz erzielt werden kann und sie in erster Linie der Promotion eines Landes oder Zielgebietes dienen. In diesem Zusammenhang wäre unter Umständen eine Zusammenarbeit mit den Fremdenverkehrsämtern der betreffenden Länder oder Regionen denkbar: Sie können sich mit Werbekostenzuschüssen an den Kosten oder der Gestaltung der Seiten beteiligen.

Die Zielgebietsseiten werden ergänzt durch Zielortbeschreibungen. Sie sollen den Kunden über das Angebot des Urlaubsortes informieren. Diese Ortsbeschreibungen resultieren einerseits aus den von Zielorten zur Verfügung gestellten Informationen, zum anderen aus eigenen Erhebungen der Hoteleinkäufer des Reiseveranstalters. Dazu ist es sinnvoll eine Art Checkliste anzufertigen, in die der Einkäufer die relevanten Informationen eines Zielortes eintragen kann. Sie erleichtern später die Erstellung der Ortstexte erheblich. Sie ermöglichen es u.U. auch anderen Mitarbeitern des Veranstalters, eine Ortsbeschreibung zu verfassen, ohne dass sie den Ort aus eigener Anschauung kennen. Eine Checkliste für einen Badeort könnte z.B. folgendes Aussehen haben.

6.3 Die Katalogerstellung

Zielgebiet:							
Ortsname:							
Lage:							
Anreise zum Zielort:							
Entfernung zum Flughafen:		km	Transferzeit:			Std:Min	
Charakter des Ortes:							
Strand:	Länge:			Breite:			
Strandqualität:*	Felsstrand		Kieselstrand		Sandstrand:		flach abfallend:
Ausstattung des Strandes:*	Sonnenschirme:		Liegen:		Duschen:		
Wassersportmöglichkeiten:*	Segeln:		Windsurfing:		Wasserski:		Pedalos:
	Segelschule:		Tauchschule:				
sonst. Sportmöglichkeiten:*	Tennis:		Golf:		Reiten:		Fahrradverleih:
	Minigolf:		Kegeln:		Bowling:		
Freizeiteinrichtungen:*	öffentl. Hallenbad:		öffentl. Freibad:		Freizeitpark:		
Unterhaltungsangebot:*	Restaurants:		Cafés:		Bars:		Discotheken:
	Spielcasino:		Kino:				
regelmäß. Veranstaltungen:	z.B. Konzerte, Veranstaltungen, Feste						
Sehenswürdigkeiten im Ort:	z.B. Museen, historische Gebäude, Grünanlagen						
Ausflugsmöglichkeiten:							
* zutreffendes ankreuzen							

Abb. 6.2: Checkliste für die Erstellung von Ortsbeschreibungen

Hauptbestandteil des Angebotsteils sind die Hotelbeschreibungen. Diese sollten weitgehend systematisiert werden und einem von dem Veranstalter vorgegebenen Raster folgen, um so den Kunden einen möglichst guten Vergleich der verschiedenen vom Veranstalter unter Vertrag genommenen Häuser zu ermöglichen. Den Kopf des Textes bilden dabei der Name des Hotels und die vom Veranstalter festgelegte Hotelkategorie. Dazu werden verschiedene Symbole wie Sterne, Rauten, Punkte, Palmen usw. verwendet. Landesübliche Kategorien werden im Allgemeinen nicht erwähnt, da diese den Anforderungen der Veranstalter nicht genügen und die Unterschiede zwischen den einzelnen Urlaubsdestinationen zu groß sind. Außerdem beziehen sich die landesspezifischen Kategorien sehr häufig auf rein technisch-objektive Kriterien, die für den Reiseveranstalter nicht in erster Linie relevant sind. Der Reiseveranstalter muss vielmehr beurteilen, ob das Hotel den Erwartungen seiner Klientel entspricht. Hier spielen Gestaltung, Einrichtungsstil, Pflegezustand, Service und andere Kriterien eine wichtige Rolle.

Beispiel:

Das Hotel *Résidencia* in Déia, Mallorca, ist eines der besten und teuersten Hotels der Balearen und wird von den entsprechenden Veranstaltern mit der höchsten Bewertung versehen. Nach den amtlichen nationalen Kategorien hat das Hotel aber nur vier Sterne, da die Zimmer zum Teil Bungalows sind, die nur zu Fuß zu erreichen sind. Es ist in Spanien aber Vorschrift, dass bei einem Fünf-Stern-Hotel jedes Zimmer mit einem Lift erreichbar sein muss.

Häufig werden in die Überschrift der Angebotsseiten auch Symbole integriert, die es dem Kunden auf den ersten Blick ermöglichen, Informationen über bestimmte Ausstattungsmerkmale des Hotels zu erlangen. Dazu gehören z.B. Piktogramme für Hallenbäder, Swimmingpools oder Tennisplätze in der Hotelanlage. Die Verwendung der Symbole hat v.a. den Vorteil, dass der Platzbedarf hierfür erheblich niedriger ist als bei der Verwendung von Fotos. Dadurch wird es letztlich möglich, die Anzahl der pro Seite dargestellten Hotels zu erhöhen und so den Umsatz pro Katalogseite zu steigern. Wenn mit den Hotels nur kleine Zimmerkontingente vereinbart wurden, ist es anders kaum möglich, einen ausreichenden Umsatz pro Katalogseite zu erzielen.

Üblich ist es, anschließend zunächst die Lage des Hotels am Urlaubsort, dann die Ausstattung des Hotels und schließlich die Einrichtung der Zimmer zu beschreiben. Auch innerhalb dieser Punkte wird die Reihenfolge von den Veranstaltern vorgeschrieben. So ist es vielfach üblich, bei der Beschreibung der Hotelausstattung von „innen nach außen" vorzugehen. Außerdem ist ein Hinweis auf die vom Hotel angebotenen Verpflegungsmöglichkeiten erforderlich. Am Ende des Textes werden üblicherweise vom Veranstalter angebotene Sparmöglichkeiten in dem betreffenden Hotel und der Eckpreis für einen 1- oder 2-wöchigen Aufenthalt genannt. Während früher nahezu ausschließlich 1-Wochen-Eckpreise genannt wurden, gehen die Veranstalter mehr und mehr dazu über, den 2-Wochen-Eckpreis zu nennen, da die meisten Kunden diese Aufenthaltsdauer bevorzugen.

Die Erstellung der Hoteltexte liegt bei den meisten Veranstaltern im Aufgabenbereich der Hoteleinkäufer. Neben den Texten für neu ins Programm aufgenommene Hotels sind am Ende einer jeden Saison die Texte bereits im Programm befindlicher Hotels auf ihre Aktualität und Richtigkeit zu überprüfen. Dabei sollten auch Hinweise der Abteilung Kundenbetreuung über Gästereklamationen Berücksichtigung finden. Die von den Einkäufern verfassten Texte werden anschließend noch von einem Lektor stilistisch überarbeitet und auf grammatikalische und orthographische Richtigkeit überprüft. Einige Veranstalter haben aber auch spezielle Mitarbeiter, deren Aufgabe es ist, die für den Katalog notwendigen Hotel-, Orts- und sonstigen Texte zu erstellen.

Ähnlich wie bei den Ortsbeschreibungen ist es auch bei den Hoteltexten empfehlenswert, auf eine Art Checkliste zurückzugreifen. Ein Beispiel hierfür zeigt die Abbildung auf der nächsten Seite. Im Allgemeinen gehört zu jeder Hotelbeschreibung mindestens ein Foto des Hotels. Dabei wird überwiegend eine Außenansicht des Hotels verwendet. Besteht die Möglichkeit, mehrere Fotos abzudrucken werden häufig Abbildungen von besonderen Einrichtungen, wie Swimmingpools, Tennisplätzen usw. oder eines typischen Zimmers verwendet. Bei der Verwendung von Zimmeraufnahmen sollte allerdings der Hinweis *Wohnbeispiel* o.ä. nicht vergessen werden, da die Hoteliers häufig über unterschiedlich eingerichtete Zimmer verfügen und so besser Kundenreklamationen vorgebeugt werden kann. Die Hotelfotos werden von den Einkäufern selbst aufgenommen oder von den Hoteliers zur Verfügung gestellt. Im letzteren Falle sollten die Bilder vor Ort auf Aktualität geprüft werden. Welche Bilder im Katalog abgedruckt werden, entscheidet der betreffende Hoteleinkäufer.

Die Darstellungsgröße der Hotels im Katalog wird zum einen durch die Zeichenzahl des Hoteltextes beeinflusst. Allerdings spielt auch das Bildformat des Hotels eine Rolle. So ist darauf zu achten, ob es sich um ein hoch- oder querformatiges Bild handelt. Weitere Be-

6.3 Die Katalogerstellung

Zielgebiet:							
Ort:							
Hotelname:							
Hotelkategorie:							
Anzahl der Zimmer:							
Lage:	z.B. Haupt- oder Nebenstraße, Verkehrslärm						
Entfernung zum Flughafen:		km	Transferzeit:				Std:Min
Entfernung zum Strand:				m			Min
Entfernung zum Ortszentrum:				m			Min
Verpflegungsmöglichkeiten:*	Unterkunft:		Ü/F:		Halbpension:		Vollpension
	Frühstücksbüffet:		Menüwahl:		Büffets:		
Charakter/Atmosphäre des Hotels:	z.B. Art der Gäste, erwünschte Garderobe						
Zimmerstandard:	z.B. einfach, modern, gepflegt, komfortabel usw.						
Zimmerausstattung:*	Dusche:		Bad:		WC:		fl. Wasser:
	Telefon:		Radio:		Fernsehen:		Minibar:
	Klimaanlage:		Safe:		Meerblick:		Meerseite:
	Balkon:		Terasse:		Heizung:		
andere Ausstattung bei EZ:							
Ausstattung:	Restaurant:		Bar:		Café		Discothek:
	Aufenthaltsraum:		Speiseraum:		Fernsehraum:		Lift:
	Hallenbad:		Swimmingpool:		Sonnenterasse:		Parkplatz:
	Spielplatz:		Boutiquen:		Friseur:		Garten:
	sonstiges:						
Sporteinrichtungen im Hotel:**	Tennis:		Hartplatz:		Sandplatz:		Flutlicht:
	Reiten:		Golf:		Minigolf:		Tischtennis:
	Segeln:		Windsurfen:		Wasserski:		Tauchen:
	sonstiges:						
sonstige Leistungen:	z.B. Begrüßungsdrink, Animation, regelmäßige Veranstaltungen im Hotel, usw.						
Für welchen Kundenkreis besonders geeignet:	z.B. Familien, Singles, usw.						
* zutreffendes ankreuzen							
** falls im Preis inkl. bitte unterstreichen							

Abb. 6.3: Checkliste für die Erstellung von Hoteltexten

stimmungsgröße der Hoteldarstellung ist auch das mit dem jeweiligen Hotelier vereinbarte Zimmerkontingent. So sollten Hotels mit nur kleinen Kontingenten auch eher klein dargestellt werden, um so ein akzeptables Verhältnis von Umsatz zu Kosten der Darstellung im Katalog zu erreichen. Außerdem sollte den Hoteliers gegen Kostenbeteiligung die Möglichkeit einer größeren Darstellung im Katalog eingeräumt werden. Darüber hinaus könnten gegen Kostenbeteiligung in bestimmten Grenzen auch Platzierungswünsche der Hoteliers im Katalog berücksichtigt werden.

Bei der Entscheidung über die Größe eines Bildes ist auch zu beachten, dass die Größe eine psychologisch nachweisbare Wirkung auf die Qualitätsvermutung des Betrachters hat. So wurde in einer Studie an der Fakultät für Tourismus der Hochschule München in Zusammenarbeit mit der GfK Gesellschaft für Konsumforschung, Nürnberg, mittels eines Labortests nachgewiesen, dass bei Hotels, die mit einem großen Bild dargestellt wurden eine höhere Qualität vermutet wurde als bei Hotels, die mit einem kleinen Bild dargestellt wurden.

6.3.1.4 Der Preisteil

Grundsätzlich ist hier zu entscheiden, ob der Preisteil separat oder in den Katalog integriert erscheinen soll. Nachfolgend sollen die Vor- und Nachteile separater Preisteile tabellarisch aufgeführt werden:

Vorteile	Nachteile
• Kostenvorteile, da auf qualitativ schlechteren Papiersorten gedruckt und u.U. auf Farbdruck verzichtet werden kann • Aufgrund geringerer Kosten ist einen detaillierte und großzügigere Darstellung und Erklärung möglich • Der Preisteil kann zeitlich später in den Druck gehen als der eigentliche Katalog, dadurch ist es möglich die Kalkulation zeitlich nach hinten zu verschieben, um u.U. Preisvergleiche zu ermöglichen • Durch spätere Kalkulation wird auch das Währungsrisiko geringer • Einfachere Handhabung für Kunden, da relevante Seite des Preisteils direkt neben die Hotelbeschreibung des Kataloges gelegt werden kann	• Nur ab einem bestimmten Programmumfang realisierbar, da der Preisteil aus drucktechnischen Gründen i.d.R. mindestens vier Seiten umfassen sollte • Nur für Veranstalter mit turnusmäßig durchgeführten Reisen geeignet; bei Einzelreisen kann der Preis besser direkt bei der Angebotsbeschreibung stehen • Kann schneller verloren gehen

Ist ein separater Preisteil vorgesehen, muss im Angebotsteil durchgehend auf diesen verwiesen werden, um so dem Kunden das Auffinden der entsprechenden Hotels im Preisteil zu erleichtern. Die Reisepreistabellen sollten möglichst übersichtlich und einfach gehalten sein, da damit gerechnet werden muss, dass die Kunden und möglicherweise auch die Reisebüros letztlich jenen Veranstalter bevorzugen, der dieses Kriterium erfüllt. Um die Anzahl der Rechenschritte zu reduzieren, die zur Endpreisermittlung erforderlich sind, sind Hotelpreistabellen zu fordern, die zeilenweise nach Unterkunfts- und Verpflegungsvarianten, sowie spaltenweise nach Saisonzeiten und Aufenthaltsdauern geordnet sind.

Empfehlenswert ist es, die einzelnen Saisonzeiten farblich unterschiedlich zu unterlegen. Für einige endpreisverändernde Einflussfaktoren, wie Kinderermäßigungen und Abflughafen-Zuschläge, lassen sich Zu- bzw. Abschlagstabellen nur schwer vermeiden. Sie sollten aber auf ein Minimum reduziert werden und möglichst unmittelbar bei den zugehörigen Hotelpreistabellen platziert werden, um die Übersichtlichkeit zu wahren. Kinderermäßigungen wurden inzwischen bei zahlreichen Veranstaltern durch Kinderpreise oder Familienpreise ersetzt. Auf den letzen Katalogseiten folgen schließlich Hinweise auf die allgemeinen Reisebedingungen des Veranstalters, Buchungsinformationen und u.U. ein Anmeldeformular.

6.3.2 Rechtliche Aspekte der Katalogerstellung

6.3.2.1 Rechtliche Aspekte bei Hotel- und Ortsbeschreibungen

Nach dem geltenden Reiserecht (§ 651 a–l BGB) haftet der Reiseveranstalter für die Richtigkeit und Vollständigkeit seiner Prospektangaben. Die in den Hotelbeschreibungen erwähnte Ausstattung der Hotels und Zimmer muss vorhanden sein. Die Angaben zu Lage, Strandverhältnissen usw. müssen richtig sein. Ist eine der im Katalog zugesicherten Eigenschaften nicht vorhanden oder mangelhaft, so mindert sich für die Dauer des Mangels der Reisepreis,

6.3 Die Katalogerstellung

sofern der Reiseveranstalter innerhalb einer vom Reisenden gesetzten Frist keine Abhilfe leistet. Wie hoch diese Minderung ist, wenn zugesagte Einrichtungen fehlen, hängt erheblich vom Einzelfall ab. Allerdings sind in der sog. „Frankfurter Tabelle" Richtsätze veröffentlicht, die über die ungefähre Höhe der Reisepreisminderung Auskunft geben. Die folgende Aufstellung ist ein Auszug dieser Tabelle:

Art der Leistung	Mängelposition	Preisminderung
Ortsbeschreibung:	fehlende Vergnügungseinrichtungen	0–15 %
	fehlende Boutique/Ladenstraße	0–5 %
	fehlender FKK-Strand	10–20 %
Lage des Hotels:	abweichende Stadtentfernung	5–15 %
Zimmerausstattung:	fehlender Balkon	5–10 %
	fehlender Meerblick	5–10 %
	fehlendes eigenes Bad/WC	15 %
	fehlendes eigenes WC	10 %
	fehlendes eigene Dusche	10–20 %
	fehlende Klimaanlage	10–20 %
Zimmerausstattung:	fehlender Swimmingpool	10–20 %
	fehlendes Hallenbad	10–20 %
	fehlende Sauna	5 %
	fehlender Tennisplatz	5–10 %
	fehlender Minigolfplatz	3–5 %
	fehlende Segel-, Tauch-, Surfschule	5–10 %
	fehlende Reitmöglichkeit	5–10 %
	fehlende Kinderbetreuung	5–10 %

Zwar gilt es, bei der Errechnung der Preisminderung auch die sog. „Landesüblichkeit" zu berücksichtigen, doch ist nach einem Urteil des Bundesgerichtshofes vom 12. März 1987 eine Klausel unwirksam, nach der sich der Umfang der vertraglichen Leistungen aus der Leistungsbeschreibung unter Berücksichtigung der Landesüblichkeit ergibt. Unter Landesüblichkeit werden die örtlichen und regionalen Besonderheiten eines Zielgebiets verstanden. Beispiel hierfür ist z.B. das in den Mittelmeerländern eher übliche sparsame Frühstück. Pauschale Einschränkungen der Leistungsverpflichtung sind ebenso unwirksam, wie der Hinweis auf die Drucklegungsklausel und pauschale Einschränkungen bezüglich „Druckfehlern, Irrtümern usw." In der Rechtsprechung umstritten ist, inwieweit der Reiseveranstalter notwendige Kataloghinweise in allgemeiner Form den konkreten Ausschreibungen voranstellen kann, oder ob er sie bei den jeweiligen Orts- und Hotelbeschreibungen wiederholen muss. Ein allgemeiner Hinweis auf eine „rege Bautätigkeit im Zielgebiet" wird z.B. bei einer konkreten Beeinträchtigung durch eine bestimmte Baustelle in der Nähe des Hotels nicht ausreichen.

6.3.2.2 Rechtliche Aspekte bei der Preisdarstellung

Grundlage für eine korrekte Preisdarstellung bilden das Gesetz gegen unlauteren Wettbewerb (UWG), die „Preisangabenverordnung" (PAngV) und die „Zugabenverordnung" (ZugabeVO).

Irreführende Angaben

Das UWG verbietet im § 3 irreführende Angaben bei der Preisermittlung und der angebotenen Kapazitäten. Hierzu gehört insbesondere die Werbung in den Katalogen mit sehr günstigen Eckpreisen oder speziellen Sonderangeboten, die nur an wenigen (oder gar einem) Saisontermin(en) gebucht werden können, oder nur mit sehr geringen Kontingenten zur Verfügung stehen. In jedem Fall muss gewährleistet sein, dass die Angebote zum Zeitpunkt der Katalogveröffentlichung noch buchbar sind. Auch die Behauptung einer nicht den Tatsachen entsprechenden Alleinstellung verbietet das UWG. Dazu gehören beispielsweise Werbeaussagen wie „Spanien – nirgends günstiger als bei uns" oder „Wir bieten die höchsten Kinderermäßigungen". Ferner verbietet das UWG in § 6e Abs. 1 die Werbung mit Preisgegenüberstellungen. So ist es einem Reiseveranstalter bei „Last-Minute-Angeboten" verboten, den vor der Preisreduzierung verlangten Reisepreis dem neuen Preis direkt gegenüberzustellen. Auch die Angabe eines Prozentsatzes der Ermäßigung ist nicht erlaubt. Diese gesetzlichen Bestimmungen gelten lediglich dann nicht, sofern diese nicht blickfangmäßig herausgestellt werden oder wenn ohne blickfangmäßige Herausstellung auf einen höheren Preis Bezug genommen wird, der in einem früheren Katalog enthalten ist. „Last-Minute-Reisen" dürfen nicht auf bestimmte Käufergruppen beschränkt sein, sondern müssen allen potentiellen Kunden zugänglich sein. Dies gilt auch für bereits im Katalog ausgeschriebene Reisen ohne feste Bestätigung einer bestimmten Unterkunft (sog. „Glücksreisen" oder „Vertrauensreisen").

Möglichkeiten zum Austausch der Preislisten

Seit 2010 ist es dem Reiseveranstalter erlaubt, sich im Vorfeld einer Buchung Preisänderungen vorzubehalten und im Markt befindliche Kataloge bei Bedarf mit neuen Preislisten zu versehen. Dies ist insbesondere in Zeiten stark schwankender Wechselkurse oder stark variierender Kerosinzuschläge von Bedeutung. Bei bereits abgeschlossenen Reiseverträgen gelten weiterhin die Bestimmungen des bisherigen Reisevertragsrechts. Mit der Lockerung der Bestimmungen, die vermutlich weitergehen wird, soll u.a. der Tatsache Rechnung getragen werden, dass immer mehr Angebote der sog. X-Produktion auf den Markt kommen, bei denen Reisen zu tagesaktuellen Preisen und ohne Katalog angeboten werden.

7 Fazit und Ausblick

Am 24.02.2012 verbreitete der touristische Nachrichtendienst reise.vor9.de ein bemerkenswertes Statement eines prominenten Touristikers: „**Vural Öger sieht keine Zukunft für große Veranstalter:** Die Konzerne hätten die digitale Revolution verschlafen und würden enden wie Kodak, sagt der ehemalige Inhaber von *Öger Tours* im Interview und lässt auch kein gutes Haar an der Tourismuspolitik in der Türkei."

Im wörtlichen Zitat des Interviews liest es sich etwas anders. Hier erklärt *Vural Öger*: „In der jetzigen Form sehe ich keine gute Zukunft für Reiseveranstalter. Ich erwarte da ein ähnliches Schicksal wie bei dem Unternehmen Kodak, das über Jahrzehnte eine der beliebtesten Marken für Fotografen war. Dann hat man dort den Beginn des digitalen Zeitalters verschlafen und ist untergegangen. Die technische Entwicklung hat durch die neuen Kommunikationsmöglichkeiten auch große Veränderungen im Verhalten der Touristen mit sich gebracht. So gibt es in den USA auch keinen großen Reiseveranstalter. Dort besorgen sich die Leute ihre Flüge und Hotels in eigener Regie." Im weiteren Verlauf des Interviews kritisiert *Vural Öger* die Tourismuspolitik der Türkei und verweist auf die großen Bettenkapazitäten an der türkischen Riviera, die erheblich über die Nachfrage hinaus gehen und nur noch über sehr niedrige Preise verkauft werden können. Soweit der Bericht von reise.vor9.de.

Vural Öger, aktiver Europa-Politiker und von der Ausbildung her Dipl.-Ingenieur, hatte seinen Reiseveranstalter *Öger Tours*, der über viele Jahre – zumindest nach den selbst gemeldeten Umsatzzahlen – einer der deutschen Großveranstalter war, im Jahr 2010 an den *Thomas Cook* Konzern verkauft. Auf Grund sehr schwacher Geschäftsergebnisse und einer kritisch niedrigen Liquidität erzielte er für seine Firma, die als Marktführer im Türkei-Tourismus galt lediglich einen Verkaufserlös von ca. 30 Millionen €. (Zum Vergleich: das *DER* war von der *DB* an die *REWE* Gruppe für 900 Millionen DM verkauft worden). Einer der Gründe für die schwache Entwicklung der Ergebnisse von *Öger Tours* war sicher der Preisverfall im Türkei-Tourismus auf Grund der viel zu großen Hotelkapazitäten an der türkischen Südküste. Einwöchige Türkeireisen inkl. Flug, „Fünf-Sterne-Hotel" und weiterer Leistungen werden auf dem deutschen Markt für unter 200 Euro verramscht, mit „freundlicher Unterstützung der türkischen Tourismusförderung", wie es in Werbedrucksachen heißt. Ein anderer Grund war aber auch die starke Fokussierung auf das Türkeigeschäft, das Angebote für andere Zielgebiete der Welt im Programm von *Öger Tours* nie wirklich tragfähig werden ließ.

Die Entwicklung dieses Unternehmens und das Statement von *Vural Öger* liefern einige Stichworte, die wir nutzen wollen, Lehren aus der Geschichte der Reiseveranstalter zu ziehen, verschiedenen Strategien wie z.B. die Strategie der vertikalen Integration näher zu beleuchten und (möglicherweise etwas provokante) Thesen für die weitere Entwicklung der Reiseveranstalter zu formulieren:

1. **Große Reiseveranstalter-Konzerne erzielen entscheidende Wettbewerbsvorteile weder durch ihre Größe noch durch ihre Konzern-Struktur. Mittelständler sind erfolgreicher:** Das Beispiel *Öger Tours* ist zwar nicht gerade ein Beleg für diese These, doch dieser Fall ist anders gelagert und mit anderen Fällen nicht vergleichbar. Der unternehmensspezifische Erfolgsfaktor von *Vural Öger* war ursprünglich, dass er mit Flügen für türkische Gastarbeiter Geld verdient hat und je nach Marktlage zwischen touristischen Angeboten und Gastarbeiterflügen umsteigen konnte. Einen vergleichbaren Fall gibt es in der Geschichte der deutschen Reiseveranstalter nicht. Unter den deutschen Touristikkonzernen sind zwei börsennotierte (*TUI* und *Thomas Cook*) und die nicht börsennotierte *REWE*. Die börsennotierten Konzerne *TUI Plc.* und *Thomas Cook Plc.* leiden unter den Erwartungen der Analysten, denen selbst eine Umsatzrendite von 2 % zu wenig ist. Dabei verkennen Analysten bisweilen, dass im Markt der Flugpauschalreisen auf Grund des intensiven Wettbewerbs und der hohen Austauschbarkeit der Produkte mehr als 2 % kaum zu erreichen sind. Unter den mittelständischen Reiseveranstaltern überzeugen heute *FTI, Alltours, Schauinsland* oder *Studiosus* mit Wachstum und wirtschaftlichem Erfolg, um nur einige Beispiele zu nennen, denen sich viele Namen kleiner Veranstalter hinzufügen ließen.

2. **Vertikale Integration ist nur dann ein Erfolgsmodell, wenn ein umfangreiches Engagement in der Hotellerie möglich ist, wobei sich Modelle mit geringer Kapitalbindung als vorteilhafter erweisen.** Die *TUI AG* ist der größte deutsche Hotelier und heute mehr ein Leistungsträger-Konzern als ein Reiseveranstalter. *TUI* verdient ihr Geld größtenteils nicht in Deutschland. *Thomas Cook Plc.* ist ein Sanierungsfall, der englische Mutterkonzern zu Beginn des Jahres 2012 ein Übernahmekandidat. Der Verkauf aller Aktivposten steht zur Diskussion. Bei der *REWE* ist die Touristik nur eine von zahlreichen Konzernbereichen. Darüber hinaus besitzt die *REWE* mit dem *DER* ein wirtschaftlich kerngesundes und hoch profitables Unternehmen, für dessen Kauf an die Deutsche Bahn ein hoher strategischer Preis bezahlt wurde (s.o.). Die Strategie des „vertikalen Integration" der Touristikkonzerne ist – sieht man von der besonderen Entwicklung der *TUI* ab – so gut wie gescheitert. *FTI* hat diesen Versuch zwischen 2000 und 2003 mit Müh und Not überstanden. Wenn heute Reiseveranstalter Beteiligungen an Zielgebietsagenturen einerseits und an Reisebüros andererseits eingehen, entspricht das nicht mehr dem ursprünglichen Konzept des vertikal integrierten Konzerns.

3. **Eine Substitution der Reiseveranstalter durch verändertes Buchungsverhalten ist auch langfristig nicht zu erwarten.** Das Geschäft der deutschen Reiseveranstalter lief auch 2011 hervorragend (siehe u.a. FVW Dossier „Deutsche Veranstalter 2011"). Der Hinweis von *Vural Öger* auf die USA geht an der Sache vorbei. In den USA hat der Reisemarkt von Anfang an eine ganz andere Entwicklung genommen als in Deutschland. Die Fluggesellschaften spielten eine dominierende Rolle und prägten den Markt der Reisebüros. Außerdem geht fast die Hälfte der Amerikaner, die eine Auslandsreise machen, auf ein Kreuzfahrtschiff – nicht zuletzt, weil da so manches erlaubt ist, was zu Hause verboten ist. Der demographische Wandel kommt im Übrigen den Reiseveranstaltern entgegen, denn viele allein stehende Menschen nutzen gern die Möglichkeit, an einer organisierten Reise teilzunehmen.

4. **Die veränderten technologischen Möglichkeiten begünstigen kleine Reiseveranstalter und Neugründer.** Zwar haben *TUI* & Co. die digitale Revolution nicht verschlafen, doch wer in den Achtzigerjahren des vorigen Jahrhunderts Pionier war und über viele

Jahre hinweg mit hohem Aufwand ein umfangreiches modulares Produktions- und Vertriebssystem aufgebaut hat, besitzt eine gewisse Schwerfälligkeit und kann dieses System nicht von heute auf morgen grundlegend verändern. Ein entsprechender Versuch führte erst im Jahr 2011 bei *Thomas Cook* zu einem Millionenverlust. Auch mit Internetportalen tun sich große Konzerne schwer, wie u.a. das Scheitern des Portals *Ferien.de* bei *TUI* zeigte. Die in den letzten Jahren auf den Markt gekommenen X-Veranstalter haben zum Teil deutlich zweistellige Wachstumsraten erzielt und die Gewichte auf dem Markt tendenziell verändert. Zum Teil kam ihnen dabei auch die wirtschaftliche Entwicklung der Jahre 2008 und 2009 entgegen, wie das Beispiel *JT-Touristik* zeigt. Zu einer grundlegenden Veränderung der Marktstrukturen bei Reiseveranstaltern hat das bisher nicht geführt.

5. **Die stärksten Veränderungen des Reiseveranstaltergeschäfts gehen von der Leistungsträgerseite aus.** *Vural Öger* kritisiert zu Recht die übertrieben expansive Hotelbaupolitik an der türkischen Riviera. Doch nicht nur hier, in sehr vielen Destinationen wird versucht, durch massiven Ausbau der Kapazitäten im Hotelbereich am Reisegeschäft zu partizipieren. In immer mehr Destinationen hat sich der Markt der Unterkünfte von einem Verkäufermarkt zu einem **Käufermarkt** gewandelt. Somit stellt sich die Frage, ob es für Reiseveranstalter noch sinnvoll ist, in eigene Hotelanlagen zu investieren. Der Reiseveranstalter, der ungebunden von eigenen Besitztümern verhandeln und einkaufen kann, ist zunehmend im Vorteil. Andererseits versuchen die Hotelbetreiber, ihre Betten durch kurzfristige Preisaktionen zu füllen, was zu Nachteilen für diejenigen führen kann, die über eine Saison fest eingekauft haben. Ähnlich stellt sich die Situation im Luftverkehr dar: Das Angebot an Sitzplätzen in Flugzeugen wächst beständig und kann oft nur über günstige Preise gefüllt werden. Immer mehr Fluggesellschaften sind bereit, ins Risiko zu gehen und Flüge anzubieten, die dann von Reiseveranstaltern nach Bedarf gebucht werden können.

6. **Die Bedeutung der Marke wird weit überschätzt; nur sehr wenige Reiseveranstalter-Marken verfügen über einen echten Markenkernwert.** In der Touristik wird oft übersehen, dass eine Marke ein Qualitätsversprechen ist, das für alle Produkte gelten muss, die unter dieser Marke verkauft werden. Im Kapitel *2 Strategische Planung* wurde auf die Polarisierung des Marktes hingewiesen. Es zeigen sich Wachstumspotentiale im gehobenen Markt bzw. im Segment der anspruchsvollen Produkte sowie im Segment der Niedrigpreisangebote. Im oberen Marktsegment gab es über lange Jahre zwei Reiseveranstalter, die eine **Nobelmarke** führten: *Airtours (TUI-Gruppe)* und *Terramar (Thomas Cook)*. Beide Unternehmen waren letztendlich wirtschaftlich erfolglos. Die *TUI*-Tochter *Airtours GmbH* mit Sitz in Frankfurt musste nach mehreren Jahren mit Millionen-Verlusten 2006 geschlossen werden. Geblieben ist eine reine Marke im Hause *TUI*, deren Wirtschaftlichkeit man nicht mehr nachvollziehen kann. *Terramar* war einer der Verlustbringer bei *Thomas Cook* und wurde von CEO *Stefan Pichler* noch vor dem Jahr 2003 eingestellt, das fast zum Zusammenbruch des Reiseveranstalters *Thomas Cook* geführt hätte.

Im gehobenen Markt spielt u.a. der Veranstalter *Dertour* eine führende Rolle, dessen Erfolge im Bausteingeschäft bisher von keinem Mitbewerber erreicht wurden. Doch selbst hier spielt Markentechnik eine untergeordnete Rolle, denn die Reisen von *Dertour* werden zum allergrößten Teil im Reisebüro verkauft. Man könnte die Situation aus der Sicht des Kunden leicht überspitzt so formulieren: „*Dertour* ist der größte Reiseveranstalter, den keiner kennt". Im Vertrieb spielt dieser Veranstalter hingegen eine überragende Rolle. Man könnte hier natürlich den Begriff „B2B-Marke" verwenden, der auch im Hause *FTI* mittlerweile verwendet wird. Ob es jedoch Sinn und Zweck einer Marke sein kann, nur für den Handel bekannt und verständlich zu sein, sei dahingestellt. Im Segment der Niedrigpreisangebote spielen Marken so gut wie keine Rolle. Daran ändert auch der Verweis auf die dauerhaften Erfolge einer Marke wie *Neckermann* nichts. Es gibt sicher auch im Tourismus einige wenige Marken, die gehören zur deutschen Wirtschaftsgeschichte wie *NIVEA, Tempo* oder *Mercedes*. Hierzu zählen natürlich auch *Lufthansa* oder *TUI*. Wer eine Marke dauerhaft penetrieren will, muss heute Werbebudgets planen, die sich in Markt der Reiseveranstalter mit Renditen um 2 % kaum noch verdienen lassen.

7. **Der Reiseveranstaltermarkt bietet bessere Chancen für Neugründungen als andere Sparten der Freizeit- und Tourismusbranche.** Dies liegt nicht zuletzt an den dauerhaft gestiegenen Reiseerfahrungen der Deutschen, an gewachsenen Ansprüchen und an einem deutlichen Hang zur Individualität. Wir verzeichnen das Phänomen einer immer größeren Zahl immer kleinerer Nischen. Wer es versteht, in einer dieser Nischen die Wünsche der Kunden zu treffen, kann auch mit geringen Mitteln erfolgreich einen Reiseveranstalterbetrieb aufbauen. Er (oder sie) muss allerdings ein paar Jahre lang fast rund um die Uhr für den Kunden da sein. Die Chancen zur Neugründung sind nur in wenigen Sparten der Tourismusbranche vergleichbar gut. Allerdings ist u.a. die Frage zu beantworten, ob die Kundenwünsche quasi „in Handarbeit" erfüllt werden sollen oder ob eine technische Lösung angestrebt wird, die es möglich macht, die Angebote des kleinen Veranstalters auch über elektronische Vertriebssysteme zu buchen. In diesem Fall ist von einer Anfangsinvestition in sechsstelliger Größenordnung auszugehen. Ein möglicher Weg wäre es, sich den Zugang zu solchen Vertriebssystemen in einer Kooperation zu teilen.

8. **Für viele Reisebüros ist ein Umstieg in das Reiseveranstaltergeschäft eine Perspektive für eine erfolgreiche Zukunft.** Der deutsche Reisebüromarkt ist nach wie vor weit übersetzt. Deutschland hat die größte Reisebürodichte der Welt. Daraus resultieren nicht nur hohe Vertriebskosten für Reiseveranstalter, die ein flächendeckendes Agenturnetz benötigen; es stellt sich auch die Rendite der kleinen und mittleren Reisebüros (bis vier Millionen Euro Jahresumsatz) dauerhaft unbefriedigend dar. Das an der Fakultät für Tourismus der Hochschule München in den Jahren 2007 bis 2011 erarbeitete *DRV-Reisebürobarometer* zeigt die Entwicklung der Kosten- und Erlösstrukturen einer repräsentativen Auswahl deutscher Reisebüros. Es zeigte sich hier nicht nur die relativ gute Ertragsstärke der großen Reisebüros sondern auch die Tatsache, dass nur wenige Reisebüro – insbesondere sehr wenige kleine Reisebüros – im Bereich der Eigenveranstaltung aktiv sind. Im Bereich selbst veranstalteter Reisen sind die Erträge jedoch deutlich höher als im Bereich der Reisevermittlung. Das größte Ertragspotential liegt im Bereich der Gruppenreisen.

9. **Bei der Führung eines Reiseveranstalters spielen harte und weiche Erfolgsfaktoren gleichermaßen eine bedeutende Rolle.** Die Faktoren *Strategie* und *Systeme* sind in der Führung eines Reiseveranstalters von überragender Bedeutung. Die meisten Unternehmen, die aus dem Markt ausscheiden, scheitern an strategischen Fehlern. Darüber hinaus spielen weiche Faktoren natürlich eine ebenso wichtige Rolle.

10. **Nachhaltigkeit wird für Reiseveranstalter immer wichtiger.** Kein Reiseveranstalter kann sich der Debatte um Nachhaltigkeit mehr entziehen. Dabei ist es wichtig, die Wirkungsmöglichkeiten zu erkennen, die dem Reiseveranstalter im Rahmen globaler Wertschöpfungsketten gerade in den Destinationen gegeben sind. Das Interesse des Reiseveranstalters an der Erhaltung der natürlichen Schönheiten ist leicht nachvollziehbar. Ebenso wichtig ist jedoch ein Engagement für eine bestmögliche soziale Ausgewogenheit im Bereich der touristischen Einrichtungen. Darüber hinaus sollte sich jeder Reiseveranstalter der Tatsache bewusst sein, dass nur die Erhaltung der Regionalkultur und Rücksicht auf das Kultursystem des Gastlandes die Geschäftsgrundlagen des internationalen Tourismus auf lange Sicht sichern können.

„Fange nie an, aufzuhören. Höre nie auf, anzufangen." (Cicero)

Literatur

Bücher

Bastian, H./Born, K., Hrsg., (2004): Der integrierte Touristikkonzern; München, Wien

Baumgartner, C. (2008): Nachhaltigkeit im Tourismus; Von 10 Jahren Umsetzungsversuchen zu einem Bewertungssystem. Studienverlag, Innsbruck

Birkigt, K., Stadler M.M, Funck, H.J. (2002): Corporate Idendity, 11. Auflage; Moderne Industrie, Münster

Büschgen, H. E. (1997): Internationales Finanzmanagement, 3. Auflage, Knapp, Frankfurt

Caspers, R. (2002): Zahlungsbilanz und Wechselkurse. Oldenbourg, München

Coleman, P. (2002): The Way of Change. 7 Basics für erfolgreiche Veränderungsprozesse im Unternehmen; Wirtschaftsverlag Langen/Müller, München

Domrös, M. (2005): Die Malediven; Authentizität und Nachhaltigkeit des Resortinsel-Tourismus. In: Waibel, Michael et al. (Hrsg.). Fragile Inselwelten; Tourismus, Umwelt und indigene Kulturen; Horlemann Verlag, Bad Honnef

Eilenberger, G. (2004): Währungsrisiken, Währungsmanagement und Devisenkurssicherung von Unternehmungen, 4. Auflage; Knapp, Frankfurt am Main

Enzensberger, H. M. (1966): Eine Theorie des Tourismus; in Enzensberger, H. M.: Einzelheiten I – Bewusstseins-Industrie; Frankfurt

Fastrich, H./Hepp, S.(1999): Währungsmanagement international tätiger Unternehmen; Schäffer-Poeschel Verlag, Stuttgart

Freyer, W. (2010): Tourismus. Einführung in die Fremdenverkehrsökonomie; Oldenbourg, München

Freyerherd, M. (2011): Mit Grün die Nase vorn. In: FVW Heft: 15/2011; Verlag Dieter Niedecken, Hamburg

Friedl, H (2002): Tourismusethik; Theorie und Praxis des umwelt- und sozialverträglichen Reisens; Profil Verlag, München-Wien

Habermas, J., Luhmann, N., (1975): Theorie der Gesellschaft oder Sozialtechnologie; Suhrkamp, Berlin

Hauff, V. (1987): Unsere gemeinsame Zukunft; Eggenkamp Verlag, Ascheberg

Hebestreit (1992): Touristik Marketing, 3.Auflage; Bwv – Berliner Wissenschafts-Verlag, Berlin

Hinterhuber, H.H. (1997): Strategische Unternehmungsführung, Band II: Strategisches Handeln, 5. Auflage; Walter de Gruyter, Berlin

Hömberg, E. (1977): Tourismus: Funktionen, Strukturen, Kommunikationskanäle; tuduv Verlagsgesellschaft München

Hopfenbeck, W. (2002): Allgemeine Betriebswirtschafts- und Managementlehre, 14. Auflage; Moderne Industrie, Landsberg

Kaluza, B./Blecker, T (2004): Erfolgsfaktor Flexibilität. Strategien und Konzepte für wandlungsfähige Unternehmen; Erich Schmidt Verlag, Berlin

Kirstges, T. (2001): Grundfragen eines „sanften Tourismus"; Hat der ökologisch- und sozialverträgliche Tourismus eine Chance? In: KIRSTGES, T./LÜCK, M.: Umweltverträglicher Tourismus: Fallstudien zur Entwicklung und Umsetzung Sanfter Tourismuskonzepte. Meßkirch

Königsmarck, I. (2000):Volatilität von Wechselkursen im Licht der Mikrostrukturforschung; Peter Lang, Frankfurt/M.

Kotler P./Bliemel F. (2001): Marketing-Management (Analyse, Planung, Umsetzung und Steuerung), 10. Auflage; Schäffer-Poeschel Verlag, Stuttgart

Kristges, T. (2002): Sanfter Tourismus; Chancen und Probleme der Realisierung eines ökologieorientierten und sozialverträglichen Tourismus durch deutsche Reiseveranstalter, Oldenbourg, München

Lipfert, H. (1981): Devisenhandel, 2. Auflage; Knapp, Frankfurt/M.

Lipfert, H. (1992): Devisenhandel und Devisenoptionshandel, 3. Auflage; Knapp, Frankfurt/M.

Luhmann, N. (1987): Soziale Systeme. Grundriss einer allgemeinen Theorie; Suhrkamp, Frankfurt/M.

Luhmann, N. (1992): Die Wissenschaft der Gesellschaft; Suhrkamp, Frankfurt/M.

Luhmann, N. (2009): Einführung in die Systemtheorie, 5. Auflage; Carl-Auer-System-Verlag, Heidelberg

Meffert (2011): Marketing: Grundlagen marktorientierter Unternehmensführung; Gabler, Wiesbaden

Mezzasalma, R. (1994): Öko-Management für Reiseveranstalter. Bern: Forschungsinstitut für Freizeit und Tourismus; Forschungs-Inst. für Freizeit u. Tourismus (FIF), Bern

Müller, H./Flügel, M. (1999): Tourismus und Ökologie; Wechselwirkungen und Handlungsfelder. Forschungsinstitut für Freizeit und Tourismus, Bern

Mundt, W. (2011): Reiseveranstaltung, 7. Auflage; Oldenbourg, München

Nagel, K (1988): 200 Strategie, Prinzipien und Systeme für den persönlichen und unternehmerischen Erfolg; Moderne Industrie, Landsberg/Lech

Nettekoven, L. (1972): Massentourismus in Tunesien. Soziologische Untersuchungen an Touristen aus hochindustrialisierten Gesellschaften; Starnberg

Nieschlag, R./Dichtl, E./Hörschgen H. (2002): Marketing, 19. Auflage; Duncker & Humblot, Berlin

Obenaus, W. (1990): Handbuch der amerikanischen Terminologie des Wechselkursrisikos und der Kurssicherungstechniken; Ueberreuter, Wien

Obermair, A./Sachsenhofer W. (2002): Instrumente der Kurs- und Zinssicherung

Parsons, T. (1964): Essays in Sociological Theory; Free Press New York

Peters, Thomas J./Waterman, Robert H. (2003): Auf der Suche nach Spitzenleistungen („In Search of Excellence") 9. Aufl.; Redline Wirtschaftsverlag, München

Pompl, W. (2011): Das Produkt Pauschalreise – Konzept und Elemente; in Mundt, J.W.: Reiseveranstaltung; Oldenbourg, München

Reimann, H. (1968): Kommunikationssysteme. Umrisse einer Soziologie der Vermittlungs- und Mitteilungsprozesse; Tübingen

Rittel, H. (1961): Kommunikationstheorie in der Soziologie, Akten des XVIII, Internationalen Soziologen-Kongresses; Meisenheim/Clan

Schulz, A./Weithöner, U./Goecke, R. (2010): Informationsmanagement im Tourismus. E-Tourismus: Prozesse und Systeme; Oldenbourg, München

Seiffert, H. (2001): Einführung in die Wissenschaftstheorie, Band 3 Handlungstheorie – Modallogik – Ethik – Systemtheorie; Beck, München

Souren, L. (1995): Grundlagen und Praxis des Devisenhandels; Gabler, Wiesbaden

Steinmann, H./Schreyögg, G. (2005): Management. Grundlagen der Unternehmensführung, 6. Auflage; Gabler, Wiesbaden

Stephan, J. (1989): Entscheidungsorientierte Wechselkurssicherung; Josef Eul Verlag, Lohmar

Sterzenbach R., Conrady R., Fichert F., (2009): Luftverkehr. Betriebswirtschaftliches Lehr- und Handbuch; 4. Aufl., Oldenbourg, München

Turner, L./Ash, J. (1975): The Golden Hordes. International Tourism and the Pleasure Periphery; Constable and Company Ltd., London

Voigt, P. (1981): Tourismus und Mexiko. Eine Untersuchung über die Auswirkungen interkultureller Kontakte in der Dritten Welt; Fink, München

Weber, M. (1956): Wirtschaft und Gesellschaft; Mohr Siebeck, Tübingen

Weis, H. C. (2004): Marketing, 13. Auflage, Kiehl Friedrich Verlag, Herne

Internet

INVENT (2004): Traumziel Nachhaltigkeit; Innovative Vermarktungskonzepte nachhaltiger Tourismusangebote für den Massenmarkt.
http://www.oeko.de/pdf/INVENT_Broschuere_051104.pdf, [09.11.2011]

BFN (2005): Ökonomische Effekte von Großschutzgebieten.
http://bfn.de/fileadmin/MDB/documents/skript135.pdf, [08.11.2011]

Die Zeit; Vorholz (2000): Schröders grüner Modegag; Nachhaltigkeit, das Glaubensbekenntnis aller Umweltbewegten, soll zum Motto des Regierungshandelns werden.
http://www.zeit.de/2000/21/200021.nachhaltigkeit_.xml/seite-1, [10.11.2011]

Ulysses Management, Dominik Rossmann, Rainer Donner: Web-Tourismus 2005. Erfolg im Tourismus durch das Internet. Die jährliche Trendstudie zum Online-Tourismus. München

Konsumo (2009) Das „CSR-Tourism-Certified"-Siegel kennzeichnet nachhaltige Reiseveranstalter. http://www.konsumo.de/news/2957-Siegel-Kunde-Das-CSR-Tourism-Certified-Siegel-nachhaltig-Reisen-Nachhaltigkeit-Urlaub-Tourismus-Label-Zertifikat, [16.11.2011]

Reiseanalyse der FUR

Ö.T.E (1996): Der umweltorientierte Reiseveranstalter; Ein Beitrag zur nachhaltigen Tourismusentwicklung.

http://www.oete.de/dokumente/18_umwelt_orient_reiseveranst_1996.pdf, [12.11.2011]

PROMBERGER, K./SPIESS, H./KÖSSLER, W. (2006): Unternehmen und Nachhaltigkeit – Eine managementorientierte Einführung in die Grundlagen nachhaltigen Wirtschaftens. Wien: Linde Verlag

REWE Touristik Fernschulung (2010): Fachthema Nachhaltiger Tourismus

REWE Touristik (2011): Umwelt und Soziales,
http://www.rewe-touristik.com/offen/umwelt-soziales/index.php, [18.11.2011]

Schulz, Werner (2008): Megatrend Nachhaltigkeit; Marktpotenziale von LOHAS&Co
https://umho.uni-hohenheim.de/fileadmin/einrichtungen/umho/Aktuelle_Publikationen/Megatrend_Nachhaltigkeit_-_Marktpotenziale_von_LOHAS___Co._-_25._April_2008.pdf, [19.11.2011]

Studiosus Reisen (2011): Nachhaltigkeit,
http://www.studiosus.com/Ueber-Studiosus/Nachhaltigkeit, [18.11.2011]

TourCert (2011): Corporate Social Responsibility in Tourism,
http://www.tourcert.org/, [16.11.2011]

TUI Deutschland (2011): Nachhaltige Reisen,
http://www.tui-deutschland.de/td/de/umwelt/, [18.11.2011]

Umweltmanagement nach DIN EN ISO 14001 (2011),
http://www.umweltmanagement.me/Umweltmanagement_ISO_14001.htm, [17.11.2011]

UNCED (1992): Rio-Erklärung über Umwelt und Entwicklung.
http://www.un.org/Depts/german/conf/agenda21/rio.pdf, [05.11.2011]

UNEP (2011): Clima Neutral Network; Tourism and Hospitality.
http://www.unep.org/climateneutral/Topics/TourismandHospitality/tabid/151/Default.aspx, [20.11.2011]

UNWTO (1995): Charter for Sustainable Tourism.
http://www.zukunft-reisen.de/uploads/media/charter_lanzarote.pdf, [09.11.2011]

UNWTO (2004): Sustainable Development of Tourism; Definition.
http://sdt.unwto.org/en/content/about-us-5, [09.11.2011]

UNWTO (2008): Climate Change and Tourism; Responding to Global Challenges.
http://sdt.unwto.org/sites/all/files/docpdf/climate2008.pdf, [12.11.2011]

Zeitschriften

Kessel, W.; Die Absicherung von Währungsrisiken bei deutschen Reiseveranstaltern, in Schmalenbachs Zeitschrift für betriebswirtschaftliche Forschung, Schmalenbach-Gesellschaft für Betriebswirtschaft e.V. (Hrsg.), Bühner, A., Zelewski, W., Müller, S., Heft 5, 1988, S. 452

Lettl-Schröder (2005): „Wieder gerne in die Ferne schweifen", FVW Verlag, Hamburg

Register

Allotmentvertrag 134, 153, 163, 247
Ankunftsorientierte Festlegung von
    Saisonzeiten 211
Aufenthaltsbezogene Festlegung von
    Saisonzeiten 211
Auslastungsrisiko 180
Barter Agreements 149
Basisvariante 218, 219, 220
Bauchtouristiker 30
Baustein 15, 78
Bausteinveranstalter 60
Betriebskosten 201
Bettenwechseltag 145, 150
Blockstunden 181
Budget 140
Bundesgerichtshof (BGH) 118
CATI 120
Charterflug 177
Charterflugreisen 111
Charterflugverkehr 179
Cluburlaub 10
Convention of International Cicil Aviation 176
Cost-Plus-Kalkulation 218
CRS 68, 70, 83
Deckungsbeitrag 203
Deckungsbeitragsrechnung 122
Deregulation Act 177
Destination Management 192
Deutschen Reisemonitor 120
Devisenoptionsgeschäfte 251
Devisenswapgeschäft 254
Devisentermingeschäft 250
Devisentermingeschäfte 250
Devisenterminoptionsgeschäfte 251
Direktinkasso 36
Diversifizierung 15
DMC 192
Drehkreuz 108, 177, 182
durchlaufende Posten 162
Dynamic Packaging 13
Einzelkosten 201
Erfolg 2, 10, 30, 32, 37, 39, 40, 41, 44, 45,
    46, 47, 51, 58, 69, 70, 91, 101, 122, 128, 147,
    152, 194, 242, 243, 244, 279
Europäischer Reisemonitor 120
Event 81
Ferienflieger 13, 176, 188, 190

Ferienflüge 3, 111, 128, 177
Flugauslastung 130, 133, 134, 222, 224, 228
Franchise-Systeme 64
Free-Sale 152
FTE 140
Garantieobjekt 154
GDS 13, 68, 77
Gedankliche Systeme 17
Gegenständliche Systeme 17
Gemeinkosten 201
geplante Teilnehmerzahl 126, 128, 132, 133,
    205, 209, 247
GTZ 126, 128, 132, 133, 202, 205, 209, 221,
    222, 223, 224, 225, 226, 227, 234, 247, 258
Handelsvertreterstatus 6, 12
Hotelbetreiber 122, 164, 273
Hotelmanagementgesellschaft .. 166, 167, 168, 169
Hybrid Carrier 176
IATA 176, 177, 178
Inclusive Tours 178
Incoming Agentur 192
Incoming Tour Operator 192
International Air Transport Association 176
ITO 192
Kabotage 177
Kalkulation 201
Kapazitäten 5, 13, 32, 53, 54, 70, 95, 119, 122,
    131, 133, 139, 146, 149, 154, 160, 161, 164,
    169, 174, 176, 177, 180, 201, 207, 261, 270, 273
Kassageschäft 249
Kaufoption - Call 252
Key-Account-Vertrieb 65
Kinderermäßigung 151, 228, 229, 230,
    233, 260, 261, 264, 268, 270
Kippen 221
Kippungsansatz 225
KMU 30, 35, 48
Kommerzielle Kettenlänge 129, 132
Konkurrenzbeobachtung 119
Kontingent 78, 129, 145, 146, 150, 151,
    153, 180, 204, 234, 247
kumulative Garantie 154, 181, 247
Kurssicherungsinstrumente 248
Leerflüge 127, 129, 131, 132, 133, 186,
    187, 223, 224
Linienflugverkehr 178
Low Cost Carrier 176

Marge............14, 54, 161, 162, 173, 216, 217, 250
Marke............6, 15, 34, 48, 50, 52, 53, 54, 58, 59, 60, 61, 75, 76, 97, 163, 170, 171, 175, 206, 263, 273
Marktanteil................... 31, 54, 119, 123, 124, 127
Marktsegmentierung.............................. 56, 60, 61
Marktvolumen... 126, 127
Master Bill.. 157
Mehrthemenumfrage.. 120
Meldefrist... 151
MICE.. 81
Mindestteilnehmerzahl..................................... 80
Mischen.. 208, 210, 211
Nachhaltigkeit............V, 1, 10, 16, 21, 85, 86, 91, 92, 94, 99, 100, 101, 102, 103, 277, 279, 280
Name Change.. 178
Narrow Body.. 187, 188
Netz-Carrier... 176
Objektanmietung... 154
operative Planung.................37, 111, 112, 113, 141
Optionsfrist... 153
Outrightgeschäfte.. 250
Planung..............V, 1, 3, 13, 15, 27, 28, 29, 30, 54, 56, 58, 59, 67, 77, 81, 92, 94, 111, 112, 113, 114, 115, 116, 119, 120, 121, 122, 124, 126, 128, 132, 134, 135, 139, 140, 141, 144, 183, 184, 185, 204, 205, 210, 217, 242, 245, 258, 273, 278
Planungsprozess..113
Polarisierung..................... 56, 57, 65, 176, 273
Preiselastizität.. 207
Problem der überschnittenen Hotelangebote.... 163
Produktanalyse.. 122
Produktmanager............3, 122, 143, 151, 205, 260
Profit-Center-Organisation................................114
Pro-Rata.. 180
rack rate.. 78
Random Route... 120
Regionalkultur... 10
Reiseanalyse (RA... 120
Reisedauer................. 116, 120, 123, 130, 179, 216, 217, 226, 227, 228, 231, 233
Reisehäufigkeit.. 120
Reiseintensität........................... 116, 120, 121, 123
Reiseziel... 120, 121
Rentabilität................................... 15, 29, 36, 250
Reversibilität... 249
Risiko................... 13, 14, 15, 32, 35, 38, 47, 80, 81, 84, 128, 132, 146, 149, 152, 153, 159, 164, 165, 166, 167, 170, 174, 177, 180, 181, 198, 202, 233, 240, 241, 242, 243, 247, 248, 249, 255, 273
Risikoverteilung... 177
Risikozuschlag.. 153
Rückbringerplätze.. 131
Saisonflugkapazität................................ 132, 133

Saisonzeiten............................... 37, 122, 150, 151, 203, 204, 205, 208, 211, 212, 213, 217, 220, 224, 226, 232, 268
Selbst-Management.. 41
Slot... 191
Sockelkosten.. 193
Splitcharter... 180
Sprünge... 220
Strategie............3, 8, 15, 27, 28, 30, 39, 45, 46, 47, 54, 55, 56, 76, 78, 85, 113, 164, 174, 208, 241, 242, 272
strategische Planung........ 27, 29, 36, 112, 113, 141
Subcharter.. 180
Swapsatz... 250, 253
Technische Kettenlänge............................. 129, 222
Teil- oder Blockcharter................................... 180
Teilnehmerplanung............ 128, 202, 205, 206, 209
Termin-Garantie-Vertrag................................. 153
top down.. 114, 115
T-O-Rate... 78, 178
Touristische Kosten.. 201
Umlauf..................... 129, 130, 160, 183, 184, 186
Umsatzrendite............................. 31, 54, 69, 160, 161, 162, 193, 272
Untervariante.. 218, 220
Urlaubsverhalten....................................... 116, 120
Verfallsfristen............................. 149, 151, 154, 155
Verkaufsoption - Put....................................... 252
Verkehrstag.. 145, 150
Verpflegung.. 145, 150
Verrechnungspreise... 162
vertikale Integration............... 15, 73, 74, 75, 76, 160, 164, 190, 272
Vertragswährung....................................... 150, 156
Vollcharter... 180
Vorauszahlungen....................... 32, 34, 148, 153, 155, 156, 157, 232, 245
Vorwärtsintegration.. 73
Voucher... 8, 158, 159, 160
Warmwasser-Tourismus............................. 14, 208
Wechselkursparitäten................................. 118, 123
Wertesystem.. 40, 41
Wertewandel... 117, 123
Wertschöpfungskette.............. 6, 12, 13, 38, 73, 74, 91, 93, 161, 192, 244
White-Label-Veranstalter................................. 60
Wide Body... 187, 188
X-Produktion...................................... 2, 60, 69
X-Veranstalter................V, 60, 71, 178, 257, 273
Yield Management.. 70
Zielgebiet... 192
Zielgebietsaufwand... 193
Zielortbank... 158, 159
Zielsystem.................................... 31, 36, 47, 89
Zubucherreisen... 80

 Ein Wissenschaftsverlag der Oldenbourg Gruppe

Karl Heinz Hänssler (Hrsg.)

Management in der Hotellerie und Gastronomie
Betriebswirtschaftliche Grundlagen

8., vollständig aktualisierte und überarbeitete
Auflage 2011 | XI, 444 Seiten | gebunden
€ 39,80
ISBN 978-3-486-70448-8

Das Standardwerk der Hotellerie jetzt in der 8. Auflage

Zufriedene Gäste und wirtschaftlicher Erfolg – das wünschen sich Hoteliers und Gastwirte und müssen, um diese Ziele zu erreichen, täglich zahlreiche Einzelentscheidungen treffen, die erst in der Summe über Erfolg oder Misserfolg entscheiden.

Gerade betriebswirtschaftliches Hintergrundwissen verschaffte den Background, der es ermöglicht, Einzelentscheidungen im Zusammenhang zu bewerten und Erfolg zu planen.

Namhafte Experten aus Theorie und Praxis geben den notwendigen Überblick und bieten konkrete Hilfe für viele Fragen der täglichen Arbeit.

>> *"Für alle, die sich während Studium oder Ausbildung mit betriebswirtschaftlichen Fragen der Branche auseinandersetzen oder für alte Hasen zum Nachschlagen. Interessant: Viele Themen werden aus Sicht mittelständischer Betriebe behandelt."*
(Allgemeine Hotel- und Gastronomie-Zeitung)

Das Buch richtet sich an Studierende, Hoteliers und Gastwirte mittelständischer Betriebe sowie an Mitarbeiter in Verkehrsämtern.

Bestellen Sie in Ihrer Fachbuchhandlung
oder direkt bei uns: Tel: 089/45051-248
Fax: 089/45051-333 | verkauf@oldenbourg.de

www.oldenbourg-verlag.de